Economy Dynamics
经济动力学

王兆卿 ◎ 著

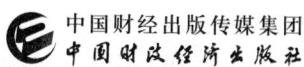

图书在版编目（CIP）数据

经济动力学 / 王兆卿著. -- 北京：中国财政经济出版社，2020.12

ISBN 978-7-5223-0107-5

Ⅰ.①经… Ⅱ.①王… Ⅲ.①经济动力学 Ⅳ.①F019

中国版本图书馆CIP数据核字（2020）第196466号

责任编辑：张怡然　　　　　　责任校对：胡永立
封面设计：陈宇琰　　　　　　责任印制：张　健

中国财政经济出版社 出版

URL: http://www.cfeph.cn
E-mail: cfeph@cfemg.cn

（版权所有　翻印必究）

社址：北京市海淀区阜成路甲28号　邮政编码：100142
营销中心电话：010-88191522
天猫网店：中国财政经济出版社旗舰店
网址：https://zgczjjcbs.tmall.com
北京富生印刷厂印刷　各地新华书店经销
成品尺寸：170mm×240mm　16开　25.25印张　329 000字
2020年12月第1版　2020年12月北京第1次印刷
定价：86.00元
ISBN 978-7-5223-0107-5
（图书出现印装问题，本社负责调换，电话：010-88190548）
本社质量投诉电话：010-88190744
打击盗版举报热线：010-88191661　QQ：2242791300

自序

股票上市后，市值会比上市前高出一大截，这让经济体系突然多出一笔"财富"，股票市场因此成为财富创造的乐园。几乎每个股票市场的参与者都曾有过这样的困惑：股票上市产生的财富究竟从哪里来？一些金融家为此创造出"流动性溢价"等名词，试图力证股票上市让股票本身发生了点石成金般的变化。与之类似，房价上涨也会给经济体系带来"财富"增加。我们将会看到，这种财富其实是"账面效应"带来的财富幻觉。

货币是一种人见人爱的财富。在现代经济体系下，对于经济个体来说，货币是重要的资产；对于经济整体来说，货币的价值只作为交易中的一般等价物在流通中体现，货币本身难言价值性。否则，若货币本身有价值，各国央行将可以通过印钞源源不断地创造价值，这显然违反常识。

令人惊异的是，无论是股票市值增长还是信用货币增加，这些财富幻觉在一定条件下都能带来真实的产出增长。其中的原因简单说来就是当人们认为自己储蓄增加，就会更多消费，更多消费带来更多需求，更多需求刺激生产，从而创造更多产出。

然而，财富幻觉毕竟不是真实的社会财富，它总有破灭的一天。财富幻觉可以带来经济增长，财富幻觉的破灭也会造成经济问题，甚至造成经济危机。财富幻觉的生生灭灭，构成了经济周期背后的动因，使得经济在科技进步的推动下不断发展的同时，泛起波动的涟漪。

为严谨阐释上述理论，本书建立了新的动态理论方法与体系。数学上把所有包含时间变量的系统称为动力系统，相应的理论称为动力学，本书把时间变量引入经济体系，将经济体系看作离散动力系统，因而定名为《经济动力学》。经济动力学是动态整体理论，在经济活动中考虑所有经济参与者，并把货币流转、经济体系状态变化引入理论模型中。

通过这套理论方法，我们会得到一套新的经济周期的理论解释，并将之应用在美国1929年大萧条、日本20世纪90年代经济衰退、亚洲1997年经济危机、2008年次贷危机等重大历史经济事件中。只有在正确认识经济周期的基础上，我们才能得到应对周期的正确方法。

具体内容安排：

第1章给出基本的模型框架，引入过程表这一重要的经济学工具。这一章里介绍了价格体系、储蓄、分配、货币等基本要素以及它们之间的基本关系。

第2章阐述了货币的宏观表现，给出了货币的宏观本质，指出货币沉积（贫富差距）与经济体系稳定性、旧制度的崩溃之间的紧密联系。

第3章讨论产出的结构，提出"账面效应"这一概念，引入财富效应，初步解释经济周期产生的原因。

第4章引入信用与银行，构建完整的"信用"概念，提出"本质坏账"概念，给出债务失衡导致债务危机的理论基础。

第5章提出金融创造账面效应的内在机理，从动力学角度阐释了金融对经济体系的影响。

第6章用前5章构建的理论，阐释美国1929年大萧条的来龙去脉，可以看作理论的具体应用。

第7章在简单介绍国际贸易与国际金融后，探究信用货币体系下几次经济危机的诱因。

第8章介绍信用货币制度下货币、利率、银行体系的特点，指出信用货币下的经济体系正面临的新挑战。

第9章理论结合实际，对当前一些经济现象进行简析，对中国经济未来可能遇到的挑战进行梳理和预测。

第10章指出当前主流经济理论的几个主要缺陷与错误，并对经济学的未来发展做出一定展望。

"附录 A 二元博弈模型"略为晦涩，完全理解需要较多数学与博弈论的理论知识，主要面向经济学领域的专家学者，建议一般读者关注结论，不必对其中的推导过程过于纠结。考虑到本书中有时涉及会计知识，书中给出了"附录 B 会计基本原理与资产负债表观"，供没有任何会计基础的读者参考。其他附录则是一些重要但较难归类的内容。

普通读者不一定按照章节顺序阅读，如果部分章节的理论推导过程较为复杂，不妨先关注结论。书中第 2、6、7、9 章内容故事性和趣味性较强，从这些章节入手也不失为一个阅读办法。

本书作为经济学迈向动力学、整体理论的开篇，限于篇幅和清晰性目标，有些地方未充分展开。未来随着学科发展，会有更多内容加入进来。

本书最早脱胎于我在 2014 年 2 月连载于人人日志的《货币基本模型》，后整理为《经济是怎样崩溃的》发布。2016 年下半年，我开设了微信公众号"二律背反的一灯如豆"，节选和修改了《经济是怎样崩溃的》的部分内容，改编成《货币经济学基础》在公众号上连载。2018 年 8 月，再次做出较大幅度修改并以《经济动力学》为题在公众号上连载，连载过程中得到了众多公众号读者的支持和指正，在此对大家表示衷心的感谢。

屠立人、赵东阳、陆跃玲等人在成书过程中提出了宝贵的修改意见和帮助，本书的顺利出版也有他们的功劳。特别鸣谢王小楼在我写作阶段给予的支持。

作者

2020 年 7 月

Contents 目录

自序 ... 1

第1章 基本模型 ... 1

    1.1 基本模型与过程表 ... 2

    1.2 货币周转 ... 7

    1.3 价格体系与分配 ... 9

    1.4 个体风险、货币储蓄与货币配置变动 ... 12

    1.5 整体风险与无效储蓄 ... 14

    1.6 价格体系变动、价格的微妙性与吉芬商品 ... 16

    1.7 货币增长与价格上涨 ... 19

    1.8 货币当局与铸币税 ... 24

    1.9 贸易 ... 26

    1.10 货币沉积与价格下跌 ... 30

    1.11 小结 ... 32

第2章 旧制度的崩溃 ... 33

    2.1 税收模型 ... 34

    2.2 大型工程模型与货币流转的宏观本质 ... 36

    2.3 价格体系的阶级性与货币沉积 ... 39

    2.4 货币配置与经济体系稳定性 ... 41

    2.5 整体风险与价格体系上涨 ... 43

2.6	中古时期经济特征与政策目标	46
2.7	经济秩序与道德规范	48
2.8	旧制度的崩溃	50
2.9	小结	54

第3章 产出的结构　　55

3.1	生产余力与经济刺激政策	56
3.2	产出的结构	58
3.3	无效产出与消耗结构	63
3.4	国内生产总值与不幸福的经济学	64
3.5	高次增长与指数化陷阱	68
3.6	订单陷阱	71
3.7	价格的传导	74
3.8	账面效应	78
3.9	财富效应	81
3.10	正反馈与经济景气	85
3.11	滞胀	89
3.12	政府干预	92
3.13	小结	94

第4章 信用与借贷　　95

4.1	个体信用、货币的记账与清算作用	96
4.2	借贷与利息	98
4.3	100元怎样偿还200元债务	103
4.4	债权的账面效应与债务危机	104
4.5	税、债、货币发行等效	109
4.6	经济体系整体利润的根本来源	113
4.7	借贷与产出增长	122

- 4.8 投资与投入货币 ·· 125
- 4.9 实物信用与账面效应 ···································· 128
- 4.10 银行存贷款业务 ·· 129
- 4.11 银行的"货币"创造与"货币乘数" ··············· 133
- 4.12 银行利润的虚无性 ···································· 141
- 4.13 银行房地产模型 ·· 148
- 4.14 银行危机 ·· 156
- 4.15 庞氏骗局 ·· 164
- 4.16 小结 ··· 167

第5章 华尔街寄生虫   169

- 5.1 金融学第0定律 ·· 170
- 5.2 现金流折现估价法与账面效应 ······················ 173
- 5.3 金融吉芬商品与银行扩张 ··························· 178
- 5.4 股票上市与账面效应 ··································· 181
- 5.5 对倒交易、股票价格上涨与账面效应 ············ 189
- 5.6 账面效应与流动性危机 ······························ 195
- 5.7 金融胁迫与政策游说 ·································· 202
- 5.8 对倒交易与价格宣示 ·································· 204
- 5.9 次贷危机 ·· 206
- 5.10 小结 ··· 213

第6章 大萧条1929   215

- 6.1 经济周期 ·· 216
- 6.2 柯立芝繁荣 ··· 219
- 6.3 大萧条1929 ··· 224
- 6.4 罗斯福新政 ··· 228
- 6.5 小结 ··· 233

第7章 国际贸易与国际金融 — 235

- 7.1 国际贸易、国际金融与贸易失衡 — 236
- 7.2 闭关锁国与大航海时代 — 238
- 7.3 欧债危机 — 241
- 7.4 央行货币发行与本位币体系 — 246
- 7.5 布雷顿森林体系 — 251
- 7.6 日本20世纪90年代经济衰退 — 254
- 7.7 1997年亚洲经济危机 — 259
- 7.8 中美贸易 — 263
- 7.9 小结 — 269

第8章 信用货币制度的问题 — 271

- 8.1 货币脱锚 — 272
- 8.2 央行银行信用贯通与整体金融风险积累 — 274
- 8.3 货币中介指标的无效性 — 280
- 8.4 利率—通胀螺旋与利率—通货膨胀虹吸 — 285
- 8.5 国债 — 289
- 8.6 量化宽松 — 291
- 8.7 小结 — 294

第9章 部分经济现象简析 — 295

- 9.1 政府信用 — 296
- 9.2 投资拉动经济 — 298
- 9.3 地方债务与地方繁荣 — 301
- 9.4 土地财政与账面效应 — 305
- 9.5 房地产与经济兴衰 — 309
- 9.6 银行市场存在的问题 — 311

9.7 股票市场存在的问题 ································· 314

9.8 中国经济面临的挑战 ································· 319

9.9 小结 ·· 322

第10章　经济学的过去与未来　　　　　　　　　323

10.1 微观经济学的主要缺陷 ························· 324

10.2 媚俗、阶级与经济学 ····························· 330

10.3 宏观经济学的主要错误 ························· 334

10.4 消费主义陷阱 ··· 339

10.5 货币 ··· 342

10.6 货币银行学、金融学的主要错误 ········· 344

10.7 微观宏观经济理论的发展方向 ············· 347

10.8 货币银行学的发展方向 ························· 352

10.9 金融与会计理论的发展方向 ················· 355

10.10 理想经济体系 ······································· 357

10.11 小结 ··· 360

附录A　二元博弈模型　　　　　　　　　　　　361

附录B　会计基本原理与资产负债表观　　　　　379

附录C　需求　　　　　　　　　　　　　　　　383

附录D　李约瑟难题与消耗结构　　　　　　　　386

附录E　资本主义　　　　　　　　　　　　　　388

第1章

基本模型

经济的基本构成是什么？怎样描述一个经济体系？

货币数量会直接影响价格吗？

价格是怎样影响分配的？

人人都储蓄很多货币能够渡过饥荒吗？

价格变化会给经济带来怎样的影响？为什么有些商品越涨价人们买得越多？

货币增加时，物价一定会上涨吗？价格变化有简单规律可循吗？

什么是铸币税？它怎样影响经济体系？

贸易是如何让大家过得更幸福的？

为什么有些商人可以积累起巨额财富？

1.1 基本模型与过程表

让我们从一个故事开始。

假设有一个村庄，村里有1家面包厂与1家面粉厂。每年，面粉厂可以收割自家地里生长的小麦并生产100斤面粉，而面包厂使用1斤面粉可以生产1个面包。所有生产活动的制约因素是小麦的生长。小麦每年成熟1次，但面包厂用面粉做面包可以很快，有多少面粉就能马上做多少面包，与小麦成熟所需时间相比可以忽略不计。

如果面粉厂自己可以制作面包，不需要面包厂，也就不会有交易存在。我们希望故事里有交易，因而说，面粉厂没有制作面包的技术。进一步地，为简便起见，我们说面粉不能直接食用，面粉和面包都不能储存，必须当期使用或者消费完。

所有交易通过货币进行，货币的单位是"元"。假设面粉的价格为1元/斤，面包的价格为2元/个。进一步假设，面包厂开始时有100元，面粉厂没有货币。由于面包厂购进1元的面粉可以做成2元的面包，面包厂总愿意去购买面粉，那么第一笔交易就是面包厂使用100元货币购买了100斤面粉。卖力的面包厂很快地将之做成100个面包。

面包厂买面粉这件事构成一次交易，但是，仅仅一次交易不足以支撑村庄经济持续运转。面包厂不仅要有花钱出去的交易，还要有赚钱进来的交易，否则面包厂很快就会因为失去所有货币而倒闭。不妨假设，面包厂卖给面粉厂50个面包，这样面包厂与面粉厂都有了50个面包可以消费，并且100元货币全部回到了面包厂手中。

在上述背景下，这个故事其实非常简单：

在第1年，面粉厂种了些小麦，小麦成熟后面粉厂将之做成100斤面粉。面包厂用100元购买了100斤面粉，制作出100个面包。面粉厂用卖面粉所得的100元购买了50个面包。在这期间，面粉厂与面包厂各自消费50个面包，期末的时候，面粉厂与面包厂的货币持有情况与期初一样，面粉厂没有货币，面包厂有100元。面粉厂与面包厂之间货币与商品的流转如图1-1-1所示。

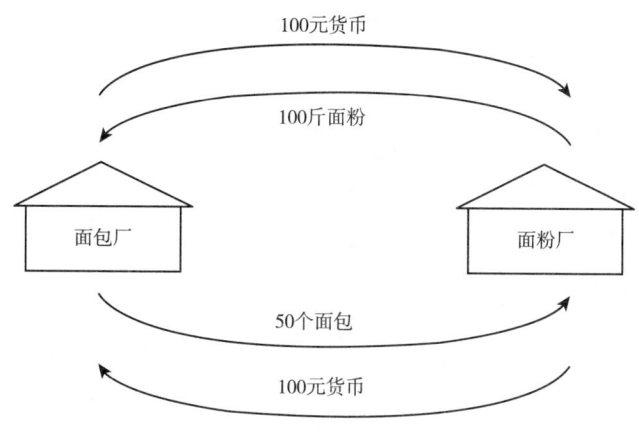

图1-1-1　面粉厂与面包厂之间的交易

显然，这样的过程在以后各年可以通过完全相同的方式重复进行下去，是个岁月静好的故事。

以上便是经济动力学中一个最简单的二元经济体系。经济体系是包含我们所需研究的全部经济主体、经济要素与经济活动的抽象模型，即故事里的村庄。经济学上，最简单的经济体系是单个自给自足的经济个体，他可以种地、打猎、制衣、盖房，在这些活动之间分配时间和精力。但这样的经济体系过于简单，缺少了至关重要的交易环节。在经济动力学中，最基本的经济体系由两个经济个体构成，称为二元经济体系。相应地，还有三元、多元经济体系这些更为复杂的经济体系。

故事虽然简单，却已经包含相当多经济学的内容，罗列如下：

（1）社会分工。由于假设了面粉厂不能生产面包，面包厂不能生产面粉，经济体系存在社会分工，交易也就成为经济体系运转的必要环节。

（2）自然条件与生产行为。每年面粉厂能生产100斤面粉。面包厂能用1斤面粉做出1个面包。面粉厂愿意去生产面粉，面包厂也愿意把面粉做成面包。面粉与面包不能储存。以后我们以"期"代替"年"作为时间单位。

（3）货币与价格体系。这包括三部分内容：首先，要求所有交易必须以货币为媒介，没有以物易物的交易。其次，所有商品与服务的价格（故事里是面粉与面包的价格，面粉1元/斤、面包2元/个）也是由假设条件给定的。最后，还有货币配置情况，面包厂一开始有100元货币，而面粉厂一开始没有货币。

（4）交易意愿与交易行为。假设面粉厂总是愿意卖完面粉，面包厂总是愿意买完面粉，面粉厂愿意买50个面包，面包厂也愿意卖给面粉厂50个面包。现实中当然有更复杂的情况，例如在给定价格条件下，面粉厂可能不愿意卖面粉，面包厂可能不愿意买面粉、卖面包，我们暂不考虑这些复杂情况。

经济学中，我们称上述内容为经济假设，是从现实生活中具体的经济活动抽象出来的。根据这些假设条件，我们得到了一个可以永远循环往复进行下去、面粉厂和面包厂每期分别消费50个面包的经济体系，这就是经济动力学的基本模型。通过改变、添加经济假设条件，我们可以得到各种各样的经济体系，以得到更为完善、更符合实际的经济理论。

可以看到，用文字描述基本模型中的经济运行过程比较烦琐，并且很不直观。以后交易主体增加、交易内容变复杂时，这样的叙述方式容易让人晕头转向。为了克服这一问题，我们引入**经济运行过程表**这一工具，简称**过程表**，把经济运行过程用表格的方式呈现出来。

举例来说，基本模型的交易过程如表1-1-1所示。

表 1-1-1　　　　　　　　　　　基本模型　　　　　　　　　　　单位：元

第1期	面粉厂	面包厂
期初货币	0	100
面粉交易	+100	-100
面包交易	-100	+100
期末货币	0	100

注：价格体系为，面粉1元/斤，面包2元/个。

过程表包含表格和价格体系两部分。表格左上角表明交易的期数，在本节的基本模型中，每一期的交易情况都是相同的。第一行表示交易主体，第一列表示交易事项，表格中的"+""-"的数字是各项交易事项中，各交易主体的货币变动情况，表格中的单位均为"元"。每张过程表下方或前文会给出价格体系。

具体说明一下过程表的阅读方法。横向看，如面粉交易这一行，面粉厂通过面粉交易增加100元货币，面包厂通过面粉交易减少100元货币，再配合价格体系，就知道是面包厂向面粉厂购买了100斤面粉。

无论是面粉交易还是面包交易，货币都是从买方手中到卖方手中，买卖双方在交易前后的货币总量不变，这就是**货币守恒**。货币守恒是一个显然的，但是过去经济理论中常常被忽略的条件。过程表中，货币守恒体现为"面粉交易"与"面包交易"两行的合计数为0。

纵向看，如面粉厂这一列，可以看到面粉厂一开始没有货币，通过面粉交易卖出100斤面粉获得了100元，又通过面包交易购买了50个面包花费了100元，到了期末的时候，收入与支出刚好相等，没有货币亏空也没有货币节余。用同样的方法，很容易就能看懂面包交易这一行，以及面包厂这一列。

基本模型具有广泛性，基本模型看上去非常简单，其实可以代表内部结构丰富的经济体系。

举例来说，基本模型中可以引入市场竞争结构，面粉厂可以由很多个不同的面粉厂构成，这些面粉厂之间存在竞争关系、面粉的价格可以不同，但最终得到1元/斤面粉，或者100斤面粉总价100元的结果（如表1-1-2所示）。

表 1-1-2　　　　　存在多个面粉厂的过程表　　　　　单位：元

第1期	面粉厂A	面粉厂B	面包厂
期初货币	0	0	100
面粉交易	+45	+55	−100
面包交易	−45	−55	+100
期末货币	0	0	100

注：面粉厂A的面粉0.9元/斤，面粉厂B的面粉1.1元/斤，面包2元/个。

从表1-1-2可知，两个面粉厂各卖了50斤面粉，合计100斤面粉，共计100元，把面粉厂A与面粉厂B合并，就完全是基本模型的过程表了。

与之类似，面包厂也可以由很多个厂构成，比如有硬面包厂、软面包厂等，各类面包可以相互替代。选取适当的假设条件，最终总可以平均得到2元/个面包的价格，或者说50个面包总价100元的结果。

除竞争结构外，基本模型还可以嵌入上下游链条结构。例如，面粉厂可以分为小麦厂和磨坊，小麦价格为0.5元/捆，每捆小麦可以做出1斤面粉，磨坊买入小麦后碾成面粉销售。过程表如表1-1-3所示。

表 1-1-3　　　　　体现面粉生产上下游的过程表　　　　　单位：元

第1期	小麦厂	磨坊	面包厂
期初货币	0	50	100
小麦交易	+50	−50	0
面粉交易	0	+100	−100
面包交易	−50	−50	+100
期末货币	0	50	100

注：小麦0.5元/捆，面粉1元/斤，面包2元/个。

把上述小麦厂与磨坊合并为面粉厂，把小麦交易当作面粉厂内部的交易，就又跟基本模型的过程表几乎一模一样了。

事实上，多条产业链、多个主体的经济活动，都可以最终合并为两个经济个体的活动。也就是说,基本模型是具有广泛代表性的一种抽象模型,可以用来表示分工体系下很多实际的经济活动。

1.2 货币周转

在上一节中,经济体系只进行了一次面粉与面包交易。而实际上,一期内面粉与面包的交易可以多次进行,此时,较少货币就可以支撑起大量交易。

假设某一期,面包厂丢失了50元货币,只有50元而不是100元货币了。不妨假设货币丢失就发生在第2期。由此,面包厂不能一次性买完100斤面粉,但是通过分次交易,经济体系运转可以达到与第1期几乎完全相同的效果。

具体来说,第2期面粉制作完成后,面包厂先用50元买来50斤面粉,做出50个面包,把其中25个卖给了面粉厂。由于面粉厂手上只有卖50斤面粉得到的50元,面粉厂也只能买得起25个面包。这样,面包厂通过面包销售又得到50元。此时,面粉厂还有50斤面粉没卖完,面包厂用卖面包所得50元,把余下50斤面粉买来做成50个面包,又卖出其中25个给面包厂,于是50元货币再次回到面包厂手里。这一系列交易可以通过表1-2-1表示。

表1-2-1　　　　　　　　多次交易　　　　　　　　单位:元

第2期	面粉厂	面包厂
期初货币	0	50
第一次面粉交易	+50	−50
第一次面包交易	−50	+50
第二次面粉交易	+50	−50
第二次面包交易	−50	+50
期末货币	0	50

注:面粉1元/斤,面包2元/个。

面包的分配结果与基本模型一样,都是面包厂与面粉厂各消费50个面包。

不难看出,上述过程也可以无限循环下去,所以不出意外的话,未来各期也都是一样的情况,虽然整个经济体系损失了一半的货币,依然是个岁月静好的经济体系。

进一步地,如果不关心具体不同次的交易,而把相同类型的交易合并,可以得到表1-2-2。

表1-2-2　　　　　　　　　货币周转模型　　　　　　　　　单位:元

未来各期	面粉厂	面包厂
期初货币	0	50
面粉交易	+100	-100
面包交易	-100	+100
期末货币	0	50

注:面粉1元/斤,面包2元/个。

于是与上节基本模型相比,经济体系运行的差别仅在于面包厂期初与期末的货币数量,其他各方面情况都相同。

事实上,无论面包厂还剩多少货币,在给定的价格体系下,面粉厂与面包厂总可以通过反复交易达到相同的消费结果,也就是期初货币与期末货币其实可以是任意数字。从表1-2-2中可以看出,整个经济体系交易的货币量,无论是面粉交易,还是面包交易,都大于经济体系的货币存量,这就是货币周转。

即使面包厂没有丢失货币,经济体系也可以存在货币周转。例如,面包厂喜欢将一部分钱存起来藏在床底下,只拿出50元进行交易,那么经济体系也是参照上述过程完成两轮交易。此时,有50元货币没有流通,另外50元货币则经历了多次周转。当然,我们也可以假设面包厂并不是丢了钱,而是捡到了钱。如果面包厂把多余的钱藏在床底下,那么在给定的面粉1元/斤、面包2元/个的价格体系下,整个经济体系的运转也不会有任何变化，唯一的区别就是面包厂期初与期末货币的数量增加了。

通过货币周转，经济体系的运行可以减少对货币总量的依赖，以少量货币维持大量交易。在之后的模型中，如果出现过程表中的交易金额大于期初货币量的情况，默认都通过货币周转实现，不再另行说明。

在此，可以定义所谓货币周转率，并给出计算公式。例如，定义货币周转次数为经济体系交易总量除以货币存量，上述过程的货币周转次数即为（100+100）÷50=4（次）。不过现实中，总有货币没有进入流通环节，而且被藏起的货币和流通中的货币数量是无法确定的。在后续章节引入信用交易后还可以知道，交易未必通过货币进行。这使得货币周转率这一指标无论如何定义都没什么意义。

一些人直观地认为，货币多了价格会上涨，货币少了价格会下降。但是可以看到，货币周转给出了一种与直觉相悖的可能性，即经济体系的价格体系与货币存量并不直接关联。货币多的时候，经济个体可能会把多余的货币藏起来，货币少的时候，经济个体可能会通过少量货币周转交易使得经济体系免受货币存量变化的影响。

当然，货币存量与价格体系的联系是存在的，我们将在后面的章节给出。

对面粉厂和面包厂这些经济个体来说，拥有货币数量的多少当然是件要紧的事情，但是从整体看，经济体系运行受此影响却不大。在货币周转模型中，各方消费面包的数量没有因为货币数量变化而发生改变，这提示我们，**经济的实质蕴含在经济体系的运行过程中**。

1.3 价格体系与分配

在前两节中，面粉厂与面包厂每期合力生产出100个面包，面粉厂与面包厂分别得到50个面包。我们会发现，这一分配结果由"面粉1元/斤，面包2元/个"这样的价格体系决定。在本节中，我们具体阐述价格体系对经济体系分配的影响。

改变基本模型中的价格体系，假设现在面粉0.5元/斤，面包1元/个。由此，面包厂只需要拿出50元来购买100斤面粉，做出100个面包后，面粉厂也只需拿出50元来购买50个面包。面包厂买面粉支出的货币都通过卖面包的收入回到面包厂，两厂最终的消费情况与基本模型一样，面粉厂与面包厂各消费50个。与之类似，假定面粉2元/斤，面包4元/个，除了可能需要通过货币周转多次交易，最后得到的结果也是完全一样。所有物价同比例变化后，经济运行情况没有发生变化，这并不让人意外。

事实上，当期末的货币配置情况与期初完全相同时，经济体系的运行情况与价格体系的绝对水平无关，真正起作用的是各商品的相对价格。取 $\frac{面粉价格}{面包价格}=k$，即面粉相对面包的价格为k。可以知道，面粉厂消费的面包数占面包总数的比率恰为k，而面包厂的消费占比即为$1-k$。

求解的思路非常简单，当货币配置情况不变时，面包厂为购买面粉支付给面粉厂的货币，应该等于面粉厂为购买面包支付的货币。假设面包厂用于购买面粉的货币总量为M[根据货币周转，M可以大于货币存量（C）]，面包价格为p，则面粉的价格为pk，面包厂共购买$\frac{M}{pk}$斤面粉，做出$\frac{M}{pk}$个面包。为了使货币情况还原，面粉厂用于购买面包的货币总量也应该为M，于是按照面包价格，面包厂需要销售$\frac{M}{p}$个面包给面粉厂。最终，面粉厂消费$\frac{M}{p}$个面包，面包厂消费$\frac{M}{pk}-\frac{M}{p}$个面包。面粉厂的消费占比为$\frac{M}{p} \div \frac{M}{pk}=k$，面包厂的消费占比即为$1-k$。

注意到k并不是可以任取的。当k大于等于1时，从公式看面包厂的消费占比$1-k$是0或负数，此时面包厂收购面粉制作出的面包价格还不如原材料面粉的价格，属于亏损经营，这样的话，货币配置情况不可能还原。

将上述一般化的基本模型列为过程表即为表1-3-1。

表 1-3-1　　　　　　　　　一般化的基本模型　　　　　　　　单位：元

第某期	面粉厂	面包厂
期初货币	C_1	C_2
面粉交易	$+M$	$-M$
面包交易	$-M$	$+M$
期末货币	C_1	C_2

注：面粉的价格为 pk 元/斤，面包的价格为 p 元/个。在本书后面的章节中，我们通常取 $C_1=C_2=50$，$M=100$，$pk=1$，$p=2$，也存在其他值的情况。无论如何取值，只要符合表1-3-1，我们都统称为基本模型。

推导可知，存在两个以上主体的经济体系，其产出的分配情况也同样取决于各商品的相对价格。于是我们得到了一个非常重要的结论：**当产出总量给定、各方货币配置情况不变时，产出的分配情况取决于各商品的相对价格。**

现实中，商品价格只是价格体系的一部分，服务的价格、劳动力价格（工资）等都是价格体系的重要组成部分。

当相对价格发生变化时，产出的分配情况当然就会发生变化。如果不明白相对价格的重要性，不当干预物价，就会给经济体系运行造成不良影响。

具体举例来说，原来的价格体系为面粉1元/斤、面包2元/斤，后来发生自然灾害，面粉产量减少为50斤，面粉价格涨到2元/斤，但如果法律法规为了抑制物价过快上涨，只允许面包厂按成本上升的部分调整价格，即面包的价格上涨到3元/个。那么按照上述公式容易计算出，期末所有交易完成后，面粉厂可以消费33.33个面包，面包厂自己只消费16.67个面包。这是由于价格体系没有按照相同比例一同上升，面粉的价格上涨了100%，而面包的价格只上涨了50%，于是面包厂的消费占比降低了。假设面粉厂与面包厂的期初货币量均为50元，其过程表如表1-3-2所示。

表 1-3-2　　　　　　　面粉面包均涨价 1 元的过程表　　　　　　单位：元

第某期	面粉厂	面包厂
期初货币	50	50
面粉交易	+100	−100
面包交易	−100	+100
期末货币	50	50

注：面粉 2 元/斤，面包 3 元/个。

价格体系调整前，面粉厂与面包厂按照 1∶1 的比例各自消费 50 个面包，价格体系调整后，面粉厂与面包厂按照 2∶1 的比例，面粉厂消费 33.33 个面包，面包厂消费 16.67 个面包，面包厂的消费比例下降，承担了更多自然灾害的后果。这说明成本加成法并不是一个适当的价格调整办法，它会造成相对价格的变动，进而扭曲分配结果。只有在价格同比例变动的情况下，才能维持产出的分配比率。

历史上，苏联在施行计划经济的过程中，由于信息不完备、政策制定与传导链条过长，无法形成高效精细的价格调整策略，常常简单粗暴地使用成本加成法进行价格调整，使价格体系产生扭曲。这些扭曲日积月累会引起价格体系紊乱，这是苏联计划经济难以维系的原因之一。

从价格体系与分配关系我们还可以知道，当某种商品或服务价格的上涨比率大于其他价格时，该种商品服务的生产者将获得更大的分配比率。很多国家都曾经历房地产价格涨幅度远大于其他商品的时期，那时，房地产从业者占有更大分配份额，房地产开发商、房地产销售等群体往往比其他人更早拥有房产，拥有更多房产。

1.4　个体风险、货币储蓄与货币配置变动

在经济运行过程中，面粉厂与面包厂这样的经济个体会遇到各种各样的意外。例如，面包厂可能遗失货币，面包厂或者面粉厂的老板或员工

可能会生病，从而当期只有买药、买面包的支出而没有实现收入。广义来说，计划外的大额支出、由于年龄与健康等原因部分或全部丧失劳动力，都可算作个体所面临的风险。

为了对抗这些风险，个体必须进行储蓄。在生产技术与商品经济落后时期，人们的储蓄是多样的，从粮食、腌制食品、衣物到贵金属、艺术品，等等。而在现代社会，由于生产力水平和商品化程度大幅提高，人们只需储蓄货币、金融资产或其他资产，个体层面在衣食等实物储蓄上的关注度与力度有所下降。

前几节的讨论中，货币的配置期初情况与期末总是相同的。现实中，各经济个体拥有的货币数量总是处于变动中。人们有时会进行储蓄获得更多货币，有时则会为了应对风险而失去储蓄。

沿着基本模型，给出货币配置变动的例子。面粉厂和面包厂都需要一定的货币储蓄，不妨假设期初的货币配置情况是面粉厂和面包厂各有50元货币。第1期经济体系的运行情况与基本模型相同。第2期，面粉厂家里举办婚礼，为宴请宾客需要更多面包。不妨假设当期面粉厂从面包厂那里购买了60个面包。于是过程表如表1-4-1所示。

表1-4-1　　　　　　货币配置变动的过程表　　　　　　单位：元

第2期	面粉厂	面包厂
期初货币	50	50
面粉交易	+100	−100
面包交易	−120	+120
期末货币	30	70

注：面粉1元/斤，面包2元/个。

面包的消费情况是面粉厂60个、面包厂40个。

可以看到，消费的分配不仅与相对价格有关，还与货币的配置变动有关。从过程表中可知，货币增加的一方，接受了一个较低的消费水平，主观上他们会以为是通过节俭增加了货币储蓄。而货币减少的一方，可以享受到一个较高的消费水平，主观上他们认为是动用储蓄进行了超额消费。

实际上，上述经济体系以及我们以前所描述的所有经济体系运行中都有两个恒等式：

(a) 面包厂面包消费量 + 面粉厂面包消费量 = 面包产出总量

(b) 面包厂货币持有量 + 面粉厂货币持有量 = 货币总量

当没有面包被浪费时，(a) 总是成立的。

由 (b) 可以知道，如果货币总量不变，所谓增加货币储蓄，只是把别人家的货币搬到自己家。在金本位或者其他贵金属本位时代，货币总量增长相当缓慢，那时候货币储蓄的此消彼长也就带有很强的对抗色彩，一些人的货币储蓄增长，意味着另一些人货币储蓄的减少。而要使所有人储蓄增长，唯一途径是货币总量增加，这要到现代信用货币制度才变得容易起来。

1.5 整体风险与无效储蓄

上节讨论了经济个体因为各种风险而需要货币储蓄。现实中，经济体系作为一个整体，由于自然环境或社会环境影响，其产出水平也处在波动中。例如，可能发生旱涝灾害，使得面粉的产出大为减少，面粉厂与面包厂在灾害当期就只有较少的面包可供消费；也可能面粉大丰收，从而产出向上波动。随着科学技术与管理水平的不断发展，经济体系的产出并不是在同一水平上波动，而是在一个增长的趋势下波动。

在一个封闭的经济体系内，产出的波动包括时间和空间两个方面。空间上的波动可以通过运输来解决，如某一地区粮食歉收的同时，另一个地区可能粮食丰收，这种情况下，若有人从丰收地买粮、在歉收地卖粮，资源就可以自发实现有效配置，这是古典经济学给出的经典结论。

而时间上的产出波动需要通过储蓄来平抑。例如，理想情况下，丰收年份里粮食多得吃不完，就应该多储蓄些粮食，待到歉收年份动用仓储。但是，粮食可能发生霉变、虫害、鼠害等问题，并且储蓄量越大、储蓄时间越长，损失的风险就越大。因此，从微观角度，比如就一个农民来说，并不会愿意囤积很多粮食，或者至少说，不愿意只囤积粮食。实际上，在正常年景里粮价平稳，人们更愿意储蓄货币。

历史上，无论哪种货币，都既不能吃又不能穿，所以整体上看，缺衣少食的风险不能通过货币储蓄抵御。例如，连年灾害粮食歉收，黄金、白银等货币没有办法"变"成口粮，更多黄金、白银只会让物价上涨。宏观上，货币储蓄对抵御经济体系整体风险没有帮助，是无效储蓄。

对于微观个体来说，货币可以买到粮食，货币与粮食有转化关系，但是对于宏观整体，货币不可能变成粮食。**宏观整体不等于微观个体的加总**，这是非常有悖于直觉却又至关重要的经济学现象。

如果大家都储蓄货币，不储蓄粮食，经济体系就会出问题。这个道理，中国古代帝王早已懂得。《汉书·景帝纪第五》有记载：

秋，大旱。

三年春正月，诏曰："农，天下之本也。黄金、珠玉，饥不可食，寒不可衣，以为币用，不识其终始。间岁或不登，意为末者众，农民寡也。其令郡国务劝农桑，益种树，可得衣食物。吏发民若取庸采黄金、珠玉者，坐臧为盗。二千石听者，与同罪。"

翻译为白话文意思是，景帝二年秋天，发生了旱灾，到了来年春天，汉景帝就下诏说："农业是天下的根基，黄金、珍珠、玉石，饿了不能吃，冷了不能穿，当作货币使用，没有搞清楚本末。这几年有时候收成不好，我觉得是做买卖的人太多，务农的人太少。所以命令各省官员，要努力劝导大家从事种田养蚕，多种树，大家就有吃有穿了。戍吏以雇工方式发动民众采黄金、珠玉，按盗窃罪论处。地方官员放任之的话，与其同罪。"

以今天的观点看，景帝的诏令可算作宏观调控。去年受到了旱灾，今年就打算扶持农业，并对黄金、珠宝、玉石等产业进行了打压。站在他的高度看得很清楚,"以为币用,不识其终始",钱财再多,衣食不足,也毫无益处。

从经济个体储蓄决策的角度,没那么容易像景帝那样思考问题。在多数情况下,储蓄货币要比储蓄粮食容易得多。储蓄粮食需要较大的仓储空间,需要防潮、防霉、防虫、防鼠、防盗,而黄金或者其他可以作为货币的事物,单位价值高,贮藏简单。进一步地,太平年间,比如上述的汉景帝时期,粮食产量稳步上升,粮食价格不会有太大的上涨空间,甚至还有下降风险,大家自然倾向于多攒些金石珠玉在家里。金石珠玉的买卖兴盛,宏观上就表现出经商者众多的样子。

宏观看,一方面,货币多了其实没什么好处,货币少了,大家也没缺衣少食;另一方面,粮食多了没什么坏处,最多储存不当有些浪费损失,粮食少了,在古时的生产力条件下却是要饿死人的。但是微观看,由于储藏性、流动性、消费多样性等各种原因,在正常年份里人们却偏偏更喜欢储蓄货币,不喜欢储蓄粮食。这是微观与宏观天然的不协调处,也是宏观调控的理论出发点。

今天,民众不仅热衷于储蓄货币,还热衷储蓄房产,建造、囤积了很多房屋。与储蓄货币一样,囤积多套房产的人并非是为了居住,而是指望依靠这些房产储蓄,在日后享受到更好的生活。然而,如同黄金变不成口粮,水泥盒子也没有办法变成医疗服务、新鲜蔬果等需要劳动力的产出,日后人口减少、劳动力不足时,从宏观角度看,空置与闲置的房产将成为无效储蓄。

1.6 价格体系变动、价格的微妙性与吉芬商品

在"1.3节价格体系与分配"中,我们说价格体系同比上涨1倍时,经济体系运行没有变化,但是经济个体可能不会同意这一观点。举例来

说，面粉价格从1元/斤上涨到2元/斤时，拥有固定100元货币的面包厂原来可以买100斤面粉，后来只能买到50斤面粉，面包厂会发现自己的货币储蓄"缩水"了。反之，价格体系下跌时，经济个体会发现货币储蓄"升值"。

价格体系变动会引起人们对货币储蓄感观上的变化，这当然会进一步影响人们的消费行为，消费行为的改变又会影响整个经济体系的运行，牵一发而动全身。即使不考虑人们的心理因素，由于人们持有的货币总是有限，货币约束就会迫使人们的消费行为发生改变。例如，当价格上涨时，穷人将被迫减少消费或消费更廉价的商品。

价格体系变动会改变人们的消费行为、储蓄行为，反之，人们的储蓄情况、储蓄意愿也会对价格体系造成影响。我们通过一个具体事例来说明这一点。假设在基本模型中，一方面，面包厂想要多储蓄些货币，为此面包厂愿意牺牲一部分面包消费。另一方面，面粉厂并不特别在意储蓄数量，愿意多消费些面包，但是并不愿意以2元的价格消费50个面包以外的额外面包，而只愿意以1.5元/个的价格额外购买5个。换句话说，面粉厂愿意以107.5元的价格购买55个面包，面包厂也接受了这一条件。其过程表如表1-6-1所示。

表1-6-1　　　　　　　面包厂降价促销面包　　　　　　　单位：元

第$n+1$期	面粉厂	面包厂
期初货币	50	50
面粉交易	+100	−100
面包交易	−107.5	+107.5
期末货币	42.5	57.5

注：价格体系为面粉1元/斤，面包价格平均为1.96元/个。

上述经济体系的运行过程很容易解读，面包厂想要增加货币储蓄，于是降低了面包平均售价，卖出了更多面包。这就是经济个体的储蓄意愿、储蓄策略对价格体系可能造成的影响。

下一期，面包厂已经拥有了较多货币储蓄，可能会觉得储蓄已经足够，不再愿意减少面包消费，而将面包价格调整回2元/个的水平。而面粉厂发现自己的货币储蓄减少，会觉得自己的储蓄不足，有可能调高面粉售价，也可能减少面包消费。于是，面粉与面包的价格是面粉厂与面包厂根据其消费与货币储蓄情况博弈后的产物。我们可以据此建立博弈模型，从而得到一个价格决定模型。模型相关的求解在数学上有一定的复杂性，我们把这方面的具体讨论放到"附录A 二元博弈模型"。

大多数时候，我们只需要知道关于价格的结论，即价格体系是由交易各方的消费与储蓄偏好、产出、货币配置情况、交易方式共同决定的，换言之，价格体系与经济体系的全部因素有关，而且任意一些细微的变动都可能对价格体系造成微妙而复杂的影响。也就是说，**价格是微妙的**，价格的变化也是由微妙因素驱动的，是混沌而难以预测的。

幸运的是，我们并不总是需要去处理微妙的价格问题，我们可以跳过价格的决定过程，而直接给定价格体系来建立各种经济模型，这些模型足以解决大多数困惑人们已久的经济问题。

延伸阅读

土豆的吉芬性质：

价格体系变动时，人们的货币储蓄不会马上随之变化，受到货币约束的消费行为将被迫改变。把货币约束纳入考量，我们可以得到许多有趣的结论，比如可以破解古典微观经济学中著名的吉芬难题。

古典微观经济学的供求关系理论告诉大家，某种商品的价格上升时，对该商品的需求量会下降。现实中，却存在很多吉芬商品，其价格上升时需求量反而上升。吉芬商品是以英国学者罗伯特·吉芬（Robert Giffen，1837—1910）命名的，他发现在19世纪爱尔兰，当土豆价格上涨的时候人们消费更多的土豆。

在古典微观经济学的框架下很难解释为什么会出现吉芬商品，但其实土豆成为吉芬商品的原因很简单，就是人们既要吃饱又需要考虑货币储蓄的问题。

假设人们的食物由土豆和牛肉两大类构成，土豆较为低端也较为便宜，价格为1元/个，牛肉较为昂贵，价格为10元/斤。进一步地，假设每个土豆热量为1焦，每斤牛肉热量为5焦，单位价格的土豆比牛肉的热量高。再假设每人每天必须摄入的热量是15焦，一开始是人们是按照10个土豆1斤牛肉的配比，满足这15焦的热量，花费是20元。后来土豆涨价了，涨到了1.2元/个，但是人们的预算仍然是20元，一个简单的方程组就能得到土豆的消费量。假设土豆消费量为x，牛肉消费量为y，则：

$$\begin{cases} 1.2x+10y=20 & \text{根据预算约束条件} \\ x+5y=15 & \text{根据摄入热量约束条件} \end{cases}$$

容易解得$x=12.5$，$y=0.5$。于是若土豆价格由1元/个上涨到1.2元/个，土豆的消费也会从原来的10个上升到了12.5个。

建立了正确的模型，吉芬商品问题就变成了小学数学问题。从常识来说，19世纪爱尔兰整体较为贫穷，土豆是最便宜的食物，土豆价格上涨了，对穷人来说其他昂贵的食物更吃不起了，只能吃更多的土豆来填饱肚子，对土豆的消费自然上升。这个简单问题在古典经济学中成为一个谜题，原因是古典经济学并没有认真考虑过货币约束问题，也就没有认真考虑过储蓄尤其是货币储蓄问题。

吉芬商品有很多不同种类，它们的成因各不相同，以后我们会处理金融吉芬商品，其背后原理与土豆这一吉芬商品完全不同。

1.7 货币增长与价格上涨

在前面诸节中，货币配置情况有时会发生改变，但是货币存量，即面粉厂与面包所拥有的货币储蓄的总和没有发生变化。现实中，无论何种货币制度下，货币存量都是会发生变化的。

本节初步讨论货币存量增长对经济体系可能造成的影响。在基本模型的基础上，假设面包厂或者面粉厂可以去采矿淘金，并自行铸造成货币，增加货币储蓄。具体给出一个过程表如表1-7-1所示。

表1-7-1　　　　　　　　采矿铸币的过程表　　　　　　　　　　单位：元

第1期	面粉厂	面包厂
期初货币	50	50
面粉交易	+100	-100
面包交易	-100	+100
采矿铸成货币收入	+2	+2
期末货币	52	52

注：面粉1元/斤，面包2元/个。

这个采矿铸币模型与之前的模型有一个本质区别。之前的模型中，经济状态总可以还原为与最初完全相同的情况，从而可以无限循环下去。而货币增长模型中的经济情况是不可能还原的，因为货币存量在不断增长，这一增长不可逆。

有些人出于直觉，认为货币存量的增加会引起商品价格自然的同比例增长，那么假设第2期面包厂与面粉厂没有去挖矿，按照这种直觉，经济体系运转应该如表1-7-2所示。

表1-7-2　　　　货币增长在朴素直觉下引起价格上升　　　　　　单位：元

第2期	面粉厂	面包厂
期初货币	52	52
面粉交易	+104	-104
面包交易	-104	+104
期末货币	52	52

注：面粉1.04元/斤，面包2.08元/个。

然而这种观点经不起推敲。人们并不会因为自己的储蓄增加了就去调整价格。而且一般来说，人们无法通过自己的货币储蓄情况了解经济体系整体货币存量的情况，人们甚至根本不知道实际货币数量的多寡，价格体系也就谈不上随货币存量变化而变化了。面粉厂与面包厂通过采矿铸币获得货币储蓄增长后，更可能是先将新增货币放到床底下藏起来。

事实上，并不存在自然机制，使得价格水平反映货币水平，尤其是在货币增长不太迅猛的情况下。

面包厂与面粉厂储蓄货币，最终是为了获得货币所带来的消费实现，而价格体系与货币储蓄同比例增长，会使得货币储蓄的增长被价格体系上升所抵消。例如，原来双方有50元货币储蓄，他们认为相当于25个面包储蓄，而当他们拥有52元货币储蓄时，若面包价格"自动"上涨为2.08元/个，还是相当于25个面包储蓄，这让他们挖矿行为失去了意义。事实上，他们愿意去挖矿，是因为他们以为挖矿能让他们的实际储蓄上升，达到26个面包。

根据货币周转模型，货币存量与价格体系之间并没有直接联系，货币存量的增减可以不对经济体系运行产生影响。这里，也没有理由认为，货币存量的变化能够直接反映到价格体系上。面粉厂与面包厂大可以不断挖矿，并把新获得的货币放在床底下，而完全按照原来的价格体系，面粉1元/斤，面包2元/个，去过岁月静好的日子。

然而，货币存量的不断增长不可能永远不对价格体系产生影响。如果面粉厂与面包厂每期都去挖矿，100期以后他们会各自拥有250元货币，这时候，如果价格体系没有变化，他们会认为即使不工作，只消费不生产，也能靠存款过好几期生活。然而实际上，面粉厂、面包厂真的不工作的话，就不会有面粉与面包产出，他们会饿死。可以想象，这种不用工作的错觉，一定会被什么东西打消。

假设面粉厂与面包厂每期都挖2元的矿，但是面粉厂与面包厂都认为，如果存够了可以购买30个面包的钱，就不再需要继续增加货币储蓄。于是前5期过程表与前述第1期类似，只是每期面粉厂与面包厂的期末货币都会增加2元。而第5期的经济体系如表1-7-3所示。

表 1-7-3　　　　　采矿铸币至第 5 期的过程表　　　　　　　单位：元

第5期	面粉厂	面包厂
期初货币	58	58
面粉交易	+100	-100
面包交易	-100	+100
采矿铸成货币收入	+2	+2
期末货币	60	60

注：价格体系在前5期内都保持不变，都是面粉1元/斤，面包2元/个。

到了第6期，他们各自都已事先通过挖矿获得货币收入，面粉交易完成、面包厂做出面包后，面粉厂想继续用100元购买50个面包。但是对于面包厂来说，已经攒够了货币储蓄，更希望能多留一些面包自己吃，在2元/个价格上，面包厂最多只愿意卖49个面包给面粉厂。进一步，假设面粉厂非常不愿意少吃1个面包，考虑到今后可以通过挖矿获得更多的货币，面粉厂愿意以更高的价格购买面包。不妨说，面粉厂愿意以102元的价格购买50个面包，在这个价格上，面包厂才同意出售50个面包。于是第6期经济体系运转如表1-7-4所示。

表 1-7-4　　　采矿铸币至第 6 期物价上涨的过程表　　　　　单位：元

第6期	面粉厂	面包厂
期初货币	60	60
采矿铸成货币收入	+2	+2
面粉交易	+100	-100
面包交易	-102	+102
期末货币	60	64

注：价格体系变为，面粉1元/斤，面包2.04元/个。

可见，货币存量的增加在一段时间后能导致面包价格上升。通过适当的假设，可以让面粉价格随面包价格上涨。于是我们得到了一个看起来更贴近现实的模型，货币存量增加（对经济个体来说即货币储蓄增长）导致价格增长。

如果要让面粉厂与面包厂的消费比例保持原样，根据"1.3 价格体系与分配"，面粉的价格应同比提高为1.02元/斤。在这种情况下，货币存量从最初的100增加为124，增长了24%，而价格体系只上升了2%。并且，以第6期期末为例，面粉厂的货币储蓄按当时的价格体系相当于29.41个面包，面包厂的货币储蓄相当于31.37个面包，都高于最初的相当于25个面包的货币储蓄，对各方来说都是满意的结果。

改变假设条件，还可以得到其他价格结果。比如说，刚好面粉厂第6期要办婚礼，愿意以130元的价格购买50个面包，那么价格上涨就可以很快，达到30%。过程表如表1-7-5所示。

表1-7-5　采矿铸币至第6期面粉厂举办婚礼物价大幅上涨　　　　单位：元

第6期	面粉厂	面包厂
期初货币	60	60
采矿铸成货币收入	+2	+2
面粉交易	+100	-100
面包交易	-130	+130
期末货币	32	92

注：价格体系变为，面粉1元/斤，面包2.6元/个。

到下期，面粉厂可能会因为所需消费面包价格上涨而提高面粉价格。

当价格体系上涨速度很快，超过货币存量上升速度时，经济个体的货币储蓄换算为具体消费的实际储蓄率会下降。例如，按照2.6元的面包价格，面粉厂与面包厂合计持有的124元货币储蓄只相当于47.69个面包，而最早面包价格为2元/个，两厂合计持有的100元货币储蓄相当于50个面包的储蓄。也就是说，虽然货币存量从100元增加到了124元，两厂认为实际总储蓄情况却下降了。价格体系时不时的上涨，会抵消经济个体货币存量的储蓄效果，也就最终会打消经济整体"存够了钱就不用再工作"的错觉。

货币增长会引起价格上涨符合直观认识，也符合历史经验。附录A则从数学角度给出了一个更为确凿的证明。

上述货币增长模型中，价格体系在货币增长的前5期都没有发生变化，而只在第6期突然上涨，这是一种很常见的状态。即使货币总量平稳增加，价格体系上涨却不总是平稳发生，往往是脉冲式的，并且上涨后的价格水平，与货币总量变化之间，也没有必然的联系，它取决于博弈的结果。货币存量增长对价格体系的影响也是微妙的，我们能说的，只有两者存在关联而已。

货币存量不能直接传导到价格上，反之，也就不能从价格水平探察到货币存量的情况，货币存量与价格之间存在割裂。这是价格指数作为央行货币政策中介指标无效，不能指导央行货币发行数量的根源。

不过，货币存量对价格的影响并非完全无迹可寻。直观上，经济体系最初货币存量越低，经济个体的储蓄目标越高，货币增长速度越慢，则价格体系越稳定。反之，若经济个体已经有充分货币储蓄，货币增加还非常迅猛，那么自然就容易发生价格体系上涨。

现在人们习惯用"通货膨胀"这个词表达价格体系整体上涨，这里面有不严谨的地方，价格体系上涨并不一定是由于"通货"或者货币增加引起的。反之，货币增加也不会直接引起价格体系上涨。不过我们尊重语言的约定俗成，把价格体系的整体上涨称为通货膨胀也未尝不可。

1.8 货币当局与铸币税

多数时候，货币并不像上节那样由经济个体自己制造，而是由专门的货币当局制造发行。通常来说，货币当局即是执政当局。货币当局通过发行新的货币，来获得产出的分配，这被称为铸币税。

具体来说，假设第1期没有货币当局，经济体系完全按基本模型运行。

到了第2期，货币当局成立了，发行了4元货币，并向面包厂购买了2个面包自己消费。于是，面包厂向面粉厂购买了100斤面粉，制作了100个面包，2个销售给货币当局，49个销售给面粉厂，留下49个自己消费。相应的过程表如表1-8-1所示。

表 1-8-1　　　　　　　　　　铸币税的征收　　　　　　　　　　单位：元

第2期	面粉厂	面包厂	货币当局
期初货币	50	50	0
货币制造	0	0	+4
面粉交易	+100	−100	0
面包交易	−98	+102	−4
期末货币	52	52	0

注：面粉1元/斤，面包2元/个。

由于货币当局发行并使用了新货币，货币当局获得了2个面包的消费。与此同时，面粉厂和面包厂的面包消费变少了。也就是说，面粉厂与面包厂以面包消费减少的方式缴纳了铸币税。

然而，从面粉厂和面粉厂的角度看，他们甚至**没有察觉到自己缴纳了税款**。以面粉厂为例，在第1期，面粉厂卖面粉收入100元，然后买50个面包花费了100元，而在第2期，面粉厂买了49个面包花了98元，剩余2元正是减少消费一个面包得到的。面粉厂会认为自己是通过节约了1个面包，获得了2元的货币储蓄增长。从面包厂看也是同样情况。

一方面，铸币税帮助货币当局获得了当期的面包产出分配，而如果货币当局不再发行和使用新货币，也就不再参与对产出的分配。另一方面，前期已经发行的货币对货币存量的增加是永久性的。即是说，**铸币税暂时改变了产出的分配，永久改变了经济体系的货币情况**。

总结来说，铸币税有如下特征：

(1) 货币当局获得了对当期产出占用，改变了当期产出的分配。

(2) 由于货币储蓄的增长，被征收铸币税的经济个体不能直接感受到铸币税。

（3）使得货币存量永久增长。

如果一个经济体系的产出相对丰富，比如若对于面粉厂与面包厂来说，49个面包完全足够吃，那么铸币税的存在可能使得面粉厂与面包厂很高兴，因为他们通过减少不太急迫的消费获得了比较渴望的货币储蓄，缴纳铸币税反而让面粉厂与面包厂过得更幸福。于是我们得到了一个面粉厂、面包厂、货币当局三方共同获益、皆大欢喜的局面。

不过这种局面并不能一直持续下去。根据"1.7节货币增长与价格上涨"，一开始少量货币的增加不会引起价格体系的变化，但是如果货币当局持续不断地发行并使用新货币，使得货币存量不断增长，最终会引发价格体系上升。那时，面粉厂与面包厂会发现自己储蓄的货币实现为具体面包消费时会打折扣，其幸福感会因为价格体系上升而下降。

如果货币当局无节制地印钱，一开始人们会为钱包渐渐鼓起来而高兴，后来发现物价上去了，之前白高兴一场，回顾津巴布韦、委内瑞拉等国经济史，这样的事情并不陌生。

1.9 贸易

众所周知，贸易可以改善社会整体福利情况。本节通过一个贸易模型来考察这种福利改善。假设有两个村庄，每个村的情况与基本模型非常接近，并且两个村使用相同的货币，具体如下：

甲村：有面粉厂与面包厂各1家，每期面粉厂能生产100斤面粉。面包厂能用1斤面粉做出1个面包。价格体系为面粉1元/斤、面包2元/个。每期面包厂从面粉厂买100斤面粉制作出100个面包并卖给面粉厂50个面包，面粉厂与面包厂各消费50个面包。

乙村：有丝绸厂与服装厂各1家，每期丝绸厂能生产100匹丝绸。服装厂能用1匹丝绸做出1件衣服。价格体系为丝绸1元/匹、衣服2元/件。每期服装厂从丝绸厂买100匹丝绸，制作出100件衣服，并卖给丝绸厂50件衣服，丝绸厂与服装厂各消费50件衣服。

除了货币以外，面粉、面包、丝绸、服装都必须当期消费，不能储蓄到次期。一开始，各经济体都拥有100元货币。

最初，甲、乙两村是各自封闭运行的经济体系，都按照基本模型的方式循环反复，平稳运行。平稳归平稳，甲村有食无衣，穿得都是树叶子，乙村有衣无食，总靠野果野菜充饥，过的都称不上幸福生活。

终于有一天，出现了商人这一头脑灵活的角色，他开始将甲村的面包贩卖到乙村，又把乙村的衣服贩卖到甲村，让大家都过上了既有面包吃又有衣服穿的生活。

假设每一期，大家总是在全部生产、交易完成后，包括与商人的交易完成后，才进行消费。面粉与丝绸的交易完成后，面包与服装的生产完成后、交易完成前，全部的产出与货币分布情况如表1-9-1所示。

表 1-9-1　　　　　　　　面包与服装生产完成后的情况

	面包厂	面粉厂	服装厂	丝绸厂	商人	合计
面包数（个）	100	0	0	0	0	100
衣服数（件）	0	0	100	0	0	100
货币数（元）	0	200	0	200	10	410

商人一开始，有过去积攒下的10元货币作为做生意的本金，他带着全副身家，先去甲村购买了5面包。这样，甲村的情况就变成，面包厂有95面包，10元货币，面粉厂有200元货币。

由于乙村无人生产面包，商人可以在乙村把那5个面包卖出更高的价格。不妨假设面包价格在乙村翻倍，变为4元/个。于是商人通过销售面包获得了20元货币。商人可以用这20元从乙村服装厂手里买下10件衣服，又贩至甲村。同样的，甲村无人生产衣服，在那里衣服的价格更高，为4元/件，于是商人获得了更多货币可以去倒卖面包，以此类推。

忽略商人在两村贸易所需时间，假设在一期之内，商人可以在两村之间反复进行类似的贸易。不妨假设商人最终倒卖了25件衣服到甲村，面粉厂和面包厂各买了12.5件衣服，还倒卖25个面包到乙村，丝绸厂和衣服厂各买了12.5个面包。商人还另外购买了25个面包和25件衣服供自己消费。

于是最终得到的过程表如表1-9-2、表1-9-3所示。

表1-9-2　　　　　　　　贸易模型的过程表　　　　　　　　单位：元

第1期	面粉厂	面包厂	丝绸厂	服装厂	商人
期初货币	100	100	100	100	10
面粉交易	+100	−100	0	0	0
丝绸交易	0	0	+100	−100	0
甲村内部面包交易	−50	+50	0	0	0
乙村内部服装交易	0	0	−50	+50	0
商人倒卖面包（1）	0	+50	−50	−50	+50
商人倒卖衣服（2）	−50	−50	0	+50	+50
商人购买面包自己消费	0	+50	0	0	−50
商人购买衣服自己消费	0	0	0	+50	−50
期末货币	100	100	100	100	10

注：（1）具体过程为，商人以2元/个面包的价格从面包厂购买了25个面包，并以4元/个面包的价格，分别卖给丝绸厂和服装厂12.5个面包，从而共卖出100元，盈利50元。以上结果是通过多次周转实现的。

（2）具体过程为，商人以2元/件衣服的价格从服装厂购买了25件衣服，并以4元/件衣服的价格，分别卖给面粉厂和面包厂12.5件衣服，从而共卖出100元，盈利50元。以上结果是通过多次周转实现的。

表1-9-3　　　　　　　　贸易模型的价格体系　　　　　　　　单位：元

	面粉	面包	丝绸	衣服
甲村	1	2	n/a	4
乙村	n/a	4	1	2

注：由于乙村不能做面包，甲村不能做衣服，面粉在乙村无用，丝绸在甲村无用，故没有价格，用n/a表示不适用。

在上述过程表中，商人购买了面包和衣服自己消费，从而把通过贸易获得的货币盈余花完，使整个经济体系的货币配置回复到期初的情况，这一过程可以无限循环下去。

来比较一下消费情况，如表1-9-4、表1-9-5所示。

表 1-9-4　　　　　不存在商人时各厂的消费情况

不存在商人	面包消费数 a	衣服消费数 b
面粉厂	50	0
面包厂	50	0
丝绸厂	0	50
服装厂	0	50

表 1-9-5　　　　　存在商人时各厂的消费情况

存在商人	面包消费数 a	衣服消费数 b
面粉厂	25	12.5
面包厂	25	12.5
丝绸厂	12.5	25
服装厂	12.5	25
商人	25	25

进一步地，我们可以用效用函数来考察整体福利的改善情况。效用函数是经济学中用来量化经济个体满足程度的常用工具，它需要满足一定性质，在此我们不多做展开，而是直接假设所有人的效用函数 $Y=$ 面包消费数 $\sqrt{a}$ + 衣服消费数 $\sqrt{b}$ 。

据此计算，当不存在商人时，大家的效用为 $Y=\sqrt{50}=7.07$ 。

当存在商人时，大家的效用为 $Y=\sqrt{25}+\sqrt{12.5}=8.54$ 。

可见，虽然商人没有从事任何生产活动，甚至还消耗掉了部分面包和衣服产出，但是由于商人的存在改善了消费结构，大家过得比以前更幸福了。至此，我们得出了一个经典结论，贸易的存在可以使得各方的效用增加，从而引起社会总福利水平的提高。

值得指出的是，上述贸易模型与古典经济学中的贸易模型（如大卫·李嘉图所给出的比较优势贸易模型）是完全不同的。古典经济学的贸易模型没有商人这一角色，其阐述贸易带来的好处时通常强调贸易对产出增长带来的益处，而在这个模型中，贸易对产出没有帮助，甚至还存在消耗，但依然改善了经济体系的福利水平。

1.10 货币沉积与价格下跌

在贸易模型中，商人把通过贸易赚到的所有钱都用来购买面包和衣服消费掉了，这也使得货币配置重新回到了最初的情况。然而商人本身并不从事生产，不需要太多人手，也就不需要太多消费，而其他经济个体需要消费一定数量的食物、衣物才能维持生活。在这种情况下，商人可能维持一个较低的消费水平，以实现货币积累。

具体来说，商人通过商品倒卖赚取了100元，并通过消费了25个面包与25件衣服又这100元货币花费出去了。而如果商人只消费10个面包、10件衣服，那么商人就只花出去40元，这样就获得60元盈余，作为商人的货币储蓄保留下来，连同最初自由的10元货币，商人共计会保有70元储蓄。相应地，甲村和乙村就会分别失去30元货币。假设甲、乙两村内部的经济个体消费情况是一样的，则每个经济体都要失去15元。那么原来面粉厂、面包厂、丝绸厂、服装厂各自拥有100元货币，经过贸易后各自只剩下85元货币，余下的货币都流去了商人口袋里。

在"1.2节 货币周转"中，也曾经发生过经济体系货币存量减少的情况。那时，我们让价格体系保持不变，并且让经济体系通过分次交易、货币多次周转的方式弥补了货币不足的问题。现在也可以作同样假设，于是一种可能出现的情况是，虽然货币存量减少，甲、乙两村的价格体系保持不变。

然而，从储蓄相关章节中我们知道，货币对个体来说含有储蓄的意味，当经济个体的货币储蓄减少时,他们会希望通过减少消费的方式增加储蓄。

于是,面粉厂可能想通过减少面包消费的方式增加储蓄,而这对面包厂来说,将造成打击。因为面包厂的货币储蓄也因为贸易(在他看来是因为衣服消费)减少了,所以面包厂也想增加储蓄。他做出这么多面包希望能多卖点钱,却遇到了面粉厂消费意愿下降。在这种情况下,面包厂就可能做出下调面包价格的举动,以期卖出更多面包。

进一步地,在面包厂购买面粉时又会考虑:"既然多买的面粉做多的面包也卖不出去,最后还需要自己吃掉,不如少买点面粉,还能节约些",于是可能减少面粉的购买。这样,可能造成面粉销售减少,又反过来对面粉厂造成打击,这会促使面粉厂做出下调面粉价格的举动。价格体系下跌就这样发生了。

各经济个体的货币存量由原来的100元下降为85元,如果物价总体水平下降到原来的85%,那么各经济个体以实物衡量的储蓄水平就会与原先一样。不过没有任何理由相信,价格水平就会恰好下降到85%。前面已经指出,价格体系也可能像货币周转模型中那样完全不变。所以综合起来看,价格体系可能下降0~15%。然而,价格体系是如此微妙,价格体系下降幅度超过货币存量减少幅度的情况,也并非不可能出现。所以我们只能说,货币存量减少将带来价格体系下跌压力,而很难给出额外结论。

与"1.7 货币增长与价格上涨"描述的价格体系上涨一样,即使甲、乙两村的货币存量平稳下降,价格体系下跌也并不会平稳发生,而可能是脉冲式的。下降后的价格水平,与货币总量变化之间也没有必然的联系,而同样取决于博弈的结果。附录A从数学角度对这一结论给出了一个更为确凿的证明。

由于消费结构改善可以大大改变经济体系的福利水平,面粉厂、面包厂、丝绸厂、服装厂总是希望既有面包吃又有衣服穿,可以想象商人要获得货币盈余是相当容易的。于是商人的货币储蓄不会止于70元,在未来各期,商人可以继续通过贸易获得越来越多货币。与此同时,由于货币总量的约束,面粉厂、面包厂、丝绸厂、服装厂的货币储蓄会持续减少。

这种货币向经济体系中的某些个体聚集的过程,就叫作**货币沉积**。货币沉积会导致储蓄分布严重不均衡，威胁经济体系的稳定性。

广义的货币沉积即是财富分配不均，贫富差距在经济运行中不断累积。在下一章我们将会看到，王朝的覆灭很多时候正与货币沉积相关。

1.11 小结

在第1章里，我们看到了一个最简单的二元经济体系的构成要件和运行方式，并且引入了**过程表**来直观体现经济体系运行。在考察经济体系运行时，必须关注**货币守恒**等各守恒条件。

货币数量与价格体系不直接关联，货币数量减少时人们可能会通过货币周转进行交易，货币数量增加时，人们可能会将多余货币收纳储藏起来。

产出的分配由所有商品的价格所构成的价格体系以及人们货币储蓄的变化共同决定。当货币储蓄情况不变时，产出分配由价格体系完全决定。

从个体角度所做的储蓄，如货币储蓄与房产储蓄，不能抵御经济体系的整体风险，个人从短期、自利角度所做的经济决策，从经济整体看可能是不良乃至错误的决策。

价格的变化规律是复杂的、微妙的，与所有经济要素相关，并且受到所有经济个体的主观影响，难以具体预测。但总体上说，货币数量长期上升会引起价格体系上涨，货币数量长期堆积在个别经济个体那里，即发生货币沉积时，可能会引起价格体系下跌。

土豆吉芬商品价格的上涨可能引起土豆需求的上升，其背后原因是简单的预算约束。但我们没有理由认为，吉芬性质是土豆等个别商品的性质，事实上，商品价格的变化对其需求的影响本身不那么确定，古典经济学的供求关系理论给了我们误导性的结论。

贸易会给经济体系带来福利改善，这种改善不以经济体系产出增长为前提条件，即使贸易过程中会产生损耗，经济体系的个体们依然可以从中获益。

第2章

旧制度的崩溃

政府是怎样通过税收参与到经济体系运行的？

通过货币进行交易的本质是什么？

不合理的价格体系会导致什么样的问题？

贫富差距过大会对经济体系造成怎样的危害？

系统性灾害发生时，经济体系会受到怎样的影响？经济体系能够通过市场的作用自然而然地、良好地应对灾害吗？

封建制度、大一统王朝制度的经济特征是怎样的？这在政治上造成哪些影响？

为什么农民的美德是勤俭而贵族的美德是慷慨？

旧制度政权更迭的周期循环是怎样的？

2.1 税收模型

经济个体除了食品、衣物等基本生活需求以外，还有很多其他需求，比如教育、治安、司法等公共服务，这些公共服务需要政府提供。政府需要有税收才能运作。我们在基本模型的基础上，加入政府这一主体，考虑税收对经济体系的影响。模型中我们不明确给出政府提供的公共服务。

假设所有交易需要按照交易金额的20%缴纳税款，但是与政府的交易不缴税。于是面粉厂卖给面包厂100斤面粉，获得100元后，需要缴纳20元税收。面粉厂用余下80元购买了40个面包。面包厂卖出80元面包，需缴纳16元税收。政府共计获得36元税收，向面包厂购买了18个面包。过程表如表2-1-1所示。

表2-1-1　　　　　　　政府税收（一）　　　　　　　单位：元

第1期	面粉厂	面包厂	政府
期初货币	50	50	0
面粉交易	+100	−100	0
面粉交易缴纳税款	−20	0	+20
面粉厂购买面包	−80	+80	0
面包交易缴纳税款	0	−16	+16
政府购买面包	0	+36	−36
期末货币	50	50	0

注：面粉1元/斤，面包2元/个，税率为20%（与政府交易不缴税）。

这样，面粉厂消费40个面包，面包厂留下42个面包，政府消费18个面包。

在一般情况下，面包厂向政府出售面包也需要缴税，情况会如何呢？这会略复杂，因为每次面包厂向政府出售面包后，还会向政府缴税，政府便又拥有了一些货币可以再购买面包。而面包厂又出售面包又会需要缴税。若政府最后总把货币花完，需要计算一下政府最后买了多少面包。

假设最终面包厂其实卖给政府 x 个面包，则面包厂共计缴税 $2×x×20\%=0.4x$，加上政府从面粉厂收取的20元税收，以及面包厂卖给面粉厂面包缴纳的16元税收，共计 $0.4x+36$ 元，则 $2x=0.4x+36$，解得 $x=22.5$。于是过程表如表2-1-2所示。

表2-1-2　　　　　　　　　政府税收（二）　　　　　　　　单位：元

第1期	面粉厂	面包厂	政府
期初货币	50	50	0
面粉交易	+100	-100	0
面粉交易缴纳税款	-20	0	+20
面粉厂购买面包	-80	+80	0
面包交易缴纳税款	0	-25	+25
政府购买面包	0	+45	-45
期末货币	50	50	0

注：面粉1元/斤，面包2元/个，税率为20%（与政府交易需缴税）。

这样，面粉厂依然消费40个面包消费，而面包厂留下37.5个面包，政府消费22.5个面包。

比较上述两张过程表会发现一个有趣的现象，模型中虽然税率相同，但是面包厂与面粉厂的税收负担却是不同的。在与政府交易不缴税时，面粉厂负担较重，与政府交易需缴税时，面包厂负担较重。这个现象涉及交易税这类流转税的税负公平性问题，是财税学研究的课题。

另一种可能出现的情况是，政府不花完所有税款，而只向面包厂购买一次面包。这样，政府向面包厂征收两次税，第一次收的是面包厂出售给面粉厂的税，第二次收的是出售给政府的税，过程表如表2-1-3所示。

表 2-1-3　　　　　　　　政府税收（三）　　　　　　　　单位：元

第1期	面粉厂	面包厂	政府
期初货币	50	50	0
面粉交易	+100	−100	0
面粉交易缴纳税款	−20	0	+20
面粉厂购买面包	−80	+80	0
面包出售给面粉厂缴纳税款	0	−16	+16
政府购买面包	0	+36	−36
面包出售给政府缴纳税款	0	−7.2	+7.2
期末货币	50	42.8	7.2

注：面粉1元/斤，面包2元/个，税率为20%（与政府交易需缴税）。

在这种情况下，面包厂的货币储蓄减少，政府的货币储蓄增加，也就是财政盈余。如果政府长期财政盈余，意味着货币沉积发生在政府处，政府以外的部门的货币储蓄将持续减少，这会对经济体系的稳定性造成危害。

在多数情况下，政府也是货币当局，上述这种一般意义的税收与"1.8节 货币当局与铸币税"中所述的铸币税同时存在。

2.2　大型工程模型与货币流转的宏观本质

传说，朱元璋当上皇帝后，要在南京修建皇城却没钱。有商贾沈万三自告奋勇，说包在他身上，最终修成皇城。如果修皇城需要1000万两白银，而当时整个南京所有人手中的白银加起来也只有100万两，这件事怎么可能实现？民间又传说，沈万三有个聚宝盆，可以源源不断变出金银。

当然，传说终究只是传说，修建皇城也不是靠聚宝盆，南京人手中的100万两白银足以修建1000万两白银造价的皇城。假设面粉厂与面包厂就是南京百姓，他们手里各有50元货币，而皇城造价1000元。这1000元用以支付砖瓦、木头等物料成本与人工费用，可以等效认为都是以工资形式支付给了工人。沿用上节税收模型，面粉厂与面包厂都需要向政府纳税，为简单起见假设每期分别固定纳税30元。而政府部门人数其实很少，只需10元消费5个面包就够吃了，于是政府每期有50元结余，用来支付建造皇城的工人工资。工人们拿到50元钱，买了面包吃，就有力气去造砖制瓦伐木、建造皇城。于是整个经济运行情况如表2-2-1所示。

表 2-2-1　　　　　　　　大型工程模型　　　　　　　　单位：元

第1~20期	面粉厂	面包厂	工人	政府
期初货币	50	50	0	0
面粉交易	+100	−100	0	0
缴纳税款	−30	−30	0	+60
建造皇城支出	0	0	+50	−50
各方购买面包	−70	+130	−50	−10
期末货币	50	50	0	0

注：面粉1元/斤，面包2元/个。

面粉厂、面包厂消费35个面包、工人消费25个面包、政府消费5个面包。此外，每期皇城都能完成5%的建造，经过20期的努力，就能完成修皇城这项工程。

细想一下的话，这里得到了一个众所周知的结论，皇城既不是由皇帝建造，也不是由沈万三建造，而是由劳动人民建造，是由面粉厂、面包厂、工人共同努力，辛苦劳作20期造起来的。古今中外的浩大工程，长城、巴黎圣母院、运河、高铁，莫不如是。此外，这些工程的造价可能远超社会总财富，虽然皇城花费了1000元建造，但其实整个经济体系只有100元货币，所以并不可能有人把它买下来，真正有价无市。

如果皇城让商人沈万三来造，他甚至可以不需要动用征税权，而只需要把部分交易垄断，通过交易价差来赚取利润，再用这些利润支付给工人去建造皇城，同样能够实现与上述模型类似的循环。

从大型工程模型中可以进一步了解货币的作用。一个人拥有一定量货币，在承认这种货币的经济体系中，意味着他对体系中的商品拥有一定量的支配力。然而，这种支配力，并不是通过货币与商品的自然交换实现的，而必须是通过人与人之间的交易实现。例如，1只鸡价格5元，人不可能拿着5元货币对着山林说，来1只鸡，就会有鸡直愣愣地扑过来，而必然要求买鸡者与农户、猎户、商贩进行钱货交易。

猎户打猎得到1只鸡与买鸡者进行交易，这件事有两种看法。一种是，买鸡者用5元换到了作为商品的1只鸡。另一种是，购买者以5元换到了猎户打猎1只鸡的劳动力。这样，无论是商品还是服务，大部分经济活动可以统一到劳动力交易的框架下讨论。例如，在大型工程模型中，税收最终征收了工人劳动力用以工程建设。

一方面，虽然货币与商品服务交易的实质是劳动力交换，但这并不意味着劳动必然创造所谓"价值"，价值是个主观判断，而不是某种客观实在。另一方面，商品价格的形成虽然与劳动力相关，却并非简单由劳动力决定，一座矿的价格与探矿的劳动力并不成比例。从价值角度看，大型石油油田是亿万年自然演化的结果，远非人力可为，生态系统和其中的物种种群更是46亿年来的积累和馈赠，劳动力只是做了转化和利用，而并非是价值的创造者。也就是说，价格、价值与劳动力这三者间，没有简单对应关系。

通过"1.5节 整体风险与无效储蓄"已经知道，从宏观角度讲，货币存量并不重要。在二元体系中，无论货币总量是100元，还是50元，面粉厂与面包厂都可以在1元/斤面粉、2元/个面包的价格体系下进行完全相同的经济活动。在大型工程模型中，货币存量同样不重要，拥有100元货币存量的经济体系可以建造1000元的工程，假以时日也可以建造起1万元造价甚至更宏伟的工程。货币在中间起到的真正作用是，通过流转，调动劳动力进行一场工程建设。当然，这不意味着货币存量的多少对经济体系没有影响，从附录A以及第3章的内容可以知道，货币存量可以影响人们的各项经济决策，进而影响经济体系运行。

总结来说，**货币流转的宏观本质，在于对劳动力的调度**。面包厂用货币调度了面粉厂的劳动力生产面粉，面粉厂又用货币调度了面包厂的劳动力生产面包，政府又通过征税的方式调度了经济体系整体劳动力建造皇城。

理解货币流转的宏观本质，是理解宏观经济的基础之一。例如，当前中国养老金账户存在空账问题，问题根本与货币存量的多少并无直接关系。养老的本质是中青年劳动力生产出足以供养各年龄团体（包括老龄团体）的商品服务，再通过货币流转进行分配。随着劳动力日益减少、老龄团体的日益庞大，需要由越来越少的中青年劳力供养越来越多的老年人，届时，社会整体拥有再多货币又怎能变作劳动力？粮食不足时货币储蓄无法为社会整体带来更多粮食，劳动力不足时货币储蓄也无法为社会整体带来更多劳动力，都是同样道理。从宏观整体看，各项储蓄、产出之间都没有直接转化关系，必须严格区分对待。

2.3 价格体系的阶级性与货币沉积

在税收模型前两个过程表中，政府用消费面包的方式花光了全部征税所得，在大型工程模型中，政府又把节余的税收全部用在了工程建设。如果既没有大型工程需要做，又没有那么多消费需求，政府就会开始存钱，国库中的货币就会开始增加，货币就会向政府沉积。

在金本位等贵金属本位币下，黄金等贵金属存量增长总是较慢，而国库货币可以增长较快，若货币向国库沉积，面粉厂、面包厂与其他经济个体的货币储蓄就会减少，体现为各经济个体感到税收负担很重，总也积累不下货币储蓄。

在"1.10 货币沉积与价格下跌"中，商人通过贸易可以获得货币沉积，政权也可以通过权力取得货币沉积。把税收看作价格体系的一部分，这两个例子说明，价格体系可能使得某些经济个体获得一些"优势"，导致货币容易向这些个体沉积。

即使在二元的经济体系中，价格体系通常也无公平性可言。之前模型中，虽然面粉厂与面包厂保持了相同的50个面包消费，但这并不说明这样的价格体系是恰当、公平的。怎样去衡量一个分配结果是否公平？面粉厂与面包厂的人数情况是如何？是否每个人分配到同样数量的面包就是公平的？如果其中有一方的劳动量更大，或者技巧性更高又应该如何分配呢？关于这些问题的讨论超过了本书讨论的范畴，相信也没有一个绝对正确的答案。可以知道的是，分配的合理性问题，进而也就是价格体系的合理性标准，是随时代变迁不停变化的。还可以知道的是，价格体系不可能总是保持不偏不倚，而通常一定具有某种倾向性，这种倾向性使得经济体系中的部分群体获得分配上的优势，这就是**价格体系的阶级性**。

价格体系的阶级性历史悠久、来源多样。比如封建时期，个人的身份即带有不同的经济权利，士大夫阶层拥有免税、免徭役等特权。又比如垄断行业可以获得较有利的价格，有些地方的公务员可以通过权力寻租获得很高的灰色收入，这些都是价格体系阶级性的体现。

价格体系的阶级性不仅导致产出分配向部分人倾斜，更重要的后果是，**容易导致货币沉积**。例如，在基本模型中，面包厂与面粉厂各获得50个面包消费，又根据"1.4 个体风险、货币储蓄与货币配置变动"，在价格体系确定的情况下，货币存量的变化取决于消费变化，少消费面包则能多储蓄，反之亦然。这时，如果面包厂人少而面粉厂人多，那么可以认为价格体系有利于面包厂。50个面包对面粉厂来说相对不够分，面粉厂很难通过减少面包消费增加货币储蓄。相反，面包厂人少，人均面包相对充足，就更有可能增加货币储蓄。长此以往日积月累，货币就容易向面包厂沉积。

同样道理，贸易模型中的商人容易在价格体系中成为优势阶级，从而获得惊人的货币沉积。而旧制度最易获得货币沉积的经济个体，正是与政治权力结合的商业集团，或者说买办势力。

在现实中，货币沉积不仅发生在货币这项经济事物上，也发生在金银珠宝、不动产等各项可以作为长期储蓄的产出或者资产上。在经济动力学中，我们把这类产出或资产分配上的不均衡性统一抽象为货币沉积。

2.4　货币配置与经济体系稳定性

在"1.4 个体风险、货币储蓄与货币配置变动"中，我们知道对个体来说货币储蓄有抵御风险的作用，包括疾病、自然灾害等无法预料的风险，也包括婚育、养老等可以预料的风险。从经济体系整体看，货币配置的均衡性与个体能否通过正常货币储蓄抵御风险息息相关，进而也就与整个社会的稳定性紧密相连。

已经知道，由于价格体系存在阶级性，货币会向经济体系中的部分人沉积，价格体系中有优势、占有较多货币的群体自然风险应对能力较强，而在价格体系中处于劣势的群体比较容易被风险击垮。直观上很容易理解，货币沉积越严重，货币在不同阶级的配置越不均衡，弱势阶层越容易出现问题，经济体系的稳定性也就会越差。

具体来说，假设在面包厂和面粉厂的经济体系中，两厂合计拥有100元货币。进一步假设，面包厂与面粉厂各由10户人家组成，而且面包厂在价格体系中有优势，占有较多货币。这样整体上来说，面包各厂风险应对能力都较强，容易被风险的击垮的是面粉厂。我们来看劣势方面粉厂拥有不同货币数时，经济体系稳定性的具体差别。假设货币在面粉厂各户内部满足某种形式的正态分布，比如在10户面粉厂总共拥有20元货币时，也就是面粉厂与面包厂货币配置是20∶80时，这20元在10户面粉厂之间的分布情况如表2-4-1所示。

表 2-4-1　　　　贫富差距较大时穷人的货币配置情况

货币数量	拥有该数量货币的面粉厂户数
0元	1
1元	2
2元	4
3元	2
4元	1

大部分面粉厂拥有的货币都在平均数2元附近，拥有极少货币（0元）和极多货币（4元）的面粉厂数量较少。

而当10个面粉厂总共拥有30元货币时，也就是面粉厂与面包厂货币配置是30∶70时，这30元在10户面粉厂之间的可能的分布情况如表2-4-2所示。

表 2-4-2　　　　贫富差距较小时穷人的货币配置情况

货币数量	拥有该数量货币的面粉厂户数
0元	1
1元	1
2元	2
3元	2
4元	2
5元	1
6元	1

同样是中间多两头少的分布。

如果某项风险是以一定概率发生并需要一定数量的货币储蓄，比如说"大病风险"需要3元货币，那么在表2-4-1中，只有3户能够用货币储蓄扛过大病风险，另外7户会遇到问题。而在表2-4-2中，有6户能够应对大病冲击，只有4户会熬不过去，经济个体遇到无法承受风险的概率大幅度下降，从70%下降到40%。

所以一个直观的结论是，弱势阶层持有的货币储蓄越高，其阶层成员被风险击垮的可能性越小，经济整体的稳定性越高。当然不能就此简单下结论说，财富越平均越好，还需要考虑到个人付出与回报、激励机制等方方面面的因素。

由于风险是以概率而非确定的方式发生，并且在各阶层内部，货币配置也只是概率分布，于是阶层间货币配置的不平等性，往往被偶然性所掩盖，价格体系的阶级性很难被发现。比如农民日子苦、科研人员日子苦，就算根本原因在于价格体系的阶级性使他们处于弱势方，但也常常被归咎于他们自身的原因，有人会说也有富有的农民，也有日子过得很滋润的科研人员。

生病属于无法预料的风险，还有一类如婚育是可预料的风险。同样地，货币沉积越严重，那么无法承受这类风险的人就越多。比如说，在价格体系的阶级性偏差过大时，越来越多的人没办法通过正常的收入途径积累到足够货币储蓄负担婚育支出，社会婚育率会下降，并且试图通过投机，甚至违法犯罪途径应对这类可预见风险的人数就会增多，导致社会稳定性下降。

与上节一样，本节所称的货币配置，是包括金银珠宝、不动产在内各项可以当作长期储蓄的产出和资产的分配与归属情况的总和。

2.5 整体风险与价格体系上涨

旱涝等自然灾害、爆发战争等整体风险，往往引起产出的大幅下降。在生产力尚不发达的时期，产出尤其是粮食产出大幅下降的后果可以很严重，造成人口锐减的整体风险事件在历史上并不罕见。

粮食不够吃，大家就会以更高的价钱买粮，粮价就会上涨。进一步地，"粮食不够吃"成为普遍认识后，还会发生所谓"抢帽子"现象：人们将尽可能多地购买粮食，即使对他们自己来说食物储备已经远超出自身所需。这由两种心理共同造就：一方面，在粮食不够吃的客观环境下，人们总担心口粮的充足问题，并且不能确切估计灾害持续时间和严重程度，便会尽可能多地囤积粮食，造成粮食的过度储蓄。另一方面，粮食的紧俏使人们笃信，即使已经囤积的粮食吃不完，也总能以更高的价格将粮食卖出去。由于"抢帽子"行为的存在，灾害发生的实际后果总是更严重，即使整体粮食储备能够让更多人抵御住冲击，也会由于缺乏良好的分配机制而增加伤亡。

在整体风险下，粮食等商品价格总是很快进入到正反馈的上升循环中，如图2-5-1所示。

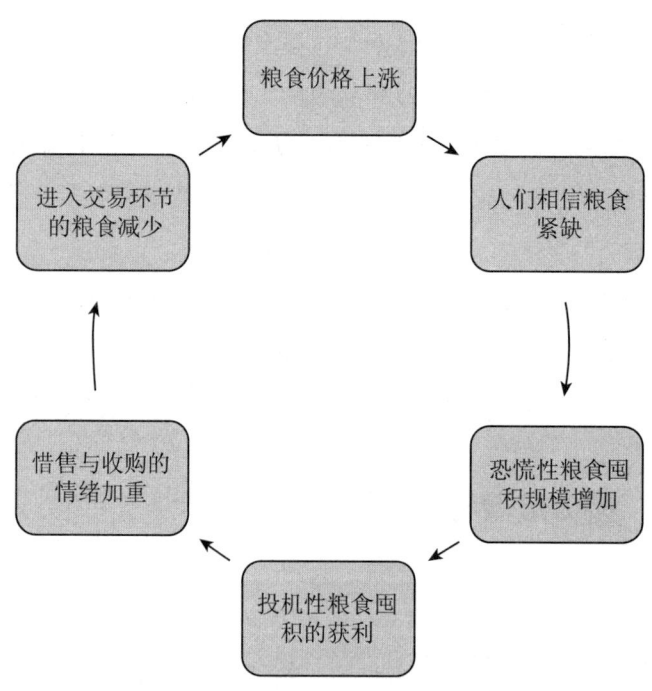

图 2-5-1　整体风险下的粮价上升循环

粮食价格越上涨，人们越相信粮食紧缺，恐慌性粮食囤积的规模越大，投机性粮食囤积的获利越高，惜售与收购的情绪越重，进入交易环节的粮食也就越少。进入交易环节的粮食越少，市场收购热情越高，可购买的粮食越少，粮价就越上涨。

这其中，参与购粮的一方，主要构成往往并非是最需要粮食的群体，而是最具购买力的那群人，即优势阶级。于是，在粮价的上升通道打开后，参与"抢帽子"、投机的人成为交易主体，而由于粮价高企，真正需要粮食的弱势群体参与交易反而不多。

在整体风险导致的粮价上涨过程中，经济体系在粮价平稳时增加的货币存量越多、产出下降幅度越大，价格体系上涨就会越严重。在"1.7 货币增长与价格上涨"中已经知道，正常情况下，货币存量的增长会被经济个体当作储蓄，未必造成价格水平上升。而一旦出现整体风险，诱发价格体系上涨，则在前述正反馈机制下，价格上涨就会非常快。

进一步地，货币分配越不均衡、货币沉积越严重，价格体系上涨的程度也就越高。这是因为粮价上涨后期，弱势群体被迫退出交易，参与交易的主体是强势群体。举例来说，同样总体20元货币，一种情况是由10户人家均分每户2元，另一种情况是8户人家每户拥有1元，剩下2户每户拥有6元，两种情况下最终的价格情况很可能是不同的。由于最终粮价水平取决于最有钱的几户人家，后者粮价上涨将更惨烈。

更进一步地，整体风险的发生还将使货币沉积问题恶化，"抢帽子"的行为往往还会让优势阶层获得更大收益，而劣势阶层被迫高价购买生存必需的口粮，在此过程失去货币储蓄。从历史上看，一个朝代发展的后期，由于货币存量上升和日益加剧的分配不均衡性，使得社会应对整体风险的能力越来越弱，而最终一次整体风险所引发的价格体系上涨，往往成为压垮旧体制政权的最后一根稻草。

2.6　中古时期经济特征与政策目标

历史学上的中古时期,是指从西罗马帝国灭亡(公元476年)开始,直到文艺复兴(公元1453年)的这段时间。这里只是借用这个名词,泛指中国的大一统王朝及其他地区的封建社会时期。

中古时期的经济特征包括:

(1) 社会整体产出主要与人口、气候和政权相关,而技术水平和人均生产力发展速度有限,产出增长有限甚至停滞。

(2) 货币已经成为主要交易媒介,经济体系内已基本实现使用统一的贵金属货币,或是用多种贵金属协同发挥货币作用,经济体系的货币存量受到贵金属存量的制约,货币发行受到贵金属产出的制约。

(3) 经济个体时常面对较高风险,而经济体系也常常发生整体风险。

中古时期,政权征税的计税依据与征收方式是多样的,以按人头和土地计税最为普遍,征收方式上延续比较长时间的是实物、徭役(劳动力征用)、货币征收相结合的方式,这是由历史上货币数量有限、税收征管成本高难度大等客观条件决定的。

举例来说,政府可能规定,面粉产出的30%需要以实物形式缴纳入国库,而面包厂必须将国库内的面粉制作为面包(徭役),同时,面包厂与面粉厂每期都应该分别缴纳10元的人头税(货币税),而政府又将征收到的20元货币在市场购买了10个面包消费。在这样的复杂税收安排下,按照每期100斤面粉的产出,面粉厂、面包厂、政府间的面包分配情况就是,面粉厂30个、面包厂30个、政府40个。

在理论分析中,税收无非是价格体系的一部分,再复杂的税收安排,其本质无非是引导出某种分配。而上述实物、徭役、人头税,实际上可以做出完全等价的、统一的税收安排。简单说来，以交易税制度为例，如果对面粉交易按照交易额的40%收税，对面包交易按28.57%收税，这套纯交易税安排与上述3种税收征收方式并行的效果完全等价。

不过这只是一种理论上的等价，在中古时期实践中，税收征管在实践中是项异常复杂的工作，交易税是很难征收的税种，不可能真的全都以征收货币交易税的方式实施。人头税、定额实物税、徭役税是中古时期的主要税收方式。

价格体系具有阶级性，政权通过或明或暗的税收安排所塑造的价格体系，应该有利于政权，应该符合维持其自身稳定的目标。在金本位等贵金属本位币制度下，由于货币产出量很小，货币沉积很容易导致通货紧缩等经济问题，因此相关政权必须防止货币沉积大规模、不可控地发生，这就必须让大多数人不能够持续有效的积累货币。

实现这一目标的一个政策方法是，通过价格体系的阶级性，主要是税收政策，挤压大多数人获得的分配数量，从而压缩其储蓄空间。举例来说，如果面粉厂与面包厂都需要20个面包才能达到温饱，并且如果他们能够赚取30个以上面包，则超出了基本所需，他们就会转而进行货币储蓄。此时，政权会倾向通过税收调控，把面粉厂与面包厂最终获配的数量维持在20~30个之间。低于20个，面粉厂与面包厂的生存将受到威胁，容易引发社会动乱，而高于30又容易引发货币沉积。

这样的社会安排可能导致极度不公平的分配。例如，面包厂有100人、面粉厂有100人，政府（统治阶级）只有10人，而产出一共有10000个面包。由此一来，按照上述目标上限，面粉厂与面包厂每人消费30个面包，共消费6000个面包，政府消费余下4000个面包，每人消费400个，政府每个人的所得要比其他两个部门（下层阶级）高出10倍以上。

进一步地，面粉厂、面包厂是由诸如"2.4 货币配置与经济体系稳定性"所举例的更小的经济单位所构成，如果作为整体的面包厂与面粉厂挣扎在生存线上勉强维持温饱，那么其中就会有部分经济个体实际生活在生存线以下，会出现不少无力承受风险的个体。与统治阶级所获得的巨额分配相比较，便呈现出"朱门酒肉臭，路有冻死骨"的局面。

即使如此，对于政权的统治阶级来说，由于贵金属本位下货币的有限性，允许一个数量庞大的阶层进行货币沉积所带来的危害，要远大于"路有冻死骨"所带来执政正义性冲击，剥削与压迫的局面便成为历史的常态。而产出越大，阶级对比就越大，剥削与压迫就越明显。当然，没有人能够吃下10倍的饭量，上层阶级所获配的超额的产出，实际转化成肉食、酒、奢侈的服装、亭台楼阁等浮华生活。

一场统治如果想要长久，也不应允许贵族、士大夫等上层阶级有太多积累货币的空间和机会。因为一旦存在货币沉积机制，货币沉积的速度总是太快，即使上层阶级人数不多，也将在短时间内引起交易体系货币不足。然而对上层阶级货币储蓄的控制难度就大得多，上层通常能够用各种手段持续敛财，流通中的货币日益流失，百姓就会直观感受到货币储蓄困难、货币支付手段日渐枯竭、通货紧缩、对货币税收不堪重负等问题。

总体来说，经济体系要稳定，货币的配置也要稳定。但这是几乎不可能完成的任务，从长期来看，总会有个别人变得越来越有钱，甚至到不可思议富有的地步。例如，西晋时期的王恺、石崇，乾隆时期的和珅，路易十四时期的孔蒂亲王，都堪称富可敌国。这时，为维护经济与社会稳定，统治阶层不得不动用各种非常规手段纠正这种情况。在中国封建王朝时期，会出现比如整饬吏治、打击豪绅的运动，"抄家"在历史上也司空见惯。在其他封建地区则表现为国王联合小贵族打击大贵族等政治、外交、军事活动。

2.7 经济秩序与道德规范

人们通过设立道德规范来维护社会秩序的稳定，其中部分规范有意无意地与经济秩序的内在要求形成了呼应。

在中古时期，对于下层阶级来说，对其设立的最重要道德品质是"勤俭"。下层阶级的勤劳对于上下层阶级双方都很重要。与管理对产出有极大影响的现代经济体系不同，中古时期上层阶级对产出的直接贡献是相当小的，下层阶级的产出不仅要养活自己，还需要供养上层阶级，这在生产力薄弱的王朝时代并非是件容易事。除了最基本的农作物种植、牲畜养殖、缝制衣鞋，园林修葺、建筑修建与军事活动等都需要下层阶级贡献劳动力。与此同时，在阶级性的价格体系下，下层阶级总被压迫在生存线上，其储蓄能力非常薄弱，却又不得不面对随时可能来临的各项风险，节俭便成为对其重要的道德束缚。若身处下层阶级却过着今朝有酒今朝醉的生活，很有可能在遇到风险时一蹶不振，严重的将会在饥寒或贫病中死去。对于王朝来说，最头疼的还不是下层阶级的死亡，而是他们花光所有积蓄、失去所有生活来源（尤其是失去住所与土地）后，依然活蹦乱跳，有的力大如牛、有的脑子里多是"异端邪说"，转而成为社会不安定因素，这种人多起来的时候，便会汇集成所谓匪盗，甚至成为叛乱势力。

对于上层阶级，节俭就不是什么可贵品质了。上层实际上还肩负了消耗下层剩余产出的"责任"，他们少吃两块肉、少饮两杯酒，对经济体系的稳定不仅没有贡献，有时还挺有害：一方面，下层获得更多热量，变得更为健壮富足；另一方面，货币沉积很容易发生在节俭或者说贪财的上层阶级。对他们来说，优秀而重要的品质是"慷慨"。在年景好的时候，"奢侈"也不会是太严重的罪行。对于掌握了经济权柄的阶层，必须要有千金散尽还复来的精神。由于货币的流转机制以及阶级性的价格体系，也确实是，散尽的货币终究会回到那些人手中。对于上层阶级来说，"贪婪"是最大罪恶，由于上层阶级在价格体系中占有优势，要获得并囤积货币相当容易，如果这群人贪婪，不断在家里囤积货币，会导致严重的货币沉积，流通在外的货币以及下层阶级的货币储蓄不断减少，这将削弱下层阶级对风险的抵御能力，提高通货紧缩的风险，对经济稳定大为不利。

当然，并非所有的道德规范都是有利于经济秩序的，囿于人们对经济与社会规律认知的局限性与社会惯性，有些道德规范带有短视性。典型例子是中国古代传统中对商人的贬抑。所谓"士农工商"四族,自春秋战国以来,商人就被视为末流,汉景帝的《劝农桑诏》就称商人为"末者",对于从商的行为极尽鄙斥。儒学思想认为,商人只是从事商品贩卖,并不增加社会产出,而且根据贸易模型,商人极容易囤积大量货币,不务正业又暴敛财富。然而,从更长远的角度看,一个良好的通商环境,不仅能够形成"以节余补不足"的自动调节机制,平抑地区间或者跨时间的产出波动,更重要的是,可以促进社会进一步分工与技术交流,而文明后期,技术进步又是产出增长的主要动力。

抑商传统导致对中国帝王一个特殊的品质要求——勤政。由于中古时期中国官僚士族阶层对经济与社会生活全方面的介入与控制,商人群体能动性不足,经济体系自发的产出调配机制效率低下。当局部灾害发生时,无法形成大规模自发出现的由商人团队从粮食富余处向粮食欠缺处倒卖的调配。更为悲剧的是,中国幅员辽阔,每年总有地方要闹点灾害。于是,皇帝成为"灭火队员",需要不断发布蠲免灾害发生地赋税的政令,并调配各地粮库去赈灾,还要祭祀祈雨或退洪。所以,中国史料中关于灾害发生和赈灾活动的记载特别多。

2.8　旧制度的崩溃

> 天之道,损有余而补不足。人之道则不然,损不足以奉有余。
>
> ——老子

一个王朝大概总是这样开始的。新王朝通过武力取得政权,在征战过程中,新旧势力的对决使得大量的金银珠宝等货币、类货币资产以军饷等方式散落到了下层阶级中。

一方面,旧势力为了维护其政权,不得不大量动用货币储蓄,这既包括统治阶级动用国库支持战事，也包括上层阶级在动乱情况下，为保全自身或维持奢华生活而做出的额外开支。

另一方面，新兴势力，其源头可能是外部入侵者，也可能是内部起义，他们的包袱要轻得多，在对旧王朝一路攻城略地时，可以无须理会旧王朝建立的阶级秩序。新兴势力缴获的货币与物资，往往被用以支付给支持他们的下层阶级，尤其是不断加入其武装队伍的下层阶级。于是，新兴势力通过旧王朝的货币储蓄，调度群众去推翻旧王朝。这一过程一旦形成规模，是一个正反馈过程，新兴势力越壮大，对旧王朝侵蚀就越大，所能获得的旧王朝货币、物资也就越多，而这些货币、物资又可以让新兴势力更加壮大。所以历史上常常可以看到，新兴势力初期即使非常弱小，如陈胜吴广、刘邦、李自成等起义势力初不过百人，却不断壮大，让旧王朝应对越来越吃力。

如果旧王朝垮台，新王朝就会开始。从统治阶层角度，新王朝不太可能从旧王朝那里继承一个充盈的国库。从上层阶级角度，通过征战与新王朝初期的清洗，旧有的上层阶级所聚敛的财富会被瓜分。于是，大量的金银货币事实上得以进入原本下层的阶级。而下层阶级的货币储蓄相对充裕，市场上的货币就较为充裕，商业活动就较为活跃，经济体系将具备较高应对风险的能力。此外，王朝初建往往会采取修养生息的策略，待局势稳定征战平息，生产活动恢复后，经济常得以很快恢复活力，并取得一定发展。

然而，货币沉积会很快发生。政权稳固后，新王朝的府库当然需要日渐充盈，在没有战争等大项额外开支的时候发生财政赤字，是哪位皇帝也不会接受的。通过阶级性的价格体系，货币沉积并不单单发生在统治阶层所掌握的国库中，更多货币沉积在上层阶级。统治阶层往往不确切掌握这些群体所藏货币的具体情况，更不可能了解社会总体的货币失衡程度。

随着货币在少数人手中快速积累，在王朝的中期，下层阶级的货币储备将被压缩到可怜的地步。这会产生两个方面的重大影响。

首先，有些下层阶级开始无法承受哪怕轻微的风险，一点小的伤病、婚丧嫁娶，都可能使其失去经济参与能力。土地被兼并、农民失地成为流民或者丧失劳动力，这些都会导致王朝的劳动力下降，产出下降。与此同时，下层阶级内部也出现了较大的贫富分化，少数下层阶级的富裕生活使得下层阶级的普遍困境难以被察觉，统治阶级也就很少能据此做出政策调整。

其次，货币的集中导致商业活跃度降低，大量参与者逐渐被清退出交易系统，整个王朝的价格体系变得极易操控，价格话语权被少数人掌握。举例来说，粮食产出方面，农民在歉收时固然收入大受影响，即使丰产时，由于价格被压低，农民依然不能有效储蓄赚到钱。这导致了货币回流至农民的机制栓塞，使得无论丰收歉收，农民的货币始终在流出。

《晚明社会变迁问题与研究》[①]中有一个例子描述了张居正实行"一条鞭法"、税收统一折合为白银货币后，价格体系的阶级性是如何导致农民难以取得货币而又容易流失货币的：

"税收折银以后，缴纳赋税之时，农民为了交税，不得不以低价出卖粮食，获得白银，于是纳税期粮食价格下降；当纳税期一过，粮食价格立即上涨，造成了农民生活的困难。如万历四年（1576），山东汶上县税收时，小麦价格从原来的每石0.52两白银下降到0.37两，而大麦由每石0.4两白银下降到了0.25两，并且在三个月后，才恢复到原来的价格。"

王朝到了后期，由于货币沉积往往极其严重，市场已经基本失去了调节、平抑波动的能力，下层阶级稍遇风险，就全线溃败。早年尚有余力大兴土木、修建陵寝的王朝，一会儿不得不为两湖的洪灾调拨，一会儿又要为直隶旱情奔忙，左支右绌。并且，由于货币集中度高，在发生大范围灾害时，由"抢帽子"等投机活动造成的价格体系上涨就会非常严重。若遇到战事，需要征缴粮饷，下层阶级本就处在破产边缘，稍加赋税便痛苦不堪，经过多年发展上层阶级又已是铁板一块，只能是民不聊生了。最终新

---

① 万明：《晚明社会变迁问题与研究》，商务印书馆2005年版。

兴势力兴起，旧王朝崩溃，构成新的王朝循环。

明朝的崩溃过程非常典型。明末，崇祯上台后诛杀魏忠贤，阉党溃败，东林党一家独大。而东林党正代表官商集团利益。自此之后，货币全部往官商集团沉积，连国库都没钱。一旦崇祯欲课官商重税，文官集团便以"国不与民争利"阻止，致使国库常年空虚。实际上货币并没有在"民"那里，而是通过如上述引文的各种途径聚集到了"官"那里。后来遇东北努尔哈赤起兵，国库无钱打仗，朝廷加征"辽饷"税以备战事，又加征"练饷"等税赋，统统摊派到农民头上。农民既无货币储蓄，在价格体系的阶级性下又赚不到钱，根本不堪重负，终于起义四起。崇祯时期，财政岁入仅在500万、600万两，而当李自成进京，仅查抄京官家产就得银7000万余两，可想而知，在全国官商集团手中的货币是怎样惊人的数字。这也是为什么崇祯说"诸臣误朕"。与之形成对比的是，将时光回拨一段时间，在魏忠贤时期，虽然货币沉积也已经非常严重，但魏忠贤至少还能从文官集团那里搜刮到些钱财弥补国库亏空，这也是为什么有人说，若魏忠贤还在，明朝不至于那么快灭亡。

所以封建时期王朝的兴衰可以按步骤归结为：

（1）相对平均的初始货币分布，较为活跃的市场与经济。

（2）阶级性的价格体系开始起作用，货币沉积开始，流通中货币减少，市场活动减少，期间可能伴随通货紧缩，使价格体系向更不利于下层阶级的方向发展。

（3）货币集中度达到惊人的程度，市场完全沦为货币进一步集中的场所，丧失调节平抑地区与跨时波动的能力。

（4）脆弱的经济结构无法抵御大范围的自然灾害、战争等整体风险，产出下降，价格体系上涨发生。

（5）大量农民破产，流民出现，新兴势力崛起。新兴势力边打边抢、边抢边壮大，星火燎原。

（6）旧王朝崩溃，新王朝崛起。

伴随着生产力的发展以及金银货币总量的增加，贫富差距越来越明显，贵金属本位下的王朝体制越来越不稳定，上述周期越来越短暂，最终连大一统或者封建王朝的形式都无法维系了，政治体制迎来深刻变化。至18世纪欧洲，科学技术的发展与美洲的金银，促使工业革命出现，带来产出与货币的爆发，人类文明进入资本主义新时期。

2.9 小结

本章通过介绍皇城这样的大型工程是怎样建立起来的，阐释了货币流转的劳动力调度本质。

我们还说明了价格体系具有阶级性，造成阶级化的分配结果，并且会带来货币沉积的副作用。而货币沉积、货币配置不均衡、贫富差距大会损害经济体系的稳定性，使其容易被整体风险影响乃至击溃。旧制度下的经济政策、道德规范有很多内容正是为了缓解货币沉积，但是从未成功解决这一问题，王朝的兴替便与此息息相关。随着产出与货币大幅增长的时代到来，旧制度的稳定性越来越差，最终整个制度体系彻底崩溃。

第3章 产出的结构

产出是如何增长的?

产出都是有用的吗?

用GDP来衡量产出会有哪些问题?

产出增长很快一定是好事吗?

为什么企业、经济体系在经过一段时间的高速增长后常常会很快陷入低迷?

为什么房价上涨以后,物价总是会跟着上涨?

为什么房价上涨时,经济总是显得特别景气,而房价下跌时,经济就显露颓势?

什么是滞胀?滞胀一定是坏事吗?

政府是如何干预经济的?政府干预对经济是利是弊?

3.1 生产余力与经济刺激政策

之前的章节都假设产出不变，本章开始，我们讨论产出会发生变化的经济体系。随着生产力的发展，大多数时候产出是增长的。

让产出增长最简单的方式是增加生产投入。例如，增加劳动力投入，经济个体增加劳动时间，本来每天8小时做4双鞋，后来鞋卖得不错，加班到每天10小时做5双鞋；或者白天种地，晚上兼职做个手工艺活计，相对于不做兼职，产出当然也是增长的。另一个影响劳动力的因素是劳动人口，如果劳动人口处于增长状态，那么经济体系也能获得产出增长的机会。

在实际中，并不是所有劳动力都会被投入生产中，就个体而言，人需要休息、需要娱乐，由于时间有限，这些活动跟生产往往呈互斥关系。就社会整体而言，劳动力被闲置或者空耗的因素就更多了，比如农村劳动力在农闲时期找不到其他工作、计划经济下劳动力与岗位分配的不合理，等等。这些构成经济体系的劳动力余力。

不仅劳动力会有未被充分利用的情况，若各生产要素的衔接配合出现问题，也会使得整个经济的生产留有余力。例如，厂房与设备被不懂得使用和管理的人占用以至于被闲置，新的技术没有得到有效推广和应用等。这些构成经济体系的资源配置余力。

各种未被充分利用的劳动力与资源，我们称之为生产余力。生产余力代表了一定程度的资源浪费，也代表了经济体系的产出潜力。

生产余力的来源之一是科学技术的进步。当人们通过发明创造掌握了先进的管理手段、先进的工具与机械设备，人们将能够通过更少的资源、更少的劳动力消耗生产出更多产出，短期内就会有部分资源、劳动力空闲下来，形成生产余力。

需求不足也会导致生产余力产生。

生产余力是普遍存在的，经济体系产出也因此有所波动。可以通过经济刺激政策利用生产余力，引导产出增长。我们用如下模型说明这一点。

在基本模型里，如果对面粉厂和面包厂来说，50个面包已经完全够吃了，那即使有生产余力，面包厂也没有动力生产更多面包，也就没有动力购买更多面粉，面粉厂当然也就没有动力生产更多面粉。

需求不足的问题很容易解决，没有需求可以创造需求，我们引入货币当局来发挥生产余力。虽然面粉厂和面包厂吃面包已经吃够了，但是多储蓄点货币总是很乐意的，假设货币当局每期可以发行4元货币，且面粉厂完全有余力生产102斤面粉，面包厂做102个面包也很轻松，那么经济体系运行的过程表可以如表3-1-1所示。

表 3-1-1　　　　　　通过新增货币发挥生产余力　　　　　　单位：元

第1期	面粉厂	面包厂	货币当局
期初货币	50	50	0
货币制造	0	0	+4
面粉交易	+102	−102	0
面包交易	−50	+102	−4
期末货币	52	52	0

注：面粉1元/斤，面包2元/个。

多生产出的2个面包被货币当局消费掉了，而面粉厂与面包厂多获得了2元货币储蓄。就这样，新增货币发挥了生产余力，经济体系的产出得到了增长。

上述过程可以与"1.8 货币当局与铸币税"一节中的模型比较来看。由于货币当局发行和使用了新货币，面粉厂和面包厂都被征收了铸币税。在1.8节中，铸币税以货币当局对产出的直接占用征收，面粉厂和面包厂减少了面包消费。而在这里，铸币税以货币当局对生产余力的调用征收，面粉厂和面包厂通过加班、额外劳动，给货币当局提供了额外的面包。

从个体角度讲，1.8节中的面粉厂与面包厂不能察觉到铸币税，他们会认为额外的货币储蓄是由"节俭"了面包消费带来的。同样地，在这个劳动余力模型中，面粉厂与面包厂也不能察觉到铸币税，他们会认为额外的货币储蓄是由"勤勉工作"带来的。表面上来看，这又是一场皆大欢喜的局面。

如果经济体系始终保持相同的运行方式，那么体系内的货币也会越来越多，发生价格体系上涨的概率就会日渐提高。反之，如果货币当局停止印钞并减少面包消费，那么产出水平会下降恢复到原有水平。

实际上，上面的模型给出了扩张的货币政策导致产出增长的路径，这是货币政策看上去有效的根本原因。通过提高货币供应，刺激总需求，大家发现赚钱的机会变多，便更卖力工作，并且确实赚到了更多的钱。问题是，这个过程不可能是个稳态过程，因为货币存量总是在不断增长，迟早会有价格体系上涨发生。如果价格体系上涨水平很高，大家会发现以前的钱都白存了，空欢喜一场，继而引发不满。进一步地，如果要保持这种增长后的产出水平，印钱不能停，一旦停止又有产出下降之虞，所以扩张的货币政策往往一旦开始就停不下来。

生产余力的存在是财政政策与货币政策有效的必要条件。有人把20世纪90年代日本经济衰退时货币政策与财政政策的无效性归结为流动性陷阱，这是个错误认识。事实上，处于严重老龄化状态的日本在当时劳动余力不足、新技术带来的产出增长又没有立竿见影的效果，财政政策与货币政策自然很难促进产出增长。

3.2 产出的结构

现实中的产出当然不止面粉和面包，在衣食住行等方方面面，产出的种类是非常丰富的。我们把各种消费类商品与服务都抽象为相同的产出，即不妨认为面包代表了所有消费类产出，而进一步关注其他类型的产出。

在"2.2 大型工程模型与货币流转的宏观本质"里，我们已经认识到了经济体系还可以建造皇城，皇城自然也是一种产出。更为人们所熟知的同类型产出是房产。简单起见，去掉大型工程模型中的政府，我们来建立一个有房地产的经济体系模型。

假设经济体系有面粉厂、面包厂和房地产部门3个主体，期初面粉厂与面包厂有10元货币，房地产部门有50元货币。假设面粉厂与面包厂总是保留10元作为流动资金，他们总是另外存钱购买房产。房地产部门建造房子需要2期时间，房子的价格是40元/套。每期房地产部门的建筑工人、设计、管理人员等需要吃掉10个面包，而且面粉厂与面包厂每期分别都储蓄10元货币买房屋，在第2期期末的时候房屋盖好，面粉厂与面包厂一起合买一套房屋。这样经济体系运行的具体情况如表3-2-1、表3-2-2所示。

表3-2-1　　　　　　　　　房地产模型第1期　　　　　　　　　单位：元

第1期	面粉厂	面包厂	房地产部门
期初货币	10	10	50
面粉交易	+100	−100	0
面包交易	−90	+110	−20
期末货币	20	20	30

注：面粉1元/斤、面包2元/个。

表3-2-2　　　　　　　　　房地产模型第2期　　　　　　　　　单位：元

第2期	面粉厂	面包厂	房地产部门
期初货币	20	20	30
面粉交易	+100	−100	0
面包交易	−90	+110	−20
房产交易	−20	−20	+40
期末货币	10	10	50

注：面粉1元/斤，面包2元/个，房屋40元/套。

如表3-2-1、表3-2-2所示，面粉厂与面包厂在第2期期末合买了一套房屋，最终货币配置情况还原为期初。也可假设面粉厂与面包厂中的一方先买房屋，另一方后买，本质是一样的。该经济体系的实质是在有房地产部门的情况下，每期面粉厂与面包厂消费45个面包，剩下10个面包"供养"房地产部门，使得经济体系每两期获得一套房屋产出。

按照上述价格体系，房地产部门肯定不高兴，因为卖房屋的收入刚好等于盖房子所需面包消费的成本，房地产部门自己永远也住不上房子。而如果房产的价格大于40元，那么房地产部门就有机会盖属于自己的房子了。例如，若房价为50元/套，那么每两期房地产部门就可以攒下10元货币，每8期可以攒下40元货币，那接下两期建造的房屋就可以自己住，不必对外出售。显然，房价越高，房地产部门就能给自己造越多的房子。事实上，由价格体系与分配的关系也知道，房价越高，房地产部门获得包括房屋在内的分配自然也就越高。

如果房屋的建造成本非常高，比如建造一套房屋需要消耗100个面包的劳动力，相当于200元货币，而整个经济体系一共只有70元货币，事情就比较麻烦了。在"2.2 大型工程模型与货币流转的宏观本质"中，政府通过强制税收建造了很贵的皇城，如果没这种强制力，需要通过市场化的交易完成200元的房屋建造，就必须通过借贷来实现这一目标，这方面的内容我们留到第4章去论述。

稍微改动一下上述模型，可以得到经济体系的另一种产出结构。面包厂的面包产量取决于面粉产量，而面粉产量与气候、农民工人数量、小麦品种、种植生产技术等条件有关。此外，面粉的产量还可能受到其他产出的影响，比如说，存在工业部门可以为面粉厂生产锄头、磨盘等工具，从而提高面粉厂生产效率，增加面粉产量。

不妨假设，工业部门每2期可以生产出一套农具，每套农具能够给面粉厂带来10斤/期的面粉增长，农具的价格是40元/套。面包厂不需要农具，也没有进一步增加储蓄的意图和举动。经济运行的情况如表3-2-3、表3-2-4所示。

表 3-2-3　　　　　　　　　农具模型第 1 期　　　　　　　　单位：元

第1期	面粉厂	面包厂	工业部门
期初货币	10	10	50
面粉交易	+100	−100	0
面包交易	−80	+100	−20
期末货币	30	10	30

注：面粉1元/斤，面包2元/个。

表 3-2-4　　　　　　　　　农具模型第 2 期　　　　　　　　单位：元

第2期	面粉厂	面包厂	工业部门
期初货币	30	10	30
面粉交易	+100	−100	0
面包交易	−80	+100	−20
农具交易	−40	0	+40
期末货币	10	10	50

注：面粉1元/斤，面包2元/个，农具40元/套。

消费情况是，面粉厂每期消费40个面包，面包厂每期消费50个面包，工业部门每期消费10个面包。上述过程表依然让货币配置情况还原至期初，但是经济体系已经有所变化，因为农具的存在，在第3期面粉产量将达到110斤。上述经济体系的实质是面粉厂每期用10个面包"供养"工业部门，换来了1套农具，得到产出增长。进一步地，假设第3期工业部门不再参与经济体系，可以得到过程表如表3-2-5所示。

表 3-2-5　　　　　　　　　农具模型第 3 期　　　　　　　　单位：元

第3期	面粉厂	面包厂
期初货币	10	10
面粉交易	+110	−110
面包交易	−110	+110
期末货币	10	10

注：面粉1元/斤，面包2元/个。

消费情况是，面粉厂与面包厂都得到了55个面包消费。仔细琢磨的话，这里面有不合理的地方。在第1期和第2期，面粉厂通过减少自己的面包消费，独自供养了工业部门，换取了的面粉产出的增长，面包厂却自动享受到了面粉增长带来的益处，面包厂搭了面粉厂与工业部门的便车。

这一方面说明面粉厂为面粉产出增长所做的努力具有外部性，不仅自身有好处，还让经济整体福利有了额外提升。另一方面，这也说明分配问题有其复杂性，合理的分配是件很难界定的事。

从工业部门角度看，如果价格体系保持不变，农具产量也保持不变，那么工业部门只能每2期获得40元出售农具的收入，于是面粉产量的增长与工业部门将一点关系都没有。如果认为工业部门是产出增长的源泉，这也就是说，**没有一种自然而然的机制，促使产出的分配向对产出增长作出主要贡献的方向倾斜**，这说明经济体系运行具有内在局限性。

类似模型中的工业部门，科学研究、技术创新等创造性部门对整个经济体系带来的收益，要大于他们给自己带来的收益，但是却没有自然的机制让科研人员和技术人员能够充分享受到他们所带来的产出增长的益处。在一些不合理的价格体系下，科研和技术人员甚至可能过得很悲惨。

这一节我们得到了两种新的产出：房屋和农具，这两样东西都是通常意义下的资产。会计上把资产定义为"由企业过去经营交易或各项事项形成的，由企业拥有或控制的，预期会给企业带来经济利益的资源"。按照这一定义，货币与存货都是会计意义上的资产。但由于我们假设面粉面包不能保留到下期，在经济动力学中，我们所说的资产通常指房产、设备工具与金融资产等可以在各期延续的资产。

产出房屋和农具的经济体系实际上对应两种产出结构。一方面，模型中假设房屋只能用来居住，没有生产功能，房屋的增长对面粉与面包的产出没有贡献，即房屋平行于面包的产出。另一方面，农具的产出却能直接带来面粉产出的增长，进而导致面包产出的增长，这代表了产出的层次结构，农具产出是面粉产出的较高层。进一步地，还会有让农具产出增长的产出，产出的层次可以很高。现实中如重工业就是可以给其他产出带来增长的典型行业。

为了简单清晰起见,模型中把农具和房屋放在两个模型中分别讨论,现实中当然既有房屋、面包这样的平行产出结构,也有农具这样更高层次的产出结构。我们可以把它们放在一起,得到产出层次结构丰富的经济体系。

3.3 无效产出与消耗结构

在前述的各个模型中完全不存在浪费,所有面粉都被做成了面包,所有面包都被消费。然而如果面粉生产太多,或者面包做得太多吃不完,或者房子造太多没人住,又或者已不需要那么多农具,工业部门却还在生产农具,这些多余产出都无法为社会带来任何益处,成为无效产出。现实经济体系不可能完全避免无效产出,浪费和闲置相当常见。

与无效产出相似的概念是消耗结构,指经济体系的部分个体进行一些没有显著意义的经济活动。举例来说,有一个经济局部包括三个部门:石油部门、审计部门、交通部门。每天进行下述活动:

(1) 石油部门开采石油并炼化汽油,销售给交通部门。

(2) 交通部门将审计部门早上接到石油部门进行审计,晚上再将其接回家,其中将消耗掉汽油。

(3) 审计部门每天对石油部门的账目进行审计。

整个交易过程如下:石油部门支付100元给审计部门作为审计费,审计部门早上就把往返的车费100元给交通部门,交通部门晚上付100元汽油费给石油部门。于是这100元货币,支撑起石油工业、金融业、公共交通业300元的"国内生产总值(GDP)",每天如此。

但是,其实这三个部门完全没有必要这么麻烦,他们每天即使什么都不干待在家里,对整个经济体系也没有影响。这个石油—审计—交通三部门经济局部，就构成了一种消耗结构。现实中的消耗结构是非常多的，一个管理不当、冗员的公司或机构内部可能就有很多无实际意义的内耗性工作。

在"3.1 生产余力与经济刺激政策"中，货币当局是否是一种消耗结构？事实上，基础模型中面粉厂、面包厂构成的经济体系中，两厂也不过是在永远重复自己做面包又自己吃面包的过程，对外界没有任何帮助，是否也可以视作一种消耗结构呢？要回答这一问题，实际上是要回答经济体系、社会存在的意义性问题，这是一个深刻的哲学与社会学问题，超过了经济学的范畴。我们可以认为，这个问题没有一般普适的答案。虽然大家都知道消耗结构的存在，却很难给出永恒不变的、普适的界定标准来判定消耗结构。当然这不意味着我们不能指出某项具体活动是消耗结构，很多工作属于明显的无用功，其无效性当然可以说清楚。

无效产出、消耗结构与生产余力有着天然的联系。一旦停止无效的生产活动、解除消耗结构，原本从事这些活动的劳动力自然就被解放出来，形成生产力。也就是说，无效产出与消耗结构中包含生产余力。中国改革开放后生产力的飞速发展，与这种生产余力的解放有莫大的关联性。

经济学领域有个众人皆知的段子，说当年罗斯福政府组织了大量人力，让一拨人先挖一个坑，再找另一拨人把这个坑填上。这显然是消耗结构，问题是，罗斯福政府这么做的意义何在？我们将在第6章给出这一问题的解答。

现在我们知道，经济体系里不仅有不同类型的产出，产出之间有联系、有层次结构，还有无效产出和消耗结构，这些一同构成了一个经济体系的生产情况。

3.4 国内生产总值与不幸福的经济学

国内生产总值，英文为Gross Domestic Product，简称GDP，指一个国家（或地区）所有常住单位在一定时期内生产的全部最终产品和服务价值的总和。这个概念最早提出于1934年1月4日美国商务部内外贸易局向国会金融委员会呈递的《国民收入报告(1929—1932)》。在上节的石油—审计—交通部门三元体系中我们已经提到过GDP。

对于GDP这一指标的批判由来已久。在物理上，具有不同单位的数字相加没有意义，比如1米/秒的速度不能与1千克的质量相加。但在GDP这一概念中，要求把所有具有价格的事物相加，既然万物皆可标价，GDP也就把万物相加。于是10个面包和1套房子被加起来，按照面包2元/个，房子40元/套的价格，他们被加成了60元GDP，即使这种加法的意义非常模糊。

事实上，GDP的定义即带有迷惑性。定义里的价值是什么意思？那些价值等于价格吗？价值可以相加吗？

接下来的三个故事将具体说明GDP作为经济指标的各方面缺陷。

第一个故事：

有两个经济学研究生甲和乙在路上走，甲心血来潮对乙说：你让我打你10个耳光，我给你5000万元。乙一听，这么容易就赚5000万元，答应了，让甲打了10个耳光。二人继续走，乙越想越不甘心，对甲说：你让我也打你10个耳光，我也给你5000万元。甲考虑到乙被打了好像也没啥事，又对刚才的5000万元非常心疼，于是甲也同意了。于是甲乙互相打了十个耳光，那5000万元两清了。两个人平白无故被打了一顿，越琢磨越觉得不对劲，肿着脸去找他们的经济学教授，教授听了他们的诉说，激动得潸然泪下：同学们，你们应该高兴啊，你们仅仅挨了两顿打，就为咱们国家贡献了1个亿的GDP啊！

这个有点暴力的故事暴露了GDP的两个问题。首先，故事中的GDP本质是甲和乙互相提供让对方打脸发泄的服务，这当然是属于GDP所定义的服务，但是这种服务有悖常理，一般会认为这属于上一节中的无效产出与消耗结构，但是GDP的统计和计算方法没办法剔除。其次，这种打脸发泄的服务定价竟然为5000万元，但他人没有坚实的理由反驳该服务的这种定价。现实中也有很多事物会产生类似巨额GDP，在特殊基建等政府支出领域尤为突出。

体现在GDP中的价格还有别的问题。现代信用货币制度下，通货膨胀长期存在，实际应用中，GDP会按照价格指数进行调整，但是这个方法仅限于基期存在可比商品和服务的价格时才有理论上的应用价值。在当代，科学技术和社会发展很快，新商品、新服务层出不穷，新事物是按照通胀后的价格水平定价的，这使得用GDP来衡量产出容易偏高。

第二个故事：

巴西前农业部长何塞·卢林贝格提到过一个例子，有两位母亲，原来各自在家中抚养自己的孩子，因为是自己的孩子，所以母亲尽心尽力，孩子们也充分地享受着母爱和幸福，但国民经济和GDP不会因为她们的劳动而产生任何变化。后来，这两位母亲来到劳动力市场，双双作为保姆彼此到对方家里照管对方的孩子，她们的劳动因此产生了经济效益，当地的国民生产总值也因此得到了相应的提高，但双方的孩子享受到的只是保姆而不是母亲的抚养。孩子难以获得母亲的呵护，母亲难以找到注视孩子成长的幸福感。诡异的是，整个社会的幸福感减少了，经济总量却提高了。

这个故事反映出GDP记录的并非是真正的产出数据，而是进入交易的产出，并且由于进入交易，产出才被赋予价格，才能够进行加法计算。甚至于对GDP来说，关键并非是产出本身，反而是交易。由此，甲乙两位同学的互打耳光的行为，虽然没有带来什么良好的后果，却由于进行了交易而贡献了巨额GDP。母亲抚养自己的孩子当然作出了贡献，有良好的产出，但是没有交易环节，也无法量化计算，便与GDP无缘了。

在面粉厂与面包厂二元体系中，如果面包厂直接吃掉了自己消费的50个面包，那么这50个面包也就不能计入GDP。而如果面包厂先给自己员工发工资，再让员工把这50个面包买回去消费，就又能计入GDP了。实践中，由于对GDP的统计只针对交易进行，对产出的界定往往非常模糊，

GDP的计算和统计始终非常混乱。

第三个故事：

依然是那位何塞·卢林贝格说的故事，在一次从瑞士乘飞机回国飞越大西洋的时候，他突然想，如果这时候飞机坠毁，自己的家人、航空公司都将得到一笔赔偿金。而因为这笔赔偿金，巴西和瑞士的国民生产总值都会马上得到相应的攀升。如果瑞士的航空公司因此再买进一架新的民航飞机，由于建造飞机，其国民生产总值将再一次得到攀升。于是因为飞机坠毁这一不幸的事故，两国的GDP都取得了可观增长。

这故事与早年经济学上的破窗谬论异曲同工：假如小孩打破了窗户，必将导致被打破窗户的住户更换玻璃，使玻璃厂和玻璃工人开工，增加社会产出。

飞机坠毁的故事与破窗谬论都反映出GDP的另一个缺陷，它没法分辨哪些产出是新增的有效产出，哪些仅仅是弥补损耗的。

总体来说，这三个故事反映出GDP四个方面的缺陷：

(1) 它会多计入很多无效产出和消耗结构。

(2) 它计量的价格依据往往是不靠谱的。

(3) 它只计量进入市场交易环节的产出，对没有进入交易环节的产出视而不见。

(4) 它只管产出的存在性，不顾该产出是否真的为社会带来了好处。

这三个故事都在说，按照GDP衡量的经济学是"不幸福的经济学"，GDP这个统计指标远没有那么重要。

从第三个故事来看，不幸坠机事件所带来的新建飞机的GDP及破窗谬论中新造玻璃的GDP，是确确实实存在的。一方面，从社会总体看，社会总体保有的飞机、玻璃总量没有改变；另一方面，飞机制造、玻璃生产安装又确实付出了劳动，各方也据此得到了货币收入。从"2.2 大型工程模型与货币流转的宏观本质"知道，货币流转的宏观本质，在于对劳动力的调度。因而实质上，GDP定性反映了货币对劳动力的驱使程度，也在一定意义上反映出社会分工的程度，对经济体系的活跃程度有一定参考价值。

但从定量角度看,GDP对经济体系的刻画局限性明显,这一指标的意义在当前被夸大了。

3.5 高次增长与指数化陷阱

在现代技术下,农具这类技术突破一旦发生,其需求量可以很大。不妨说,在工业部门出现前,由于面粉厂原先的生产方式落后,以至于可以通过增加40套农具,每套农具增加10斤面粉产量,新增400斤面粉产出,使得面粉产量达到500斤。

如果每期只能生产1套农具,要使得农具保有量达到预想的40台,工业部门需要40期的连续生产才能达到要求,如果一期是一年,几乎是半个世纪那么漫长。进一步地,如果计较农具的损耗,比如每套农具每期损坏率是10%,那么在第10期之后,工业部门的产出只能刚好满足损耗的补充,面粉厂的农具需求永远也得不到满足。

种种情况都要求,农具的生产不能停留在每期只生产1套的局面,工业部门需要增加农具的产出,使经济体系获得"增长的增长"。由此,假设工业部门不仅可以生产农具,还可以生产增加农具产出的机床,每台机床都能使每期农具产出增加1套,而工业部门每期能生产1台机床。于是,整体的增长结构是,体系每保有1套农具,都能增加10斤的面粉产出,每保有1台机床,都能增加1套农具产出。

在第1期,经济体系没有农具,只有100斤面粉产能。在第2期,经济体系有了上期制造的1套农具以及1台机床,面粉产能变为110斤,并且由于增加了1台机床,农具产量也增加1套,第2期将能生产2套农具。以此类推。农具、机床、面粉的产能产量情况汇总如表3-5-1所示。

表 3-5-1　　　　　　　　机床、农具与面粉产量

期数(t)	机床保有量（套）	当期农具产量（套）	农具总保有量（套）	面粉产量(Y)（斤）
1	1	1	1	100
2	2	2	3	110
3	3	3	6	130
4	4	4	10	160
5	5	5	15	200
6	6	6	21	250
7	7	7	28	310
8	8	8	36	380
9	9	9	45	460
10	10	10	55	550？

表 3-5-1 中，每期增加 1 台机床，机床数也就恰等于期数，当期农具产量为上期机床数量+1，也恰等于期数，当期农具总保有量=当期机床产量+上期农具总保有量，当期面粉产量=100＋上期农具保有量×10。

如果把面粉的产出 Y 写成期数 t 的函数形式，可以得到 $Y = 5t^2 - 5t + 100$，这是一个二次函数，代表了面粉产出是按照二次形式增长的。事实上，还可以进一步假设，存在"生产机床的机床"，使得机床的产量也能增加，使得面粉产能实现三次或以上形式的增加，即面粉产量是期数 t 的三次以上多项式函数。

在目前的经济学领域，人们喜欢用指数同比的方式比较各期数据。图 3-5-1 列出了面粉产量的同比增长数据。

可以看到，在面粉产量为期数的二次函数下，同比增长率先升后降。更高次多项式的函数也会是同样的规律，历史上的经济数据大多也符合这一规律。事实上，同比增长率是个指数增长的概念，数学上早就知道，指数增长是非常快的，只要时间够长，任何有限次数的多项式函数相比指数函数都为小量。也就是说，增长率最后都会趋向于0。一般认为，自然界中不存在长期指数增长的事物，经济领域更是如此。人们却偏偏特别喜欢

以指数化方式衡量各种经济数据,这是个坏习惯。

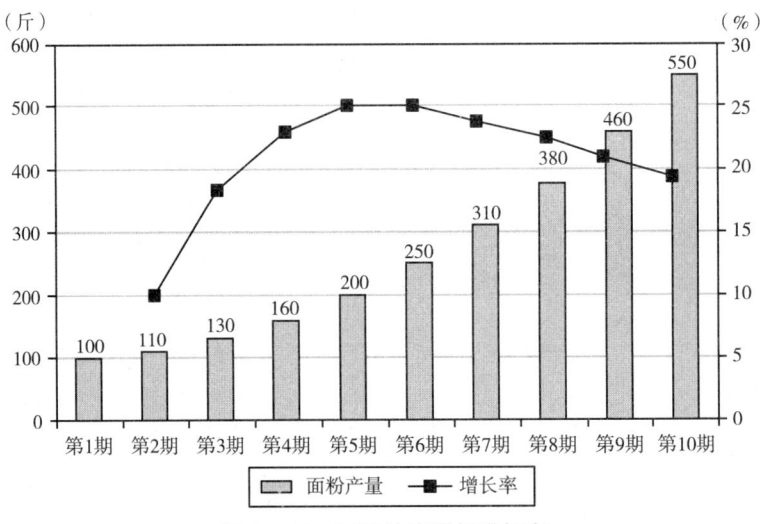

图 3-5-1 面粉的产量与增长率

回到面粉产量数据,在第10期面粉550斤产量旁边打了一个问号,是因为通过农具不可能获得面粉产量的无限增长,经济体系只需要40台农具,而在第9期,体系已经拥有了45台农具,多余的农具不能再带来面粉产量的增长,农具产出在第10期变得完全无用,同时,机床产出也不再必要。而如果计算GDP,那么第10期由于农具与机床产出戛然而止,GDP不仅没有增长,还迎来了负增长。

具体来看GDP的影响,假设机床100元/套,农具40元/套,面粉1元/斤,GDP及其增长率如表3-5-2所示。

表 3-5-2　　　　　　　　GDP 及其增长率

期数（t）	机床产出的GDP（元）	农具产出的GDP（元）	面粉产出的GDP（元）	GDP合计（元）	GDP增长率（%）
1	100	40	100	240	—
2	100	80	110	290	20.83
3	100	120	130	350	20.69

续表

期数（t）	机床产出的GDP（元）	农具产出的GDP（元）	面粉产出的GDP（元）	GDP合计（元）	GDP增长率（%）
4	100	160	160	420	20.00
5	100	200	200	500	19.05
6	100	240	250	590	18.00
7	100	280	310	690	16.95
8	100	320	380	800	15.94
9	100	360	460	920	15.00
10	0	0	500	500	−45.65

在第10期GDP出现断崖式下降，并且用来制作农具的机床第10期后丧失了意义，变成废铜烂铁，机床作为资产不再具有"价值"。农具产能与产出的这种过剩来得非常突然，在第7期的时候，农具保有量只有21套，尚有一半缺口，到第9期农具就已经过剩了。事实上，产出的结构层次越高，GDP增长率越高，产能过剩的情况也就越突然，后果也就越严重。

所以说，产出的层次结构告诉我们：

（1）由于不存在长期的指数化增长，用同比数据衡量的经济增速，从长期看不可能避免发生增长率下滑。

（2）具有较高层次结构的经济体系存在自然的GDP增速陡然下滑甚至负增长的机制。

3.6 订单陷阱

在经济增长的道路上，勤劳的人们各自努力，但是如果眼光不够长远，努力未必有回报。

在前几节中，我们已经知道产出具有层次结构，工业部门的产出能够让面粉产量增长。与此同时，面粉厂本身也可以更努力劳作，比方说增加土地耕种面积来获取面粉产量增长。

假设面粉厂最初耕种了200亩地，而每10亩地需要1套农具，最初200亩地就需要工业部门生产20套农具。若最初工业部门每期只能生产1套农具，那么20套农具是一个大订单，需要生产20期，农具需求存在巨大缺口。

进一步地，面粉厂非常勤劳，在通过购买农具增加面粉产出的同时，还通过不断增加耕种面积来扩大面粉产出。而且面粉厂按照指数化增长的思路进行生产规划，每年新增10%耕地。这意味着如果工业部门不能增加农具产出，农具需求的缺口会越来越大。为了满足面粉厂的需求，工业部门必须要有一个比10%更快的增长速度。不妨假设农具的生产短期内可以达到30%的增长速度。

这个模型不再关注具体面粉产量，而只是观察农具的超速增长对经济体系意味着什么。为了方便数据指数化，假设农具可以以小数单位的方式存在，并保留两位小数。农具需求量与农具保有量的关系如表3-6-1所示。

表3-6-1　　　　　　　　　订单陷阱

期数	耕种面积(亩)	农具需求量(套)	农具产能(套)	当期农具保有量(套)	农具缺口(套)
1	200	20.00	1.00	1.00	19.00
2	220	22.00	1.30	2.30	19.70
3	242	24.20	1.69	3.99	20.21
4	266	26.62	2.20	6.19	20.43
5	293	29.28	2.86	9.04	20.24
6	322	32.21	3.71	12.76	19.45
7	354	35.43	4.83	17.58	17.85
8	390	38.97	6.27	23.86	15.12
9	429	42.87	8.16	32.01	10.86
10	472	47.16	10.60	42.62	4.54
11	519	51.87	13.79	56.41	-4.53
12	571	57.06	17.92	74.33	-17.26

表3-6-1中，耕种面积按每期10%增长，每期农具需求量是耕种面积的十分之一，农具产能按30%速度增长，当期农具保有量＝当期农具产能＋上期农具保有量，农具缺口＝农具需求量－当期农具保有量。

把农具缺口视为订单，可以看到工业部门在产能超高速增长的同时，订单总是很多，始终呈现出供不应求的态势。在最开始的4期，甚至出现订单缺口越来越大的情况。即使是在第6、7、8期农具产能已经超过了农具需求增长量，农具缺口也没有下降很多。但是第9、10两期，缺口数却突然缩窄，直到第11期，已经出现农具积压情况。到了第12期，实际上第11期生产的农具已经基本足够使用，当期已无须再生产农具。

从数学上看，表3-6-1其实是在说明一个很简单的问题，即底数较大的指数函数增长更快，并且在超越底数较小的指数函数时会非常陡峭。

经济现实中，产能过剩往往来得猝不及防，订单从多到接不过来向找不到订单的转换时间很短。具体到表3-6-1中，第8期农具尚有15台缺口而农具产能只有6台，尚不足订单量的40%，仅仅4期后，到第12期，农具就完全没有订单了。

其实表格中的数字并不是随便给出的。在一些新兴经济体工业化高速发展时，经济能在数年内达到年均10%左右的增长，与此同时，一些工业、重工业部门往往能达到30%~40%的增长。然而，随着经济增长放缓，这些部门又常常出现需求断崖式下降，主要原因就是踩中了订单陷阱，这些部门认为订单总是源源不断，一味地盲目扩张，扩张完成后订单却往往又消失不见了。

新兴经济体由于后发优势的存在，各项产出增长潜力大、产出结构层次很高，各经济部门习惯于不断扩张，更容易陷入订单陷阱。一旦经济增长进入"瓶颈"，经济结构往往来不及调整，容易发生经济问题。这也是为什么很多新兴经济体经济迅猛增长一段时间后会突然陷入经济危机的原因。

3.7 价格的传导

人们进行货币储蓄不仅为对抗风险，很多时候也是为大额消费或购置资产。在"3.2 产出的结构"房地产模型中，面粉厂和面包厂的货币储蓄就是为购买房产。彼时，面粉厂和面包厂攒了两期货币共40元，购买了一套房产。在房地产模型中，第1期的经济体系运行情况如表3-2-1所示。

消费情况为面粉厂与面包厂各消费45个面包，房地产部门消费10个面包。

我们假设面粉厂与面包厂需要保留10元流动资金，他们每期共增加20元货币。那么如果房屋价格不变，下一期就能攒够钱，一起购买属于他们自己的房屋。然而，在第2期的时候，货币当局可能开始了量化宽松，或者经济体系内开始流行所谓"人多地少"的说法，房地产部门调高房屋的价格至50元/套。如此，按照第1期的运行方式，面粉厂和面包厂在第2期末需要保留流动资金的话，只储蓄到40元货币，不足购买房产所需的50元。

想要在第2期末买得起房子，在各方的面包消费情况始终保持不变的情况下，面粉与面包的价格需要上涨50%，使得经济体系运行情况变为如表3-7-1所示的情况。

表3-7-1　面粉厂面包厂直接买得起房产的第2期（情况一）　　　　单位：元

第2期	面粉厂	面包厂	房地产部门
期初货币	20	20	30
面粉交易	+150	−150	0
面包交易	−135	+165	−30
期末货币	35	35	0

注：面粉1.5元/斤，面包3元/个，房屋50元/套。

这个时候，面粉厂和面包厂就有足够的钱合买一套房产了。价格体系上，房价只上涨了25%，而面粉面包的价格上涨了50%，根据价格体系分配的关系，面粉厂、面包厂在未来将获得更有利的分配。每期两厂能一起存下30元货币，不到两期就能买下50元的房产。

如果面粉与面包的价格与房屋价格同比例上涨，都上涨25%，则经济体系的运行情况如表3-7-2所示。

表 3-7-2　　　价格同比上涨率相同的第 2 期（情况二）　　　　　　单位：元

第2期	面粉厂	面包厂	房地产部门
期初货币	20	20	30
面粉交易	+125	−125	0
面包交易	−112.5	+137.5	−25
期末货币	32.5	32.5	5

注：面粉1.25元/斤，面包2.5元/个，房屋50元/套。

在第2期末面粉厂和面包厂除必需的20元流动资金外，合计只拥有45元货币，离购买房产还差5元。这是因为在价格同比例上涨时，资产的价格上涨会"吞噬"一部分想要购买资产的经济个体过去进行的储蓄努力，使得过去货币储蓄的效果变差，面粉厂与面包厂也就没办法像原来那样在第2期末就买上房子了。

如果认为最初的分配体系是合理的状态，即面粉厂与面包厂应该通过2期的积累获得1套房产，那么上面的两种情况说明，在资产价格上涨引导出的价格体系上涨，往往会打乱整体的分配，要么如情况一，面粉、面包价格上涨过度；要么如情况二，价格涨幅相当，在历史储蓄上面粉厂与面包厂吃了暗亏。这还仅仅是最简单的三元经济体系的情形，这说明价格的传导具有复杂性。

上述模型给出了资产价格上涨引起消费品价格上涨的内在逻辑与传递过程。如果某项人们都希望购买的资产价格上涨，人们很可能达成上调价格的默契，从而使得价格体系整体上升，发生通货膨胀。例如，房价上涨时，人们会普遍要求更高的工资，零售商品的价格也很容易跟着上调，而跟所谓的市场竞争环境无关。

现实中，价格的传导会遇到各种阻碍。例如，政府可能放任房价上涨，却对面包、面粉这样的生活必需品进行价格管制，那么房地产部门就会因为房屋相对价格的上涨在分配上占到便宜。

不过，价格传导的最大阻碍其实在于人们消费决策的方式。回到模型的第2期，房价上涨为50元/套后，面粉厂并不一定会上调面粉售价，而可能通过缩减开支的方式获得更多货币储蓄。如果面粉厂减少面包消费，那么面包厂就会有面包卖不出去。面包厂有面包卖不出，就不会购买那么多面粉，面粉和面包就会存在滞销，价格体系自然就没有上涨的动力。按前述消费替代的思路，经济体系可能的运行情况如表3-7-3所示的情况。

表 3-7-3　　　　房价上涨导致经济衰退（情况三）　　　　单位：元

第2期	面粉厂	面包厂	房地产部门
期初货币	20	20	30
面粉交易	+90	−90	0
面包交易	−80	+100	−20
期末货币	30	30	10

注：价格体系依然为面粉1元/斤、面包2元/个、房屋50元/套，但此时面粉与面包存在降价压力。

消费情况为面粉厂与面包厂各消费40个面包，房地产部门消费不变依然为10个面包。面粉厂与面包厂的消费各下降了5个面包，社会整体产出也下降了。而且，面粉厂与面包厂并没有储蓄到更多货币，因为他们新增货币储蓄来源只能是房地产部门支付出来的货币。这时，经济由于房价上涨而衰退了。这个例子再次表明经济的微妙性，面对房价上涨，人们是采取涨价的方式，还是采取节约的方式应对，会有截然不同的经济后果。

一般来说，人们对资产购买的欲望越强烈、原有消费水平越高、政府对其他商品的价格管制越严格，价格传导的阻碍也就越大，上述衰退发生的可能性也就越高。

由于价格传导存在阻碍，短期内资产价格的上涨速度可能远超人们的储蓄速度，这时候经济体系会发生一些混乱，比如出现底层人民对购买房子死心、不再愿意努力工作、负债率上升等经济体系向不稳定方向发展的迹象。

资产价格的变化是双向的，有涨就会有跌。但是，就价格的传导来说，房地产的价格下跌时，面粉与面包的价格没有理由像上述过程那样跟着下跌。面包厂不会因为房价下跌，购买房产的货币减少，就下调面包的价格。也就是说，价格的传导存在对称性破缺，通常情况下只会传导向上的过程。

价格上涨与下跌传导机制的对称性破缺，是通货紧缩看起来比通货膨胀危害大的根本原因。通货膨胀可以由价格的传导机制在日常发生，而当通货紧缩发生时，往往说明经济体系已经存在严重问题，经济已经进入危机状态。

然而，无论通缩还是通胀，价格变化本身其实是中性的，价格上涨固然对卖方有利，价格下跌对买方也有好处，并不是真的谁比谁危害更大，通缩、通胀只是经济深层问题在价格上的反映而已。

延伸阅读

房价上涨引起煎饼价格上涨：

为了详细说明资产价格的上涨如何引导各经济个体达成价格上涨默契，从而引起整个价格体系上涨，这里再举一个煎饼价格上涨的例子。假设煎饼摊每天平均能够卖出200个煎饼，每个煎饼的成本为1元，摊主平均每天要花费200元用于日常的衣食住行消费。那么，当煎饼价格为2元时，摊主将刚好能够维持日常开支。但是，煎饼摊主需要买房，若他想要在5年内凑足30万元购买房产，每年就需要6万元，按一年300天计，每天需要净储蓄200元。这样，他的煎饼价格需要定在3元才能达成这一目标。

这时候，如果房价翻倍，他依然想要在5年内凑足购房款，那么他就需要5年内能存下60万元，煎饼的价格就需要定在4元。由于对所有卖煎饼的人来说，房价上涨的影响都是存在的，而且社会整体的煎饼消费数量是相对平稳的，不会有很大增长，为了攒够买房款，煎饼摊主就不得不达成涨价默契，煎饼的价格就会从3元变为4元。资产价格上涨对工资的传导路径与此类似。

在煎饼的故事里，煎饼本身的供求关系没有任何变化，完全是因为表面上跟煎饼没有关联的房子价格上涨，促成了煎饼的涨价。这表明"价值由供求关系决定"这一结论存在局限性。

3.8 账面效应

在"3.2 产出的结构"中我们得到了房屋与农具两种资产，它们显然跟面包不太一样，面包吃掉就没有了，房屋和农具使用后都还存在。进一步地，房屋和农具虽然都是资产，它们之间也有差异。一般来说，房屋具有通用性，可以卖给几乎所有人，而农具有专用性，只能卖给别的面粉厂。房屋在使用过程中的折旧损耗较小，而农具这类工具设备使用的折旧损耗较大。就资产属性来说，房屋的变现能力和保值增值能力较强。

一般认为具有较强变现和保值、增值能力的资产主要包括房屋、土地等不动产以及贵金属，而珠宝、玉石、艺术品、古董等物品保值、增值能力虽然还行，变现能力稍差。汽车、家具等资产都具有变现能力，但出售时价格会有较大折让。还有一类资产、金融资产，在现代经济中拥有举足轻重的地位，后面有专门的章节讨论。

持有房地产、贵金属这类同时具有较强变现能力和保值增值能力的资产，其价格变化时会让人们产生一种错觉，笔者将之称为**账面效应**（The

Book Effect），即人们会根据市场上正在进行交易的资产的价格，重新评估自己所拥有的同类资产价格，即使这些交易与他们无关。比如说，人们如果听说自己小区相同房型的房屋价格是100万元，那么他们会认定自己的房屋价格也是100万元，无论他们原来购得房屋时的成本是10万元、80万元还是200万元。**账面效应带来账面浮盈或浮亏**。原价100万元的房产如果涨到200万元，人们会认为自己"赚"了100万元，而实际并没有交易发生。反之，情况则稍微复杂一些，如果该房产跌价到80万元，人们并不会马上承认自己"亏损"了20万元，人们有一种否认损失的心理本能。但是如果跌价较多，或者跌价时间较长，人们终究会承认这种浮亏。

不是所有资产都具有账面效应，人们购买了农具、汽车这类以使用为主要用途、保值性和变现能力较差的资产时，很少因为这些资产的市场价格变动而去重估它们的价格。

会计学引入了这种人们依靠朴素直觉建立起来的、根据市场价格调整持有的资产价格的做法，称之为以"公允价值"（Fair Value）计量。

账面效应，以及"公允价值"计量方法，单独看似乎很有道理，实际应用过程中却往往导致各种谬论。举例来说，完全相同的、紧挨着的两栋楼，前后完工，前一栋楼以100万元的价格出售，后一栋楼出售时价格上涨，以200万元的价格出售。一方面，由于两栋楼一模一样，在计算GDP时，后一栋楼应按照价格指数调整为100万元，这样两栋楼产生的"实际GDP"为200万元。另一方面，以"公允价值"的看法，前一栋楼的账面价格应按照后一栋楼最新的交易价格调整，前一栋楼的业主应该把这栋楼的资产记为200万元，则这两栋楼在会计账面的"价值"为400万元。于是统计部门把这两栋楼共记为200万元的产出，而会计部门把这两栋楼计为400万元的资产，当中差了整整200万元，这是个非常尴尬而不可调和的矛盾。实际上统计部门和会计部门都不正确，他们都宣称自己记录的是"价值"，然而他们其实都只是在记录某种"价格"。价值是一个主观属性，现实中并不存在以货币单位客观计量的"价值"。

账面效应导致经济体系把边际价格认知为全部商品的价格。举例来说，在房地产市场上有100套相似的房子，价格为每套100万元。在大多数时候，只有1套房产在交易，那么人们会根据那1套房产的价格去认知市场上所有100套房子的价格。当交易的那套房产价格上涨到150万元时，这个房地产市场的100套房子便产生了共计5000万元"升值"；下跌时也同理。这个效应在金融市场上特别明显，导致整个金融市场资产的"估值"大起大落。

无论市场上正在交易的资产与人们手中持有的资产多么相似，那些交易与其他资产持有人根本毫无关系，改变无关资产账面价格的做法会改变人们对财富的感观，进而影响其经济决策与行为，带来财富效应等一系列经济后果。

账面效应，尤其是后面会讲到的金融资产的账面效应，在经济周期中起到了至关重要的作用，甚至可以说，追根溯源，历史上所有金融危机的导火索都在账面效应。

延伸阅读

账面效应的实践应用：

一些账面效应跟所谓人情世故有关，也跟消耗结构有关。举例来说，某月饼生产商印制了一张面值100元的月饼券，以65元卖给了经销商，经销商以80元一张的价格卖给了消费者A，消费者A将月饼票送给了B，B以40元一张卖给了"黄牛"，厂商最后以50元一张向"黄牛"收购。最终，一个月饼都没有生产出来，厂商赚了15元，经销赚了15元，A送了人情，B赚了40元，黄牛赚了10元。

这种皆大欢喜的局面，关键在于A送的人情没有量化体现。A以为自己花了80元，送出了100元的人情，他在自己的账面，记上了100元的人情资产。然而实际上，B只收到了40元，并不会卖A以100元的人情，这里面有60元的差额，除了20元是A根据月饼券的票面自以为是的虚增外，另有40元分别被厂商、经销、黄牛瓜分了。

在月饼券的故事里，送礼人受到了账面效应的错误引导，而在另一些故事里，送礼人也可以充分地利用账面效应。A 知道 B 爱好古董字画，遂以 500 万元的价格淘来某知名书画家字画一幅，欲赠 B。然而 A 先将字画置于拍卖行拍卖，并最终自己出价 2 亿元将该字画买下，支付拍卖费 20 万元，通过数家媒体曝光了此次拍卖，然后 A 再将字画赠予 B。B 会认为自己获赠的字画价值几何？

3.9 财富效应

财富效应（The Wealth Effect）指的是资产价格变化给经济体系造成的两层影响：第一层影响是对人们消费策略的改变，第二层影响是对经济产出的改变。具体来说，财富效应指，当人们所拥有的资产价格上升时，人们会进行更多消费，并导致社会整体产出增加；反之，当人们所拥有的资产价格下降时，人们会减少消费，并导致社会整体产出减少。

财富效应的第一层影响的本质是一种储蓄替代效应。人们认为那些具有账面效应的资产拥有良好的变现能力，因而视这类资产为储蓄的一部分，是货币储蓄的补充。当此类资产价格上涨时，由于账面效应的存在，人们将自己所持资产价格也上调，认为自己的资产储蓄增加，并据此认为无须再保留更多货币储蓄，而愿意进行更多消费。因此，只有具有账面效应的资产才会带来财富效应，不具有账面效应的资产不会带来财富效应，房价上涨会有财富效应，而工厂的机器设备涨价没有财富效应。

进一步地，当人们愿意进行更多消费时，若经济体系存在生产余力，就会有更多产出以满足新增消费意愿，经济体系的产出由此取得增长。这是财富效应的第二层含义。

反之亦然，资产价格下降时，人们会减少消费并引起产出下降。

我们具体给出一个财富效应模型。假设面粉厂有两套房子，一套自己住，另一套打算日后出售。面粉厂拥有50元货币，打算出售的房产原价50元，而面粉厂的储蓄目标正是100元。后来那套房价上涨至60元，于是面粉厂认为不再需要50元这么多的货币储蓄，额外拿出10元进行消费。作为比较，房价上涨前后的过程表如表3-9-1、表3-9-2所示。

表3-9-1　　　　　　　房价上涨前的过程表　　　　　　　单位：元

第1期	面粉厂	面包厂
期初货币	50	50
面粉交易	+100	-100
面包交易	-100	+100
期末货币	50	50

注：面粉1元/斤、面包2元/个，房价为50元。

表3-9-2　　　　　　　房价上涨当期过程表　　　　　　　单位：元

第2期	面粉厂	面包厂
期初货币	50	50
面粉交易	+100	-100
面包交易	-110	+110
期末货币	40	60

注：面粉1元/斤、面包2元/个，房价为60元。

由于房价上涨面粉厂认为自己可以少储蓄一些货币，于是多消费了10元面包。在当期，面粉厂消费55个面包，面包厂消费了45个面包，并且面包厂的货币储蓄新增了10元。

在房价上涨之前，由于面粉厂的储蓄目标是合计100元，面包厂不能向面粉厂卖出更多面包，也就没有动力去购买更多面粉。但是在第2期，面粉厂多购买了面包，让面包厂认为未来面包需求将会上涨，于是向面粉厂订购了更多面粉。假设面粉厂有产出更多面粉的余力，并且面包厂的储蓄策略是保持期末货币与期初货币一致，于是在第3期，过程表如表3-9-3所示。

表 3-9-3　　　　　　　　财富效应最终导致产出增长　　　　　　　单位：元

第3期	面粉厂	面包厂
期初货币	40	60
面粉交易	+110	-110
面包交易	-110	+110
期末货币	40	60

注：面粉1元/斤，面包2元/个。

此时，经济体系的产出由100个面包增加至110个面包，面粉厂与面包厂各得到55个面包消费，双方消费相比之前都有所提升。这就是财富效用的第二层意思，资产价格的上涨带来了产出水平的上升，并且这样的提升可以长期存在。

总结来说，财富效应在上述模型中的影响链条如图3-9-1所示。

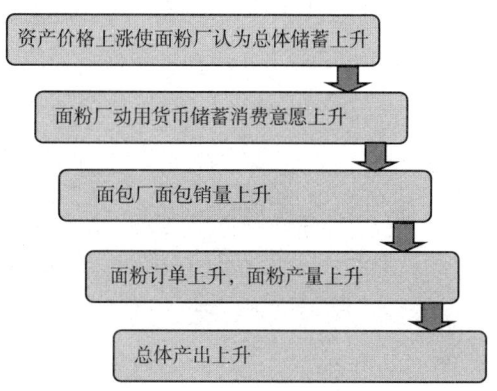

图 3-9-1　财富效应的影响链条

财富效应不仅限于由房产或者其他资产价格上升引起，发现新油田、矿产等能够带来账面收益的事项同样可以引起财富效应。

财富效应对经济的影响是双向的。房价下跌时，面粉厂觉得储蓄下降，会试图增加货币储蓄，减少期面包消费。面包厂面包销售收入减少，预期未来面包需求下降，也会减少面粉购买，那么经济体系的产出将会下降。于是，消费和产出都下降了。具体过程表与上面房价上涨时的情况类似。

总结来说，关于财富效应，可以知道：

（1）财富效应包含两层意思：第一层是资产价格变化对人们消费策略的影响，其本质是储蓄替代效应，第二层是由此带来产出变化。

在模型中，资产价格变化100%地传导到了消费策略上，面粉厂的房子上涨了10元，面粉厂便增加了10元消费。一般来说这种传导会有一个折扣，如房子上涨10元，面粉厂可能只会愿意增加5元消费。

在模型中，消费策略（或者说消费意愿）的变化200%地传导到了产出水平上，面粉厂由于财富效应愿意多消费5个面包，而最终整体产出增加了10个面包。这是由于5个面包合计10元，让整体产出多出价格为10元的10斤面粉，而这10斤面粉最终多产出了10个面包。这说明**资产价格的变化对产出的影响系数可以大于1**。

（2）财富效应与账面效应密切相关，账面效应带来财富效应。这些效应都不是实际交易产生的，面粉厂的房子并没有真实出售，面粉厂仅仅因为房屋价格的变化就改变了消费策略。

（3）仅当生产余力存在时，财富效应才能带来产出的增长。如果面粉厂无法生产更多面粉，或者面包厂没有能力生产更多面包，产出增长就不可能实现。没有生产余力时，若面粉厂在房价上涨时执意要消费更多面包，而面包厂却不乐意减少面包消费，那么只能发生价格体系的变化，而不是产出的增长。现实中两者往往是同时进行的，即资产价格上涨时，会激发部分生产余力从而带来一定的产出增长，同时也会在博弈与价格的传导作用下引起价格体系的上升。

（4）财富效应是一种纯粹的心理效应，但却带来实在的经济后果。在上面的模型中，假设面粉厂根本没有房产，面粉厂只是突然想多吃5个面包，可以导出完全相同的经济体系运转情况。这其实很奇妙，面粉厂非理智的行为，与完全根据理性的储蓄策略在账面效应影响下做出的行为，最后导致同样的经济后果。

3.10 正反馈与经济景气

所谓正反馈，即系统对变化所作出的反应与变化本身的方向相一致。正反馈过程具有愈演愈烈的特征，使得系统变得不稳定。举例来说，自然界中，爆炸过程、核裂变的链式反应、湿润气体在对流层的运动皆是正反馈过程。"2.5 整体风险与价格体系上涨"中灾荒时期的粮价上涨，以及"2.8 旧制度的崩溃"中新兴势力的崛起都是正反馈过程。而财富效应无疑是经济学中最重要的正反馈机制。

当存在生产余力时，财富效应的存在使得资产价格上涨能够带来产出增长，进一步地，产出增长也能促进价格体系尤其是资产价格的上涨，于是产出增长与价格上涨相辅相成，一个正反馈过程就这样形成了。

通过由面粉厂、面包厂、房地产部门、货币当局构成的四元经济体系，我们来建立一个景气模型，以具体说明财富效应的正反馈特征。假设最初面粉厂和面包厂已经共同持有1套房产，房产作为他们储蓄策略的一部分，他们总希望拥有更多房产。为简便起见，假设他们总是一起买房。不妨假设所有房产都一样，房地产部门每两期产出1套房产。在第1期，经济体系的运行情况如表3-10-1所示。

表3-10-1　　　　　　经济景气第1期　　　　　　单位：元

第1期	面粉厂	面包厂	房地产部门	货币当局
期初货币	10	10	50	0
面粉交易	100	−100	0	0
货币发行	0	0	0	+4
面包交易	−88	+112	−20	−4
期末货币	22	22	30	0

注：面粉1元/斤、面包2元/个、房屋40元/套。

面包消费情况为：面粉厂44个、面包厂44个、房地产部门10个、货币当局2个。

在第2期，房产的价格上涨到50元/套，据此，房地产部门预计收入将会增长，首先提高了面包消费，在该期消费15个面包。而面粉厂与面包厂由于已持有的房产价格上涨，在财富效应下也认为自己可以增加消费，他们各自增加了3个面包消费。货币当局感受到了经济增长的大好前景，决定扩大货币投放，新增投放8元货币。假设面粉和面包的生产余力总可以满足新增面包消费需求，经济体系运行情况如表3-10-2所示。

表3-10-2　　　　　　经济景气第2期　　　　　　　　单位：元

第2期	面粉厂	面包厂	房地产部门	货币当局
期初货币	22	22	30	0
面粉交易	113	−113	0	0
货币发行	0	0	0	+8
面包交易	−94	+132	−30	−8
房产交易	−25	−25	+50	0
期末货币	16	16	50	0

注：面粉1元/斤、面包2元/个、房屋50元/套。

面包消费情况为：面粉厂47个、面包厂47个、房地产部门15个、货币当局4个。

与第1期相比，所有人的面包消费情况都增长了。

不仅如此，面粉厂与面包厂在第2期，除去用以购买房产的支出，各自净收入19元［期末货币（16元）+ 房产（25元）−期初货币（22元）= 19元］，共计38元。在第1期，房价为40元/套，面粉厂与面包厂净收入24元，相当于储蓄了0.6套房款。而在第2期，房价为50元/套，面粉厂与面包厂在购买房子净收入38元，相当于储蓄了0.76套房产，他们攒钱买房的速度也加快了！于是在房价上涨过程中，不仅面粉厂与面包厂已有的房产"升值"了，他们的储蓄速度也增加了，还有希望更快买到更多房子。

由于第 2 期两厂的"储蓄"增长很快,使得房地产部门认为房价还有进一步上涨空间,于是第 3 期把房价调整到 60 元/套。即使房价相对期初已上涨 50%,按照第 2 期两厂共新增 38 元"储蓄"来看,每期他们还是能各自攒下 0.63 套房产,依然比最初的攒房速度快。第 3 期货币当局也增加了货币发行,并且房地产部门、面粉厂、面包厂进一步增加消费。具体过程如表 3-10-3 所示。

表 3-10-3 经济景气第 3 期 单位:元

第3期	面粉厂	面包厂	房地产部门	货币当局
期初货币	16	16	50	0
面粉交易	126	-126	0	0
货币发行	0	0	0	+12
面包交易	-100	+152	-40	-12
房产交易	—	—	—	—
期末货币	42	42	10	0

注:面粉 1 元/斤、面包 2 元/个、房屋 60 元/套。

面包消费情况为:面粉厂 50 个、面包厂 50 个、房地产部门 20 个、货币当局 6 个。

第 3 期房子还没有造好,没有房产交易。不过面粉厂与面包厂已有的两套房产价格都在上涨,货币储蓄增长更是迅速,第 3 套房产在下一期似乎唾手可得。同时,所有经济个体的面包消费都增长了,这是一场储蓄增长、产出增长、消费增长、资产价格增长的大繁荣景象。接下来几期都可以发生类似的经济增长与繁荣,好日子似乎没有尽头,由于过程相似,不再继续推演。

在景气模型中,货币当局似乎什么都没有做,只是收取铸币税。现实中类似的情况也会发生。但是,货币当局新发行的货币对支撑房产价格上涨起到了重要作用,如果没有新增货币,面粉厂与面包厂将很快陷入货币储蓄增加放缓的窘境,无法负担快速上涨的房价,从而打破景气局面。

在景气模型中，面粉厂与面包厂对未来的乐观估计实际来源于两个部分：其一是持有资产价格上涨带来的财富效应；其二是货币当局新发货币造成的大幅盈利、货币储蓄增长现象，也就说货币当局的铸币税带来了广义的财富效应。在本位币货币制度下，货币当局不能随心所欲发行货币，经济景气需要依靠金融系统的发展支撑，我们在下一章引入金融系统后，再讨论这个问题。

经济体系在景气状态运行的3期中，只有房价上涨，面粉与面包的价格都没有上涨。按照价格体系与分配的关系可以知道，面粉厂与面包厂实际在分配中会吃亏。但是在经济景气时，面粉厂与面包厂完全不会注意到这一点。相反，无论从消费、储蓄还是未来购房预期各方面看，面粉厂和面包厂都可能非常满意。在现实中，经济景气时也往往是资产价格上涨较多，消费品等商品价格上涨较少甚至不增长，但是一时半会儿所有人都能满意，这说明经济发展会对经济结构的缺陷起到掩盖作用。

经济景气的必要条件是生产余力的存在，除了劳动力人口的增长等生产要素的增长，生产余力的主要来源是科学技术与管理技术水平的大幅提升以及消耗结构的减少，并且生产余力越大、期初产出越低，经济景气就能维持越长时间。所以"亚洲四小龙"、新兴经济体的经济高速发展，并不是什么经济的奇迹，而是科技进步的奇迹，经济只是自然而然地发展起来了。

为了简便起见，景气模型中没有引入工业部门。在现实中，经济增长与工业部门的联系非常紧密，而将"3.2 产出的结构"与"3.5 高次增长与指数化陷阱"中的工业部门与农具、机床产出加入景气模型中也并不是难事。

在景气模型中，所有经济个体表面上都从经济景气中获益了，但现实中存在表面上也不能从中获益的群体。比如，若农具销量与价格都没有增长，那么生产农具的工业部门只能眼巴巴看着房价上升，自己却越来越买不起房。

景气模型中的经济向上增长的正反馈由财富效应引起，财富效应不仅在资产价格上升时存在，在资产价格下降时同样存在，于是理论上对应存在资产价格下降时带来的经济向下衰退的正反馈，也就是经济萧条。不过历史上，经济萧条与债务违约有着紧密联系，所以我们把经济危机与萧条放在金融相关章节论述。

古典经济学认为，经济体系是负反馈系统。例如，古典经济学的供求关系理论认为，某种商品供给如果多了，那么价格就会下降，就促进供给减少。反之，如果商品供给少了，那么价格就会上涨，促进供给增加。这样，价格信号总是对供给的变化提供负反馈，促使供给恢复到"均衡"水平。同样地，对需求来说，价格也提供了这样一个负反馈机制。负反馈系统中，无论发生什么变化，总会有阻碍变化的阻力产生，这使得体系总是趋向于稳定。

经济现实并不如此，不仅没有理由认为价格会给经济体系提供任何负反馈，反而存在财富效应这样的天然正反馈机制，而一个正反馈系统天然具有失控和崩溃倾向，也就是说，**经济体系天然地要发生经济危机**。

3.11 滞胀

滞胀指停滞性通货膨胀（stagflation），一种经济停滞（stagnation）与通货膨胀（inflation）同时发生的经济现象。

在"1.6 价格体系变动、价格的微妙性与吉芬商品"里，我们已经见到过需求伴随价格上涨而上涨的吉芬商品——土豆，其背后的原因非常简单，但在古典经济学里这成了一个谜题。滞胀是另一个明明很简单，古典经济学却很难处理的问题。古典经济学认为通货膨胀与经济增长正相关、与失业率负相关，而现实中滞胀的频繁发生说明这个观点是错误的。

在景气模型中，随着资产价格上涨，经济体系迎来一段时间的经济增长，人们消费与储蓄同时持续改善。由于其他商品尤其是消费品的价格上涨幅度较小，从而使得人们感觉货币储蓄与资产储蓄的增长是实在的。在经济景气时，产出与资产价格均会较快增长，但这两件事都会遇到"天花板"。

产出方面，生产余力与产出的层次结构带来的经济增长很快会遇到"瓶颈"，并且人们的消费能力也不是无限的。资产价格方面，在本位币制度下，资产价格受到经济体系货币存量的制约，资产价格无节制的上涨最终只能导致大家在变现时发现没有足够的货币支撑，引起恐慌性抛盘，资产价格雪崩。在信用货币制度下，货币当局虽然有能力向市场提供足够货币，却无法改善价格体系的扭曲，当资产价格过高，在"3.7 价格的传导"所描述的机制作用下，价格体系整体就会上涨，形成通货膨胀。

如果消费品的价格也较快上涨，超过资产价格上涨与货币储蓄增加的速度，人们就不会感受到经济景气了。由于折合成消费的实际储蓄没有增长，人们不会增加消费，产出增长也不会发生。这时的价格体系上涨，会抑制人们的消费，并反过来对产出造成负面影响，这就是滞胀。

我们用三组模拟数据刻画滞胀，如表3-11-1、表3-11-2、表3-11-3所示。

表 3-11-1　　　　　　　　　　基期产出与价格

基期	数量	价格	小计（元）
面包产出	500个	2	1000
农具产出	20套	40	800
机床产出	10台	100	1000
房产产出	10套	100	1000
合计			3800

表 3-11-2　　　　　　　　　　繁荣期产出与价格

繁荣期	数量	价格	小计（元）
面包产出	1000个	2	2000
农具产出	30套	40	1200
机床产出	20台	100	2000
房产产出	15套	200	3000
合计			8200

表 3-11-3　　　　　　　　　　滞胀期产出与价格

滞胀期	数量	价格	小计（元）
面包产出	1000个	4	4000
农具产出	10套	60	600
机床产出	5台	120	600
房产产出	15套	200	3000
合计			**8200**

从基期到繁荣期，具有财富效应的房产资产价格快速上涨，其他商品的价格不变，在财富效应的拉动下，生产余力被发挥出来，各项产出快速上涨，整个体系的名义GDP从3800元跃升至8200元，增长了116%，即使把房产产出的价格调整为基期价格，即按照"实际GDP"的算法，也有超过100%的增长。

从繁荣期到滞胀期，前期快速上涨的房价上涨乏力，而以消费品为代表的其他商品的价格由于价格的传导开始大幅上升，面包的价格涨幅更达到100%，通货膨胀就此发生。从数量上看，经过繁荣期的面包产出大扩张，人们已经无力消费更多面包，此类产出的增速开始放缓。与此同时，由于产出的层次结构，又根据"3.6 订单陷阱"，高层次产出需求会随着低层次产出增长放缓而迅速降低甚至消失，农具产出与机床产出数量迅速下滑。房价涨幅放缓也导致房产需求不再迫切，房产产出数量也停止增长。综合这些因素，即使各项商品的价格大幅上涨，名义GDP的增长却极其缓慢，以价格指数调整后的实际GDP甚至是下降的。

滞胀期人们普遍会感觉到痛苦。从经济个体的认知看，作为储蓄的资产价格停止上涨，货币储蓄增长缓慢，而消费品的价格上涨很快，人们会认为"实际储蓄"下降，继而可能减少消费，这又会进一步加剧产出萧条。这一过程也是正反馈，会引起经济体系的持续衰退。

滞胀看起来并不是什么好事，实际上却是经济体系在两方面修复的过程。

首先是产出结构的修复。由于订单陷阱的存在，一些高层次、重工业产出往往会在繁荣期积累过多的产能，在整体经济放缓时，产能过剩的问题终于暴露。滞胀期，过剩产业的生产力会慢慢调整到其他领域，部分落后产能也会被淘汰，这就修复了产出结构。

其次是价格体系的修复。繁荣期房价的上涨看似无休无止，面包价格变化不大，根据价格体系与分配的关系，面包产业链其实处于受损状态。并且，面包价格不可能总是维持在低位，只要房子最终还需要卖给面粉厂与面包厂，就必须让面粉厂与面包厂赚得到买房子的货币，所以如果房价不跌下来，其他商品与服务（包括工资）的价格就必然要涨上去。滞胀期，面包价格上涨，让面包产业链上的经济个体获得的分配得以改善。

3.12 政府干预

在经济景气时，幸福时光似乎没有尽头，而当经济体繁荣转向萧条，苦难又显得无边无际，此时政府部门的压力就会陡增。1929年的大萧条让胡佛成为最差的美国总统之一，20世纪90年代的经济萧条让日本的首相与内阁如走马灯般变动。有了这些历史经验教训，经济下行的时候，政府一般是闲不住的，总要做些什么来应对萧条。

由于经济萧条，无论表现为债务危机还是滞胀，最初往往从资产价格的下跌开始，所以政府干预的第一件事往往是控制资产价格。在"3.10 正反馈与经济景气"中我们知道，在繁荣期，政府已经提供了较多货币，在危机乍现的时刻，政府更会采取积极的货币政策，以试图为股市、债市和楼市托底。在这一时期，政府会在市场上收购价格高到离谱的、具有账面效应的资产，以把资产价格维持在高位。此时，原来拥有大量资产的人有机会高位套现，把资产的账面效应落实为货币储蓄。从这个角度看，政府各种救市行为，本质是一场人为制造的货币大沉积，救市之后，少数人会获得大量货币。

然而，繁荣期的账面效应通常来说太过巨大，政府很难把资产价格维持住。已经知道账面效应导致资产整体估值由最后交易的边际价格决定，若原价100万元的房产涨到200万元，有100套类似的房子，那么这100套房子每套都会有100万元的账面效应，共计1亿元的账面浮盈。涨价资产的数量越多，浮盈也就越大。通常来说，在危机时需要填补的浮盈巨大，所以在危机发展的中后期，政府往往会放弃救市的努力。即便如此，早期用以救市发行的大量货币对经济体系的稳定与平衡足以造成巨大破坏。

在产出方面，工业产出尤其是结构层次较高的重工业产出由于订单陷阱在萧条期下滑较多，政府根据数据表象会试图提振此类产出，加大对这些产业的补贴力度，从而使得这部分本已过剩的产能保持产出，甚至继续增加产能。

在价格方面，人们对经济繁荣期资产价格的上涨喜闻乐见。而在萧条期，消费品价格的上涨让人们怨声载道，政府便会抑制这类商品价格的上涨，使用价格管制等行政手段进行干预，这会伤害相关行业的企业与从业人员利益，让他们长期承受对他们不利的价格体系。

于是，历史上政府对经济的干预总是向着影响经济体系自我修复的方向进行。经济体系需要调整产出结构，政府偏偏要继续保持原有的产出结构。经济体系需要调整价格体系，让资产价格下降、面包价格上涨，政府却要维护资产价格高位、抑制面包涨价。这就是奥地利学派等自由经济学派反对政府干预的原因。就上述政府的做法来说，这种反对是正确的。

然而，并不是说政府不能干预经济。事实上，政府的存在就是对经济的干预。税收就构成了价格体系一部分，也可以视为一种政府干预。此外，政府提供司法、外交、治安、教育、基础建设等公共品，提高具有正外部性商品服务的产出，减少环境污染等具有负外部性的事项，这些都是应该进行的经济干预。

除此以外，要求经济完全自由也是站不住脚的。在附录A中我们知道，在多数情况下经济体系不可能自发达到整体最优解，政府干预存在改善社会整体福利的可能性。"1.5 整体风险与无效储蓄"中，汉景帝就曾寄望通过行政命令干预，帮助经济体系更好应对整体风险。在"3.2 产出的结构"中，产出增长的源头可能得不到恰当的经济回报，因而可能需要政府支持科研等工作。"3.6 订单陷阱"又告诉我们，企业根据订单进行的生产规划很可能是短视的，而政府在拥有全面信息的情况下，有可能提供更整体、更具前瞻性的规划。在"3.10 正反馈与经济景气"中我们又知道，资产价格会盲目增长，人们会盲目乐观，政府需要进行适当降温干预。这些都是政府应该作为的领域。

3.13 小结

本章中我们知道了产出增长的来源是生产余力与产出的结构，而长期增长的根本源泉是科技进步；还知道了经济体系存在无效产出与消耗结构以及用GDP来衡量产出的有种种缺陷与弊端。

指数化高速增长不可持续，长期看，产出的增长率总会下降，而对指数增长的错误追求，会导致盲目扩张等错误的经济决策，最终给经济个体和经济整体造成损失。

各类产出的价格会相互影响，其中最重要的价格传导路径是资产价格上涨带动价格体系整体上涨。

资产价格的变化有账面效应，人们会不停地依据资产的市场价格调整对自己所拥有资产的价格评估，并据此做出储蓄与消费决策。人们在资产价格上涨时，增加消费，减少货币储蓄；在资产价格下降时，减少消费，试图增加货币储蓄，这就是财富效应。但由于货币守恒条件，人们都增加消费时会发现货币储蓄未必会减少，都减少消费时货币储蓄未必会增加，这加剧了经济的正反馈。

当存在生产余力时，资产价格上涨带来的正面财富效应会让人们增加消费，进而引起产出增长，产出增长反过来促进资产价格上涨，构成经济景气的正反馈循环。当经济景气遇到"瓶颈"，就会进入经济萧条的正反馈循环，其中一种表现是滞胀。经济的景气与萧条都是理性不完全的结果。

第4章

信用与借贷

没有货币的经济体系是如何运行如常的?货币作为交易中介的本质是什么?

利息是如何产生的?为什么说"利息是货币的时间价值"是错误的?

债务与利息是怎样影响产出分配的?

同样是获取货币,政府为什么要通过征税、发债、发行货币三种方式操作?其中的相同处与差别是什么?

在什么样的情况下,经济体系的每个人都觉得自己赚到了钱?

人们所谓的投资是怎样带来产出增长的?

从经济整体看,投资是什么意思?

房地产是怎样影响借贷市场的?

银行必须先吸收存款才能发放贷款吗?"货币乘数"是什么意思?银行是怎样创造"货币"的?

为什么说银行的坏账不可避免?

银行在经济周期中扮演了什么样的角色?

4.1 个体信用、货币的记账与清算作用

面粉厂与面包厂长期交易后,面包厂购买面粉便可能不需要支付货币,而以赊购的方式取得面粉,等到生产出面包后,面粉厂拿走相应数量面包结清账目即可。若如此,基本模型中面粉厂与面包厂的货币储蓄都可以放在床底下,只在遇到风险时动用。更极端的情况是,面粉厂与面包厂根本没有货币,而直接按照约定的价格交易。即表4-1-1也是合理的。

表 4-1-1	信用交易	单位:元
第 n 期	面粉厂	面包厂
期初货币	0	0
面粉交易	+100	-100
面包交易	-100	+100
期末货币	0	0

注:面粉1元/斤,面包2元/个。

通常来说,经济体系既存在通过货币的交易,也存在不通过货币的赊购赊销。由于赊购赊销的存在,经济体系甚至无需货币就能正常运转。

面包厂向面粉厂赊购面粉,实际上是欠了面粉厂一笔债被记在账上,后来面粉厂买面包,这笔债用面包结清,这个角度可以帮助我们理解货币的记账作用。面包厂使用100元货币向面粉厂购买面粉,理论上可以等效为一种债权的记录,这100元货币相当于面粉厂得到的债权凭证。日后面粉厂用这100元货币向面包厂购买50个面包,也可以视为类似的债权记录,只是这时换做面包厂得到100元的债权凭证。于是,这种货币的转移

支付与赊购赊销中的记账，理论上等价。货币作为债权凭证，与一般的债权债务关系相比，其特殊性在于债权人是确定的货币持有者，而债务人是不确定的交易对象。

当不使用货币交易时，面包厂能够赊购面粉，是因为面包厂在面粉厂处具有个体信用，面粉厂信任面包厂之后会通过面包的方式偿还面粉债务。这种个体信用往往有局限性，若面包厂想去买农具，工业部门就未必给赊销了。由此，货币的作用实际上是提供了一种被广泛接受的信用。

有了信用，就会产生债权债务，而货币的转移支付，可以帮助债权债务在不同主体间实现清算，我们用下面这个故事说明货币的清算作用。

某个村庄债务缠身，每个村民都欠债。一个旅客去该村住店，旅店收了100元房钱，于是旅店拿着钱去还屠夫的100元肉钱，而屠夫拿着钱去还了铁匠100元刀钱，铁匠偿还了伐木工100元燃料费，伐木工拿着钱又偿还了旅店100元房钱，最后旅客改了主意继续赶路，退了房，店家又把这100元钱原原本本还给了旅客。这样，旅客并没有实际住宿，整个村子的债务却就此全部还清了。

这个故事里也没什么神奇之处，实际上是个多角债的抵消过程。整个村庄每个人都背负债务，但同时也都有债权。例如，旅店对屠夫负有100元债务，同时对伐木工享有100元债权。其他每个人都是如此。旅客的100元货币恰好让这种多角债权债务清算完毕。这就是货币的清算作用。

而故事中之所以形成多角债权债务关系，是由于每个个体信用的作用范围是有限的。店家欠了屠夫100元，而砍柴的又欠店家100元，借用会计的概念，总体看店家的资产与负债都是100元，净资产正是0元。但是店家对伐木工债权，不能用来抵消对屠夫的债务。伐木工没有取得对屠户的信用，他俩甚至可能根本不认识。信用链条不完全，是三角债乃至多角债不能抵消的最终原因，而旅客的货币，提供了通用的信用，补全了信用链条，使得经济体系能够实现清算。

一个经济体系即使没有货币，若有一个普遍被接受的信用，那么这个经济体系就可能仅仅依靠这种信用来运作。比如，村长可能具有更高的权威,他拿着盖着村委会印章的白条,去旅店住了一晚。旅店用这张白条向屠夫买肉,屠夫又用这张白条买了铁匠铺的刀……就这样,这张白条就可以支撑起整个村子的经济。在银本位时期的古代,由退休官员(员外)、里正保长、当地富商构成的乡绅阶级在地区上的经济、司法、教育各方面起到了重要作用。在经济方面,乡绅往往以提供担保等方式,以个体信用来补充货币,使得地方经济在白银货币短缺非常严重的情况下,依然能够平稳运行。

但是,个体信用很难真正替代货币,因为其存在局限性,稳定性也不足。以上述故事为例,如果旅店迟迟没有客人来,如此之长的信用链条非常容易断裂,比如屠夫可能离开村子去别处谋生,导致信用链条崩塌。而在使用村长白条的村子,可能村民某天发现村长在村外嗜赌成性欠了一屁股债,而村委会早就被掏空无力还债。在这些情况下,经济体系个体之间基本的信用将不复存在,经济体系的运转就会遇到问题。

个体信用的存在,使得"货币需求"成为一个无法量化的概念。可以清晰地看到,在个体信用普遍存在或者有权威个体信用时,经济体系甚至不需要货币的支持,就可以进行交易,实现社会分工、产出流转。于是"货币需求"同时受到信用交易和货币周转两个由大量微观交易决定的、总体不可控的因素影响,不是个可以量化的经济指标。

4.2 借贷与利息

个体信用除了用以赊购,更常见的是用作借贷。赊购其实也可以看作一种特殊的借贷。面包厂去面粉厂那里赊购1斤面粉,相当于先从面粉厂那里借了1斤面粉的货币,又用这笔钱买了1斤面粉。

借贷行为本身不一定与货币直接相关。可以借面粉、面包,也可以借机器设备。约定的归还标的,可以是货币,也可以是相同或者更多数量的借贷物。如果借的是面粉，约定归还的却不是面粉，则可以将这一借贷拆解成借贷与买卖两个行为看。

一个借贷行为本身必然存在三个要素：①出借的内容（标的）；②偿还的期限；③偿还的内容。在这里期限是借贷行为特别不同寻常的地方，甚至可以说，期限也就是时间性，是借贷与其他经济行为的根本不同之处。这里有一个大家熟悉的笑话：

伊万想喝酒，却没有钱，便向村里一个富有的犹太人借一个银币。他们双方商量了条件：伊万明年春天还债，还加倍的钱，两个银币。在此期间他用斧子作抵押。伊万拿到钱刚要走，犹太人突然叫住他："伊万，等一等，我想起一件事。到明年春天要凑足两个银币你是有困难的。你现在先付一半不是更好吗？"这话使伊万开了窍，于是他归还了银币。他走在回去的路上又想了一阵子，然后自言自语地说："怪事，银币没了，斧子没了，我还欠一个银币，那犹太人还蛮有道理！"

这个笑话里面，由于从出借到偿还并没有经过时间，所以本质上并不构成借贷，仅仅是伊万上当受骗。正由于借贷的时间属性，使得包含借贷、利息的经济学必须在动力学的框架下考量。

通常来说，借贷伴随着风险和利息。无论出借的是什么样的东西、期限有多长，只要偿还是在未来，总包含借入方偿还不出的可能性，即存在不确定因素。这样，如果借出与归还的内容相等，那么借出行为期望回报一定小于1，借贷通常就不能发生。所以，约定偿还的内容，常常要比借出的内容多出一些，这就是利息。有些借贷没有约定任何实质上的利息，这类无息借贷往往含有人情等经济之外的考虑因素。

有人把利息或者利率理解为**货币的时间价值**(Time value of money)，**这是一种有问题的看法**。首先，利息与利率的基础是借贷这一行为，而不是货币这一事物。借贷面粉、面包通常当然也会有利息，而我们不会去说"面粉的时间价值"或者"面包的时间价值"。其次，货币不会随着时间迁移而升值。本位币时代，贵金属货币放在家里不会有任何产出，黄金并不会生出小黄金。利息与利率并非货币的时间价值，与货币本身的价值性也毫无关系,而是货币占用对债权人与债务人的价值的一种体现。

在基本模型的基础上,我们给出一个最简单的包含借贷与利息的模型。面粉厂与面包厂最初都有50元货币,并按照基本模型的方式运行。然而,第n期期初,面包厂遗失了所有货币,需要借钱购买面粉。假设面包厂为此向面粉厂借贷50元,并约定在次期按10%的利率,支付5元利息。第n期经济运行情况如表4-2-1所示。

表4-2-1	发生借贷	单位:元
第n期	面粉厂	面包厂
期初货币	50	0
借贷交易	−50	+50
面粉交易①	+100	−100
面包交易	−100	+100
期末货币	0	50

注:面粉1元/斤,面包2元/个,并且面粉厂拥有对面包厂50元债权(或者相应的说,面包厂对面粉厂负有50元债务),该债权在下一期的本息为55元,利率为10%。

在次期,经济运行情况有多种可能性。

第一种可能,面粉厂与面包厂保持消费水平不变,如表4-2-2所示。

表4-2-2	面包厂只偿还利息不偿还本金	单位:元
第$n+1$期	面粉厂	面包厂
期初货币	0	50
利息支付	+5	−5
面粉交易	+100	−100
面包交易	−100	+100
期末货币	5	45

注:面粉1元/斤,面包2元/个,并且面粉厂拥有对面包厂50元债权,利率为10%。

① 面粉交易与面包交易通过货币周转进行。

在这种情况下,面包厂借款所得的50元货币将慢慢被用以支付利息,每期支付5元,在10期后面包厂将面临把借款所得货币也全部失去的窘境。

第二种可能,面包厂通过销售更多面包的方式支付利息,如表4-2-3所示。

表4-2-3　面包厂通过销售更多面包(减少自身面包消费)偿还利息　　单位:元

第$n+1$期	面粉厂	面包厂
期初货币	0	50
利息支付	+5	−5
面粉交易	+100	−100
面包交易	−105	+105
期末货币	0	50

注:面粉1元/斤,面包2元/个,并且面粉厂拥有对面包厂50元债权,利率为10%。

此时,面粉厂消费52.5个面包,面包厂消费47.5个面包,面包厂通过卖出更多面包、减少自身面包消费的方式偿还利息。这种情况下,面包厂的债务本金不会减少,面包厂未来每期都需要支付5元利息,但经济体系可以一直如此运转下去。

第三种可能,面包厂通过销售更多面包的方式支付利息,并偿还部分债务本金,如表4-2-4所示。

表4-2-4　　　面包厂通过销售更多面包偿还本息　　　单位:元

第$n+1$期	面粉厂	面包厂
期初货币	0	50
利息支付	+5	−5
面粉交易	+100	−100
面包交易	−120	+120
面包厂偿还部分债务	20	−20
期末货币	5	45

注:面粉1元/斤,面包2元/个,并且面粉厂拥有对面包厂30元债权,利率为10%。

本期，面粉厂消费60个面包，面包厂消费40个面包，面包厂通过卖出更多面包、减少自身面包消费的方式偿还利息，并且偿还了部分借款本金。这样，第 $n+2$ 期面包厂需要偿还的债务本息为33元。

当然可以假设面包厂在未来各期偿还了更多债务本金，乃至清偿了全部债务本息。

第一种情况是不稳定的情况，面包厂会积欠越来越多债务，最终破产。第二、第三种情况下，经济体系都可以长期稳定。从第二与第三种情况可以看到，利息的存在以及对利息的清偿，使得支付利息的债务方获得的产出分配减少了，即利息改变了产出分配，而产出分配在之前的模型中只与价格体系和货币配置变动有关。**由于利息这种改变分配的性质，我们把利率与利息也视为价格体系的一部分。**

在最简单的二元模型里，由于没有外界货币，面包厂只能通过让渡部分消费给债权人（面粉厂）的方式偿还利息。在现实中，人们往往需要从其他人那里赚到货币，来还钱给债权人。

除了明确约定利息的借贷，赊购赊销可能也隐含利息。例如，在面包厂失去货币后，面粉厂同意向面包厂赊销面粉，但是赊销的价格会比现款结清稍高一些，其经济运转如表4-2-5所示。

表4-2-5　　　　　　　　暗含利息的赊销　　　　　　　　单位：元

第 $n+1$ 期	面粉厂	面包厂
期初货币	50	0
面粉交易（赊销方式）	+105	−105
面包交易	−105	+105
期末货币	50	0

注：面粉1.05元/斤，面包2元/个。

表4-2-5中，面包的消费情况为：面粉厂消费52.5个，面包厂消费47.5个。与前面的第二种情况相比较，可以发现消费情况是完全一样的。于是可以认为，面包厂以更高的价格向面粉厂赊购，和向面粉厂以某种利率借贷，两者之间存在等价性。在现实中也会出现类似的现象，企业给予

较长账期的商品往往具有较高的毛利，这是商品价格中暗含利息的缘故。一般来说，不存在区分上述类似交易经营毛利和利息收益的有效办法，金融活动与经营活动并非泾渭分明，常常交织在一起。

4.3　100元怎样偿还200元债务

在"1.2 货币周转"中知道，少量货币就可以支撑高额的产出，在"2.2 大型工程模型与货币流转的宏观本质"中，100元货币可以支撑起1000元的浩大工程。在经济体系运行中，通过货币流转也能支撑和消化庞大的借贷规模。

假设面粉厂、面包厂最初各有300元货币，面包厂听说有某海外投资项目非常赚钱，便以每期10%的利率向面粉厂借200元，连同自己原有的300元投入该项目。不料该海外项目实为骗局，面包厂投入的500元血本无归，全部散佚海外。于是，现在面粉厂与面包厂构成的经济体系总共只剩下100元货币，而面包厂对面粉厂还负有200元的带息债务。

假设面粉厂与面包厂关系很好，面包厂总可以按照原价赊购面包，面包厂被骗500元后，经济体系运行情况如表4-3-1所示。

表4-3-1　　　　　　　　　巨额债务偿还　　　　　　　　　单位：元

第1期	面粉厂	面包厂
期初货币	100	0
面粉交易	+100	−100
面包交易	−150	+150
面包厂偿还债务利息	+20	−20
面包厂偿还部分本金	+30	−30
期末货币	100	0

注：面粉1元/斤，面包2元/个，利率为10%。期末面包厂尚欠面粉厂170元。

面包的消费情况为：面粉厂消费75个，面包厂消费25个。

通过大量减少消费，面包厂在第1期不仅偿还了20元利息，还偿还了30元本金。按照这个趋势，面包厂对面粉厂的债务将越来越少，并最终还清债务。事实上，这就是上一节中的第三种可能，这里只是给出了一个更极端的例子，说明债务规模相当庞大时，债权债务是如何结清的。

这笔债务能够得以偿还的基础在于面包厂能够卖出更多的面包给面粉厂。如果面粉厂认为面包完全够吃，不想要更多消费，比如面粉厂锁定50个面包消费，那么面包厂的债务只能随着利息累积不断增长，难逃破产命运。如果面粉厂愿意消费60个面包，那么面包厂每期只能够赚取到利息，使得债务规模保持在200元。只有当面粉厂愿意消费60个以上面包时，这笔债务才有可能最终得到清偿。

值得注意的是，在没有新增货币的情况下，面粉厂无论如何都不可能获得超过100元的货币储蓄。这个事实具有非常重要的现实意义。我们把经济个体划分为两类，所有个体的债权债务相抵后，一部分如面包厂为净负债个体，另一部分如面粉厂为拥有净债权的个体，那么如果经济体系发生债权债务大清偿，拥有净债权的个体实际上不可能获得超过经济体系货币量的债权清偿。在上例中，虽然面粉厂拥有100元货币以及对面包厂200元的债权，但面粉厂不可能让那200元债权兑现为实际货币，从而获得300元货币储蓄。

由于现实中的债权债务规模往往很大，甚至超过货币规模，于是在债权人察觉到风险、纷纷要求债务清偿时，必然发生债务危机。此时，如同面粉厂不得不接受面包还债，债权人也必须进行某种妥协，同意用"以资抵债"等方式进行债务重组。

4.4 债权的账面效应与债务危机

债权是一种资产，更具体来说，是一种金融资产，如同房产等资产，债权人往往将债权也视为储蓄的一部分。债权人对自己所拥有的债权可能高估，使得债权具有账面效应，并且这种账面效应也能够产生财富效应，引起经济体系产出增长。

假设经济体系包含面粉厂、面包厂、诈骗部门三个经济个体。最初面粉厂与面包厂都拥有50元货币，诈骗部门向面粉厂与面包厂谎称自己有前景很好的投资项目，以每期向面粉厂与面包厂各支付4元利息为条件，分别借款40元。实际上诈骗部门只是把借款用来支付利息和供自己挥霍。经济体系存在充分生产余力，面粉厂与面包厂原来各消费50个面包，但在50元的货币储蓄下，两厂均不愿意消费更多面包。诈骗部门也消费面包，每期消费2个面包，于是诈骗部门出现的第1期，经济体系的产出为102个面包。过程表如表4-4-1所示。

表4-4-1　　　　　虚假债权带来经济增长第1期　　　　　单位：元

第1期	面粉厂	面包厂	诈骗部门
期初货币	50	50	0
诈骗部门借款	−40	−40	80
面粉交易	+102	−102	0
面包交易	−100	+104	−4
期末货币	12	12	76

注：面粉1元/斤，面包2元/个，利率为10%。另外，诈骗部门对面粉厂与面包厂各负有40元债务。

消费情况为：面粉厂50个面包，面包厂50个面包，诈骗部门2个面包。

在第1期期末，面粉厂与面包厂除了各有12元货币储蓄外，还有40元对诈骗部门的债权。于是面粉厂与面包厂认为自己的总体储蓄上升了，由50元上升为52元。据此，面粉厂与面包厂认为自己可以增加消费。假设对于超过50元的货币与债权总储蓄，每增加2元，面粉厂与面包厂会在下一期增加1元即0.5个面包消费，于是第2期的过程表如表4-4-2所示。

表 4-4-2　　　　　　　　虚假债权带来经济增长第 2 期　　　　　　　单位：元

第 2 期	面粉厂	面包厂	诈骗部门
期初货币	12	12	76
诈骗部门支付利息	+4	+4	-8
面粉交易	+103	-103	0
面包交易	-101	+105	-4
期末货币	18	18	64

注：面粉 1 元/斤，面包 2 元/个，利率为 10%。诈骗部门对面粉厂与面包厂各负有 40 元债务。

消费情况为：面粉厂 50.5 个面包，面包厂 50.5 个面包，诈骗部门 2 个面包。

在第 2 期期末，面粉厂与面包厂除了各有 18 元货币储蓄外，还有 40 元对诈骗部门的债权，两厂包含债权的总储蓄进一步上升至 58 元，于是第 3 期面粉厂与面包厂各愿意消费 52 个面包。第 3 期过程表如表 4-4-3 所示。

表 4-4-3　　　　　　　　虚假债权带来经济增长第 3 期　　　　　　　单位：元

第 3 期	面粉厂	面包厂	诈骗部门
期初货币	18	18	64
诈骗部门支付利息	+4	+4	-8
面粉交易	+106	-106	0
面包交易	-104	+108	-4
期末货币	24	24	52

注：面粉 1 元/斤，面包 2 元/个，利率为 10%。诈骗部门对面粉厂与面包厂各负有 40 元债务。

消费情况为：面粉厂 52 个面包，面包厂 52 个面包，诈骗部门 2 个面包。

回顾这 3 期的经济运行情况，面包厂与面粉厂的消费水平不断提高，他们以为自己的总储蓄（资产）水平也不断提高，经济体系总产出也不断提高，这是一种经济景气。"3.10 正反馈与经济景气"中曾提到，在本位币货币制度下,货币当局不能随心所欲发行货币,经济景气需要依靠金融系统的发展支撑,这里就给出了债权这一金融资产带来经济景气的例子。

将上述经济景气与3.10节的经济景气比较可以发现,一方面,诈骗部门所允诺的利息回报给面粉厂与面包厂带来的账面错觉与房价上涨带来的账面错觉是一致的,都让他们认为自己的储蓄(资产)增长了,并且其最终引起产出增长的后果也一致。另一方面,诈骗部门从始至终没有偿还债务本金的打算,两厂账面上的40元债权自始就无法实现,这点与账面效应根据市场价格错误记账类似。由于这两个方面的原因,我们将上述面粉厂与面包厂的储蓄增长错觉、债权账面与实际情况的差异称为债权的账面效应。本节中产出的增长,也是基于这种账面效应带来的财富效应。

经济体系可以类似地运行至第7期,省略中间第4~6期的运行,第7期的过程表如表4-4-4所示。

表4-4-4　　　　　　虚假债权带来经济增长第7期　　　　　　单位:元

第7期	面粉厂	面包厂	诈骗部门
期初货币	42	42	16
诈骗部门支付利息	+4	+4	-8
面粉交易	+118	-118	0
面包交易	-116	+120	-4
期末货币	48	48	4

注:面粉1元/斤,面包2元/个,利率为10%。诈骗部门对面粉厂与面包厂各负有40元债务。

在第7期期初,面粉厂与面包厂认为自己拥有42元货币及40元债权共82元总资产,对于超过50元的32元部分,他们愿意多消费16元8个面包,加上基础消费50个面包,两厂各消费58个面包。诈骗部门依然消费2个面包。

第7期期末,面粉厂与面包厂自以为的资产总额达到88元巅峰,但是诈骗部门的期末货币已经只剩下4元。在次期骗局无法进行下去,面粉厂与面包厂察觉上当受骗,清查诈骗部门发现40元债权无法兑现,最终各只追回2元货币。

第8期即是所谓债务危机爆发的时刻。这里实际上给出了最简单的债务危机模型，债务危机爆发后，面粉厂与面包厂在账面上将债权清零，他们认为自己的储蓄（或者说资产）从88元一下缩水至50元，除了情绪上的波动外，往往还会调整自己的消费策略减少消费，使经济整体消费水平达不到第7期116个面包。随着消费下降，产出也会相应减少。于是在债务危机爆发后，产出水平也会下降，短时间内甚至可能下降到比最初100个面包更低的水平上。

我们容易知道，诈骗部门许诺并支付的利率越高，挥霍越严重，债务危机爆发得越迅速。

诈骗部门的这类操作有很多变体。例如，诈骗部门从外界带来某些宣称具有医疗功能的石头，并说这些石头将不断升值。诈骗部门卖出这些石头，并在最初安排人手不断以更高的价格回收这些石头。然后诈骗部门带领面粉厂与面包厂吃香喝辣，整个经济体系的产出也随之节节攀升。最终诈骗部门扬长而去，面粉厂与面包厂发现自己手上的不过是普通石头而已，减少消费，经济衰退。其他类似的骗局还有各种纪念币、邮票、数字加密货币，等等。

真正有趣之处在于，当存在生产余力时，诈骗部门短期内对产出的提振作用是真实的，会发生经济景气。

将上述模型与"3.1 生产余力与经济刺激政策"中的产出增长相比较，可以知道短期内诈骗部门与货币当局扮演的角色是相似的，都让面粉厂与面包厂认为自己拥有了更多储蓄，都消费了2个面包。事实上，让货币当局在第1期发行4元货币，并在第2~7期每期发行12元货币，我们将获得几乎完全相同的7期经济体系运行情况，差别仅在于面粉厂与面包厂拥有货币还是债权。

当然，最终的结局有所区别。诈骗部门让经济体系发生债务危机，经济体系产出下降。货币当局让经济体系货币过量，最终引发价格体系上涨，若面粉厂、面包厂察觉实际储蓄下降，则也会下调消费水平，使得经济体系产出下降。粗略地说,前者就是金融危机,后者就是滞胀,它们与危机爆发前的经济景气一道,构成了"景气—萧条"周期。

4.5 税、债、货币发行等效

一些古典经济学家已经知道,政府通过行政强制力收税与通过政府信用借债,这两者间存在某种等效。经济动力学可以给出更进一步的结论。当政府与货币当局为同一主体时,无论借债、税收还是发行货币,都是政府通过行政强制力对产出的一种占用,从产出占用的角度,我们可以建立某种程度的等效。

(1) 税收等效情况。

考虑面粉厂、面包厂、政府组成的三元经济体系,政府向面粉厂与面包厂各征收20元货币的税收,并购买20个面包供自己消费。经济体系的运行情况如表4-5-1所示。

表 4-5-1　　　　　　　　　税收等效　　　　　　　　　单位:元

第1期	面粉厂	面包厂	政府
期初货币	50	50	0
面粉交易	+100	-100	0
税收	-20	-20	+40
面包交易	-80	+120	-40
期末货币	50	50	0

注:面粉1元/斤,面包2元/个,面粉厂与面包厂各缴纳20元税款。

消费情况为:面粉厂40个面包,面包厂40个面包,政府20个面包。

以后各期都可以按照第1期的情况运行。

现实中,税收并不是由政府消费,其中会有一部分投入到基础建设、教育、公安、司法等处，那样的话，就是政府部门与基建等部门一同消费税收取得的20个面包，把政府部门与基建等部门合并理解看待上述过程表即可。

（2）借债等效情况。

若政府运转所需20个面包不是以税收方式取得，也可以通过借债的方式得到相同的分配结果。假设，政府以10%的利率向面粉厂与面包厂各发行20元债券，并购买20个面包自己消费。经济体系的运行情况如表4-5-2所示。

表 4-5-2　　　　　　政府举债等效第 1 期　　　　　　单位：元

第1期	面粉厂	面包厂	政府
期初货币	50	50	0
面粉交易	+100	−100	0
债券发行	−20	−20	+40
面包交易	−80	+120	−40
期末货币	50	50	0

注：面粉1元/斤，面包2元/个。面粉厂与面包厂各持有20元政府债券。

消费情况为：面粉厂40个面包，面包厂40个面包，政府20个面包。

在第2期，政府如果要维持相同的分配，需要发行新的债券。并且由于上期债券本息的存在，新发行债券除了用以政府部门消费，还需借新还旧把上一期债券的本息借出来。于是，第2期经济体系运行情况如表4-5-3所示。

表 4-5-3　　　　　　政府举债等效第 2 期　　　　　　单位：元

第2期	面粉厂	面包厂	政府
期初货币	50	50	0
面粉交易	+100	−100	0
新债券发行	−42	−42	+84
旧债券偿还	+22	+22	−44
面包交易	−80	+120	−40
期末货币	50	50	0

注：面粉1元/斤，面包2元/个。面粉厂与面包厂各持有42元政府债券。

消费情况为：面粉厂40个面包，面包厂40个面包，政府20个面包。

若产出分配情况通过发行债券维持，政府的债务规模会迅速上升。

(3) 货币发行等效情况。

政府运转所需20个面包还可以通过货币发行的方式取得，即政府每期发行40元货币，并购买20个面包供自己消费。经济体系的运行情况如表4-5-4所示。

表 4-5-4　　　　　　　　货币发行等效第1期　　　　　　　　单位：元

第1期	面粉厂	面包厂	政府
期初货币	50	50	0
面粉交易	+100	−100	0
货币发行	0	0	+40
面包交易	−80	+120	−40
期末货币	70	70	0

注：面粉1元/斤，面包2元/个。

消费情况为：面粉厂40个面包，面包厂40个面包，政府20个面包。

在第2期，政府如果要维持相同的分配，需要发行新的货币。于是，第2期经济体系运行情况如表4-5-5所示。

表 4-5-5　　　　　　　　货币发行等效第2期　　　　　　　　单位：元

第2期	面粉厂	面包厂	政府
期初货币	70	70	0
面粉交易	+100	−100	0
货币发行	0	0	+40
面包交易	−80	+120	−40
期末货币	90	90	0

注：面粉1元/斤，面包2元/个。

若产出分配情况通过发行货币维持，经济体系货币存量将不断上升。

于是我们得到了产出与分配情况完全相同的三种等效情况。三种等效中，只有税收等效情况是可以持续运行的稳态。债务等效情况中政府会积欠越来越庞大的债务，最终不得不通过货币发行或税收解决。货币等效情况中，经济体系货币存量将不断上涨，最终引起价格体系上升。这三种情况的等效只是短期等效，长期看不完全等效。

三者之间还有如下两个差别：

（1）政府借债与货币发行会导致面粉厂与面包厂的总储蓄（包括货币储蓄和债权）上升，因而具有财富效应，在经济体系存在生产余力的情况下，产出水平可能因此上升。而税收没有财富效应，产出水平不会上升。

（2）当存在银行体系时，货币发行将通过银行放大经济体系总体借贷规模，使整体流动性以数倍规模增长，而政府借债一般没有这种流动性乘数效益。货币的乘数效应我们在后面章节详细说明。

现实中，政府会同时使用税收、借债、货币发行三个手段来占用产出、干预分配。虽然长期看，税收手段最稳定，但终究属于从他人口中夺食，容易引起私人部门不满。而借债与货币发行对产出的占用非常隐蔽，其他经济个体不易察觉。另外，借债和货币发行还有财富效应，让私人部门以为赚到钱了，在条件允许的情况下，政府往往优先使用这两种方式。

一般来说，政府还有维持物价水平、控制通货膨胀的职责，而货币发行带来的流动性与购买力会被银行系统放大，货币发行的空间往往很快就会被通胀压力挤压完毕，所以现代政府最喜欢通过借债方式维持运行。

在具有任期的政治体制下，当期借来的货币供现任政府开支，债务偿还的责任却在下任；更有甚者，一些"临时政府"在任期内一方面用减税等方式讨好选民，另一方面大肆举债，不仅维系了政府运行，在财富效应的作用下短期内经济还能有所提振，一时间似乎经济繁荣、人人拥戴，实则遗祸无穷。从长期看，借债只是个过渡手段，政府债务规模不能无限扩张下去，最终不可避免地动用税收与货币发行手段还债。

4.6 经济体系整体利润的根本来源

在上节中,政府通过货币发行和借债获得产出分配的同时,还给面粉厂与面包厂带来了货币与债权增长,而货币与债权在会计上都被视为资产。随着货币与债权资产的上升,如果面粉厂与面包厂编制会计报表的话,会发现他们"赚到了利润"。事实上,如果所有经济个体都编制会计报表,我们可以发现,经济体系整体所谓的"盈利"或者"赚钱"只有一个来源,即抵消负债后的资产增加。

关于复式记账、会计报表的基础会计知识,读者可以参考"附录B 会计基本原理与资产负债表观",也可以从任何一本会计相关的书籍了解。这里我们给出基本模型中面粉厂的资产负债表和利润表分别如表4-6-1、表4-6-2所示。

表 4-6-1　　　　　基本模型中面粉厂的资产负债表　　　　　　　　单位：元

资产	金额	负债和所有者权益	金额
货币资金	50	负债：	
		没有负债	0
		所有者权益：	
		期初数（上期所有者权益期末数）	50
		本期利润	0
资产合计	50	负债和所有者权益合计	50

表 4-6-2　　　　　　基本模型中面粉厂的利润表　　　　　　　　　　单位：元

面粉销售收入	100
面包消费支出	−100
净利润合计	0

以上资产负债表与利润表,和其他会计书籍中的标准表格略有区别,但本质上是一样的,只是把会计科目名称直接用具体事项代替了,并且为

了一目了然，去掉了所有的小计项，合计项就是上面所有数字的合计。进一步地，利润表实际上就是本期利润的明细项，于是我们把资产负债表与利润表合二为一，得到表4-6-3。

表 4-6-3　　基本模型中面粉厂的资产负债表（含利润表）　　　　　单位：元

资产	金额	负债和所有者权益	金额
货币资金	50	负债：	
		没有负债	0
		所有者权益：	
		期初数	50
		面粉销售收入	+100
		面包消费支出	−100
资产合计	50	负债和所有者权益合计	50

注：表格中的期初数是上期所有者权益的期末合计数。

基础模型中的面包厂与之类似，不同点在于对面包厂来说，面粉购买支出是成本，面包销售是收入。对于面包厂销售面包有两种看法：第一种看法认为只有销售给面粉厂的部分是实现面包销售的收入；第二种看法认为面包厂内部自己消费的面包也是先出售给自己，而在消费的时候作为成本支出。第二种看法更全面体现了面包的产出与消费情况，这里采用第二种看法，于是可以得到面包厂的资产负债表（如表4-6-4所示）。

表 4-6-4　　基本模型中面包厂的资产负债表（含利润表）　　　　　单位：元

资产	金额	负债和所有者权益	金额
货币资金	50	负债：	
		没有负债	0
		所有者权益：	
		期初数	50
		面包对外销售收入	+100
		面包对内销售收入	+100
		面粉购买成本	−100
		面包消费支出	−100
资产合计	50	负债和所有者权益合计	50

在基础模型中，面粉厂与面包厂的资产负债表每期都是相同的。

在"1.4 个体风险、货币储蓄与货币配置变动"中，面粉厂为了举办婚礼，购买并消费了更多面包，货币储蓄也因此减少，这个时候两厂的资产负债表产生的相应变化（如表4-6-5、表4-6-6所示）。

表 4-6-5　　　　　货币储蓄减少的面粉厂资产负债表　　　　　　单位：元

资产	金额	负债和所有者权益	金额
货币资金	40（50）	负债：	
		没有负债	0
		所有者权益：	
		期初数	50
		面粉销售收入	+100
		面包消费支出	−100
资产合计	40	负债和所有者权益合计	40

注：括号内是期初数值。

表 4-6-6　　　　　货币储蓄增加的面包厂的资产负债表　　　　　单位：元

资产	金额	负债和所有者权益	金额
货币资金	60（50）	负债：	
		没有负债	0
		所有者权益：	
		期初数	50
		面包对外销售收入	+110
		面包对内销售收入	+90
		面粉购买成本	−100
		面包消费成本	−90
资产合计	60	负债和所有者权益合计	60

注：括号内是期初数值。

一方面，面粉厂的资产减少10元，同时其所有者权益也因为更多面包消费导致亏损而减少10元，面粉厂当期利润为亏损10元。另一方面，面包厂的资产由于取得更多货币资金而增加10元，同时所有者权益也因为更多销售收入产生利润而增加10元。

进一步地，把两个厂的资产负债表放在一起看，由于两厂的资产合计始终是100元货币不变，一方的盈余即来自于另一方的亏损，整体的利润为0。

将税收视为一种成本，很容易将税收也放入资产负债表。例如，上一节中，税收等效情况过程表如表4-5-1所示。相应可以编制面粉厂的资产负债表（如表4-6-7所示）。

表4-6-7　　　　税收等效中面粉厂的资产负债表　　　　单位：元

资产	金额	负债和所有者权益	金额
货币资金	50	负债：	
		没有负债	0
		所有者权益：	
		期初数	50
		面粉销售收入	+100
		面包消费支出	−80
		缴纳税费	−20
资产合计	50	负债和所有者权益合计	50

注：支付税款和消费面包后，面粉厂资产与负债状况不变，盈余为0，当期不亏不赚。面包厂与之类似。

由于经济体系每笔交易总是由交易双方进行，交易前后如果双方的资产合计没有增加，那么从交易双方的资产负债表总体看，这笔交易要么不产生损益，要么一方产生亏损，另一方产生盈余，并且亏损与盈余必然相等，从两者总体看利润为0。所以前述面粉厂与面包厂净利润为0的情况是一种普遍现象，是会计原理导致的。另外，**如果一项交易事项从整体角度看，产生了利润，那么整体账面资产就必须增加（整体账面负债减少的情况不可能发生）**。实际上经济体系整体利润增长只有三种来源。

（1）货币资产增长。上一节中货币发行等效情况的过程表如表4-5-4所示。

我们来编制面粉厂的资产负债表，如表4-6-8所示。

表4-6-8　　　　货币发行等效中面粉厂的资产负债表　　　　单位：元

资产	金额	负债和所有者权益	金额
货币资金	70（50）	负债：	
		没有负债	0
		所有者权益：	
		期初数	50
		面粉销售收入	+100
		面包消费支出	-80
资产合计	70	负债和所有者权益合计	70

注：括号内是期初数值。

可以看到，面粉厂20元的货币增长对应当期20元的净利润。面包厂与之类似。

（2）债权资产增长。上一节中借债等效情况有过程表如表4-5-2所示。对应的面粉厂的资产负债表如表4-6-9所示。

表4-6-9　　　　借债等效情况中面粉厂的资产负债表　　　　单位：元

资产	金额	负债和所有者权益	金额
货币资金	50	负债：	
应收政府债券	20（0）	没有负债	0
		所有者权益：	
		期初数	50
		面粉销售收入	+100
		面包消费支出	-80
资产合计	70	负债和所有者权益合计	70

注：括号内是期初数值。

可以看到，面粉厂20元的债权增长对应当期20元的净利润。面包厂与之类似。

实际上，如果我们把这里的政府换成诈骗部门，可以得到完全一样的结果，只不过把"应收政府债券"换为"应收诈骗部门债权"。

在债权资产增加带来净利润的情况中，经济体系整体净利润实际上来自对债务的不完全统计，任何一笔债权必然对应债务。但在经济实践中一般不认为政府有利润或者亏损概念，人们也不会去考查诈骗部门的资产负债表。如果政府和诈骗部门按照同样的方式编制会计报表并正确记录负债，我们将会发现，面粉厂与面包厂的净利润，正是来源于政府或者诈骗部门的净亏损。

现实中，政府负债带来地区企业经营情况良好、经济表面繁荣的案例在全世界是相当普遍的。企业利润不错，税收情况也就良好。这种地方短时间内呈现出负债水平高、消费水平高、企业盈利高、税收收入高，"四高"的经济面貌。但由于实际可能没有像样的产业产出，经济结构畸形，政府债务水平不断增高，最后连支付利息都困难，经济体系终会崩盘。在欧债危机中，葡萄牙、意大利、爱尔兰、希腊、西班牙的经济体系正是如此情况。

(3) 资产账面价格增加。一项交易如果导致双方整体净利润上升，那么必然伴随资产账面价格的增加，也就是有一项资产在交易中"升值"了。我们以"3.2 产出的结构"中工业部门出售农具交易为例说明这个问题。

工业部门每两期可以生产出1套农具，面粉厂购买农具以获取面粉产出增长。这里我们把农具的价格定为50元/套。工业部门每期消费10个面包，两期消费20个面包，也就是说农具生产成本为20个面包40元。在第2期末，工业部门以50元的价格卖农具给面粉厂，可以获得10元"利润"。

经济运行的情况如表4-6-10、表4-6-11所示。

表4-6-10　　　资产账面价格增加的过程表第1期　　　　单位：元

第1期	面粉厂	面包厂	工业部门
期初货币	10	10	50
面粉交易	+100	−100	0
面包交易	−80	+100	−20
期末货币	30	10	30

注：面粉1元/斤，面包2元/个。

表 4-6-11　　资产账面价格增加的过程表第 2 期　　　　　　　单位：元

第2期	面粉厂	面包厂	工业部门
期初货币	30	10	30
面粉交易	+100	−100	0
面包交易	−80	+100	−20
农具交易	−50	0	+50
期末货币	0	10	60

注：面粉1元/斤，面包2元/个，农具50元/套。

考察工业部门与面粉厂的资产负债表。工业部门将面包的消费记录为生产农具的成本，这一过程不产生损益。工业部门的资产负债表如表4-6-12所示。

表 4-6-12　　农具交易前工业部门的资产负债表　　　　　　　单位：元

资产	金额	负债和所有者权益	金额
货币资金	10（30）	负债：	
农具	40（20）	没有负债	0
		所有者权益：	
		期初数	50
资产合计	50	负债和所有者权益合计	50

注：括号内是期初数值。

面包交易后、农具交易前，面粉厂的资产负债表如表4-6-13所示。

表 4-6-13　　农具交易前面粉厂的资产负债表　　　　　　　单位：元

资产	金额	负债和所有者权益	金额
货币资金	50（30）	负债：	
		没有负债	0
		所有者权益：	
		期初数	30
		面粉销售收入	+100
		面包消费支出	−80
资产合计	50	负债和所有者权益合计	50

注：括号中的数字为期初数值。

工业部门将农具以50元的价格销售给面粉厂时,计入农具销售收入50元,并结转40元农具成本。与此同时,面粉厂账面上减少50元货币资金,增加50元农具。于是有表4-6-14、表4-6-15。

表4-6-14　　　　农具交易后工业部门的资产负债表　　　　单位:元

资产	金额	负债和所有者权益	金额
货币资金	60(10)	负债:	
农具	0(40)	没有负债	0
		所有者权益:	
		期初数	50
		农具收入	+50
		农具成本	−40
资产合计	60	负债和所有者权益合计	60

注:括号内是期初数值。

表4-6-15　　　　农具交易后面粉厂的资产负债表　　　　单位:元

资产	金额	负债和所有者权益	金额
货币资金	0(50)	负债:	
农具	50(0)	没有负债	0
		所有者权益:	
		期初数	30
		面粉销售收入	+100
		面包消费支出	−80
资产合计	50	负债和所有者权益合计	50

注:括号内是期初数值。

从工业部门与面粉厂资产负债表中可以看到,工业部门销售农具取得10元净利润,实际上来自农具从工业部门账面的40元变动到面粉厂账面的50元,增加10元账面价格。会计中把一项资产或负债在账面记录的净额称为"账面价值",我们在"3.8账面效应"中否认过会计记录金额的价值性,所以这里改称"账面价格"。

事实上,如果交易双方都编制会计报表,交易能够带来净利润,必然是因为交易资产的价格在交易双方的资产负债表间变动时有所提高。

房地产部门与面粉厂、面包厂的房屋交易可以作类似处理。当房地产部门以高于成本的价格售出房产，面粉厂和面包厂又以出售价格计入账面时，经济体系就可以获得整体利润。

在当前的会计制度中，允许房产等部分资产"以公允价值计量"，在房产价格上涨时，可以在会计报表中确认账面价格的上升，并对应确认利润（公允价值变动损益），而无须交易的存在，这部分利润即3.8节所述账面效应。

总结来说，从整体看，经济部门的净利润来源只有三种：

（1）经济体系货币增加。

（2）进行会计记录、提供会计报表的经济部门债权增加，不提供会计报表的部门如居民、政府与诈骗部门的债务增加。

（3）资产账面价格上升。

其中资产账面价格上升相当于经济体系整体的账面效应。事实上，按照会计定义，债权和货币都是资产，则（1）和（2）的情况从广义角度看，也可以全部归入（3）中去，也就是说**经济体系整体利润来自于资产账面价格上升**。

一个与普通人直觉不同的推论是，经济体系整体利润水平与产出水平没有关系。在基本模型中，如果面粉与面包的产量翻倍，从100个增长到200个，由于经济体系的货币没有增加，上述三种情况都不存在，面粉厂与面包厂的合计收入与成本将同时翻倍（成本体现为消费支出大增），不会有利润存在。相反，即便产出水平不变，经济体系仍可以取得利润。例如，在"1.8 货币当局与铸币税"中，面粉面包的产量不变，但由于货币当局发行新货币，面粉厂与面包厂每期都可以取得利润。

经济体系整体利润与产出水平没有关系，这个推论非常重要，它意味着宏观经济领域里，给出会计报表的经济部门的盈利数据，跟宏观经济的实际运行情况具有相当大的割裂，企业盈利好坏不说明问题，不能用以直接判断产出情况与经济形势。

4.7 借贷与产出增长

借贷是债权人与债务人建立的一种关系，其本身与产出之间没有必然联系。如果债务人负债之后，不务正业不从事生产活动。例如，很多债务人借钱赌博、消费，则对产出没有任何影响，并且这笔债务还会面临偿付风险。债务人也可以将举债获得的资金投入到生产活动中去，这就会对产出造成影响。对于附息债务来说，债务人需要取得更多产出或者货币，才能清偿债务本息，这常常让人误以为利息或者利率与产出增长有关。事实上，产出增长只与生产要素有关，借贷等金融活动只是起到促进生产要素配置的作用。

在"3.2 产出的结构"中，已经知道面粉厂取得农具可以提高面粉产量。当时，过程表如表3-2-3、表3-2-4所示。

消费情况是，面粉厂每期消费40个面包，面包厂每期消费50个面包，工业部门每期消费10个面包。面粉厂与面包厂需要10元货币作为流动资金。到了第2期期末，面粉攒够购买农具的40元货币，购买并使用农具后，经济体系的面粉产出由原来的100斤增加到110斤。

这里其实有一个问题没有展开。修改上述模型中货币配置的情况，假设面粉厂拥有10元、面包厂拥有50元、工业部门拥有10元。那么货币集中在面包厂处，与农具产出、交易和使用相关的面粉厂与工业部门一共只有20元货币，没有办法支撑起工业部门的农具产出。即使工业部门已经勒紧裤腰带生产出了农具，面粉厂也没有能力够买。由于面包厂无法使用农具，工业部门也无法与面包厂建立信用关系，工业部门甚至无法获得足够面包养活自己。于是在货币配置不理想时，工业部门可能倒闭、农具滞销，经济体系也无法取得产出增长。

货币配置有问题时，借贷能够帮助经济体系获得产出增长。例如，面粉厂可以向面包厂以每期2元的利息借入20元货币，约定在第2期期末偿还本息24元。面粉厂在第1期支付20元农具订金给工业部门，在第2期期末就能够获得农具，使得经济体系面粉产出增长。面粉厂向面包厂借钱买农具的情况下，经济体系运行的过程表如表4-7-1、表4-7-2所示。

表 4-7-1　　　　　　　　面粉厂借钱购买农具第 1 期　　　　　　　　单位：元

第1期	面粉厂	面包厂	工业部门
期初货币	10	50	10
面粉交易	+100	−100	0
面粉厂支付定金	−20	0	+20
面粉厂向面包厂借贷	+20	−20	0
面包交易	−80	+100	−20
期末货币	30	30	10

注：面粉厂对面包厂有20元债务，并已经向工业部门支付农具订金20元。面粉1元/斤，面包2元/斤。

表 4-7-2　　　　　　　　面粉厂借钱购买农具第 2 期　　　　　　　　单位：元

第2期	面粉厂	面包厂	工业部门
期初货币	30	30	10
面粉交易	+100	−100	0
面包交易	−80	+100	−20
农具交易	−20	0	+20
面粉厂向面包厂偿还本息	−24	+24	0
期末货币	6	54	10

注：面粉1元/斤，面包2元/个，农具40元/套。

消费情况是，面粉厂每期消费40个面包，面包厂每期消费50个面包，工业部门每期消费10个面包。面粉厂虽然多支付了4元利息，但是获得10斤面粉的产出增长。从面粉厂角度看，他们做出了借款20元进行农具"投资"的决策，以4元利息的代价获得了10斤面粉产出增长。按照面粉1元/斤面粉的价格，面粉厂认为自己未来会获得每期10元的收入增长。

然而，由上一节可以知道，如果没有货币增长机制和资产账面价格上调机制，面粉厂出售更多面粉获得的收入增长不会长期带来利润。

假设第3期工业部门不参与经济体系运行，面包厂购入所有110斤面粉，而面粉厂并不消费55个面包，而是只消费了53个面包，借此获得4元"利润"，从而使得面粉厂的货币储蓄增加至10元，经济体系的运行情况如表4-7-3所示。

表4-7-3　　　　面粉厂借钱购买农具第3期　　　　单位：元

第3期	面粉厂	面包厂	工业部门
期初货币	6	54	10
面粉交易	+110	-110	0
面包交易	-106	+106	0
期末货币	10	50	10

注：面粉1元/斤，面包2元/个。

消费情况是，面粉厂的面包消费数由原来的40个上升至53个，面包厂的面包消费数由原来的50个上升至57个。面粉厂与面包厂的面包消费都有所提升。

如果这样的话，一方面，对面包厂来说这期发生了亏损。面包厂买入了110元面粉，辛苦地做出更多面包，却只卖出106元面包，亏损4元，这正是面粉厂取得的4元利润的来源。如果面包厂确实希望提高面包消费，或许勉强能够接受这种亏损，而如果面包厂本来消费已经足够，买入更多面粉只为获得更多面包销售收入，这种亏损便很难容忍。

另一方面，面粉厂做借款买入农具的投资决策时，寄望于获得每期新增10元收入，如果面粉厂按照10元利润的目标购买面包，只会购买50个面包，从而使面包厂的亏损进一步扩大。如果面包厂不需要消费这么多面包，又不愿意接受亏损，就不会采购全部110斤面粉，这将导致面粉厂的面粉浪费或者产能闲置。

面粉厂以为自己增加的 10 斤面粉产出可以带来 10 元利润，面包厂以为自己多做出 10 个面包，扣除面粉成本后也能够获得 10 元利润，他们各自从财务角度算账，都觉得自己可以获得 10 元的利润，但其实，从货币条件上看，打从一开始这就不可能实现。若要让他们真的各自实现 10 元利润，除非新增 20 元货币。

在经济高速增长时，人们常常会不惜代价扩大产出，但是财务回报未必如预料那样理想，但这并不意味着经济情况不好。在中国经济历史上，1998—2006 年这段期间，就经历过一场产出迅速扩张，但是各经济部门盈利水平一般，物价水平略有下降的阶段。当时就有一种错误说法，认为中国经济非常危险，有通货紧缩危机。实际上，彼时是因为产出大幅扩张的同时，外汇储备增长没有及时跟上，而中国长期实行依据外汇储备发行货币的货币政策，货币增量远低于产出增长速度，各部门的利润水平和物价水平自然就不会迅速提高，而实际经济相当健康，人们生活水平改善很快。2006—2016 年，外汇储备大幅上升，于是部分经济个体的利润水平也就呈爆发式增长，伴随物价水平尤其是房价的蹿升，这个时候经济体系的健康程度反而变弱了。

人们也可以通过借贷购买房产。如果房产只有消费属性不能提高产出，借贷进行房产购买不会引起产出增长。如果农具由政府扶持补贴给面粉厂，则无需借贷经济体系也能够取得经济增长。于是，借贷不一定能影响产出，产出变化也不需要借贷参与，这就是我们再三强调的，**借贷与产出之间没有必然联系**。借贷越多，投资越多，则产出越高，这是错误的观点。

4.8 投资与投入货币

当面粉厂决定减少面包消费、存钱或者借钱购买农具时，对于面粉厂、面包厂、工业部门这个三元经济体系来说是一个好消息。面粉厂获得农具，使得整个经济体的面包产出增长，人们有机会过上更富足的生活。

亚当·斯密说："我们今天所需的食物和饮料，不是出自屠户、酿酒师或面包师傅的恩惠，而是由于他们自利的打算。"面粉厂省吃俭用一段时间，供养工业部门，购买可以增加产出的农具，并非是为了给整个社会谋福利，而是出于"自利的打算"，是希望通过当前的投入，来获得长久的面粉产出增长作为自身利益回报，也就是所谓的"投资"。

现代经济体系中，各生产要素几乎都已经能够使用货币购买到，人们很容易把"投资"等同于投入货币资金。实际上，已经知道，从社会整体看货币储蓄并没有实际意义，对于投资也是一样，货币从一处转移到另一处这件事本身，不可能带来产出的增长。增长的根本原因，是货币的转移带来了技术与生产工具的转移，使得面粉厂能够得到农具这一生产工具。更进一步说，经济能够通过农具得到增长，跟面粉厂有没有钱没有关系，甚至跟整个经济体系有没有钱都没有关系，即使面粉厂、面包厂与工业部门的所有货币都消失不见，面粉的产出还是可以借由面粉厂与农具的结合得到增长。

产出增长的关键在于，农具能够到面粉厂手上。这实际上包括三个环节：农具技术的出现、农具的产出、农具的转移。

农具技术的出现是前提条件。这并非什么理所当然的事情，它至少需要整个经济体系的冶炼技术达到了铁器时代，包括掌握焦炭炼铁技术、发展锻造淬火工艺等方面，是无数先人智慧与经验的结晶，也并非单纯是工业部门"按照供求关系，出于他们自利的打算"劳动的结果，而是踏在千年文明的肩膀上，由无数偶然的科学发现、技术发展构成。今天的半导体技术、信息技术也是同样道理。技术的出现这一前提条件，在现代经济社会中未被充分重视，越来越多的劳动力（包括智力劳动力）被集中于能直接带来经济效应的领域。而从事基础科学研究的人们，他们的商品（如果把他们的科研工作也视为商品）价格在阶级性的价格体系中常常处于劣势地位，这在急功近利的经济体系中尤为明显。

农具的产出与转移，从面粉厂与工业部门两个微观个体层面讲，都与货币直接联系。对工业部门来说，生产农具卖钱，是其获得购买面包所需货币的来源。对于面粉厂来说，购买农具，是其经过预期回报的计算做出的投资策略，这一计算，也是基于货币的。然而，从宏观角度整个经济体系上看，产出增长却与货币没有关系。即使没有货币，如果工业部门有能力制作农具，并且面粉厂愿意节省一些面包供养工业部门，面粉厂仍然可以通过使用农具获得更高的面粉产出。甚至于，面粉厂用武力强迫工业部门建造农具，或者武力抢夺农具，也能实现产出增长。

日本明治维新时期，天皇把自家金银都拿出来换取西洋机器、武器。如果把明治维新后日本发展视为前期投资的结果，那么明治维新投资的实质是，建立起了一套有别于过去的日本，由下层农民、工商业者供养武士与封建主的经济体系。天皇带头，大大削弱了传统武士与封建主阶层所接受的供养，增加了引进西方技术的研究人员供养，从而使得日本在之后数十年获得了不竭的发展动力。

那么货币在产出增长这件事中具体起到什么作用呢？在模型中，由于农具是一项具体的产出，工业部门不被面粉厂供养而独立存在。货币使得农具的产出、农具的转移这两点得以在面粉厂与工业部门各自独立的经济决策下自动发生，即市场化。

即使如此，并非所有科学与技术的进步带来的推动产出增长的要素都能够市场化。例如，对理论数学、理论物理等学科的前沿探索，就无法通过市场化的经济行为自发进行，而需要政府、社会的资助。基础科学的探索不能直接产生经济效益，但是长期看会给经济体系带来益处，这在经济学上被称为具有"外部性"。

所以从社会整体看，投资这件事，表面上是钱花在哪里，根源却是人们在做什么，资源的配置是怎样。通过货币，把劳动力资源、自然资源调度到有助于产出增长、社会进步的方向，把资源进行合理的配置，这是投资给经济体系带来益处的必要条件。而且由"4.6 经济体系整体利润的根本来源"可以知道，这些益处未必能以所谓的"利润"或者货币形式的经济回报衡量。

4.9 实物信用与账面效应

从"4.1 个体信用、货币的记账与清算作用"中已经知道，个体信用可以通过赊购起到替代货币的作用，反之，也可以认为货币是一种信用。在金银本位币时代，金银等贵金属本身就具有相当高的使用价值，能够作为货币流通使用也是因为其本身的实物信用。在信用货币制度下，纸币、硬币等货币本身的实物信用就很小了，能够作为货币流通主要依赖于发行主体政府的背书，可以视为一种政府信用。

在借贷等金融活动中，债务人主体的信用常常不足以支撑起债务规模，这就需要对债务人主体进行信用增级，外部信用增级工具就是担保。担保可以建立在实物信用的基础之上，如房地产抵押贷款、汽车抵押贷款等；也可以建立在人（自然人或法人）的主体信用基础上，如银行为某个人的债务提供担保。

建立在实物信用基础之上的担保，为实物信用赋予了价格。举例来说，如果乙因为有房产抵押而愿意借给甲100万元，说明乙认为房产的价格与100万元相当，即使甲没有能力还款，乙认为抵押的房产也能够抵偿甲的债务。

实物信用被赋予价格的过程很容易产生账面效应，且看下面的故事：

甲找到一套乙在售的房产，开价200万元，甲与乙签订了购买合同，但这是份阴阳合同，表面上合同价格约定为300万元，实际上甲只需支付200万元。然后甲找到一家评估机构，出具评估报告宣称该房产"价值"300万元，评估费用1万元。甲拿着购买合同与评估报告，到银行办理抵押贷款。银行按照评估价格的70%放款，实得210万元。甲用其中的200万元支付了房款，用其中的1万元支付了评估费用，尚有9万元的结余。

就这样，在一分未出的情况下，甲通过银行贷款获得了9万元盈余。当该笔借款到期时，不考虑甲的连带责任，即使甲无力偿还借款，至多也只是让银行把房子收走，而9万元的实惠早已收入甲的囊中。对于处在繁荣期的经济体系来说，故事可能更为激动人心。例如，在贷款到期前，该房屋的价格就上涨到了240万元，甲通过出售房产，不仅还清了银行贷款，更大赚了一笔。但是，此时的"收益"来自甲的价格欺诈，在道德与法律层面均是错误的。

甲在这笔买卖中稳赚不赔的关键，在于银行通过价格评估、引入折扣系数等方式，认可了该房产210万元价格，而实际上甲只需花费200万元就把房产买下了，银行账面上，抵押物价格出现10万元"溢价"，这种价格错记或者说价格错觉，也是一种账面效用。如果账面效应能够通过交易实现，例如，最后甲以240万元出售了该房产，那甲和银行表面上都能从中获利；否则的话，若房价并未上升甚至下降，银行就可能面临损失。

抵押物的账面效应在历次金融危机中都扮演了重要角色。房地产与其他抵押资产价格持续不断地上升，让银行大大高估了这类资产的抵押"价值"（实际是错记的价格），催生出过于巨大的借贷市场规模，最终借贷违约上升与资产价格下降并行，金融危机爆发。

4.10 银行存贷款业务

现代经济体系中，大量借贷通过银行作为中间媒介发生。银行的基本业务是存贷款业务。甲将一笔现金存入银行，银行承诺一定的存款利息；银行再将这笔钱放贷给乙，同时收取一定的贷款利息。通常，贷款利息会高于存款利息，银行可以从中赚取利息差额。历史上多数时候，息差构成银行利润的主要来源。

从中介角度讲,银行的存贷款业务是促进借贷发生的中介行为。一般来说,存款方要直接寻找到资金需求方,借款方要直接找到资金提供方,并且双方谈拢交易条件,这并不是件容易的事。银行的出现,使得资金提供方和资金需求方都以银行作为对手进行借贷交易,大大降低了寻找交易对手的成本。由于资金提供方和资金需求方互不认识,交易都通过银行,于是这种借贷交易被称为间接融资。与之相对应,不通过银行,双方直接建立借贷关系的方式被称为直接融资。直接融资并非没有中介机构参与,而是中介机构只起到撮合作用,并不真正作为交易的一方,不直接使用中介机构自己的信用。

从信用角度讲,银行存贷款业务的本质是担保业务,它给借款方提供了一种信用增级。对借款方来说,只要获得了银行的信用,就获得了可以广泛使用的银行存款,或者提取银行存款为现金。借款方个体信用通过银行,升级成可流通的信用。具体举例来说,一个人要开面包店,他需要付房租、买鸡蛋、买面粉、买厨具,但是却没货币,他并不需要一一向房东、鸡蛋农户、面粉厂、炊具厂取得信用,而只需要取得银行的信用,只需让银行相信,他做面包能够赚钱还出本息,就可以取得银行贷款,从而拿到银行存款或者货币。对存款方来说,他的存款本息由信用相对较好的银行提供兑付保障。这样,银行赚取的是担保费用与信用差额。从本质上说,银行的存贷款业务与担保业务完全等效。

所以说,银行的存贷款业务本质是信用中介与信用增级。从信用中介与增级角度看,担保业务与银行的存贷款业务完全是一回事。在银行作为担保方的借贷中,银行通常是借贷交易的撮合者与中介方(如果借款方与贷款方相熟识,通常无须再找银行做担保)。与此同时,通过银行担保,借款方的信用同样由个体信用升级为了银行信用。只不过名义上,银行从存贷款业中赚取的利息差,从担保业务中收取的是担保费用。

我们通过具体的例子来说明这种等效。假设初始情况下,银行自有资金10元。甲有10元货币现金，乙需要借款10元。甲希望出借货币能获得5%的利息，乙希望能以10%的利率借到资金。

（1）银行通过为乙提供担保的方式促成这笔业务。银行将甲介绍给乙，但是甲并不认识乙，不愿意直接借钱给乙。于是银行从中担保，若乙无法还债，由银行代为偿还。甲、乙与银行签订借款协议与担保协议，约定甲以5%的利率借给乙10元，银行为这笔借款提供担保，并向乙收取5%的担保费用。

（2）银行以存贷款方式开展这笔业务。我们通过银行资产负债表的变化了解银行做存贷款业务的具体过程（如表4-10-1所示）。

表 4-10-1　　　　　　银行最初的资产负债表　　　　　　单位：元

资产	金额	负债和所有者权益	金额
货币资金	10	负债：	
		没有负债	0
		所有者权益：	
		期初数（资本金）	10
资产合计	10	负债和所有者权益合计	10

甲在银行存款10元，从而银行的资产负债表上增加10元货币资金，同时增加对甲的负债10元。于是得到表4-10-2。

表 4-10-2　　　　吸收甲存款后银行的资产负债表　　　　单位：元

资产	金额	负债和所有者权益	金额
货币资金	20	负债：	
		甲存款	10
		所有者权益：	
		期初数（资本金）	10
资产合计	20	负债和所有者权益合计	20

银行向乙发放10元贷款，乙以现金形式提走这10元。从而银行的资产负债表上增加对乙的贷款10元，减少10元货币资金。约定，甲的存款利率为5%，乙的贷款利率为10%。于是得到表4-10-3。

表 4-10-3　　　　　　　向乙发放贷款后的资产负债表　　　　　　　单位：元

资产	金额	负债和所有者权益	金额
货币资金	10	负债：	
乙贷款	10	甲存款	10
		所有者权益：	
		期初数（资本金）	10
资产合计	20	负债和所有者权益合计	20

上述（2）存贷款业务与（1）担保业务完全等价。

由于银行担保业务与存贷款业务本质一致，从银行监管角度，应当将担保业务视为存贷款业务，对担保业务的监管要求（如风险拨备等）与贷款业务通常来说也是一致的。即便如此，由于担保业务通常不作为资产负债表上事项体现，一些针对资产负债表的监管就可能通过担保业务得以规避。举例来说，如果对银行只以单一的存款准备金率作为监管约束，在银行的存贷款规模扩张到受到存款准备金制约时，银行依然可以开展担保业务，从而使得存款准备金的监管约束失效。这就是所谓监管套利的一种方式。

事实上，银行动用自身信用的所有业务都与存贷款业务等效。银行创造了各种各样名目的业务来规避监管，我们剥掉银行这些业务的外皮后就能发现无非是变相存贷款业务。因此，只需弄清银行的存贷款业务，就能弄清银行业的大半。

除了银行以外，还有其他金融机构开展担保业务，当这些金融机构具有政府颁发的牌照，或者存在某种程度的政府担保，那么被担保的经济个体也获得了极高的信用增级，这些担保业务与银行存贷款业务，在上述意义下也是相同的。

值得注意的是，当银行经由（2）开展存贷款业务时，银行的放贷能力并不受限于甲存在银行的货币资金。如果乙取得贷款后，没有取出现金，而是依旧存放在银行中，也就是银行的资产负债表情况如表 4-10-4 所示。

表 4-10-4　　　　　乙将贷款依然存在银行　　　　　　　单位：元

资产	金额	负债和所有者权益	金额
货币资金	20	负债：	
乙贷款	10	甲存款	10
		乙存款	10
		所有者权益：	
		期初数（资本金）	10
资产合计	30	负债和所有者权益合计	30

此时，银行可以继续向乙发放10元贷款，而乙又可以把这10元存进银行。如果没有限制，这个过程可以无限进行下去。而乙的银行存款，是可以用作支付的信用。由此，银行凭空创造出很多信用来，这就是下一节要说明的内容。

4.11　银行的"货币"创造与"货币乘数"

一般的货币银行理论认为，银行的存在可以放大货币供给，具有"货币"创造功能，并将之称为银行的"货币乘数效应"。其实，银行的存在并没有让货币增加，银行创造的只是基于银行信用的银行存款。为了理解银行到底给经济体系带来怎样的变化，需要深入了解银行的资产负债表。

假设银行最初拥有10元资本，可以得到表4-11-1。

表 4-11-1　　　　　　银行最初的资产负债表　　　　　　　单位：元

资产	金额	负债和所有者权益	金额
货币资金	10	负债：	
		没有负债	0
		所有者权益：	
		期初数（资本金）	10
资产合计	10	负债和所有者权益合计	10

需要说明的是,与面粉厂和面包厂一样,这里的银行既可以看成是一家银行,也可以看成是数家银行或者所有银行全体,在以后的大多数模型中,应该把银行看作所有银行全体。而银行的资产负债表,也就是整个银行业的资产负债表。

面粉厂与面包厂各自拥有10元货币,由于各种款项用银行转账支付非常方便,面粉厂与面包厂把所有的货币存入银行,于是银行的资产负债表变为表4-11-2。

表4-11-2　　　吸收面粉厂与面包厂存款后的资产负债表　　　单位:元

资产	金额	负债和所有者权益	金额
货币资金	30	负债:	
		面粉厂存款	10
		面包厂存款	10
		所有者权益:	
		期初数(资本金)	10
资产合计	30	负债和所有者权益合计	30

银行的资产上增加了20元货币,与此同时,也增加了对面粉厂与面包厂的20元负债。

面粉厂与面包厂在银行的存款是附有利息的,银行需要把钱放贷出去,以获得利息收入。假设房地产部门A需要贷款10元,银行将10元货币借给了房地产部门,可以得到银行的资产负债表,如表4-11-3所示。

表4-11-3　　　　　向房地产部门A发放贷款　　　　　单位:元

资产	金额	负债和所有者权益	金额
货币资金	20	负债:	
房地产部门A贷款	10	面粉厂存款	10
		面包厂存款	10
		所有者权益:	
		期初数(资本金)	10
资产合计	30	负债和所有者权益合计	30

这时，房地产部门A手上有10元现金。与上节最后的情况一样，房地产部门A其实并不会把货币现金拿在手里，而是同样会存放在银行，也就是说，银行的资产负债表其实应该如表4-11-4所示。

表 4-11-4　　　　房地产部门A贷款后仍然把钱存在银行　　　　单位：元

资产	金额	负债和所有者权益	金额
货币资金	30	负债：	
房地产部门A贷款	10	面粉厂存款	10
		面包厂存款	10
		房地产部门A存款	10
		所有者权益：	
		期初数（资本金）	10
资产合计	40	负债和所有者权益合计	40

从表4-11-4可以看出，银行对房地产部门A的贷款，实际上只是在资产和负债两端各增加10元而已，而房地产部门A获得了10元银行存款，可以用于购买面包、支付工人工资，等等。同样道理，银行也可以给房地产部门B发放10元贷款，使得银行的资产负债表变为表4-11-5。

表 4-11-5　　　　　向房地产部门B发放贷款　　　　　单位：元

资产	金额	负债和所有者权益	金额
货币资金	30	负债：	
房地产部门A贷款	10	面粉厂存款	10
房地产部门B贷款	10	面包厂存款	10
		房地产部门A存款	10
		房地产部门B存款	10
		所有者权益：	
		期初数（资本金）	10
资产合计	50	负债和所有者权益合计	50

我们也可以把房地产部门A与B合并在一起看，并且如果没有限制，这个贷款过程其实可以无限进行下去，银行可以拿出的资产负债表如表

4-11-6所示。

表4-11-6　　　　　无限存贷款派生的银行资产负债表　　　　　单位：元

资产	金额	负债和所有者权益	金额
货币资金	30	负债：	
房地产部门贷款	99999	面粉厂存款	10
		面包厂存款	10
		房地产部门存款	99999
		所有者权益：	
		期初数（资本金）	10
资产合计	100029	负债和所有者权益合计	100029

房地产部门可以获得多到吓人的银行存款数字，足够把面粉厂与面包厂500期面包产出全部买完。实际上，若没有限制，银行可以在上表99999的地方填上任意数字，所以如果乱来的话，要成为宇宙第一的银行并不是什么太难的事情。事实上，银行存款的主要来源并非是外来的货币，而是银行在资产端不断增加的贷款。**银行存款与银行贷款，银行的负债与银行的资产，就是这样源源不断地同时、无中生有地被创造出来。**

现实中，银行不会觉得生意这么好做，因为A银行的贷款客户有可能把存款放到B银行去，于是从单个银行的资产负债表上看，资产负债表上的存款人和贷款人都是不同的，每次都需要很辛苦地分别做存款业务和贷款业务。其实从银行业整体看，银行业务只是不停地在资产和负债两端像上述过程那样增加数字记账而已。

银行的上述资产端其实未必是贷款，而可以是债券、股票或者其他任何资产，银行存款可经由银行资产端的任意资产增长而增加。具体而言，上述资产负债表中的房地产部门贷款，可以换成房地产部门债券、房地产部门股票，银行信用的创造过程是类似的。

为了不让银行做出通过无限扩张资产端而无限创造银行存款（即银行信用）的疯狂举动，人们提出存款准备金（简称"准备金"）要求，来限制银行的行为。存款准备金要求是指，银行对自己的存款负债，需要缴存一定比例的准备金给中央银行。例如，当存款准备金率（简称"准备金率"）为5%时，银行的每100元存款负债需要上缴5元货币现金给中央银行。在这种情况下，上述银行给房地产部门的放贷是有极限的，其极限情况下的资产负债表如表4-11-7所示。

表4-11-7　准备金率为5%极限情况下的银行资产负债表　　　　　单位：元

资产	金额	负债和所有者权益	金额
缴存央行的存款准备金	30	负债：	
房地产部门贷款	580	面粉厂存款	10
		面包厂存款	10
		房地产部门存款	580
		所有者权益：	
		期初数（资本金）	10
资产合计	610	负债和所有者权益合计	610

上述表格中，银行存款的总额为600元，按照5%的准备金率计算，需要缴纳30元准备金至央行，而银行本来确实有30元货币，正好全部上缴。

有了存款准备金率，在房地产部门尚未贷款时，我们就可以计算出银行的最大贷款规模。因为银行共有30元货币，可以支撑600元存款，扣减去面粉厂与面包厂的20元存款，新增产生580元存款。而这新增的580元银行存款，正对应新增580元贷款规模。

可以用公式计算银行存款规模的扩张极限。记存款准备金率为r，则银行的自有资金可以提供的新增存款规模倍数为$1/r$，其他部门将现金存在银行后，银行可以用其他部门的现金存款新增的存款倍数为$(1/r-1)$。于是银行信用创造规模为：

银行信用创造规模 = 银行自有现金/r + 其他部门现金存款 × $(1/r-1)$

具体带入数值，上述资产负债表中，银行自有资金10元，存款准备金r为5%，其他部门现金存款20元，于是，

银行信用创造规模 = $10/0.05 + 20 \times (1/0.05 - 1) = 580$（元）

580元即为新增存款金额，也等于新增贷款金额。

在上面的例子中，房地产部门在银行既有巨额贷款，又有巨额存款，看起来有点奇怪。等到房地产部门用存款向政府购买了580元的皇城后，事情就比较容易理解了，也就是表4-11-8。

表4-11-8　房地产部门向政府购买皇城后银行资产负债表　　单位：元

资产	金额	负债和所有者权益	金额
缴存央行的存款准备金	30	负债：	
房地产部门贷款	580	面粉厂存款	10
		面包厂存款	10
		政府存款	580
		所有者权益：	
		期初数（资本金）	10
资产合计	610	负债和所有者权益合计	610

在"2.2 大型工程模型与货币流转的宏观本质"中，我们指出用几十期时间建造的皇城太贵，其价格是经济体系所有货币总量的10倍，不可能有人买得起。当银行存在时，房地产部门就可以购买价格为所有货币总量20倍的皇城。

面粉厂存款、面包厂存款、房地产部门存款、政府存款，被按照期限与主体划分为不同类型，如活期存款与定期存款、居民存款与非居民存款。

当前货币银行学把银行存款连同现金一起视为"广义货币"。"广义货币"分为不同层级，各国央行的划分标准不完全一致，不过大同小异。目前中国银行体系把"广义货币"划分为如下M0、M1、M2三个层级：

M0：流通中的现金；

M1：M0+企业活期存款；

M2：M1+企业定期存款+城乡居民储蓄存款+其他存款。

在表4-11-8中，由于现金全部作为存款准备金被缴存央行，没有流通中的现金，而负债部分没有区分活期与定期或主体类型，于是表中的经济体系的"广义货币M2"为600元。

"广义货币M2"其实是很奇怪的事物，因为流通中的现金常是具体的实物，而银行中的活期存款与定期存款是银行的负债，M2要求把负债和实物相加，得不到有经济意义的数字。并且，由会计原理知道，当所有者权益不变时，负债与资产同时产生、同时抵消，于是当人们在说银行的负债M2的时候，其实也是在说银行资产，而银行的资产即是其他经济部门的负债。于是，**所谓的"广义货币M2"其实是银行体系的借贷总规模和流通中的现金合计数**。

之所以人们会把银行的负债部分，即其他经济部门在银行的存款认作"货币"，是因为在银行的支付结算功能极度发达的今天，大多数交易不再以现金支付，而是直接通过银行转账交付，从经济个体的购买力或者支付力角度看，银行存款与货币现金完全等价。

我们对货币的等价事物并不陌生。在"4.1 个体信用、货币的记账与清算作用"就有个体信用替代货币的例子，使得经济体系在完全没有货币的情况下运行。而具有更普遍信用的"村长的白条"，更能支撑起经济体系运行。在拥有发达银行系统的经济体系中，则是银行信用发挥了这种货币替代作用。

但是，无论是村长信用，还是银行信用，终究与货币不同。这种区别在银行受到挤兑时尤为明显。例如，上述极限情况下，银行的负债有600元之多，而整个体系却只有30元货币，即使准备金可以随时动用，一旦有人开始大量取出现金，银行一定无法足额给付现金。挤兑现象产生的根源，并非是银行经营不善或者储户恐慌，它内生于银行存贷款业务，因为归根到底，银行通过资产负债表创造出的并非是货币，而是银行自身的信用。

由于银行信用并不是货币，经济动力学中把货币与现金视为同义词，而**不把银行存款视为货币**。

仅从购买力角度看待银行存款，是一种朴素的局部观点。"广义货币"这个名称具有误导性，它只看到了银行用其自身信用带来的购买力部分，却完全忽视了资产负债表的另一端，这种购买力是由银行的资产，也就是其他经济部门的贷款所带来的。

事实上，当银行的负债都由各类存款构成时，有公式：

$$广义货币 = 银行负债 + 银行外现金$$
$$= 银行总资产 - 银行所有者权益 + 银行外现金$$

推得，

$$广义货币 = 银行现金以外资产 + 银行体系内的现金$$
$$- 银行所有者权益 + 银行外现金$$

最后三项的符号相反，大部分相互抵消，数量上比广义货币和银行现金以外资产也小至少一个量级，于是有：

$$广义货币 \approx 银行现金以外资产$$

上述公式再次明确地告诉我们，"广义货币"（可以理解为银行存款）与银行资产（可以理解为银行贷款），其实是一体双生的两面。

当人们笃信银行不会倒闭时，银行将具有无限的放贷能力。这种无限性的实质在于，信用本身没有天然的约束。在面粉厂与面包厂经济体系中，如果面粉厂允许面包厂无限赊购，面包厂信用也可以是无限大的。若银行能提供无限信用，也就能提供无限购买力，但经济体系既没办法提供无限货币，也没办法提供无限商品。

包括存款准备金要求在内的银行监管要求（其他如资本充足率要求、风险拨备要求），本质都是为了限制银行天然具有的无限扩张能力。人们把存款准备金率的倒数称为"货币乘数"，这个名词也具有欺骗性。一方面，银行创造的并不是货币；另一方面，存款准备金率的倒数其实是"限制倍数"而不是放大倍数，是为了限制银行无限扩张冲动而存在的。

房地产商通过银行贷款向政府购买土地是银行的主要业务之一。从上面的例子可以看出，如果银行的胆子足够大，那么在整个经济体系只有30元货币的情况下，银行就敢放出580元贷款，从而可以使得政府出让的土地价格达到非常离谱的地步。进一步地，如果有人使用"4.9 实物信用与账面效应"中的欺诈手段，套取巨额资金。这些操作都将让银行系统乃至整个经济体系付出巨大代价。

去翻看某些银行的资产负债表就会发现，有些银行服务范围很小、服务区内的产出和货币存量都不大、银行的客户数量也不多,但是银行的规模非常庞大,其实就是类似上述扩张的结果。著名的"冰岛国家破产事件"发生前,冰岛的银行系统也发生了类似的天量扩张,银行规模达到GDP总量的数百倍之多。

4.12 银行利润的虚无性

银行的存贷款业务是一种资产负债表业务,其盈利方式非常特殊。不像制造业、服务业,需要生产商品、提供服务并实现收入,银行确认收入、成本只需按照约定利率进行账面计提。举例来说,银行有1笔100元利率为5%的存款,又有1笔100元利率为10%的贷款,都是每年计提利息。那么在计息时,银行除了进行账务处理,将存款变为105元,贷款变为110元,并记录5元的息差收入外,不需要做任何其他工作。

具体来说,循上节,假设面粉厂、面包厂、银行最初各有10元货币,经济体系共有30元货币,所有货币都被存入银行,经济体系通过银行存款转账交易。房地产部门开始时没有货币,向银行贷款100元后向政府购买了100元土地。于是银行吸收存款、发放贷款后,其资产负债表情况如表4-12-1所示。

表 4-12-1　　吸收存款发放贷款后的资产负债表　　　　　　　　　　单位:元

资产	金额	负债和所有者权益	金额
货币资金(含存款准备金)	30	负债:	
房地产部门贷款	100	面粉厂存款	10
		面包厂存款	10
		政府存款	100
		所有者权益:	
		期初数(资本金)	10
资产合计	130	负债和所有者权益合计	130

每期的贷款利率为10%，存款利率5%。则若银行没有运营支出，在期末计提利息后，房地产部门贷款的本息变为110元，面粉厂与面包厂的存款分别为10.5元，政府存款变为105元。银行取得利息收入10元，利息支出6元，净收益4元。具体情况如表4-12-2所示。

表 4-12-2　　　　　　计提利息后的银行资产负债表　　　　　　单位：元

资产	金额	负债和所有者权益	金额
货币资金（含存款准备金）	30	负债：	
房地产部门贷款	110	面粉厂存款	10.5
		面包厂存款	10.5
		政府存款	105
		所有者权益：	
		期初数（资本金）	10
		利息收入	+10
		利息支出	-6
资产合计	140	负债和所有者权益合计	140

存贷款业务的资产负债表属性，给予银行一个陷入自己编造的账面迷梦中去的机会。即使借款方根本已经无力还债，银行总能通过不断地续贷来否认损失。于是可以得到不停膨胀的银行资产负债表，在这个过程中，只要存贷款利率差足够大，银行总可以源源不断地"盈利"。

在上一节中，银行的资产负债表如果做到非常庞大，银行每期可以计提的利息非常巨大，账面录得的利润也会十分巨大。例如，在存款准备金用至极限情况下，存贷款利率分别为5%、10%时，银行每期可以创造的28元的利润，几乎与货币存量30元相等，正可谓"赚钱比印钱还快"。

如果银行承认坏账存在，那么银行的利润将会减去坏账损失。例如，上述资产负债表中，若房地产部门的贷款被部分确认坏账，则会同时减少银行的资产与所有权益，假设坏账金额为20元，房地产部门贷款的金额由110元变为90元，则资产负债表变为表4-12-3。

表 4-12-3　　　　少量坏账即可导致银行净资产为负数　　　　　　单位：元

资产	金额	负债和所有者权益	金额
货币资金（含存款准备金）	30	负债：	
房地产部门贷款	90	面粉厂存款	10.5
		面包厂存款	10.5
		政府存款	105
		所有者权益：	
		期初数（资本金）	10
		利息收入	+10
		利息支出	−6
		坏账损失	−20
资产合计	120	负债和所有者权益合计	120

银行的所有者权益马上就变为−6元，陷入资不抵债的境地。由于银行始终处于高杠杆状态，当坏账率较高时，银行资不抵债的可能性非常大。不过如果银行的债权人，即那些存款的拥有者不知道坏账的存在，银行是否资不抵债其实并没有关系，只要不发生挤兑，银行可以在净资产为负数的情况下长期运行下去。例如，2000年前后中国银行业坏账率一度超过30%，被称为"技术性破产"，也没什么大碍，银行业仍然可以相对平稳运行。反之，如果发生挤兑，那么银行净资产再大也无济于事。具体来看，表4-12-3中所有存款合计数为126元，而经济体系的货币存量只有30元，经济体系根本没那么多货币，当然取不出那么多货币。

在账面迷梦中，如果银行以种种理由（借款人正按时付息，经营正常）不计提坏账，银行总可以做到账面持续的盈利。账面迷梦在人员更迭频繁、责任人容易很快脱身时尤为普遍。即使发现相当数量的坏账，出于对自己绩效、奖金等方面因素的考虑，银行人员也可能以种种借口拒绝计提坏账，而将问题拖到自己升职、离任之后。由于问题的暴露可以通过账面手段延迟数年甚至十数年之久，为防范此类事件，中国的银行界一度实行贷款终身负责的制度，要求发放贷款的银行人员为这笔贷款终身负责。然而，这项制度由于容易通过更换贷款主体借新还旧，以及实行过程中的责任界定、公平、效率种种问题，并没有切实的贯彻实行，后被废止。

不仅是银行的存贷款业务，所有资产负债表业务，例如，信托、担保等金融业务，都有同样的上述账面迷梦的问题。只要不承认问题的存在、不进行账务处理，除了借款人与银行，别人不大可能了解到真实情况，使得风险始终处于累积状态。

然而，理论上有更为让人吃惊的结果。银行的盈利不仅会因为坏账而大打折扣，**从银行计提盈利的那一刻起，就已经注定了坏账的存在，而与借款方的实际情况无关。**

从"4.3 100元怎样偿还200元的债务"已经知道，当经济体系货币增长有限时，高额的利息不可能以货币形式实现，而只能通过改变对产出的分配实现，也就是说不可能真正实现财务利润。又从"4.6 经济体系整体利润的根本来源"知道，所谓利润，要么来自于货币的增加，要么来源于债权的不当确认，要么来自资产账面价格的上升。而在银行存贷款业务中，所有的债权债务都与对手方的债务债权相抵消。当没有新增货币时，整个经济体系不可能通过银行的存贷款业务得到任何"利润"，而银行却在虚空中计提了利润。银行的利润来源，其实是银行账面债权的增加，而这种债权增加，在进入清算环节时，要么体现为货币所有权的转移，要么无法被偿付形成坏账。

为具体说明上述结论，重新审视确认利润后的银行资产负债表，即表4-12-2。

表面上，银行通过利息差获得了4元的利润。房地产部门的贷款总额是110元，而其他所有人，包括面粉厂、面包厂、政府的存款总额有126元。此时如果房地产部门通过卖房子给面粉厂、面包厂、政府结清了手中的贷款，不考虑具体的交易过程，只需知道其他各方的存款抵消房地产部门的贷款，则银行资产负债表变为表4-12-4。

表 4-12-4　　　　　　　　　　存贷款结清　　　　　　　　　　单位：元

资产	金额	负债和所有者权益	金额
货币资金（含存款准备金）	30	负债：	
		银行以外部门存款	<u>16</u>
		所有者权益：	
		资本金	10
		累计利润	<u>4</u>
资产合计	30	负债和所有者权益合计	30

期初，银行以外的面粉厂与面包厂共存了20元进银行，到了期末的时候，银行却只欠其他所有人16元了。这是因为货币守恒，银行拥有的10元货币，银行以外部门拥有的20元货币，货币合计总为30元是不变量。而银行通过存贷款业务获得4元的利润，在正常交易过程中，实质是获得了其他部门的4元货币，于是银行欠其他部门的负债减少4元，其他人只能拥有16元货币了。表中的下划线部分合计为20元，正是货币这种守恒关系的体现。

暂时，银行以外的部门不会察觉这有什么问题，虽然整体货币拥有量减少了4元，但是拥有了更多的房子，从资产角度讲银行以外的部门拥有的东西还是变多了。

但是长此以往，情况就大不相同了。为了加快问题暴露的进程，我们让新增存贷款的金额增加为400元，具体过程可以参考前述房地产部门贷款买地，于是之后，银行的资产负债表为表4-12-5。

表 4-12-5　　　　　存贷款大增的银行资产负债表　　　　　单位：元

资产	金额	负债和所有者权益	金额
货币资金（含存款准备金）	30	负债：	
新增其他部门贷款	400	其他部门原存款	16
		新增其他部门存款	400
		所有者权益：	
		资本金	10
		累计利润	4
资产合计	430	负债和所有者权益合计	430

在保持利率水平不变的情况下，期末银行计提利润后，其资产负债表变成表4-12-6。

表 4-12-6　　　　　　存贷款大增后银行计提利息　　　　　　单位：元

资产	金额	负债和所有者权益	金额
货币资金（含存款准备金）	30	负债：	
新增其他部门贷款	440	其他部门原存款	16.8
		新增其他部门存款	420
		所有者权益：	
		资本金与累计利润	14
		利息收入	−20.8
		利息支出	+40
资产合计	470	负债和所有者权益合计	470

表4-12-6中资本金与累计利润是表4-12-5中资本金和累计利润的合计数，存款与贷款部分为表4-12-5各项金额在计提利息后的本息和。

假设整个经济体系的现金都已经存放在银行。贷款人必须通过销售商品、提供服务从存款人那里赚到银行存款偿还贷款。问题是，存款的全部金额也只有436.8元，即使全部被贷款人赚到，也必然有3.2元不能偿还，必须再从银行赚取3.2元才能结清银行借贷。

表4-12-6中，当期银行的利润为19.2元，上期银行利润为4元，两期共取得23.2元利润。其中有20元正是原本银行系统外的货币数量，这实际上是银行能积累的最大利润，剩余的3.2元贷款要么形成坏账，要么变成经营费用支出掉。**总之，银行不可能在全部存贷款结清时依然保留盈利。**

通常来说，经济体系不会这么快进入清算过程，银行的资产负债表会扩张得很大，并积累极其庞大的无法实现的利润。

所以如果货币总量不变，即使所有经济部门都正常运行，贷款人拼命赚钱还贷，银行把银行外原有的全部货币赚到以后，银行再新增的利润，都只不过是增加未来清算时的坏账数量而已。这跟"4.3 100元怎样偿还200元的债务"中，面粉厂与面包厂不能取得理想的经营利润的内在原因是一致的。

在经济繁荣期，银行拼命扩张、拼命计提利润。这个时候，银行的从业人员普遍会觉得业务很容易做、钱很好赚。待到利润积累到一定程度，银行对利润增长的胃口就会变得非常大，但货币新增却往往受到制约，银行增加的利润其实都只是在增加坏账数量而已。这个时候，银行从业人员普遍会觉得业务非常难做，动辄出现坏账。这跟银行的业务水平、风险控制水平其实毫无关系，是银行业务的本质所注定的结果。但是从单个银行看，具体情况又各不同，有些银行的经营情况好些，有些银行的经营情况差些，让人根本无从分辨，坏账原因到底是宏观经济背景，还是银行个体问题。在"2.4 货币配置与经济体系稳定性"已经发生过类似的情况，风险发生的随机性会掩盖整体问题。

银行利润的虚无性从本质上来说，是货币总量守恒和债权债务守恒两个守恒律导出的必然结果。当银行体系创造信用时，债权与债务按照相等的金额凭空产生，应当也可以抵消。但是由于银行不对称计提存款与贷款利息，使得银行外的债权与债务无法抵消，其差额变成了银行的利润。

我们有如下等式：

$$银行新增债权 = 银行新增债务 + 银行本期利润$$

银行的利润越大，银行外的债权与债务差额也就越大。当进入去杠杆周期、需要结清债权债务时，银行的利润其实要么来源于对银行体系外原有货币的侵占，当体系外已经没有其他货币可供转移时，银行的债权就不可能得到实现，银行就不得不把先前计提的利润"吐出来"。

在上述模型的基础上，容易知道货币存在增长机制时的情况。只有当货币增长数量上能够超过银行利润水平时，经济体系整体借贷才有不发生坏账而结清的理论上的可能性（当然只是存在这种可能性，实际上负债部门的经营风险总是存在，所以经营性坏账总是存在）。而若货币数量增长不足，则银行利润超出货币增长部分所形成债权不可能得到偿付。

从整体上看，债权债务总和为 0 是一个绝对约束，这其实是金融学第 0 定律。加上货币总量这个约束条件，我们就能得到银行利润的最大情况。

根据银行利润的增长速度与货币新增速度,我们甚至可以大概判断金融系统什么时候会开始变得问题迭出。

4.13 银行房地产模型

从4.10节到4.12节,我们用3节的篇幅介绍了银行资产负债表业务的基础理论。在本节与下一节中,我们将给出一个具体的带有银行的经济周期模型,即繁荣与银行危机周期。容易发现这一周期与3.10节、3.11节给出的繁荣与滞胀周期具有一定的相似性。

假设期初面粉厂、面包厂、银行各有10元货币。所有的货币都被存入银行,所有的支付都通过银行系统转账进行。银行最初的资产负债表如表4-13-1所示。

表 4-13-1　　　　　　银行最初的资产负债表　　　　　　单位:元

资产	金额	负债和所有者权益	金额
货币资金(含存款准备金)	30	负债:	
		面粉厂存款	10
		面包厂存款	10
		所有者权益:	
		期初数(资本金)	10
资产合计	30	负债和所有者权益合计	30

我们把建筑部门从房地产部门分离出来,房地产部门负责资金运作和销售房产,建筑部门负责建造房产,最开始这两个部门一穷二白什么都没有,需要房地产部门贷款运作。建筑部门造房子需要消耗大量体力,需要消费大量面包,假设建造一套房产需要每期消费30个面包,需要两期时间。房地产部门自身每期也需要10个面包消费,并且在最开始就把建造款全部预付给建筑部门。于是房地产部门期初向银行贷款160元,其中120

元作为建造费用支给建筑部门，40元用于自身消费。房地产部门贷款的银行资产负债表如表4-13-2所示。

表4-13-2　房地产部门贷款并预付建筑款后的银行资产负债表　　单位：元

资产	金额	负债和所有者权益	金额
货币资金（含存款准备金）	30	负债：	
房地产部门贷款	160	面粉厂存款	10
		面包厂存款	10
		建筑部门存款	120
		房地产部门存款	40
		所有者权益：	
		期初数（资本金）	10
资产合计	190	负债和所有者权益合计	190

银行按照上述期初的存贷款余额，以存款5%、贷款10%的利率在期末计提利息。银行自己每期消费2个面包。经济体系运行的过程表如表4-13-3所示。

表4-13-3　　　　　银行房地产模型第1期　　　　　单位：元

第1期	面粉厂	面包厂	建筑部门	房地产部门	银行
期初银行存款余额	10	10	120	40	—
面粉交易	+100	−100	0	0	0
面包交易	−58	+142	−60	−20	−4
存款利息计提	+0.5	+0.5	+6	+2	−9
期末银行存款余额	52.5	52.5	66	22	—

注：面粉1元/斤，面包2元/个。

可以得到消费情况，面粉厂与面包厂各自消费29个面包，建筑部门消费30个面包，房地产部门消费10个面包，银行消费2个面包。

上述过程表中，银行列的数字变化对应银行当期损益，也就是其所有者权益的部分变动。但是这个过程表只体现了银行存款的变化情况，没有反映银行贷款的变化,还需要银行的资产负债表补充反映经济全貌(如表 4-13-4 所示)。

表 4-13-4　　　　　第 1 期期末银行的资产负债表　　　　　单位:元

资产	金额	负债和所有者权益	金额
货币资金(含存款准备金)	30	负债:	
房地产部门贷款	176	面粉厂存款	52.5
		面包厂存款	52.5
		建筑部门存款	66
		房地产部门存款	22
		所有者权益:	
		期初数(资本金)	10
		利息收入	+16
		利息支出	−9
		面包消费支出	−4
资产合计	206	负债和所有者权益合计	206

在过程表的内容之外,银行还计提了房地产部门贷款的利息,从而还获得了16元利息收入,房地产部门贷款也因此从160元增长为176元。第2期期初即第1期期末,银行的所有者权益为10+16−9−4=13(元)。

到了第2期,房产终于造好了,房地产部门将房子出售给面粉厂与面包厂。为了简化数字,把房产价格定在194.25元(如表4-13-5所示)。

表 4-13-5　　　　　　银行房地产模型第 2 期　　　　　　单位:元

第2期	面粉厂	面包厂	建筑部门	房地产部门	银行
期初银行存款余额	52.5	52.5	66	22	—
面粉交易	+100	−100	0	0	0
面包交易	−58	+142	−60	−20	−4
房产交易	−97.125	−97.125	0	194.25	0
存款利息计提	+2.625	+2.625	+3.3	+1.1	−9.65
期末银行存款余额	0	0	9.3	197.35	—

注:面粉1元/斤,面包2元/个,房产194.25元/套。银行按照期初存款余额,以5%计提存款利息。

面包消费情况与第1期完全相同。此时的银行资产负债表变为表4-13-6。

表 4-13-6　　　　　　　第 2 期期末银行的资产负债表　　　　　　　单位：元

资产	金额	负债和所有者权益	金额
货币资金（含存款准备金）	30	负债：	
房地产部门贷款	193.6	面粉厂存款	0
		面包厂存款	0
		建筑部门存款	9.3
		房地产部门存款	197.35
		所有者权益：	
		期初数（上期期末数）	13
		利息收入	+17.6
		利息支出	−9.65
		面包消费支出	−4
资产合计	223.6	负债和所有者权益合计	223.6

房地产部门的存款大于贷款，可以还清所有债务。为数字上的便利，假设银行减免房地产部门0.25元的利息，房地产部门清偿债务后，银行的资产负债表变为表4-13-7。

表 4-13-7　　　　　　　第 2 期期末房地产部门还清贷款　　　　　　　单位：元

资产	金额	负债和所有者权益	金额
货币资金（含存款准备金）	30	负债：	
		面粉厂存款	0
		面包厂存款	0
		建筑部门存款	9.3
		房地产部门存款	4
		所有者权益：	
		期初数（上期期末数）	13
		利息收入	+17.35
		利息支出	−9.65
		面包消费支出	−4
资产合计	30	负债和所有者权益合计	30

表4-13-7中，银行的所有者权益的期末数为13+17.35-9.65-4=16.7（元）。

总结一下这两期的结果。面粉厂与面包厂最初各自拥有10元的货币，到了期末，两厂没有存款，但是拥有了一套价格近200元的房产，在面粉厂与面包厂看来，这是他们使用每期对外销售42个面包赚到的钱以及期初已有的货币购买的，他们的总资产水平大幅上升。建筑部门从一无所有到拥有9.3元存款，房地产部门也增加了4元存款。而银行在这两期当中，也赚到了6.7元利润。这是一个所有人都能满意的结果。

从这两期经济体系运行的情况，还可以进一步了解银行的作用。从头至尾，整个经济体系只有30元货币，而建造房产需要调动大量的劳动力，原本即使面粉厂与面包厂有能力生产足够面包来供养建筑部门，由于货币匮乏，这一工作也难以通过市场化方式进行。而当银行存在时，经济体系的产出大大突破货币的制约，在货币总量为30元的情况下，经济体系两期共产出200个面包和1套房产，计算可知GDP达594.25元。

第3期的运行情况与第1期类似。不过，由于经济个体各自都拥有了一些积累，在财富效应的作用下，各方都希望消费更多面包，而面粉厂、面包厂都有生产余力。假设面粉产出上升到110斤，相应的面包产出也上升到110个。建筑部门的消费由30个/期上升至35个/期，并且相应要求房地产部门支付140元建造费用，房地产部门同意了这个要求。与此同时，房地产部门的面包消费也由10个/期上升至13个/期，两期需要消费26个面包共计52元。为此，房地产部门不计存款利息需要资金192元，减去上期结余4元，向银行贷款188元，取得贷款后房地产部门支付140元建造费用给建筑部门。此时银行的资产负债表、过程表如表4-13-8、表4-13-9所示。

表 4–13–8　第 3 期房地产部门贷款后银行的资产负债表　　　　单位：元

资产	金额	负债和所有者权益	金额
货币资金（含存款准备金）	30	负债：	
房地产部门贷款	188	面粉厂存款	0
		面包厂存款	0
		建筑部门存款	149.3
		房地产部门存款	52
		所有者权益：	
		期初数（上期期末数）	16.7
资产合计	218	负债和所有者权益合计	218

表 4–13–9　银行房地产模型第 3 期过程表　　　　单位：元

第3期	面粉厂	面包厂	建筑部门	房地产部门	银行
期初银行存款余额	0	0	149.3	52	—
面粉交易	+110	–110	0	0	0
面包交易	–60	+160	–70	–26	–4
存款利息计提	0	0	+7.47	+2.6	–10.07
期末银行存款余额	50	50	86.77	28.6	—

注：面粉1元/斤，面包2元/个。存款利率为5%，四舍五入保留两位小数。

消费情况为，面粉厂与面包厂各自消费30个面包，建筑部门消费35个面包，房地产部门消费13个面包，银行消费2个面包。

到第3期末相应的银行资产负债表为表4–13–10。

表 4–13–10　第 3 期期末银行的资产负债表　　　　单位：元

资产	金额	负债和所有者权益	金额
货币资金（含存款准备金）	30	负债：	
房地产部门贷款	206.8	面粉厂存款	50
		面包厂存款	50
		建筑部门存款	86.77
		房地产部门存款	28.6

续表

资产	金额	负债和所有者权益	金额
		所有者权益:	
		期初数(上期期末数)	16.7
		利息收入	+18.8
		利息支出	−10.07
		面包消费支出	−4
资产合计	236.8	负债和所有者权益合计	236.8

注:银行的所有者权益期末数为21.43元。

第4期的面包的产出与消费情况与第3期相同,可以知道面粉厂与面包厂将各自取得50元收入,并且第3期存款的50元本息和为52.5元,面粉厂和面包厂各自将拥有102.5元存款,合计为205元。但是,房地产部门的贷款在第4期将超过227元,想要至少还清贷款,房地产部门必然希望把房产价格定在更高水平。不妨假设,房价为240元。对于这一房价,如果面粉厂与面包厂要在当期购买房产,就必须进行贷款。假设面粉厂与面包厂各自贷款20元,购买房产后剩余银行存款作为流动资金。于是有表4-13-11。

表4-13-11　　　　银行房地产模型4期过程表　　　　　　单位:元

第4期	面粉厂	面包厂	建筑部门	房地产部门	银行
期初银行存款余额	50	50	86.77	28.6	—
面粉交易	110	−110	0	0	0
面包交易	−60	160	−70	−26	−4
面粉厂、面包厂贷款	20	20	0	0	0
房产交易	−120	−120	0	240	0
存款利息计提	2.5	2.5	4.34	1.43	−10.77
期末银行存款余额	2.5	2.5	21.11	244.03	—

注:面粉1元/斤,面包2元/个。存款利率为5%,四舍五入保留两位小数。

消费情况为,面粉厂与面包厂各自消费30个面包,建筑部门消费35

个面包,房地产部门消费13个面包,银行消费2个面包。第4期期末银行的资产负债表如表4-13-12所示。

表4-13-12　　第4期期末银行的资产负债表　　单位:元

资产	金额	负债和所有者权益	金额
货币资金(含存款准备金)	30	负债:	
房地产部门贷款	227.48	面粉厂存款	2.5
面粉厂贷款	20	面包厂存款	2.5
面包厂贷款	20	建筑部门存款	21.11
		房地产部门存款	244.03
		所有者权益:	
		期初数(上期期末数)	21.43
		利息收入	20.68
		利息支出	−10.77
		面包消费支出	−4
资产合计	297.48	负债和所有者权益合计	297.48

此时,房地产部门可以用存款结清贷款,也就是房地产部门贷款清零,存款变为16.55元,银行的资产总额变为70元,负债为42.66元,所有者权益为27.34元。

在上述经济体系运行的4期中,各经济个体的消费水平都有所提高,所拥有的资产水平也都有所提高,相应地,他们也会认为自己的储蓄都上升了。在财富效应的作用下,可以想见,未来经济体系的产出和消费水平还会进一步上升,经济处在景气状态。可以看到,经济景气并不难出现,在拥有充足生产力时,几乎是自然而然的。

模型中,房地产部门有一个偿还贷款的过程,实际上并不需要。若房地产部门连续开发房地产,在第2期期末,房地产部门可以不偿还贷款而直接新增少量贷款。在现实的繁荣期中,借贷数量和借贷主体都非常多,银行业的资产、负债连续上升,中间不会有突然下降的过程。

面粉厂与面包厂在第4期需要贷款买房,从微观角度看,这是因为房价太高，他们没有储蓄到足够的房款。但是从宏观角度看，贷款买房却是个必然结果。在第4期期末的时候，银行拥有权益27.34元，建筑部门拥有存款21.11元，两者合计达到48.45元，而整个经济体的货币总量只有30元，其中有18.45元差额。由于建筑部门和银行不买房，房产交易只与面粉厂、面包厂、房地产部门这三个部门相关，也就是说，这三个部门对外必然会有18.45元的欠款，这使得他们的银行贷款余额必然不能完全结清，而至少有18.45元余额。这部分贷款要么由房地产部门背负，要么由面粉厂面包厂背负。于是我们得到了一个非同寻常的结论：在没有货币增量的情况下，**存在银行的经济体系，经济发展容易导致借贷无法结清**。本质上来说，这与上一节指出的银行利润虚无性道理相同，是由货币守恒和借贷守恒这两个守恒关系决定的。

4.14 银行危机

4.14.1 规模缩水危机

在上节的银行房地产模型最后，如果房地产部门把贷款全部还清，则银行的资产负债表变为表4-14-1。

表 4-14-1　　第 5 期期初银行的资产负债表　　单位：元

资产	金额	负债和所有者权益	金额
货币资金（含存款准备金）	30	负债：	
面粉厂贷款	20	面粉厂存款	2.5
面包厂贷款	20	面包厂存款	2.5
		建筑部门存款	21.11
		房地产部门存款	16.55
		所有者权益：	
		期初数（上期期末数）	27.34
资产合计	70	负债和所有者权益合计	70

银行共有贷款资产40元,并有存款负债42.66元。如果这时房地产部门不再贷款,不再继续建造房产,那么银行马上就会迎来亏损。这是因为,在上述资产负债规模下,银行可以取得4元利息收入,并需要支付2.15元利息,与此同时,银行运营需要面包支出4元,银行将会亏损2.15元。所以说银行的资产负债表规模缩水,对银行经营的打击可能非常大,规模缩水越严重,存贷款利率差越小,银行运营支出越大,问题也就越严重。

在20世纪90年代日本经济泡沫破灭前,日本银行业的规模曾经非常巨大,世界规模前十的银行中大多是日本银行。随着经济泡沫破灭,银行业不仅由于坏账问题大规模倒闭,更因为房地产开发等项目的利润不再,经济个体都不愿意贷款,日本的借贷规模急遽缩水,银行业从此一蹶不振。

4.14.2 本质危机

如果第5期的时候,建筑部门把存款都取出来移民去其他国家,经济体系就会变得非常尴尬。

建筑部门取出存款移民后,银行资产负债表变成表4-14-2。

表 4-14-2　　建筑部门离开后银行的资产负债表　　单位:元

资产	金额	负债和所有者权益	金额
货币资金(含存款准备金)	8.89	负债:	
面粉厂贷款	20	面粉厂存款	2.5
面包厂贷款	20	面包厂存款	2.5
		房地产部门存款	16.55
		所有者权益:	
		期初数(上期期末数)	27.34
资产合计	48.89	负债和所有者权益合计	48.89

由于建筑部门取了现金远走高飞,房产建设停滞。进一步地,现在面

粉厂与面包厂尚有贷款40元，而经济体系全部存款只有21.55元，我们容易知道，面粉厂与面包厂即使赚光房地产部门所有存款，也不可能还清贷款。根据"4.12 银行利润的虚无性"可以知道，此时如果银行系统想要结清存贷款，只有两种选择。要么银行直接确认坏账损失，要么面粉厂与面包厂未来以面包抵债，银行的所有者权益通过面包消费支出、经营亏损的方式减少。

事实上，本质危机的发生不需要建筑部门真的提现出国。只要建筑部门让自己的存款只增不减，吃饭问题靠自己在家种地解决，其他部门的存贷款失衡问题就会永远存在并越来越严重。

本质危机的内在机理包含两部分。其一是4.12节指出的银行利润无法实现的部分，其二是建筑部门的21.55元存款无法结清。类比货币沉积的话，可以看成有21.55元货币沉积在建筑部门。实际上，银行利润也可以看作货币沉积在银行处。这两点归根结底，都是由于债权债务守恒为0，并且总货币守恒。当建筑部门或者银行开始积累货币或者债权时，其他部门的债权或者货币就不得不减少，与此同时债务无法完全清偿。当债权债务的不均衡性积累到一定程度时，债务问题就会暴露。

现实里各经济体的发展历史中，本质危机的风险因素与房地产价格过高有关。当房地产价格过高，进行房地产交易所需储蓄的货币或者银行存款也就越高，则其他部门的债权债务失衡也就越严重。举例来说，若有1亿人需要购买房产，而房价极高，平均而言仅首付就需要50万元，那么这1亿人会试图储蓄到总计50万亿元的存款。当货币增发受阻时，也就意味着其他部门将会有至少50万亿元的债权债务失衡，这容易诱发危机。

本质危机是一种债务危机，但这类危机由货币与债权债务守恒律客观决定，与银行、经济个体的实际经营情况、风险控制无关。本质危机与挤兑风险一样，是银行业的固有缺陷，这两个固有缺陷表明，**银行业不是一个能够完全市场化运作的行业。**

4.14.3 坏账危机

假设第5期既没有发生规模缩水危机，建筑部门也没有出国，而是按照前4期类似的方式继续运行下去。在第5期，面粉厂与面包厂虽然共有40元贷款负债，但同时他们还有2套房产。并且，房价处于上行期，第2套房产的价格上涨到了240元，由于账面效应，他们认为第1套房产也"值"240元，扣除40元负债，资产总额达到440元，而期初他们只有20元货币而已，增长了22倍。在财富效应的作用下，面粉厂与面包厂会加大消费。房产的价格在后两期也上涨了超过20%，房地产部门乐观估计房价将持续上涨，因此提高了消费。建筑部门根据房价涨幅，建造报价从140元调整至170元，每期的面包消费也由原来35个调整至40个。银行面包消费也增加至3个。假设经济体系有生产余力，由此，面粉产量达到150斤，面包产量达到150个。

房地产部门按照每期15个面包消费，共60元消费支出做预算，加上需支付给建筑部门的170元，共需230元。房地产部门原有16.55元，不考虑存款利息，房地产部门向银行贷款215元。于是第5期期初房地产部门向银行贷款、支付建筑部门170元建造费后，期初银行的资产负债表为表4-14-3，第5期过程表如表4-14-4所示。

表 4-14-3　　银行危机的第 5 期期初银行的资产负债表　　单位：元

资产	金额	负债和所有者权益	金额
货币资金（含存款准备金）	30	负债：	
面粉厂贷款	20	面粉厂存款	2.5
面包厂贷款	20	面包厂存款	2.5
房地产部门贷款	215	房地产部门存款	16.55
		建筑部门存款	191.11
		所有者权益：	
		期初数（上期期末数）	27.34
资产合计	285	负债和所有者权益合计	285

表 4-14-4　　　　银行危机模型第 5 期的过程表（前四期
　　　　　　　　　同银行房地产模型）　　　　　　　　单位：元

第5期	面粉厂	面包厂	建筑部门	房地产部门	银行
期初银行存款余额	2.5	2.5	191.11	61.55	—
面粉交易	150	-150	0	0	0
面包交易	-92	208	-80	-30	-6
存款利息计提	0.13	0.13	9.56	3.08	-12.9
期末银行存款余额	60.63	60.63	120.67	34.63	—

注：面粉1元/斤，面包2元/个。存款利率为5%，四舍五入保留两位小数。

消费情况为，面粉厂与面包厂各自消费46个面包，建筑部门消费40个面包，房地产部门消费15个面包，银行消费3个面包。第5期期末银行的资产负债表如表4-14-5所示。

表 4-14-5　　　　第 5 期期末银行的资产负债表　　　　　　单位：元

资产	金额	负债和所有者权益	金额
货币资金（含存款准备金）	30	负债：	
面粉厂贷款	22	面粉厂存款	60.63
面包厂贷款	22	面包厂存款	60.63
房地产部门贷款	236.5	房地产部门存款	34.63
		建筑部门存款	120.67
		所有者权益：	
		期初数	27.34
		利息收入	25.5
		利息支出	-12.9
		面包消费支出	-6
资产合计	310.5	负债和所有者权益合计	310.5

现在面粉厂与面包厂可以用银行存款还清贷款了，从而存款数各自变为38.63元。这里不再给出面粉厂、面包厂还清贷款后的银行资产负债表。

第6期又建好一套房产。如果面粉厂与面包厂觉得两套房子已经完全够住，不再购买房产，显然房地厂部门的存款远远不够偿还其贷款债务，银行就会发生坏账，这是现实中最容易观察到的坏账种类，起因为房地产部门的经营遇到困难，房子卖不出去。

假设面粉厂、面包厂依然愿意购买房产，坏账危机就不会这么快发生，经济体系可以继续发展。我们将会看到，面粉厂与面包厂的贷款将发生坏账，已经拥有两套房产的面粉厂、面包厂，还不上第3套房产的贷款。

为了使问题更快暴露，我们让房产价格快速上涨至600元，面粉厂、面包厂继续买单。简单计算可以知道，面粉厂、面包厂这次分别需要贷款210元（如表4-14-6所示。）。

表 4-14-6　　　　　　银行危机模型第 6 期的过程表　　　　　　单位：元

第6期	面粉厂	面包厂	建筑部门	房地产部门	银行
期初银行存款余额	38.63	38.63	120.67	34.63	—
面粉交易	150	-150	0	0	0
面包交易	-92	208	-80	-30	-6
面粉厂、面包厂贷款	210	210	0	0	—
房产交易	-300	-300	0	600	0
存款利息计提	1.93	1.93	6.03	1.73	-11.62
期末银行存款余额	8.56	8.56	46.7	606.36	—

注：面粉1元/斤，面包2元/个，房产600元/套。存款利率为5%，四舍五入保留两位小数。

消费情况为，面粉厂与面包厂各自消费46个面包，建筑部门消费40个面包，房地产部门消费15个面包，银行消费3个面包。

由于房价非常高，房地产部门在第6期真正发了大财。而对于面粉厂与面包厂来说，在第5、6期，他们面粉、面包生意能够带来58元的存款增长，要偿还210元贷款似乎不成问题。

房地产部门在第6期给银行带来23.65元的利息收入，贷款本息和为260.15元，用存款还清贷款后，还剩余346.21元。在房地产部门还清贷款后，第6期期末银行的资产负债表为表4-14-7。

表 4-14-7　第 6 期房地产部门还清贷款后银行的资产负债表　　　　　单位：元

资产	金额	负债和所有者权益	金额
货币资金（含存款准备金）	30	负债：	
面粉厂贷款	210	面粉厂存款	8.56
面包厂贷款	210	面包厂存款	8.56
		房地产部门存款	346.21
		建筑部门存款	46.7
		所有者权益：	
		期初数	33.94
		利息收入	23.65
		利息支出	−11.62
		面包消费支出	−6
资产合计	450	负债和所有者权益合计	450

假设面粉厂与面包厂的贷款是以 3 套房产抵押得到的。根据最新 600 元/套的房价，3 套房产市场价格为 1800 元，而贷款余额仅为 420 元，银行觉得这笔贷款很让人放心。

然而，假设房地产部门开发受阻，在第 7 期没有进行房地产开发。房地产部门虽然通过前几期房产销售发了大财，但不会因此增加很多面包消费，而依然只消费 15 个面包。而建筑部门没有了收入，回家自己种地糊口，面包消费锐减至 2 个，银行依然按照 3 个面包消费。于是面粉厂与面包厂此期只对外出售了 20 个面包，可以获得 40 元。但面粉厂、面包厂合计 420 元的贷款，需要支付的利息就达到 42 元，其收入甚至不够支付利息。在这种情况下，面粉厂与面包厂的贷款将形成坏账。这与前述房地产部门坏账类似，这次坏账的直接原因是面粉厂与面包厂经营情况出现了问题。

进一步地，面粉厂与面包厂是房产唯一买家，面粉厂与面包厂的债务危机问题会让房地产部门继续暂停房地产开发，建筑部门将继续没有收入，一直在家自己种地，面粉厂、面包厂始终也赚不到更多钱，坏账问题就会一直持续下去。

如果就此进入清算流程，那么根据银行利润的虚无性与本质危机，银行将不得不确认损失，大幅减少累积盈余的所有者权益。

更尴尬的是，按照经济体系的银行存款情况，银行若按照600元的价格出售抵押房产，没有任何人可以负担得起哪怕1套房产。最富有的房地产部门，也只有346.21元，只及房价的一半多一点。事实上，经济体系其他经济部门的存款数只有410.03元，连把420元贷款还上也做不到。可以想象，若进入房产处置流程，房产的成交价格只能大幅下跌。

无论如何，最终都会有作为贷款抵押的房产无法处置，银行只能自己持有。房地产的实物信用在债务危机时无法真正变现，房地产抵押并不保险。

历史上，银行在繁荣期接受大量房产抵押发放贷款，而若发生坏账危机，银行即使成功处置房产也覆盖不了坏账损失，但是又因为银行"大而不倒"（too big to fall），通常会获得政府救助，危机时期的抵押房产也就变成了银行资产。在多次危机后，银行就变成了不动产的主要持有者。据称当前美国40%以上的房产被掌握在金融业手中，这很大程度是由于政府救助，让银行业不恰当地占有了房产产出。

随着经济体系快速发展，银行规模会更快速的膨胀，银行的利润也会随之快速膨胀。而在一段时间的繁荣后，要么房地产部门卖不动房子了出现坏账，要么面粉厂、面包厂赚不到钱出现坏账，银行的坏账危机总是不可避免。

上述两种坏账情况中，无论是房地产部门，还是面粉厂、面包厂，本意都想要正常经营。这就是说，上述模型已经是最健康的经济体系了。在真实的经济体系中，通常还有想要博取资产价格上涨获利的投机部门，还有诈骗部门这样的恶意欠债部门，投机部门与诈骗部门的存在让银行的坏账风险陡升，加剧坏账危机的后果。

银行发生的坏账风险，表面上看是个别贷款的风险问题，然而根据银行利润的虚无性和上述本质危机的讨论可以知道，当银行的利润积累得十分庞大，或者银行存款严重沉积在部分经济个体中时，其他部门的债权债务的失衡情况会非常严重，容易暴露坏账风险。这一整体性失衡也隐藏在个案的概率性与偶然性中，难以被察觉。

在现实当中，坏账危机最常发生，也最容易被发现，本质危机隐藏在坏账危机中，人们无法察觉。而规模缩水危机只在严重金融危机发生后出现，历史上发生的次数寥寥无几，极少被观察到。但从理论论述上，规模缩水危机最简单，而坏账危机最复杂，我们的论述顺序是从简到繁。

在银行房地产模型与银行危机模型中，没有显化给出产出的层次结构，即没有工业部门。但可以认为工业部门合并在面粉厂内，从而产出能够增长。另外，为了简化模型，银行房地产模型与银行危机模型都没有引入政府部门，也没有引入货币增长机制。当经济体系存在货币增长机制时，容易知道银行危机会被延缓。然而，与此同时，银行的借贷扩张速度会加剧，价格体系的稳定性也会因货币存量增长而受影响，通胀压力会与日俱增。

如果价格水平持续快速上升，人们会发现过去的储蓄缩水，财富效应中导致消费与产出下降的那一面显现。进一步地，高层次产出需求如农具需求会骤然消失，若货币依然持续增长，滞胀也就不期而至。在信用货币制度下，繁荣期后的萧条期中，债务危机、金融危机、滞胀往往同时发生，只是根据货币发行数量的不同，表现出的严重程度不一。当为解决债务与金融危机发行非常多货币时，则债务与金融危机程度较轻，而滞胀较为严重。反之，若拯救银行与金融机构的投入较少，则债务与金融危机就较为突出。

4.15 庞氏骗局

今天，人们对"庞氏骗局"这个名词并不陌生，它所创造的财富、丑闻与悲剧都被广泛地流传着。"庞氏"一词源自一个美国人，查尔斯·庞齐

(Charles Ponzi)。1917年，这位富有金融头脑的资本运作高手在波士顿开设了一家证券交易公司，向外界宣称该公司将从西班牙购入法、德两国的国际邮政优待券，加上一定的利润转手以美元卖给美国邮政局，以此赚取美元与战后货币严重贬值的法、德两国货币的"价差"。事实上这个计划根本赚不到钱，但还是有些人冲着一个半月内能获得50%的回报率去尝试投资。让那些初期投资者感到狂喜的是，他们如期获得了红利回报。狡猾的庞齐把新投资者的钱作为盈利付给最初投资的人，以诱使更多的人上当。由于前期投资者获得了难以置信的盈利，"把钱给庞齐能赚大钱"这一消息大范围地扩散开去，庞齐成功地在几个月内吸引了数万名投资者，累积获得的投资超过1500万美元。后来波士顿媒体的报道造成新投资者对公司的质疑和观望，使公司没有新的资金来源去支付先期投资者的本息。庞齐关掉店门，带着约4万名投资人的毕生积蓄逃之夭夭。

如今，"庞氏骗局"被用来广泛地指称那些通过不断借新还旧维持资金链条的商业活动。这里举一个具体而典型的庞氏骗局的例子。甲通过某个名目，比如投资某处的房地产、矿产、保健品项目、境外股票等，向公共吸收资金，并且许诺高额的利息，例如30%。在一开始，甲筹集到了100万元，将其中的20万元挥霍一空后，用30万元投入了更多的广告吸引了更多人投入资金。当这100万元到期，应该归还130万元时，甲已经从原有投资者及新加入的投资者那里吸收到330万元的存款。在甲归还130万元本息后，手头还捏有150万元的资金，可以更大规模地做广告和挥霍。但是此时，待偿还的本息债务已经有了严重缺口。类似过程持续进行，债务规模与缺口也就越来越大，直至再也无法筹集到足量新资金。

庞氏骗局构成的要素包括：一个美好的愿景。越来越多的参与者与资金以及由早期获利带来的对愿景的加强与肯定。其特征有：

（1）不断的借新还旧。在"4.3 100元怎样偿还200元债务"与"4.13 银行房地产模型"中，借贷的结清依赖于借贷体系外的交易，如房地产交易、面包交易。而在庞氏骗局中，借款的清偿依赖于新借款的形成，局限在自身构建的借贷体系内完成。

在借新还旧的过程中，或者有新的资金提供方加入，或者原有的资金方将所获得的本息收益再一次投入骗局中，原有资金方经常还会追加更多资金。从这一点看，如果银行在账面迷梦中向一些欺诈企业不断借新还旧提供贷款，其本质也是一场庞氏骗局。

(2) 正反馈。庞氏骗局有一种信用扩张的自我实现特征。越多的人参与某一个庞氏骗局时，这个骗局最初所仰赖的愿景看上去就越真实，这一愿景及这一愿景的持有者就获得了更大的信用，获得更多资金。这种信用还通过宣传扩展到更广泛的人群中去，除了自以为获利的人们的口耳相传，还包括骗局的主持者利用募集来的资金摆出的排场与广告。

信用扩张的自我实现所导致的正反馈，是一些资本运作者得以迅速积累起庞大身家的原因。一些所谓煤老板、开发商即使没有矿产、房产的运作能力，依靠其打造的"名望"，在很多地方都能获得巨大的借贷支持，使资产总额滚动增长。然而，这一庞大"身家"如果刨去债务，往往只剩重重疑点。在多年的挥霍与赌博中，他们往往只剩下被估到离谱的价格的偏僻土地或者贫瘠的矿山这些所谓"优质资产"。历史上著名的案例有Bre-X矿业有限公司，它被称为史上最大的金矿骗局，该公司宣称在印度尼西亚具有巨大金矿，一度成为加拿大股市上最成功的上市公司，最终该金矿被证实并没有金子。

(3) 指数式的规模扩张。由于利息总是按照复利指数化方式计算，庞氏骗局的规模至少也是按照指数化方式增长的。在许诺30%的利率下，100万元的募集资金即使一点不被挪用，也会滚动至130万元，到了下期，就达到169万元。指数化增长的速度极其惊人。

庞氏骗局给经济体系整体带来巨大的虚假债权，如同"4.4 债权的账面效应与债务危机"中诈骗部门带来的债权，而由"4.6 经济体系整体利润的根本来源"，这一虚假债权存在时，会产生账面利润，让很多人以为"赚到了钱"，与此同时产生的财富效应甚至可能对产出增长有真实的短暂提振作用。而当庞氏骗局崩溃时，相关受害者的财务情况就会遭受打击，其"亏损"会远远大于多年"利润"积累。

如果收敛贪婪、精心包装，庞氏骗局可以以较温和的方式发生，从而延续很长一段时间。举例来说，甲向银行贷款100万元，5%的贷款利率，甲其实从来没打算偿还这笔贷款，他只是做出很勤恳的样子，让银行相信他是有能力和意愿还债的。每年，甲节俭消费，只花费5万元，并且按期归还5万元的利息，只要银行不追讨本金，这种局面甚至可以持续10年之久。美国著名的庞氏骗局——麦道夫骗局就持续了近20年之久。

更温和的局面，甚至于已经不能称之为庞氏骗局了，甲还真的努力工作，除了消费外，勉强能够偿还银行的利息，那么如果银行不追讨本金，这种局面有机会无限维持下去。但是一旦银行本金到期不再续贷，甲就会破产，这就是所谓"僵尸企业"。

4.16 小结

本章中我们了解到，货币能够用作支付手段，本质上是因为其中含有信用，贵金属货币含有实物信用，纸币含有政府信用。其他信用也可以用作支付手段，如个体信用、银行信用。由于银行信用的广泛适用性，在购买力上相当于货币，人们常把银行信用与货币混同，这会在经济理论与经济实践中产生很多问题。

利息由借贷行为产生，或者广义来说，利息由金融活动产生，而与货币或金融活动的标的物本身无关。利息参与产出的分配，构成广义价格体系的一部分。

债权有账面效应，虚假的债权也能够带来经济体系的景气，这再次说明经济景气未必是理性的产物。

若经济体系中的所有经济个体都赚到了利润，其来源只能是其资产的账面价格的上升。这主要来自货币的增加、债权及其他资产价格的增记。经济体系的整体利润水平与产出水平没有直接的关联性。

借贷等金融活动可以促进生产要素的合理配置，进而带来产出的增长。但产出增长本质来源于经济结构，与金融活动、货币投入无关。

我们初步了解了银行业务，银行主要业务是资产负债表业务。银行存款主要来自于银行在开展资产负债表业务中，与银行存款同时被创造出来的银行贷款、债券等资产。

银行会通过其资产负债表创造出很多代表银行信用的银行存款，银行存款可用于交易支付，但是银行信用不能等同于货币，银行总是时刻面临挤兑风险。银行还总是面临本质坏账风险。挤兑风险与本质坏账的存在，说明银行并不是一个能够独立市场化经营的经济部门。

我们还通过建立一个带有银行与房地产的经济体系模型，给出了景气—银行危机周期，这已经非常接近现实中的经济周期了。

第5章

华尔街寄生虫

金融的本质是什么?

人们是如何给金融资产定价的?这些定价方式合理吗?

为什么人们会买涨不买跌、追涨杀跌?

股票上市是怎样造富?股票上市能增加社会财富吗?

金融市场的周期是怎样形成的?

为什么股市会暴跌崩盘?

2008年发生的次贷危机是怎么回事?

5.1　金融学第 0 定律

第 4 章中的各种借贷，无论是否有银行参与都属于金融活动。金融活动是金融工具的创造与结清过程。而各种金融工具，无论是存贷款、债券、股票、期货、期权还是其他金融衍生品，本质来说都是一种合同、一种人为的约定，都是人们通过同时建立债权债务的方式凭空创造出来的。

如果说在金融学中有什么客观的定律、不变的真理，那么首先是抵消律，其内容是：

在任何金融工具中，债权 = 债务。

从整体看，金融工具所蕴含的债权债务恒抵消。

抵消律可定名为金融学第 0 定律。这是基于自然的事实，任何债权不可能脱离于债务独立存在，反之亦然。进一步地，债权债务在数量上永远相等。

我们通过几个主要的金融工具来认识金融学第 0 定律。

5.1.1　债券与银行存贷款

我们很容易把金融学第 0 定律应用在债券、银行存款或者其他形式的债权工具上。债券持有人即是债权人，债券发行人是债务人，债的内容就是债券上约定的本金、利息与还款时间。银行存贷款与之类似，银行存款中债权人是存款人，债务人是银行，银行贷款中债权人是银行，债务人是贷款人。

债券交易本质是债权人对债权的转让，其转让价格与债券本身无关，债务人不变、债的内容也不变。银行存款的转账交易本质也是债权转让。

5.1.2　股票

现实中的股票不单纯是一项金融工具，在当前法律框架下，股票具有企业所有权、管理权内容，包含股东权利。但如果我们剥离掉股东权利这些企业经营相关的内容，以纯粹金融工具审视股票，那么股票实际上是企业的分红债权与清算债权。由于大部分时候企业只在资不抵债时清算，股东的清算债权可以忽略不计，于是股票的债权内容主要是分红债权。

所以对于股票来说，其债权人是股票持有者，债务人是发行股票的企业，债的内容是分红。对于分红债务来说，其金额和还款时间都是不确定的。但无论具体的分红情况如何，由金融学第0定律，有一点可以确定，就是股票发行企业的分红债务永远与股票持有者的分红债权相等。

如果一个企业的股票从上市到最后退市或者清算，从未支付给其股票持有者一分钱，那么其内含债权实际上是0。这种股票其实非常多，但是股市里却没有价格为0的股票，这是因为股票持有者总是认为自己可以以高于0的价格把股票卖给其他人，也就是给股票附加了一个实际不存在的"其他人接盘债权"，这说明现实中的股市不是一个完全理性市场。

在现行制度规定下，股票持有者会在账面确认股票资产，而股票发行企业无须确认股票的分红权债务，于是股票会给经济体系带来巨额的账面资产，这一不对等的债权债务记账方式是当前经济体系账面效应的主要来源之一，也是金融危机的祸胎。

5.1.3 期货

不考虑期货的实物交易属性，从纯金融角度讲，期货本质是一份赌约。任意一份期货合约都存在多空双方。当交割价格大于期货合约价格，则期货多方赌胜，多方为债权人，空方为债务人。反之，当交割价格小于期货合约价格，则空方赌胜，债权人与债务人位置互换。

具体以股指期货为例。多空双方建立一份期货合约，内容为某年某月某日道琼斯工业指数收盘价，点位为24000点，每点价格100元。则若当天道琼斯工业指数收盘于23900点，则空方赌赢$100 \times (24000-23900) = 10000$（元）。若当天收盘于24200点，则多方赌赢$100 \times (24200-24000) = 20000$（元）。

在期货这项金融工具中，债权人、债务人的身份在赌局最终揭晓前是不确定的，债的具体金额也往往不确定。但是金融学第0定律是确定的，债权和债务一定相抵消。

5.1.4 保险

在保险这类金融工具中，保险买方是债权人，保险卖方是债务人。但是债的内容是附条件实现的，一般这些条件是概率事件。例如，一份财产保险中，若投保人（保险购买人）的房子失火，那么保险公司就会负有保险赔偿义务，对保险受益人形成一笔债务。而如果被投保的房子什么事都没有，也就不会产生这笔债权债务。

金融工具还有很多，如期权、各种掉期工具、信用违约互换等，无论金融工具的具体形式如何，金融学第0定律是颠扑不破的，即必然有债权人与债务人，其债权债务必在数量上相等。

5.1.5 货币

货币是一种**准金融工具**，但不是金融工具，放在这里是为了让我们能在比较中更好地认识货币与金融工具。货币有确定的债权人，即货币的持有者，但没有确定的债务人，货币持有者通过"购买"的方式，向经济体系中的其他参与者兑现债权。

在信用货币制度下，发行货币的中央银行将发行在外的货币记为自己的负债，但这种负债只是一种叫法，货币持有人不能拿着货币让中央银行还债。货币的这种非对称的债权债务关系，使得信用货币的诞生成为一个奇妙的过程，经济体系多了一些东西，甚至会被认为多了一些"财富"，但实际上又什么都没有增加。

如果所有人都不承认货币的信用，或者世界上只有货币而没有任何与之交换的商品，货币也就没有任何意义，这也是"1.5 整体风险与无效储蓄"所说"黄金、珠玉，饥不可食，寒不可衣"的内涵广延。而信用货币作为支付对价，由发行货币的政府通过法律的规定强制保证，除此之外，别无他物。所以我们说，在信用货币制度下，货币法定，法定货币才是货币。

由此我们可以知道所谓"数字加密货币"不可能成为真的货币，只是名称中含有"货币"二字而已。货币对其他人来说是一笔债务人不明确的负债，法定货币的支付力与债权属性由法律强制力保证，而个别群体随便搞出的一些数字字符串想要成为其他所有人的负债，大家肯定要问一声"凭什么"。

在日常应用中，人们常常只关注金融工具的债权部分，有意无意地忽略金融工具中的债务部分，所以人们提到股票、债券等金融工具时，往往特指其债权部分。金融工具的债权部分又被称为金融资产。于是在一般认知与应用中，股票、债券变成了一项资产。在经济动力学中，我们强调从债权债务整体看待金融工具，金融资产是债权资产，必然有对应债务与之相抵消。

5.2　现金流折现估价法与账面效应

一般把金融工具中的债权部分称为金融资产，而把金融工具的债务部分称为金融债务。在金融学第 0 定律中，我们知道任何金融工具所蕴含的债权债务一定恒等抵消，但是并没有给出债权人取得债权时所支付的对价如何确定，即没有给出金融资产的定价方法。具体来说，已经知道股票所蕴含的发行人的分红债务与股票持有者的分红债权必然相等，但是不知道发行人应该以什么价格发行股票，或者说股票购买人应该以什么价格购买股票。

为此，有人创造出了现金流折现法（Discounted Cash Flow，简称 DCF），虽然名称中是将现金流折现，实务应用中大多数是将未来债权折现。这一估价法根据金融工具约定的条件来计算金融工具所蕴含的债权价格。长期以来，人们以估值法（valuation）命名现金流折现法，但其实它是一种估价定价方法（pricing），因此我们称之为现金流折现估价法，强调与价值不相关。根据金融学第 0 定律，金融工具是相抵消的债权债务，其本身的价值性无从说起。

我们从最简单的银行存款入手了解现金流折现法。存款人的债权本息即银行的债务。若1年期定期存款利率为3%，即在20×4年1月1日以定期存款的形式存入银行100元，存款人可在20×5年1月1日获得103元。反过来说，若想在20×5年1月1日获得103元，存款人需要在20×4年1月1日以1年期定期存款的形式存入100元。

金融学中，我们常常使用"折现"即"折合到现在"这一概念。上述20×5年1月1日103元的定期存款债权折现到20×4年1月1日为100元，折现率为3%。利率与折现率是同一事物的两种看法，从现在到未来看是利率，从未来往现在看就是折现率。

现金流折现估价法可以给复杂的金融资产定价。只需把现金流依据年限打一个相应折扣，并将其相加就可以。其公式可以表示为：

$$P = \sum_t \frac{C_t}{1+r_t}$$

其中C_t表示金融资产当年所能提供的现金流金额，r_t表示折现率或利率。

比如一种债券约定，分别在1年后、2年后、3年后偿还10元、10元与110元。如果1年、2年、3年对应的折现率分别为10%、21%、33.1%，那么这个金融产品的价格就是10/（1+11%）+10/（1+21%）+110/（1+33.1%）=100（元）。

事实上，上述例子正是票面利率与实际年利率都为10%，每年付息的附息债券（coupon bond）。

这里假设利率曲线平直，即年利率保持10%不变，那么根据复利计算可知2年的折现率（1+10%）^{2}–1=21%，3年的折现率为（1+10%）^{3}–1=33.1%。若利率曲线平直，则n年期的折现率可以用复利公式$r_t = r_t(1+r_1)^n - 1$表示，其中r_1是一年期利率。

无论是现实中还是理论上，利率曲线都可以不平直。例如，当1年期折现率为10%时，2年期的折现率可以为20%或22%，更高或更低，3年期或更长期的情况也类似。

为了便于比较，人们喜欢把1年以上的折现率按复利方式年化为年利

率,即取年化利率为:

$$r_{ta} = \sqrt[t]{1+r_t}$$

这个做法在利率曲线不平直时没有意义。

有一种债券品种叫贴现债券(discount bond),到期按债券面额兑付。例如,一年后到期100元的贴现债券,一年后债券持有人可以获得100元。这张债券如果按照91元发行,则其内含的折现率或者说利率为(100−91)/91=9.89%。从一般的债券理论可以知道,任何债券总可以拆解为贴现债券的组合。例如,上述附息债券,可以拆解为一年后到期10元贴现债券、两年后到期10元贴现债券、三年后到期110元贴现债券三张债券的组合,在相同的折现率下,这一债券组合与上述附息债券完全等价。

股票的分红债权也可以按上述方式折现加总,我们就得到了股票的一种定价方法。

现金流折现估价法其实不是个逻辑自洽的估价方法,把未来的现金流或者债权用折现系数改造后,再相加求和,这一操作的具体含义暧昧不清。通过现金流折现估价法,金融机构把未来的债权放到当下出售,会产生奇怪的结果。举例来说,在面粉厂、面包厂模型中,面粉厂每期能通过产出和销售100斤面粉获得100元货币,面粉厂据此向银行说,把未来30年的面粉收入按照5%的折现率出售给银行,按照现金流折现估价法,面粉厂可以得到1537.25元的巨款,而整个经济体系原来一共才只有100元货币。

更为严重的情况下,不仅银行认可这件事,发行货币的央行也认可这件事,若据此一下发行出1537.35元的货币,那么经济体系很容易乱套。而类似的事情在现实当中真实发生着,例如,一些企业把几十年的各类收益权等未来现金流包装成资产支持证券(Asset Backed Security,简称ABS),经济体系一下子会多出一大块"资产"来出售给银行或其他机构,央行也会对应提供流动性支持,使得经济体系实质处于流动性泛滥与货币超发状态中。

由于人们用以计算债权现值的折现率会发生变化,账面债权价格也会相应改变,而当债务的账面价格并不同步调整时,经济整体会出现账面盈余或损失，也就是账面效应。具体来说，某债券发行人在20×4年1月1日按照91元的价格发行面值100元、20×5年1月1日到期的贴息债券，其内含利率为9.89%，债券购买人一开始使用的也是该利率。

对该债券发行人来说，其发行债券获得现金，对应负债增加，在发行20×4年1月1日时，其资产与负债的变化为：

资产：　　　　　　　　负债：
货币资金　　　+91　　应付债券　　　+91

在20×5年1月1日到期兑付债券时，其资产与负债的变化为：

资产：　　　　　　　　负债：
货币资金　　　-100　　应付债券　　　-91
　　　　　　　　　　　应付利息　　　-9

相应地，债券持有人在20×4年1月1日购买债券时的资产变化为：

资产：
货币资金　　　-91
应收债券　　　+91

在20×5年1月1日到期兑付债券时，其资产变化为：

资产：　　　　　　　　所有者权益：
货币资金　　　+100　　利息收入　　　+9
应收债券　　　-91

在上述处理中，债券发行人与持有人的债权债务总是抵消的，并且其损益，利息收入与利息支出也总是抵消的，总体上当然也应该是这样一个零和的结果。

然而，在20×4年1月2日即债券发行后的第2天，央行宣布大幅降息，经重新测算，该债券的内含利率从9.89%大幅降低至5%。于是20×5年1月1日该债券所兑付的100元现值变为100/（1+0.05）=95.24。忽略一天的利息，按照现行金融界通行的做法与会计制度，在20×4年1月2日，债券持有人可以进行如下处理：

资产：　　　　　　　　所有者权益：

应收债券　　+4.24	投资收益　　+4.24

人们认为这种做法的依据是，利率或者说折现率的降低导致债券的"价值"上升，因而改变了记在账面的债券价格。

相应地，其他条件不变时，20×5年1月1日债券兑付时，债券持有人的资产变化为：

资产：		所有者权益：	
货币资金	+100	利息收入	+4.76
应收债券	-95.24		

总结看，债券持有人的两种处理对利润的影响如表5-2-1所示。

表 5-2-1　　　　　债券持有人两种处理对利润的影响

	20×4年1月2日	20×5年1月1日	总体上
降息前	不确认利润	确认9元利息收入	确认9元利润
降息后	确认4.24元投资收益	确认4.67元利息收入	确认9元利润

债券从发行到最终兑付，如果没有出现无法兑付的风险，无论估价方法如何，折现系数如何选取，其带来的利息收入总是恒定的。但是在20×4年1月2日这个时间节点上，由于降息的发生，以及现金流折现估价法的应用，导致债券持有人多确认了债权，而债券发行人却不会因此多记债务。于是在这个时点上，从经济体系整体看，债权资产增加、债务负债不变，根据"4.6 经济体系整体净利润的根本来源"，经济体系以为自己"赚钱"了，也就是上述确认的投资收益。不过这种利润是以债券到期兑付时会计上确认的利息收入减少为代价的。

当央行不是降息而是升息时，上述过程反过来，20×4年1月2日时债券持有人入账投资损失，经济体系整体账面资产下降，经济体系以为自己"亏钱"了。不过这种亏损将会在债券到期兑付时，以账面记录更高利息收入的方式填补回来。无论中间过程如何，根据金融学第0定律，当债券实现兑付时，这项金融工具对经济整体的影响与最早给出的情况总是一样的，都相互抵消。

现实中，存量金融工具数量极其庞大，并且债券等债权资产的期限有些非常长，利率变化对经济体系上述金融资产账面价格的改变影响非常巨大，于是央行变成了最重要的经济部门。完全不从事产出、与产出分配的关系也不直接的央行成为经济枢纽。

现金流折现法认为，现在的现金比未来的现金更"值钱"，因而把未来现金流放到现在估价时应该"打折"。那么理所当然，现在的利润也应该比未来的利润"值钱"，然而在实践中，现金流折现法的应用却使得利息收入在当前和未来之间没有差别的切换，这是个悖论，其问题的根源在于，"未来"的东西不可能打个折就变做"现在"的东西，现金流折现是个看似很有道理，内在逻辑却并不自洽的定价方法。

多数时候，现金流折现估价法的应用看似没有带来严重后果，是因为无论价格是如何确定、价格高低如何，交易由买卖双方进行，仅就交易本身而言，整体考虑时是一个零和过程，但在财富效应和危机时的政府干预下，这些做法就会给经济体系造成干扰。

更大的问题出在股票的估价上。由金融学第0定律知道，从纯粹金融工具角度讲，股票其实是对股票发行企业的分红债权。在使用现金流折现法估计时，往往假设企业会在未来很长一段时间持续经营并盈利，所以计算出的股票价格（分红权的债权部分）往往非常高。另外，在现行的金融理论与会计制度中，并不对应确认股票内含的分红债务，于是从社会整体账面看，股票像是凭空创造出来的"资产"，这带来的更为巨大的账面效应，也给经济体系的稳定性带来更大威胁。这方面内容我们将在5.4节与5.5节具体说明。

5.3　金融吉芬商品与银行扩张

在"1.6 价格体系变动、价格的微妙性与吉芬商品"中，已经知道土豆成为吉芬商品价格越高需求越大的原因是预算约束，上涨的土豆价格挤出了其他更高价格的食品的消费，迫使人们吃更多虽然价格上涨但仍相对廉价的土豆替代。在金融资产中也有吉芬商品，其价格越高则需求量越大。金融吉芬商品的原理与土豆完全不同，其产生原因是人们对未来价格的预期取决于价格的历史变动情况。

我们以房地产的吉芬性质来说明金融商品的吉芬性质是如何产生的。当人们持有一项房地产资产完全为了出租获得租金收益或者出售获得投机收益，没有任何居住打算时，对该房地产持有人来说，这项房地产可以视为纯粹的金融资产。房地产作为金融资产看待时，不是金融学第0定律中所说的金融工具，它没有确定的债务与债务人，但我们依然可以使用现金流折现法对其进行估价。

假设有一位投资人的折现率为5%，他正在考虑是否购买一项房产作为金融资产。该房产预计在未来10年里每年带来10元租金收益，当前价格为300元。

如果房地产价格始终保持平稳，该投资人预计10年后出售时，房价会维持在当前水平，那么按照现金流折现法，这套房产的现值为261.39元。对于该投资人来说，房产的价格过高，他不会购买这项房产。

如果在过去的两年内房价不断上涨，在两年前该房产的价格为200元，上年的价格为240元，年均上涨超过20%，据此，该投资人认为，10年后该房产保守估计至少上涨30%，达到390元。照此计算，该房产的现值为316.64元，高于300元的价格，投资人会购买房产。

也就是说，如果房价不涨，该购买需求不存在，如果房价上涨，则会出现该购买需求。反之，如果房价下跌，则原本可能存在的需求也会消失。于是我们得到了金融吉芬商品，当其价格上升时需求增加，价格下降时需求减少。而上述投资人的行为，通俗来说就是"追涨杀跌"，在流动性更好的金融市场如股市中非常容易观察到。

金融资产成为吉芬商品的关键在于，人们对金融资产未来的价格预期依赖于过去的价格走势，而价格由商品买卖双方决定，当所有买卖方预期一致时，价格的变化也就随之确定，价格的这一特征被称为**价格预**

期的自我实现。从动力学角度讲，金融商品的吉芬特性使得价格未来的变化率与过去的变化率方向一致，价格的上涨与下跌具有惯性。价格的这种变化规律带有盲目性，可以让房产的价格脱离房产建造与居住的实际，只在既定的上涨与下跌路径上变化。具体来说，当人们认为未来房价有10%涨幅时，无论当前房价处在什么位置，100万元、200万元或者1000万元，无论房价的建造成本有多少、租金与空置率如何，房价总是会继续上升。

金融商品的吉芬特性使金融市场成为正反馈系统。价格越上涨需求越大，人们对未来的价格预期越高，于是价格越上涨，下跌过程亦然。而我们知道，正反馈系统天然不稳定，所以金融市场以及与金融市场相接近的房地产市场总是不稳定的，要么处于过热状态，要么走向崩溃。与土豆不同，人们不可能吃下无穷数量的土豆，对金融资产的需求却可以无限大，金融正反馈系统没有天然的抑制机制。

4.11节指出，当存贷款利率差足够大时，银行总有冲动进行极限扩张，其规模可以达到经济体系货币量、生产总值的数倍、数十倍之多，但那里没有说，经济体系为什么会产生如此高的贷款需求。现实中，金融工具或具有金融资产性质的商品往往充当了贷款需求制造源。当银行贷款利率低于金融资产价格涨幅预期时，人们实际上有无限的贷款需求去购买这些资产，于是在繁荣期，我们总可以看到扩张到极致的银行资产负债表，银行的资产负债表随着资产价格的上涨飞速扩张。

20世纪90年代日本经济出现问题以前，日本的银行业就处于极致扩张的状态，其推动因素正是不断上涨的房价与金融资产价格，大家拼命贷款买房、买股票、买各类"未来会涨"的资产。直至日本经济泡沫破裂，对银行的贷款需求骤然消失，即使贷款利率再低，即使银行跪求人们贷款，人们也不愿意贷款负债了。

5.4 股票上市与账面效应

由金融学第0定律知道,股票作为金融工具其实就是公司的分红债权债务。而一般人们提到金融工具时,往往忽略其债务部分,股票更是如此。与债券不同,股票所包含的债务内容是不明确的,并且在现行金融理论与会计制度下,股票的债务人不会确认任何债务,于是从经济体系的整体账面看,股票上市时只有金融资产产生,金融负债部分却不被确认,经济体系便凭空出现了一笔"财富"。

为了具体说明股票上市及后续影响,我们给出一个股票上市模型。面粉与面包的产出、交易与消费等情况沿用基本模型。假设面包厂与面粉厂存在内部结构,面包厂由面包厂老板和员工构成,面粉厂也由面粉厂老板和员工构成,各都有1个老板,10个员工。

把面粉厂与面包厂视为两个企业。面粉厂在获得面包厂购买面粉的100元后,给员工每人发了4元的工资,这样面粉厂共发出40元工资,工人用工资每人购买2个面包。面粉厂结余60元利润,面粉厂将这60元利润作为分红交给老板,老板用这60元购买30个面包消费。而面包厂也进行类似的操作,与面粉厂老板工人完成交易后,先发4元工资给每位员工,分红60元给老板,然后面包厂员工与老板都再从自家的面包厂购买面包。

用过程表可以表示为表5-4-1。

表5-4-1　　　　　　把面粉厂与面包厂视为企业　　　　　　单位:元

最初	面粉厂	面包厂	面粉厂老板	面包厂老板	面粉厂工人	面包厂工人
期初货币	50	50	0	0	0	0
面粉交易	100	–100	0	0	0	0
面粉厂发工资	–40	0	0	0	+40	0

续表

最初	面粉厂	面包厂	面粉厂老板	面包厂老板	面粉厂工人	面包厂工人
面包厂发工资	0	–40	0	0	0	+40
面粉厂分红	–60	0	+60	0	0	0
面包厂分红	0	–60	0	+60	0	0
面包交易	0	+200	–60	–60	–40	–40
期末货币	50	50	0	0	0	0

注：面粉1元/斤，面包2元/个。

消费情况为，两厂老板消费各30个面包，剩下员工每人消费2个，每个厂的10个员工消费20个面包。总体看，与基本模型一样，面粉厂消费50个面包，面包厂消费50个面包。

通过赋予面粉厂与面包厂内部结构，可以得到"企业利润"这项事物。为了经济体系的和谐稳定，假设利润都被分红给了老板，并且随后被老板消费掉了。若不然，两厂老板中把分红所得中的一部分存起来，那么就会发生货币沉积，经济体系也就不可能长期稳定。

原本，面粉厂与面包厂、老板们与工人们就这么愉快地生活着。直到某一天，出现了投资银行家。投资银行家来到面包厂，经过一番考察，对面包厂老板说："您是多么伟大的企业家，将区区面粉转化成了人人爱吃的面包，将这么多人的工厂管理得井井有条。"投资银行家表示，面包厂应该上市。

投资银行家首先按照现金流折现法对面包厂进行估价。面包厂每期的利润为60元，这60元利润都以分红的形式支付给了面包厂老板，也就是面包厂每期利润产生的现金流为60元，按照9%折现率、30年期年金现值系数10.2737计算，面包厂整体估价为60×10.2737=616.42（元）。另外，按照市盈率法，以10倍PE估算，面包厂的整体估价为600元。最后确定按照600元的价格，由面包厂老板转让25%股权的方式让面包厂上市，于是此次上市转让的股票金额为600×25%=150（元）。

对于面包厂与面粉厂的世界来说,这无疑是件令人振奋的事情。之前他们完全没有意识到,原来这样的小地方也有伟大的企业存在,估值竟然高达600元,这是面粉厂、面包厂所有人一辈子加起来见过的货币总和(100元)的6倍之巨。

现在的问题是谁也拿不出150元来购买将要发行的25%的股权。该经济体系全部的货币存量只有100元。面包厂股票想要顺利上市,不得不借助一些支付安排。在投资银行家的宣传与策划下,面粉厂老板以150元买下面包厂25%的股权,股权即时转移,面粉厂老板以免息分期的方式支付购买款项,每期支付50元,分3期进行。与此同时,投资银行家按照面包厂老板收取的股票转让价款的10%收取承销费,同样也是分3期进行,也就是每期收取5元承销费。

从此以后75%的面包厂股票归面包厂老板所有,25%的股票归面粉厂老板所有。假设所有利润全部被用于分红,由于面包厂股票上市,面包厂分红相应发生变化,面包厂分得45元,面粉厂分得15元。

面包厂上市后第1期,经济体系全部运转情况的过程表如表5-4-2所示。

表5-4-2　　　　　　　面包厂上市后第1期　　　　　　　单位:元

第1期	面粉厂	面包厂	面粉厂老板	面包厂老板	面粉厂工人	面包厂工人	投资银行家
期初货币	50	50	0	0	0	0	0
面粉交易	100	-100	0	0	0	0	0
面粉厂发工资	-40	0	0	0	+40	0	0
面包厂发工资	0	-40	0	0	0	+40	0
面粉厂分红	-60	0	+60	0	0	0	0
面包厂分红	0	-60	+15	+45	0	0	0
股票转让款支付	0	0	-50	+50	0	0	0
股票承销费支付	0	0	0	-5	0	0	+5
面包交易	0	+200	-25	-90	-40	-40	-5
期末货币	50	50	0	0	0	0	0

注:面粉1元/斤,面包2元/个。

面包厂股票总值600元,面包厂老板持有其中75%,面粉厂老板持有其中25%。

面包消费情况为,两厂的员工依然是每人消费2个面包。面包厂老板因为股票上市,财大气粗,消费45个面包。投资银行家消费2.5个面包。面粉厂老板为了要买面包厂股票,大部分钱都用来分期支付股票款,所以只消费12.5个面包。

如果面包厂老板不消费那么多面包,其他部门无力更多消费,面包就会有剩余,面包厂的利润会下滑,我们这里不继续展开讨论这一情况,假设所有面包都被消费掉了。

在面包厂上市后的第2、3期,经济体系的过程表都与上表相同。到了第4期,面粉厂付清了股票交易价款,经济体系运行的过程表变为表5-4-3。

表5-4-3　　　　　面包厂上市后第4期　　　　　单位:元

第4期	面粉厂	面包厂	面粉厂老板	面包厂老板	面粉厂工人	面包厂工人	投资银行家
期初货币	50	50	0	0	0	0	0
面粉交易	100	−100	0	0	0	0	0
面粉厂发工资	−40	0	0	0	+40	0	0
面包厂发工资	0	−40	0	0	0	+40	0
面粉厂分红	−60	0	+60	0	0	0	0
面包厂分红	0	−60	+15	+45	0	0	0
面包交易	0	+200	−75	−45	−40	−40	0
期末货币	50	50	0	0	0	0	0

注:面粉1元/斤,面包2元/个。

面包厂股票总值600元,面包厂老板持有其中75%,面粉厂老板持有其中25%。

面包消费情况为,两厂的员工依然是每人消费2个面包。投资银行家没有承销费收入,只能在家种地。面粉厂老板现在拥有面粉厂和25%面包厂股票，分红收入达到75元，消费也增加到37.5个面包。面包厂老板从面包厂的分红减少到75%，于是只能消费22.5个面包。面包厂老板发现股票确实是个好东西，暂时没有出售剩余面包厂股票的打算。

在第5期，投资银行家又开始游说面粉厂上市。由于面粉厂的利润情况与面包厂一样，于是面粉厂的估值将会是同样的600元，25%股票的价格为150元。这次面包厂老板要求购买面粉厂的股票。同样地，面包厂老板没有足够现金，必须分期支付股票价款。并且由于现在面包厂老板可以获得的面包厂分红只有45元，无法负担3期每期50元的支付条款，而只能通过5期每期支付30元的方式支付，承销费依然按照10%收取。

在面包厂上市后的5期，也就是面包厂上市后的第5~9期，经济体系运行的过程表如表5-4-4所示。

表5-4-4　　　　　　面包厂上市后第5~9期　　　　　　单位：元

第5~9期	面粉厂	面包厂	面粉厂老板	面包厂老板	面粉厂工人	面包厂工人	投资银行家
期初货币	50	50	0	0	0	0	0
面粉交易	100	-100	0	0	0	0	0
面粉厂发工资	-40	0	0	0	+40	0	0
面包厂发工资	0	-40	0	0	0	+40	0
面粉厂分红	-60	0	+45	+15	0	0	0
面包厂分红	0	-60	+15	+45	0	0	0
股票转让款支付	0	0	+30	-30	0	0	0
股票承销费支付	0	0	-3	0	0	0	+3
面包交易	0	+200	-87	-30	-40	-40	-3
期末货币	50	50	0	0	0	0	0

注：价格体系为面粉1元/斤，面包2元/个。

面包厂股票总值600元，面包厂老板持有其中75%，面粉厂老板持有其中25%。面粉厂股票总值600元，面粉厂老板持有其中75%，面包厂老板持有其中25%。

面包消费情况为，两厂的员工依然是每人消费2个面包。投资银行家消费1.5个面包。面包厂老板为了买面粉厂股票省吃俭用消费15个面包，面粉厂老板消费43.5个面包。

到了第10期，面包厂支付完购买面粉厂股票的价款，经济运行的过程表变为表5-4-5。

表 5-4-5　　面包厂、面粉厂均已上市的第10期　　单位：元

第10期	面粉厂	面包厂	面粉厂老板	面包厂老板	面粉厂工人	面包厂工人
期初货币	50	50	0	0	0	0
面粉交易	100	−100	0	0	0	0
面粉厂发工资	−40	0	0	0	+40	0
面包厂发工资	0	−40	0	0	0	+40
面粉厂分红	−60	0	+45	+15	0	0
面包厂分红	0	−60	+15	+45	0	0
面包交易	0	+200	−60	−60	−40	−40
期末货币	50	50	0	0	0	0

注：面粉1元/斤，面包2元/个。

面包厂股票总值600元，面包厂老板持有其中75%，面粉厂老板持有其中25%。面粉厂股票总值600元，面粉厂老板持有其中75%，面包厂老板持有其中25%。

消费情况为，两厂老板消费各30个，剩下员工每人消费2个，两个各10个员工消费20个面包。

如果与最初期那张过程表相比较的话，就会知道消费情况是完全一样的。过程表也几乎完全一样，差别只在于，面粉厂老板原来从面粉厂领60元分红，后来变为从面粉厂领45元、从面包厂领15元分红；面包厂老板原本从面包厂领60元分红，后来变为从面包厂领45元、从面粉厂领15元分红。与此同时，面包厂老板现在拥有市值450元的面包厂股票与市值150元的面粉厂股票，面粉厂老板拥有市值150元的面包厂股票与市值450

元的面粉厂股票。两位老板坐拥1200元的资产，经济体系的"资产总额"也从原来的100元货币一跃变成100元货币加上1200元股票合计1300元。

其实从"5.1 金融学第0定律"就可以知道，最终整个经济体系的运行本就不应该有什么变化。股票是一项金融工具，从社会整体看，自始至终其债权债务就相抵消。之所以经济体系会凭空多出1200元股票资产，完全是因为股票的债务部分未被记录，而把债权部分单独提取出来了，这是一种纯粹的账面效应。这种账面效应可能引发财富效应，例如员工也想买股票，更加努力加班使产出增长。

现实中，股票上市往往伴随发行新股，这时上市公司会获得一笔资金。有人会说上市公司获得资金后可以用来扩大产出，从而有利于经济整体产出增长。但从"4.8 投资与投入货币"可知，产出增长的关键是技术进步、产出结构的改变或生产余力的发挥，与具体资金的来源其实没有什么关系，这类增长完全可以通过借贷或者赊购赊销交易实现。事实上，从上面的模型也可以看出，股票上市与产出可以毫无关联，股票上市最重要的结果是创造了"股票财富"，账面效应才是其魅力的根本来源。

在上述股票上市模型中，唯一真正获利的是投资银行家。他们依靠编织账面财富，获得了承销费收入，在产出的分配中占有了一席之地。同时，我们还可以考察现金流折现估价法在股票上市过程中具体起到的作用。既然股票的"价值"是"凭空"产生，上述面包厂、面粉厂的股票价格其实既可以是600元，当然也可以是500元或者700元，甚至可以是60元或者6000元。而且，当两厂股票价格相同、两厂老板所持比例相同时，最后得到的结果与上述第10期总是相同的。于是现金流折现只是投资银行家的一种话术，一个把股票的价格说得很高的理由。

这套话术可以用在任何地方，我们有下面的故事：

小李想买辆5万元的小货车跑快递，却走错门，走到隔壁华尔街开的小货车使用权交易中心。华尔街的投资银行家给他算了一笔账说，拿这辆车做快递每个月能带来10000元收入，每年就是12万元，未来5年按10%回报率，现金流现值就是45万元，算便宜卖你25万元。小李觉得很有道理，于是花了25万元买了价值5万元的小货车的5年使用权。看上去小李上当受骗，但小李自己却觉得自己买到了未来。这就是华尔街的投资银行家真正在卖的东西——未来。

而面粉厂老板与面包厂老板互买股票的行为，我们还可以用下面这则阿凡提的故事来做类比。

巴依老爷开了一个黑心餐馆，一位顾客前来吃饭，吃了一个鸡蛋，结账时竟然发现要3个金币，震惊地找巴依老爷说理。巴依老爷说，虽然你只吃了一个鸡蛋，但是如果不是给你吃了，蛋可以生鸡，鸡可以生蛋，蛋又可以生鸡，鸡又可以生蛋，这么多的鸡鸡蛋蛋，我收你3个金币已经是便宜你了。众人皆怒，但似乎找不出什么理由反驳。这时阿凡提路过，立马对着顾客说："是啊，仁慈的巴依老爷对你多么优惠。"又对着巴依老爷说："这帮不知好歹的刁民，赶快吃一口大饼来压压惊。"巴依老爷得意地咬了一口大饼后，阿凡提伸手并说道："5个金币。"这回轮到巴依老爷震惊了，质问凭什么。阿凡提回答道："那张大饼是我家的小麦做的，1担小麦种下去就可收10担小麦，10担小麦种下去可以收100担小麦，如此可以收出数不清的小麦、做出数不清的饼来，我收你5个金币已经是便宜你了。"

原本一个鸡蛋换一张大饼，变成了千秋万代的鸡蛋换千秋万代的饼。上市模型中本只是面粉换面包，偏要计算成30年的面粉收益换30年的面包收益。好像都发了财，又好像都白发了财。这也是"5.2 现金流折现估价法与账面效应"提出的问题，把未来的东西打个折，是不是就能放到现在来卖。这么做，以为瞒过了时光，终究不过欺骗了自己。

在今天，企业股权的账面效应已经不需要通过上市创造，在上市前的融资阶段，企业"估值"就已经可以达到令人咋舌的地步，并且如今金融交易发达、股权交易频繁，私募股权行业兴起，产生了所谓"一级市场二级化"现象，即未上市企业的股权价格与上市企业接近，其股东也开始由大众构成。由于在股权的估值中总是把"未来"都计入"当前"的价格中去，企业个个都很值钱的样子。只是，需要质问的是，若人人都去创业，并且都把企业"估值"都搞得高高的，是不是大家就都不用上班了？

5.5 对倒交易、股票价格上涨与账面效应

在上一节中,我们知道股票上市并被赋予某个较高价格时,经济体系会凭空多出很多"财富",这一新增财富本质是股票这一金融工具的账面效应。股票上市后价格会在交易中不断变化,这是股票持有人作为分红债权人转让这笔债权的价格,与股票本身内含的分红债务没有什么关系。短期内股票价格变化可以很大,但未来的分红内容却由企业经营情况、货币环境所决定,不会相应变动。与股票的诞生会带来账面效应一样,股票价格的变化也相应引起账面效应。

下面具体给出由两个机构投资者构成的股票市场。假设股市中有A、B两只基金,各已经募集1亿元货币资金。股市中只有甲公司1只股票,在20×4年1月1日,向A、B两只基金以每股1元的价格首次公开发行各5000万股。于是现在市场内A、B两只基金各有5000万份股票。两基金原本各有1亿元货币,各自购买5000万股票后,剩余5000万元货币。甲公司募集的1亿元货币被用在他处,不在股票市场中。首次公开发行(Initial Public Offering,简称IPO)结束后,甲公司的其他股票进入限售期,市场上流通的股份只有A、B基金各自持有的5000万股股票。

由此,A、B基金的当前情况可以用表5-5-1来表示。

表 5-5-1　　　　　　　　　期初持股持币情况

	A基金	B基金
持有货币	5000万元	5000万元
持有股票数	5000万股	5000万股
股价	1元/股	1元/股
持有股份市值	5000万元	5000万元
总资产	1亿元	1亿元

这一股票市场不设涨跌幅、交易限制。

A基金当天就以1.1元/股的卖出价格，挂出1000万股卖单。

B基金聘请的研究员在首次公开发行前用现金流折现等方法对甲公司股票进行了估价，判断其价格应在10元，1.1元的价格属于严重低估，对B基金有着相当大的吸引力，B基金选择用1100万元现金买入这1000万股股票。

本次交易完成后，A基金和B基金的货币与股票持有情况如表5-5-2所示。

表 5-5-2　　　　　　　　首次交易后持股持币情况

	A基金	B基金
持有货币	6100万元	3900万元
持有股票数	4000万股	6000万股
股价	1.1元/股	1.1元/股

当会计告诉A基金的基金经理这笔交易赚了整整100万元以后，他本身对股票一窍不通，很快对自己首战告捷十分沾沾自喜，短暂的得意过后，他决定跟A基金的分析员交流一下。

交流的结果却令A基金经理大为紧张。原来A基金的分析员，与B基金分析员采用的是大致相同的估价算法，算出来的甲股票"公允价值"为10.2元，而1.1元价格出售属于严重贱卖。于是A基金经理想要把股票买回来，又不甘心挂出10元的价格，毕竟是以1.1元卖出。在思索良久后，挂出1.5元的买入价格，意图买入733.33万股，约合1100万元。

现行的金融市场普遍使用称为逐日盯市（mark to market）的会计记账方法。基金公司每一交易日的财务报表，都需要将金融资产与负债，根据市场价格进行调整。这种逐日盯市的方法，与自然人投资者天然的记账方法是一致的，大家每天都会根据持有股票的涨跌，来计算当日的损溢。

A经理挂出的1.5元成交价一直没有成交。因为毕竟B经理即使对算出的10元"价值"有疑虑，也坚信1.5的挂牌价实在是太低估这支股票了，这个买单始终没有成交。直到业绩考核时点的临近。B基金会计汇报，由于甲股票的成交价只有历史上1.1元，虽然始终有1.5元的买盘，但是如果一直无成交，结算价也只是1.1元。

现在B基金持有6000万股，按1.1元计算，市值6600万元，加上持有现金3900万元，B基金总资产10500万元，相比期初的1亿元可录得500万元利润。另外，如果B基金接受A基金买单，则其资产表将变为5000万元现金以及5266.67万股×1.5元/股=7900万元市值的股票，总计可录得2900万元利润，大大高于不卖的500万元利润。由于基金公司的奖金是按照基金报表显示的业绩情况计提与发放，于是出现奇怪的一幕：即使相信当前价格是大幅贱卖，B经理依然决定，为了本期的绩效，接受A经理的买单，卖出手中的股票。

于是本期末，可以看到两只基金的报表，如表5-5-3、表5-5-4所示。

表5-5-3　　　第1期期末A基金的资产负债表　　　单位：万元

资产	金额	负债和所有者权益	金额
现金	5000	负债：	0
股票	4733.33×1.5=7100	所有者权益：	
		基金持有人出资额	10000
		当期利润	2100
资产合计	12100	负债和所有者权益合计	12100

表5-5-4　　　第1期期末B基金的资产负债表　　　单位：万元

资产	金额	负债和所有者权益	金额
现金	5000	负债：	0
股票	5266.67×1.5=7900	所有者权益：	
		基金持有人出资额	10000
		当期利润	2900
资产合计	12900	负债和所有者权益合计	12900

在股指上涨了50%之后，专业的B基金经理取得了2900万元的收益，不学无术的A基金经理也取得了2100万元的惊人收益。

至此，总结下A、B两只基金的交易与结果。从现金上看，A、B基金的货币账户没有任何变化，均依然有5000万元。先是有1100万元从B基金的货币账户进入了A基金的货币账户用以购买1000万股甲公司股票，A基金又用这1100万元从B基金手中买回了733.33万股股票。所以，这两笔交易的本质是对倒交易。交易的后果是，股票的价格被抬高了50%。A基金与B基金所拥有的股票市值随之水涨船高。由"4.6 经济体系整体净利润的根本来源"可知，资产价格上升带来利润，于是账面上两基金的盈余合计数为5000万元，这一数值正是它们所持股票市值的增长金额。这一股票市值增长与利润来源是纯粹的账面效应。

实际上，B基金不需要买入A基金所挂牌的全部733.33万股，哪怕只买1股，也将促使整个市场产生50%的增长与繁荣。少量货币能撬动巨大市值的原因在于股票市场按照边际价格确定全部股票的价格并将之记录于账面。

可以看到，由于整个市场的业绩评价方式为基金的账面净额，而基金的巨额存量股票的"估值"受到边际成交价格的拉动，基金业绩也就主要依赖于市场的价格表现。在股市普遍上涨期间，基金经理表现的好坏差异，在业绩层面几乎完全无法体现。在A基金经理昏聩异常，甚至低卖高买的情况下，也只是比B基金经理创造的利润少了800万元，利润率只少了27.6%。与一般直觉不同，股票二级市场上的基金并不是高水平者赚得盆满钵满、低水平者亏得一塌糊涂，基金的业绩在更多程度上取决于趋势。而低卖高买，也是一种常见的股价操纵手法。

现实中也是如此，牛市鸡犬升天，熊市泥沙俱下，这导致二级基金市场上有众多浑水摸鱼者，出现只会追涨杀跌的基金经理。甚至当存在逆淘汰机制如宣传漏洞时，基金公司里可能尽是些乌合之众，道德与能力皆差之人泛滥，"老鼠仓"等违背职业道德甚至违法犯罪的行径屡见不鲜、屡禁不止。

现实中，股票价格当然不是由两只基金共同对倒一只股票炒起来的，法律法规也不允许如此操作。在股市上涨期间，整体股价由多个交易主体在多只股票上的操作决定。我们以三方操作三只股票为例，多方操作多只股票的情况可以类推。有A、B、C三只基金，期初各有200元货币和100股甲、乙、丙股票，总体情况如表5-5-5所示。

表5-5-5　　　　　　　　牛市起点

	A基金	B基金	C基金
持有货币	200元	200元	200元
持有股票情况	甲股票100股	乙股票100股	丙股票100股
股价	1元/股	1元/股	1元/股
持有股份市值	100元	100元	100元
总资产	300元	300元	300元

这时，A基金看好乙股票，B基金看好丙股票，C基金看好甲股票，于是各自从相应股票的持有方，以2元的价格买入相应股票，各方200元货币转了一圈又回到各方手中，于是总体情况变为表5-5-6。

表5-5-6　　　　　　　　牛市诞生

	A基金	B基金	C基金
持有货币	200元	200元	200元
持有股票情况	乙股票100股	丙股票100股	甲股票100股
股价	2元/股	2元/股	2元/股
持有股份市值	200元	200元	200元
总资产	400元	400元	400元

于是各方货币情况不变，总资产均有所上升，皆大欢喜。上述操作不违反任何法律法规，类似的过程可以反复进行，股价也可以持续上涨，在此期间，各基金、机构投资者、参与股市的散户好像凭着自己优异的选股眼光都取得了获得了良好的业绩，实际上只是抬高了所有股票的价格而

已。现实中的交易当然更为复杂，但是从股市整体来看，股票价格上涨无非是因为这些交易个体间以更高的价格把股票买来卖去。

并不是所有金融资产都适合对倒，如债券作为债的内容确定的金融产品，其价格的对倒空间十分受限。1年期将偿还110元本息的债券，不可能被炒作到110元以上的价格。而对于股票来说，由于债的内容不明确，留下无尽的想象空间，使得对倒交易的作用能够发挥到淋漓尽致。

在股票上涨过程中，表面上所有人都能够赚到钱，产生出"股市的赚钱效应"，并且股票是一种金融吉芬商品，一旦股票上行趋势确立，所谓"牛市"开启，人们会产生股票保持上涨的预期，股市除了一路上扬，似乎没有第二条可走，而各投资者通过对倒交易，可以将股票价格炒作到离谱的程度。

然而这注定只是账面效应。股票作为金融工具，由金融学第0定律知道，其债权债务永远相抵消，股票短期的价格变化不可能改变其内含的分红债权。与股票上市一样，股票上涨带来的"资产"或者说"财富"，都只是镜中花、水中月。

必须注意到，上述股票价格上涨模型还给出了一个非常重要的结论，**一般来说，股价的变化与股市中的货币数量没有关系。**"货币流入股市则股价上涨，货币流出股市则股价下跌"是一种错误的直觉。股市交易是货币守恒的交易，任何一只股票无论以任何价格成交，其交易总是由买卖双方构成，货币总是由买方口袋进入卖方口袋，既不会凭空消失，也不会凭空产生。股市货币量的变化在大多数时候无关紧要，也与股价变化没有太大关系。A、B两基金即使转移走几千万的货币，股市货币流出，只要他们始终以更高价格交易，股票价格依然可以持续上涨。反之，即使外部货币涌入，若大家都不断以更低价格交易，则股价依然会下跌。

现实中，股市中的货币与股价并非绝对无关。当人们纷纷将股票卖出变现时，若股市中的货币不足时，便会发生流动性危机，股票的价格就会受到重创。

5.6 账面效应与流动性危机

在上一节中,甲公司股票的上涨给A、B两基金带来了良好收益。两基金的基金经理达成了默契,他们通过对倒交易,不断拉升股价。不妨假设股价一路上扬最终达到了10元/股,涨幅达到奇迹般的900%,并且A、B基金在你来我往的较量中最终达成的平衡,取得了完全相同的业绩。忽略基金管理费,两基金的资产负债表应该是如表5-6-1、表5-6-2所示。

表5-6-1　　流动性危机第1期A基金的资产负债表　　单位:万元

资产	金额	负债和所有者权益	金额
现金	5000	负债:	0
股票	5000×10=50000	所有者权益:	
		基金持有人出资额	10000
		累计利润	45000
资产合计	55000	负债和所有者权益合计	55000

表5-6-2　　流动性危机第1期B基金的资产负债表　　单位:万元

资产	金额	负债和所有者权益	金额
现金	5000	负债:	0
股票	5000×10=50000	所有者权益:	
		基金持有人出资额	10000
		累计利润	45000
资产合计	55000	负债和所有者权益合计	55000

可以看到,由于股票价格大幅上涨带来的巨大账面效应,基金公司财务报表上出现了可观的累计利润,基金公司可以据此计提高额的管理

费用。

这时，如果传来噩耗，甲公司被发现欺诈上市，按照证券监督管理部门最终核实的数字，甲公司的真实利润只有以前公告的1/20，基金公司按折现现金流重新给该股估价，发现其"公允价值"其实只有0.5元。当只有A、B两个基金作为交易者，或者A、B基金控制了绝大多数流通股时，只要他们硬挺股价，还是可以装作什么都没有发生。但是如果出现恐慌性抛售，试图稳定股价的各方又没有现金高位接盘，股价就会一泻千里，A、B基金也就有可能被迫入账损失。

更为值得关注的是另一种股票危机。甲公司没有任何基本面变化，仅仅由于股票市场内交易者的现金不足引起的崩盘。具体来说，假设B基金的基金持有人找到了一处石油油田，他们认为虽然股市收益不错，但似乎不及挖石油赚得多，既然在基金里已经赚了45000万元这么多，不妨从B基金赎回25000万元，并用这笔钱投资石油开采。当前，B基金账上只有5000万元，必须通过出售大量股票来应对赎回。注意到整个市场不过10000万元的货币，B基金实际上永远不可能凑出25000万元。不过通常来说，单一基金经理对股票市场内上究竟有多少"真实货币"完全不清楚，他会卖卖看。假设在筹集到足额货币前，B基金持有人不进行任何赎回。

B基金经理为了不让市场，在这里是不让A基金发现套现意图，他做出了几笔小额的卖单，为了成交，金额都稍低于"公允"的10元，平均在9元，他卖出了300万股给A基金。另外，基金经理A虽然以"低价"购买了300万股，但花掉了2700万元，账上只剩下2300万元。而且与先前有来有往的交易不同，B基金似乎没有任何想要把股票买回去的迹象，A基金经理开始不安躁动，他怀疑里面有阴谋，甲公司可能有问题，有什么尚未披露的信息。于是即使在9元这个价位，A基金开始停止买入。B基金经理虽然筹措到了2700万元，现在账上有7700万元货币，但是据持有人的25000万元的赎回要求，还有17300万元的缺口。在8.8元、8.5元、8.2元都没有成交的情况下，他咬咬牙，又挂出了8元200万股的卖单。A终于禁不住诱惑又上钩了，买入了这批股票。现在A有了5500万股股份，却只有700万元现金了，A基金也开始担心赎回问题。之后直到期末，B基金没能卖出任何1股给A基金。

本期末，两基金的报表如表5-6-3、表5-6-4所示。

表5-6-3　　　流动性危机第2期A基金的资产负债表　　　单位：万元

资产	金额	负债和所有者权益	金额
现金	700	负债：	0
股票	5500×8=44000	所有者权益：	
		基金持有人出资额	10000
		前期累计利润	45000
		当期利润	-10300
资产合计	44700	负债和所有者权益合计	44700

表5-6-4　　　流动性危机第2期B基金的资产负债表　　　单位：万元

资产	金额	负债和所有者权益	金额
现金	9300	负债：	0
股票	4500×8=36000	所有者权益：	
		基金持有人出资额	10000
		前期累计利润	45000
		当期利润	-9700
资产合计	45300	负债和所有者权益合计	45300

在这一期，股市大跌成为新闻标题。B基金的份额持有人也注意到了这一情况，纷纷痛斥B经理无能，并且坚定了从股市撤离转投石油行业的计划。经过一番激烈争论，B基金持有人做出妥协，在持有人权益剩下45300万元的情况下，希望赎回15000万元，敦促B基金抓紧变现。当然，场内货币一直都只有10000万元，B基金持有人的意图从不具备实现的可能性。

在新一期里，B基金经理发挥了无限的聪明才智，用尽各种操盘手段试图套现。而A经理不知道发生了什么，他在市场的雪崩面前惊慌失措，在股市崩盘的这一期，没有甲公司的负面消息，似乎没有任何原因，股市只是持续大跌。最终，B基金经理以平均每股2.5元的价格，卖给A基金100万股，股市收盘于2元/股。

本期末，两基金的报表如表5-6-5、表5-6-6所示（假设各基金没有赎回）。

表5-6-5　　流动性危机第3期A基金的资产负债表　　单位：万元

资产	金额	负债和所有者权益	金额
现金	450	负债：	0
股票	5600×2=11200	所有者权益：	
		基金持有人出资额	10000
		前期累计利润	34700
		当期利润	−33050
资产合计	11650	负债和所有者权益合计	11650

表5-6-6　　流动性危机第3期B基金的资产负债表　　单位：万元

资产	金额	负债和所有者权益	金额
现金	9550	负债：	0
股票	4400×2=8800	所有者权益：	
		基金持有人出资额	10000
		前期累计利润	35300
		当期利润	−26950
资产合计	18350	负债和所有者权益合计	18350

可以看到，在股市大跌的过程中A、B基金的业绩出现了较大分化。B基金净值18350万元，要比A基金的11650万元高出50%以上。与之形成对比的是，上一节中，A、B基金上涨过程中基金间业绩差别则很小。这

表明，在总体持仓都较高时，基金在股市下跌时的表现其实比在股市上涨时的表现更重要，这也是为什么基金业绩评价特别关注基金净值的"回撤"程度的原因。

现在，A基金的持有人也坐不住了，在过于惨重的损失面前，他们要求赎回份额。然而查看A基金的财务报表后，财经新闻这样报道："1.21亿资产基金只有500万现金可以赎回，另有1.16亿股票变现困难，基民可能面临惨重损失，目前A基金已经暂停份额赎回。"

如果最终基金散场赎回，将是极其凄惨的场面。场内一共有1亿元货币，一堆难以变现的股票，但是有2亿元的基金持有份额，平均而言，基金持有人只能拿着原来出资额的一半和几张股票回家。

由A基金和B基金幕后大佬构成的华尔街沸腾了，他们的说客纷纷出动，他们拿出了1000份来自经济学界的各种权威报告，均有力地证明了甲公司的股票实际上"价值"10元/股，现在却跌到2元却还人人避之唯恐不及。他们认为其中有阴谋、有内幕，他们认为股票投资者不理性，他们认为政府应该出面干预。

这场股市危机的最初祸首是B基金持有人打算撤出货币，造成场内货币不足，于是这类危机被称为**流动性危机**。但是，可以知道，如同银行的现金从来不足以兑付银行存款，股市场内的的货币也从来不足以支撑股票总市值，一旦人们对股票价格预期从上涨转为下跌，由股票的吉芬性质可知，股市将面临购买需求的雪崩式下跌和恐慌式抛售，其价格下跌是一个正反馈过程，货币短缺问题会很快暴露出来，形成类似银行挤兑的灾难性后果。

与上一节一样，在流动性危机模型中，股市内的货币其实没有任何变化，A、B两基金合计始终有1亿元货币。仅仅由于B基金的套现意图，而不是套现行为，就足以引发流动性危机。现实中，流动性危机发生时当然会有实际的货币减少，但是数量上与股票市值的减少不可同日而语，仅数百亿货币从股票市场离场，就可以让整个股市跌去数万亿市值。

历史上，股票市场其实经常发生流动性危机。例如，A股自2014年下半年起，经历了一轮股市大规模上涨的行情，上证综指由2014年7月的2000点出头，一路上扬至2015年6月12日的5178点，相应的沪深总市值由约20万亿元，达到最高70万亿元，其中流通盘约为57.6万亿元。另外，根据5月中国证券投资者保护基金公司发布的4月下旬的统计数据，A股证券交易结算资金余额为2.21万亿元。相比模型中1亿元资金带动10亿元市值股票，彼时A股的资金与股票市值配比更为惊人。而股市的流通盘仅获利就超过40万亿元，区区2万亿元出头的资金远远不足以让人们的收益变现、落袋为安。随着6、7月两次盘中暴跌，人们对股市的预期转向，形成股票抛售潮，资金踩踏引起股价暴跌。至8月低点，沪深总市值蒸发30万亿元有余。

股市对于经济体系的影响，主要体现为财富效应。对于股票这种只确认债权却不确认债务的金融工具，股票上升时，拥有股票的个体以为自己的资产上涨、储蓄盈余，消费增加、刺激产出，反之，股票下跌时，拥有股票的个体以为自己的资产减少、储蓄不足，消费减少、拖累产出。然而究其实质，股票上涨与下跌，不过是账面记录数字变化，其所谓"财富"产生于虚空亦湮灭于虚空。

如果没有财富效应，股价的上涨与下跌对经济体系整体来说根本无关紧要。由金融学第0定律，股票的实质是分红债权，当股票以上涨的价格成交时，股票卖方固然获得收益，而股票买方为获得分红债权却付出了更高的代价；当股票以下跌价格成交时，虽然股票卖方亏损，股票买方为获得分红债权所支付的成本却也相应降低。

流动性危机的本质是货币资金无法支撑起股市创造的账面资产，于是股市上涨越高，创造的"财富"越大，流动性危机的发生概率也就越高，这与银行挤兑危机类似。如同银行危机，流动性危机也可以通过注入货币资金缓解，当经济体系采取信用货币制度时，政府在金融业的裹挟与利益捆绑下，也会在这时注入相当数量的货币资金。一般来说，发行货币救市的行为会让市场中的货币数量比从危机前还要高很多，导致每次危机过后价格体系都有一个快速上升的过程。这些干预行为，大大干扰了经济体系对产出分配、经济结构的自我调节，于是金融业变得日益臃肿而贪婪无度，越来越多的纸上富贵被创造与保留。

房地产市场也是账面效应的重灾区，于是也会发生流动性危机。房地产交易要比股票等金融资产交易手续复杂许多，交易频率低几个数量级，房地产存量总值要比交易量大几个数量级，这导致房地产市场出现流动性危机时影响更大，后果更严重。具体举例来说，假设房地产市场有1万套存量房产，而一年中只有100套房产交易，原交易价格约为100万元/套，后上涨至110万元/套，表面上看成交金额只从1亿元上升至1.1亿元，背后却是10亿元的房产总值上升，也意味着10亿元流动性新缺口的出现。

进一步地，由于房地产是一种金融吉芬商品，在其价格上涨过程中需求增加、房地产持有方惜售，下跌时则需求骤减、抛售需求大增，原本100套房产交易，在下降时可能转化为500套的套现压力，即使按涨价前的100万元/套计算，市场也需要5亿元的资金。在流动性危机发生时，流动性总缺口可以达到数年的成交量总额，上涨周期越漫长、上涨幅度越大，则流动性危机越严重。通常来说，由于房地产存量市场过于庞大，政府干预对房地产流动性危机来说往往杯水车薪。

据估算，2018年整个中国的房产总值达到500万亿元以上，上涨5%即为25万亿元，而GDP还不到90万亿元。这种"财富"增长对中国经济整体而言其实没有任何益处，土地还是那片土地，人还是那些人，但在房价上涨过程中，资源与产出的分配结构出现了巨大差异，经济结构性失衡严重，为未来的金融危机以及进一步加剧为经济危机种下祸胎。

不仅仅是股票与房地产，任何市场所带来的账面收益都会遇到流动性危机问题，包括数字加密货币市场、收藏市场、郁金香市场，等等。账面效应让资产上涨时看上去人人得利，于是资产价格总是有不断上涨的冲动，政府与监管部门往往也乐见其成，这种皆大欢喜的局面，只有到流动性危机发生时才会被打破。也就是说，流动性危机是经济现实对这种财富美梦的最终回应与最后桎梏。

在金本位或者严格金汇兑本位制度下，政府无法在短期内提供大量货币，相比信用货币制度，流动性危机更无法轻易消除，最终酝酿为更全面的经济危机。而金融市场流动性危机正是1929年大萧条的导火索。

5.7 金融胁迫与政策游说

通过股票上市、房产新建以及具有账面效应的资产价格上涨，经济体系可以获得大量的"财富"增长。在这一过程中，根据"4.6 经济体系整体净利润的根本来源"，经济个体将获得账面利润，普遍认为自己"赚到钱了"。从账面上看，人们只有收益没有损失，但其实这种上涨可能带来价格体系扭曲，隐性而慢性地损害经济结构，让更多劳动力不恰当地投身于制造账面效应的行业，也会产生大量沉默的受害者，如买不起房的普通劳动者。

反之，资产价格下跌时，虽然在账面上人们只有损失没有收益，根据"3.12 政府干预"，这种下跌却有可能修复价格体系，引导经济结构向健康方向发展，未必是坏事。但在短视与私欲的作用下，相关政策可能被绑架，账面效应被强制只能增长不能减少，直至无可挽回地爆发危机。

当存在生产余力时，账面效应所带来的财富效应会拉动消费与产出增长，经济体系持续繁荣。这种繁荣之下，通常伴随着几团阴影挥之不去、日益壮大。

其一是银行问题。一方面，伴随银行资产负债表的扩张与利润积累，由"4.14 银行危机"知道，其债权资产面临坏账水平上升压力。另一方面，银行规模增长要比货币增长快许多倍，这一倍数接近货币乘数，使挤兑风险也以惊人速度累积。

其二是社会整体借贷规模日趋失控。在经济繁荣期，不仅仅银行体系内的借贷规模急速膨胀，非银行金融机构的借贷规模也以担保、债券、资产证券化等形式飞速增长。而且不仅金融机构，一般经济体之间的赊购赊销、普通企业间与个人间的借贷往来也飞速增长，无法得到偿付的债权也不断积累。

其三是账面效应的规模膨胀得忘乎所以。主要以房地产与股票为代表的具有账面效应的资产价格持续上涨，带来日益增长的流动性风险。尤其是在后期，一方面前期资产已经膨胀到了相当高度；另一方面人们对收益率的预期陷入指数化陷阱中，使后期资产价格上涨收益总量惊人，获利盘抛售资产想要变现时带走的货币量也就惊人。

而在当前主流的经济、金融理论影响下，少部分人在经济繁荣时期从账面效应中无中生有、大量攫取财富、侵占产出分配，这部分利益进入了私人腰包。而当金融、房地产领域出现危机症兆时，这些人又总是试图胁迫政府做出有利于他们的干预行动，迫使大众为这些私人利益买单。例如，华尔街在市场繁荣时通过制造高价股票大量收取承销费、佣金等收入，而在发生流动性危机时又呼吁政府救市，声称危机由"投资者的不正常情绪"等"非正常"原因造成。金融业团体通过编撰各种报告来论证政府救助与支持的必要性，并向人们灌输"政府有责任救助金融、房地产体系"的观点。

事实上从上一节可以知道，流动性危机正是华尔街等团体制造的账面财富过多引起，危机只不过是一种经济的理性回归。而华尔街的胁迫能够奏效、能够成功说服政府部门出台有利于他们的政策，本质原因在于掌握权力的政府人员与金融体系的利益捆绑。

当金融体系出现问题时，为避免遭受账面损失，相关利益群体会胁迫和游说政府，威胁经济萧条的到来。其结果往往是，政府部门发布的政策与采取的干预行动在如下几个方面展开：

（1）由银行业自诞生以来的传统，银行存款通常由政府提供某种意义上的保障。但由"4.11 银行的'货币'创造与'货币乘数'"，银行创造的只是银行信用而不是货币，并且总是数倍于真正的货币量，所以银行时刻面临挤兑风险，于是银行业的平稳必须由政府提供某种程度的支持。这种政府支持日渐异化为共识与理所当然，并且随着世界经济全面进入信用货币制度，政府掌握了货币发行的全部权力，银行与央行信用贯通，一旦出现银行危机，政府常常印钞救助，从而使银行真正实现了"大而不倒"。

（2）除了给银行提供支持，政府还给其他金融部门如证券、保险等企业提供信用支持，以帮助其维持或扩大债务规模。

（3）提供信用支持的升级版，是政府直接将非政府债务延揽为政府债务。例如，政府向部分企业提供政府信用的担保。

（4）政府部门通过官方宣传、发布利好政策等方式，间接维持资产价格稳定。当前各经济部门普遍使用现金流折线法给资产估价，作为政府部门的中央银行降低基准利率在短期内也可以达到维护资产价格的目的。

（5）政府部门直接代为偿付债务、购买资产。通过代为偿付银行贷款，将虚无的银行利润确立下来，通过高价购买资产将账面效应带来的财富确立下来。只有在信用货币制度下，政府通过发行新货币才有能力如此操作，发行新货币是政府的最终手段，也是唯一真正起作用的手段。

货币量增加后，表面上债务危机、流动性危机暂时平息，然而除了通胀压力上升，更大的问题在于银行、金融部门、房地产部门并不会就此罢手，而是会变本加厉地创造出更多账面效应与账面利润，累积为更大的金融风险，直至这一风险超出政府施救能力。与之形成对比的是，在金本位或其他本位币制度下，政府不能随心所欲发行货币，政府直接偿债和购买资产的能力十分有限，其他手段拖延作用很小，金融危机乃至经济危机发生更为频繁，规模相应较小。

5.8 对倒交易与价格宣示

在"3.7 价格的传导"中，已经知道资产价格的上涨可以传递到其他商品上，这是商品价格的变化机制。而由"5.3 金融吉芬商品与银行扩张"，又知道金融资产价格上涨可以带来需求，于是围绕金融资产出现了通过操纵价格实现获利的手法，也就是对倒交易。

在"5.4 股票价格上涨与账面效应"中，A、B两基金通过对倒甲公司股票，使甲公司股票快速上涨，除了能在自己的账面录得大量浮盈，一般来说还有机会引起局外人的注意，促使其他人参与购买甲公司股票。如果A、B两公司能够在股价高位向这些人出售股票，则账面浮盈将变为确实的收益。A、B、C基金倒腾甲、乙、丙三只股票，也有助于向市场传递出牛市信号，吸引场外资金参与，从而使得A、B、C基金由所持股票价格上涨变为真实的现金增加。尤其在股市成交量较小时，只需少数大机构对于股价达成共识，整个股市就能够被带动起来，这也是为什么成交量有时会对股市价格趋势变化起到提示作用。而更为典型的对倒交易，也是通常被法律法规所禁止的行为，是通过同一控制下的不同账户，自买自卖炒作价格。

价格宣示就是指向世人传递出某种商品的价格正在不断上涨的信息。由于金融资产以及其他某些商品的吉芬性质，人们买涨不买跌，精明的商人与投机者就人为制造出价格存在上涨趋势的现象，最终目的是高价出售这些资产或商品。

公开金融市场的价格宣示非常容易进行，价格变化能够直接被所有人看到，各媒体也会不断向人们发送股市等金融市场的价格信息。其他市场的价格宣示则各显神通，如为了体现房地产价格上涨，即使建造工作基本同时展开，房地产开发商也往往把同一地块的房产分成好几期开发、销售，并给后期的房产制定更高的价格，传递出价格上涨信号，以获得更快的销售速度与更高的利润。

价格宣示不仅在金融市场与房地产市场起作用。演唱会、音乐会、竞技比赛现场票作为一次性体验类消费品，一般票价已经事先确定。但如果票价在所谓黄牛市场中被越炒越高，对出票率会有很好的提振作用。另有一些价格宣示与骗局有关，如在艺术收藏品市场高价炒作一些艺术性其实不强的作品。

在私募股权市场中，价格宣示对投融资双方都是非常重要环节。一般企业取得股权融资，会花费不菲的代价在各类媒体中广而告之，宣称A轮估值1亿元、B轮估值5亿元云云，用快速上涨的，甚至虚假的价格信息传递出股权价格正在不断上涨的信号，以期吸引到其他资金。一些所谓顶尖的投资机构、私募机构甚至会募集新基金，以更高的价格购买以前基金投资企业的股权，这样原基金持有人获得了不菲的收益，被投资企业获得了"估值"增长，该机构获得声誉。这本质上是一种账面效应的滥用，带有骗局性质。

价格宣示可能诱导出错误的需求信号，从而扰乱经济体系的产出。例如，房产这类建设周期较长的产出，当价格持续上升时，投机需求大增，大量房产被投资者持有、空置，与此同时，不存在有效方法鉴别投机需求与真实居住需求，于是只在房产发生明显过剩、价格宣示不再起作用时，房产价格才开始下跌，而这时可能已经存在过度建设。

古典经济学中"价格由供求关系决定"这一结论在很多时候并不成立，由于人的理性有限，人们可以通过操纵价格获益。例如，销售方可以制定一个较高的价格，实际销售时给出一个折扣，让买方觉得占到了便宜。另一种常见的操控手法就是价格宣示，销售方制造一个价格不断上涨的现象，让买方认为立即购买这类商品有利可图，或者延迟购买会带来损失。所以，价格形成还是买卖方心理战的结果，若试图用供求关系理论去阐述价格的形成，只能是缘木求鱼。

对倒交易形成的价格，也属于所谓"市场决定的价格"，却并不一定是合理的价格。这种不合理性已被人们所注意到，因而对公开金融市场应有监管已有共识，操纵股价等行为被列为违法行为。但其他市场如股权私募市场上的类似做法，囿于人们的认知水平，尚未引起足够重视。

5.9 次贷危机

次贷危机全称"次级抵押贷款危机"，是一场始于2007年的美国，最后席卷全球主要金融市场的，由美国次级抵押贷款市场动荡引起的金融危机。对华尔街来说，次贷危机的主要影响在于华尔街独立投资银行的覆灭，具体包括：2008年3月美国第五大投行贝尔斯登因濒临破产而被摩根大通收购。同年9月15日，美国第四大投行雷曼兄弟公司宣布破产，而第三大投行美林公司则被美国银行收购。9月21日，高盛和摩根士丹利被美联储批准从投资银行转型为银行控股公司。

(1) 次贷危机的根源在房地产信用滥用。当2000年美国科技股泡沫破灭后，为提振美国经济，在格林斯潘领导下，美联储利率被一路调低，联邦基金利率从2000年5月16日的6.5%的高点，调整至2001年12月11日的1.75%，并在2003年的6月25日达到该轮降息周期的最低点1%。与此同时，贴现率由原来的6%，最低降至2002年11月6日的0.75%。

利率的下调促使人们寻求借贷之外的资产储备。人们对2000年股灾尚且惊魂未定，短期内自然不敢在股市上慷慨解囊。于是，房地产成为值得青睐的投资对象。随着美联储利率的节节下调，美国房价步步上升。2000—2006年成为美国房价增长最快的时期，年均增长率超过6%。亢进的房价带来对房地产的绝对信任，继而导致了对房地产抵押贷款的绝对信任。试想，对于接受房地产抵押的金融机构来说，如果房价的总是能够覆盖贷款本息，那么房贷者本身的还款能力又有什么关系？

于是大量身负巨债、没有固定收入来源的信用评级较低的人获得了房屋抵押贷款，针对他们的贷款利率较高，却被认为毫无风险——都被房地产本身的信用所抵消了。这就是次级抵押贷款。在最疯狂的岁月里，房地产的抵押率甚至达到100%，购买房产无需任何首付。银行办理抵押贷款的工作人员，就站在待售的房产前，"逮捕"面前的路人，只需取得他的证件和签字，一份买卖合同和贷款合同就被签订了，无辜的路人还没有明白怎么回事，就拥有了一套房子。当然同时，他也背上了一笔银行的巨债，而他可能连下一顿饭的着落都还没有。

在房价的上升过程中，贷款风险几乎难以被察觉。即使路人很快因为偿付不出贷款而把房产交还银行，银行的工作人员也会很快拉到新的路人，来办理新的买卖与贷款合同。当然，最重要的一点是，新价格高于原来的价格，于是房价与贷款账面金额的上涨，覆盖了原来贷款的本息，还带来账面上的利润。其本质是，银行通过这种贷款对倒，把房价上涨的账面效应转化为了利息收入，而由于基准利率很低，银行的利息支出很低，于是获得了极高的息差利润。这种好日子简直没有尽头。

一件耐人寻味的事情是，那些在售房产，多数原本就属于银行。据统计，全美有40％的房地产掌握在各种金融机构手中。2000年的股灾更让银行新添抵押资产无数，其中当然也包括房产。所以来看下整个过程，银行把自己的房产以零首付卖给了路人，其中甚至有流浪汉，并签订了抵押贷款合同，约定每月偿还一定数量贷款。等到一段时间后，甚至可能短至数月，路人就因经济问题断供，不再偿付贷款，银行收回房子。如果把偿还的贷款视为房租，他们自己都可能没有想到的是，这场荒唐的闹剧，其本质大约是银行以卖房子的名义出租房屋、以抵押贷款的名义收取房租而已。讽刺的是，这笔房租的征收对象，正是那些负债较高、收入较不稳定的中低层群体，颇有榨干穷人最后一个铜板的意味。

同时可以注意到，美国房地产市场的供给始终是充足的，甚至足以为那些低收入、低信用人群提供住所。在房产供应如此充足的情况下，金融机构通过上述手段，不断做高自己的所拥有的资产价格。明白这一点，对随后的房产价格大跌也就不会感到意外。

次贷危机前房价的大幅上升，本质是银行进行的另类对倒交易——通过不断"逮捕"路人签订越来越高的购房合同和贷款合约，产生大量房地产的资产价格泡沫。

（2）次贷危机的酝酿与形成在金融市场。房地产抵押贷款不仅受到银行的追捧，在美国政府的鼓励下，房地产贷款进一步获得了政府信用。例如"两房"，即房利美（Fannie Mae）与房地美（Freddie Mac），就是由政府担保的、为购房者提供低息住房抵押贷款的股份制公司。在几乎不破的房地产信用与绝对不破的政府信用双重保障下，抵押贷款是"真正的零风险资产"，而次级贷款以其高收益，成为个中翘楚。

银行为了在监管体系下扩大抵押贷款业务，华尔街为了从中分一杯羹，双方在抵押贷款资产证券化方面达成了默契。抵押支持证券（Mortgage-Backed Security，简称MBS）是资产支持证券（Asset Backed Security，简称ABS）的一种，资产证券化的根本目的是把贷款这一银行的表内业务，转化为表外业务。通过证券化，把间接融资变为直接融资。银行与华尔街让监管层与政策制定者相信，与贷款相关的主要风险与报酬都已转移，借贷关系直接建立在MBS的持有者与贷款人之间，而不再通过银行了。这样，银行得以将自己的资产负债表大大瘦身，以满足监管指标，其效果类似于"4.10 银行存贷款业务"中，把存贷款业务转变为担保业务。当然银行不可能真的置身事外，他们需要负责把贷款收回。事实上，ABS本质上是一种债券，是一种银行以它的贷款资产作抵押担保的债券，它被移出银行的资产负债表只是一种会计滥用。有了MBS，抵押贷款的规模不再受到银行监管的限制，快速而稳步的扩张。

MBS的基础资产是房地产抵押贷款人未来的还款，这一现金流在打包为MBS时，往往以20年甚至30年以上的还款期计算金额，而这些贷款人很多根本无力负担这笔贷款，常在一两年内断供。也就是说，银行打包了一笔未来30年的还款现金流拿到现在来出售，经济体系整体多出一大笔金融债权资产，其债务人却连下顿饭在哪里都还没着落。

让我们具体举例来看MBS是如何创造债权资产并给银行带来利润的。贷款人以0美元首付、6%年利率、30年每年还款按揭贷款购买一套100万美元的房产，每年的还款金额为7.2649万美元。这一30年的现金流被银行打包成MBS出售。由于房价涨幅超过6%，这些按揭贷款被认为毫无风险，金融机构愿意以5%低风险价格购买这些MBS，而按照5%折现率计算，30年期每年7.2649万美元的现金流的现值为111.6798万元。于是100万美元的按揭贷款变成了111.6798万美元的MBS，银行立即赚到了其中的11.6798万美元差价并在账面上进行了确认。这些古怪"利润"之所以出现，归根到底是因为之前章节提到过的，把"未来"拿到现在出售了。

金融市场对次级贷款的利用远不止于此。聪明的华尔街投资银行家们认为，按照当前模式操作的MBS不可能有任何风险，风险全部会被房价上涨所消化，而由次级抵押贷款构成的金融产品具有更高的收益。如果能够"借入"较低利率的资金，来购买收益较高的次贷MBS产品，应该可以享受到"无风险利差"。不过，华尔街就是华尔街，正如他们不会承认ABS是一种债券一样，他们不会老老实实地把自己举债行为称为借款的，他们管这个叫"金融创新"。

华尔街的投资银行家们把买来的MBS进行分级出售，称之为担保债务凭证（Collateralized Debt Obligation，简称CDO）。具体举例来说，如果总体次贷MBS的利率为5%，华尔街说，我们把其中信用比较好、风险比较低的部分作为优先级，利率也相应较低，为4%，数量占90%，剩下信用较差的部分作为劣后级，利率较高，为13%，数量占10%。这样，分级过后的CDO的总收益为4%×90%+13%×10%=4.9%，华尔街一分未出，净赚0.1%的利差。

不过0.1%利差是不可能满足华尔街的胃口的，即使自己一分钱未出，纯属空手套白狼。刚才已经指出，华尔街"察觉"到MBS是无风险的买卖，也就是那劣后级13%的收益也是无风险的，为何要卖出而不是自己享用？

由此，华尔街买来100元的5%利率的MBS，包装成CDO，并以90元卖出其中4%收益的优先级产品。这样，总体看华尔街只出资10元，MBS会带来5元的收益，CDO优先级部分会有3.6元的利息支出，净收益1.4元，收益率14%。

14%的收益率实在是太丢人了，最不思进取的华尔街人也不会接受这么低的收益率。导致收益率低的"祸首"在于，华尔街不得不为此支出了10元的本金。既然是无风险，为何不让别人帮忙把本金出了？于是，该投资银行以5元的价格出售了一份保险，购买了这份保险的人，将在对应1000元的次贷资产出现风险时获得赔付。有些人认为，既然是次级贷款，出现1%的违约是极有可能的，若以0.5%的保费购买1%的违约补偿，必然是划算的，于是支付了5元保费。这样的保险，通常是以信用违约掉期

（Credit Default Swap，简称CDS）的面目出现。

于是，在上述产品的组合下，该投资银行的收益率达到28%，更激进的金融创新将带来更高的收益。不过需要注意的是，这些收益率都是在"无风险"假设的基础下测算的。

现在场内的金融产品，包括100元的MBS，90元的CDO，以及5元的CDS，合计195元。金融产品的余额达到了基础抵押贷款金额的195%。而这里给出的只是最为基础的组合，在最疯狂的岁月里，出现了CDO的CDO，以及CDO的CDO的CDO……令人眼花缭乱的掉期、保险、期权等金融产品被"创新"出来，在华尔街进行倒卖。鼎盛时期，相关的金融产品（实际上是金融产品中的债权部分）余额达到数十万亿美元。而当时全部的房屋抵押贷款余额也仅在1万亿美元上下。

从CDO的创造过程可以看出，其本质是投行发行的以持其有的MBS作抵押的4%利率债券，而MBS是银行发行的以其持有抵押贷款资产作抵押的5%利率债券，而抵押贷款，又是可能利率为6%购房者以房产抵押的借款。于是在房地产信用上，被层层构建了上述了金融产品。更荒唐的是，除了连固定工作都没有的购房者，上述债券都被表外化了，没有人承认自己负债累累。

次贷危机的结果是，随着房价的下跌，房地产上涨所带来的账面效应转化为金融体系利润的会计魔术再也无法施展，银行不可能再把最初的击鼓传花游戏玩下去了。2006年6月，美国联邦储备委员会连续17次提息，将联邦基金利率从1%提升到5.25%，这导致金融机构负债端的利息支出大增，与此同时，房价上涨速度却无法再更进一步加快，抵押贷款风险初露端倪。2007年房地产抵押贷款违约开始涌现，相关的MBS、CDO等金融资产价格出现巨幅波动。各大投行通过上述交易安排，实际上以杠杆方式持有了巨量抵押贷款资产，而所谓的保险只是投行增加杠杆的手段而已，随着这些抵押资产违约减值，损失触目惊心。只有摩根大通在最后关头倒戈，通过购买保险头寸的方式大量做空次级贷款债券进行对冲，损失才较小。随后，美国政府出手维稳"两房"，动荡开始缓解，人们几乎以为危机已经过去，直到2008年9月美国雷曼兄弟公司申请破产保护，次贷危机进入新一轮发酵。

从整体层面看，由于次贷危机只发生在了金融与房地产领域，次贷危机的实际损失，除了房价下跌产生的账面浮亏外，主要是华尔街过去数年间计提的巨额奖金。这也是华尔街造成的巨大不公之一，他们的"聪明才智"造成了大量的亏损，却收获了难以想象的报酬。不过，华尔街中很多人自己也购买了相关产品，最后血本无归，其中典型如雷曼兄弟公司，更是涸于自己创造的资产毒药，终于破产。

但是，因为房地产及相关金融资产的具有巨大财富效应，拉动了经济与就业，次贷危机发生后就业形势与经济形势恶化，促使美联储进行了长达6年的货币量化宽松，并引起各央行跟风，世界经济迎来了全球注水时代。次贷危机最大的余波在于，它促使世界各地尤其是万里之外的中国出台了史无前例的"四万亿"经济刺激计划。这一刺激计划直接导致中国房地产接过美国房地产上涨的接力棒，开启了为期数年的房地产疯狂。

人们应该从次贷危机发展与结局看清金融工具与金融市场的零和属性，一些人的盈利，无非是另一些人的损失。华尔街的奖金，就是最后受损失的投资者掏的腰包，但投资者并不知道他们的钱化作了别人的奖金，他们以为损失是由于资产价格泡沫破灭造成的，这就是账面效应的烟幕弹作用。事实上，由货币守恒可知，在美联储印钞机不停歇的情况下，货币总量只增不减，于是刨除了账面效应后，这场从繁荣到危机的戏码，只是一场货币的再分配，也就是说投资者的损失，除了过程中虚假的账面收益最终消失不见，原来的本金部分只是流入了其他人的腰包。

对华尔街的很多人来说，他们未必不明白其中的零和道理，但是他们不在乎，只要能从比他们笨的人手中赚到钱，无论是利息差、管理费、中介费还是交易收益，他们都会拼命攫取，何乐而不为。

账面迷梦终有破灭的一天，次贷危机如此，1929年美股崩盘如此，20世纪90年代日本股市楼市崩盘亦如此。

5.10 小结

本章给出了金融学最基本的定律第 0 定律,一切金融工具的产生与湮灭即是债权债务的产生与结清,从无处来、向无处去。

特别的,我们介绍了股票作为金融工具,本质是股票持有者的分红清算债权与股票发行企业的分红清算债务,从整体看债权债务相抵消,股票并不是社会"财富"。但是,由于股票的债权部分被确认为资产,债务不被确认为负债,导致股票带来巨大账面效应。股票上市与股票价格上涨会给经济整体带来财富增长的错觉,但如果没有财富效应或生产余力,这种财富增长错觉不会给经济体系带来产出增长。

人们对资产价格未来的预期取决于其历史价格走势,这导致金融商品具有吉芬性质,使金融市场成为正反馈系统,天然地不稳定。在资产价格上涨期,人们会通过银行贷款购买资产,使得银行处于极限扩张状态。

账面效应带来金融市场的繁荣,也会进一步带来经济景气,但最终会终结于流动性危机。流动性危机是金融市场过度虚假繁荣的最后防线,这一防线可能被利益团体通过胁迫与游说政府部门发行货币击破,导致更严重的经济结构失衡。

最后,我们利用这些金融学的基本理论,解释了次贷危机的来龙去脉。

第6章
大萧条1929

现代经济体系下,经济周期是如何自发产生的?

1929年美国大萧条前的经济情况是怎样的?

1929年大萧条是如何发生的?

罗斯福新政做了些什么?真的是罗斯福新政带美国走出经济困境的吗?

6.1 经济周期

第2章给出了旧制度时期王朝的兴替周期，其背后是货币沉淀带来的经济稳定性变化周期。王朝早期货币沉淀问题较小，后期随着货币沉淀问题愈发严重，经济稳定性变差，社会稳定性随之变差，达到临界后发生改朝换代。

工业革命后，经济体系的产出增长迅速变快，产出增长对经济体系的影响变得越来越大。我们在第3章引入产出结构，阐释产出增长，并在"3.10 正反馈与经济景气"与"3.11 滞胀"给出了经济繁荣与滞胀周期。第4章引入借贷与银行系统后，在"4.13 银行房地产模型"与"4.14 银行危机"中给出了繁荣与银行危机的经济周期，"5.5 对倒交易、股票价格上涨与账面效应"与"5.6 账面效应的流动性危机"给出了金融的繁荣与危机周期。结合这些模型，实际上也就给出了现实中的经济周期理论。

20世纪以来，随着基础科学的突飞猛进，农业、材料科学、石油化工业、信息技术、生物医药、管理学等方方面面取得长足进步，经济体系的产出增长潜力始终存在，这是经济个体生活得以改善、经济得以繁荣的前提条件。

在科学技术飞速发展的背景下，只要社会体系稳定，产出几乎总是得以自动开始增长，经济体系自发进入繁荣期。

产出上，食品、服装、日用消费品等农业、轻工业、服务业产出水平稳步提高。在繁荣初期，这类产出与需求相比往往缺口巨大，经济体系具有增产、扩产的冲动。与此同时，由产出的层次结构相关讨论可知，以重工业为代表的高层次产出缺口会更为巨大，钢铁、水泥等行业的增长速度可以达到低层次产出的数倍，产能形成新的产能，产出增长可以很快，但其中隐藏着订单陷阱。起步阶段产出与技术水平越低，增长越快，这被称为后发优势。

需求上，财富效应让人们在储蓄增加的同时不断提高消费水平。这里的财富效应除货币储蓄与实物资产储蓄的增加外，有相当一部分由账面效应带来。这些账面效应主要来自：

（1）债权的账面效应。银行与金融体系内的债权在繁荣期不断增长，其利息一方面成为新增债权的一部分，另一方面给银行与各类金融机构带来可观利润。不仅金融体系内的债权，一般企业与个人的各类债权也会不断增长，构成企业与个人资产的一部分，也被认作盈余与储蓄的一部分。

（2）房地产的账面效应。在经济繁荣期，房地产市场的增长来源于两个方面，其一是新建房地产带来的房地产数量增加，其二是房地产价格上涨。两者相结合，房地产的价格总额增长可以达到惊人的地步。尤其是繁荣期后期，经济体系已经积累了数量可观的房地产，其价格上涨带来的账面效应亦愈发明显，越来越多拥有房产的经济个体感觉自己"赚"到了。

（3）金融资产的账面效应。以股票为主的具有账面效应的金融资产的价格，随着企业利润的增长与价格增长预期的自我实现，节节攀升。而且没有经济个体会为此承担任何具体债务，经济体系像是凭空多出一笔又一笔财富。

房地产与金融资产具有吉芬性质，其价格上涨带来更多需求、更多资金以及更高的价格，这是一个正反馈过程。

而账面效应进一步带来财富效应，人们更起劲地消费，带来需求增长，需求增长带来产出增长，低层次产出增长的需求带来高层次产出增长需求，各行各业形势一片大好，这又促进房产价格与金融资产价格进一步上涨，这便构成了经济体系更大的正反馈。

在一片歌舞升平中，繁荣期的结束往往来得猝不及防，萧条期不期而至。

产出上，一方面，一旦低层次产出扩张需求放缓，订单陷阱会让高层次产出需求迅速下降乃至消失，从经济体系整体看，产出增速的下滑可能会很大。另一方面，繁荣时期存在大量非必需产出与消耗结构，如奢侈品产出等，这些相关需求随着经济降温而减少，产出相应减少。

在繁荣期与萧条期之间，货币增长起到拖延萧条期确立的作用，但这种拖延往往最终会带来更为严重的萧条。一旦货币增长受到制约，各种账面效应无法得到实际支撑，流动性危机就会降临，财富效应向着负面方向作用，需求不振，拖累产出。即使货币增长充足，账面效应得到有效维持，但挡不住价格体系上涨。当人们对消费品价格上涨预期超出对资产价格上涨的预期时，临界点依然会到来，人们会认为实际储蓄下降，财富效应向着负面方向作用，需求不振，拖累产出。

萧条确立后，账面效应反向作用的具体方式为：

（1）债权的账面效应。无论是银行、其他金融机构，还是企业、个人，在萧条期坏账都开始增加，人们渐渐不得不接受债权资产减记，承认储蓄下降。由"4.14 银行危机"所阐述的机制，债权债务一旦开始收缩，债权部分曾由利息计提产生的盈余就会形成坏账。并且，在繁荣期积累债务的债务人，在萧条期来临时，没有改善财务的方法，也就没有良好的偿债途径，这由债权债务结构决定。在这几重因素的共同作用下，坏账越暴露越多。

（2）房地产的账面效应。房地产价格下降会对房地产的新建构成打击，进而影响包括钢铁、水泥、家具家电、装饰装修在内的整个产业链的产出。更为严重的问题是，房地产上涨过程中投机需求大增，大量房产被投机者持有、空置，往往存在某种程度的过剩，房产的持有结构越不合理，这种过剩也就越严重。而当房价下跌形成共识，投机需求锐减，租房居住的人们也会更谨慎购房，房地产市场呈现价格与交易量双降的局面，出现流动性危机。

（3）金融资产的账面效应。股票在繁荣期上涨幅度越大，账面效应积累越多，根据"5.6 账面效应与流动性危机"，市场上的流动性缺口越大，流动性危机就越严重。

一旦流动性危机凸显，由于房地产与金融资产的吉芬性质，其价格下跌导致更低需求，更多资产持有者想要抛售离场，这就带来更低的价格，这依然是一个正反馈过程，它们的价格屡创新低，节节败退。

负面的账面效应带来负面的财富效应，人们发现各类储蓄缩水，变得不敢消费、需求减少，需求减少带来产出减少，低层次产出增长不再，高层次产能过剩，各行各业形势一片哀嚎，这又促进房产价格与金融资产价格下跌，便构成了更大的正反馈。仿佛进入永夜，人们看不到希望。

与经济周期从繁荣自动走向萧条不同，从萧条回到繁荣需要各种各样的机缘。然而，无论通过何种方式让经济体系回到繁荣轨道，在现行经济逻辑下，经济体系仍不可避免再次萧条，构成繁荣与萧条的反复轮回。

上述经济周期是一个正常的、能够自给自足的经济体系必然经历的循环过程。经济周期性波动、无法保持长期平稳的根本原因在于，一个稳态系统要求负反馈机制占据主导地位，但经济体系的运行过程中存在太多正反馈机制。

古典经济理论中大多只有负反馈机制，不恰当地假设经济体系能自发回到某种均衡位置，也因为古典经济理论往往不含时间变量，没有考虑时间的影响，所以不可能给出经济周期的正确模型。

6.2 柯立芝繁荣

柯立芝（John Calvin Coolidge, 1872—1933）为美国的第30任总统，在他1923~1929年的任期内，美国的经济取得飞速发展，所以有人将这段时期称为"柯立芝繁荣"。

不过在今天，并没有多少人会把那场繁荣归功于柯立芝了。越来越多的人相信，"柯立芝繁荣"只是恰好发生在柯立芝任期内，如果当时年轻的胡佛上台，我们听到的大概就是"胡佛繁荣"了。要说清这一点，不妨把时光倒回一段时间。

1919年第一次世界大战结束,在欧洲战场上的200万年轻美国人陆续回国。美国本土的生活终于日渐脱离战争的阴霾,国民经济也从战时状态恢复正常。虽然如此,美国人并没有立即过上幸福快乐的生活。生产军械物资的工厂陆续停工,在过去的数年时间里,这些工厂曾经为远在欧洲大陆的作战双方提供武器与战争物资,赚得盆满钵满。随着战争的结束,这些工厂的订单不再,生产开始放缓。与战争时期的各种管制一起消失的,还有相关的工作岗位。从战场上活着回来的美国士兵并没有都享受到英雄的待遇,相反,他们的祖国把安置他们视作不小的麻烦。家庭主妇们忧心忡忡,跟她们的丈夫抱怨着物价的上涨。

1919—1922年,美国经济事实上经历了转型,从发战争财的经济模式转为内需拉动的经济模式,并承受了转型的阵痛。从产出上看,产业结构需要进行一些调整,军需品工厂以及它们创造的就业岗位需要转化为更贴近日常消费的生产力,而由于受工人技术、管理水平等制约,这并不是能一蹴而就的事情。从需求上看,在经历了战时相对的物资紧缺后,人们开始试图过上更为轻松愉快的生活,牛奶、新鲜蔬果这些非战争物资的需求被释放,生产却没那么容易跟上。从货币上看,战争让美国发了财,一举从债务国翻身为欧洲各国的债主,工厂主们个个小有积蓄,回国的老兵虽然有些没有找到工作,基本上都从政府拿到了一大笔津贴。这些都导致部分商品的价格上涨,生活成本上升。

尽管如此,繁荣的到来已经注定。1913年,亨利·福特(Henry Ford,1863—1947)发明了"流水装配线",工业从此进入高效率的新时代。在更早一些的1911年,费雷德里克·泰勒(Frederick Winslow Taylor,1856—1915)的管理学已经被提出并传播,其中的著名例子包括仅仅依靠规范的路线划定与岗位设置,就让搬运工人的效率提高了40%。这些新技术让工业产出的增长显得轻而易举,上至石油、煤炭、钢铁,下至五金件、电灯、日化用品的产量都突飞猛进。从战场上回来的老兵提供了充足的劳动力,而战争带来货币的积累,如同大航海时代的美洲黄金白银给英国经济提供的润滑，正给美国经济的飞速前行铺平道路。

随着"丑闻总统"哈定（Warren Gamaliel Harding, 1865—1923）的突然死亡，美国人民迎来了共和党人柯立芝。柯立芝的各项能力都属平庸，立场上又属典型的自由保守型，注定不可能有什么大的政治作为。柯立芝所主张的"小政府、大市场"，是哈定时期"恢复常态、退出战时经济、政府退出干预"主张的延续。当然，在经济高速发展的时期，无论是左派还是右派政府都不太可能过多插手经济事务，既无必要，也无民意基础。只是柯立芝的不作为把这种政治上的保守发挥到了极致，也让美国经济进入到狂热的状态。

"柯立芝繁荣"是全方位的。1923—1929年，美国每年产出增长率近4%。更大时间跨度上看，国民生产总值从1919年的约742亿美元增长到了1929年的1031亿美元，10年内增长了28.4%。国民总收入由1921年的594亿美元增长到了1929年的872亿美元，8年内增长了31.9%。1929年，美国工业产值占全世界工业总产值的48.5%，超过了当时世界3个主要工业国家英、法、德的总和。

汽车、电机和建筑业是当时美国的产业支柱。福特T型车成为标志性的汽车。总计有1500万辆T型车被生产出来，而纵观整个汽车史，能够有资格挑战这一纪录的车型寥寥无几。在最初问世时，它被标价为850美元（当时市场的同类型车价格在2000~3000美元），而到了20世纪20年代后期，随着生产效率的提高和产能扩大，其价格进一步低至300美元。这一价格促使汽车广泛进入了大众家庭。在"柯立芝繁荣"期，平均每6个美国人就拥有1辆汽车。汽车制造工业的发展还带动了橡胶、石油、制革、玻璃制造等相关产业，形成了景气的上升循环。

电机是新技术的代表。其中，无线电的发展与推广使得收音机成为生活必需品。当时收音机在美国人家庭中的地位相当于20世纪90年代彩电在中国人家庭的地位，产业地位或许堪比现在的互联网信息产业，既是赚钱的热门行业，又是引领未来新兴科技行业。1929年，收音机产量达到了500万台。若干年后，美国人民正是靠着这些收音机，听着罗斯福的"炉边夜话"，来渡过绝望得令人窒息的大萧条。冰箱、洗衣机等电机在柯立芝繁荣时期也开始普及。

　　建筑业的繁荣与房地产市场是分不开的。当时最著名的房地产市场无疑是佛罗里达的迈阿密。"去佛罗里达，那里是企业家的金銮。黄昏里坐看棕榈叶婆娑，被太阳吻红的天边留下斑斑点点。"如此文艺腔的句子，不是来自某位文艺青年，而是一位银行家的手笔，用来作为一篇鼓动大家去佛罗里达投资的文章结尾。1925年的夏天，2500多个房地产代理机构和数万的投资者，让佛罗里达的迈阿密更加灼热。人们卷起袖子步履匆匆地往返奔波，看地、买房、签约，投资者们相信美国已经变成了汽车轮子上的国家，而人人都想要到佛罗里达度假，所以到那里投资买房是一桩稳赚不赔的买卖。什么样的房子都能卖出去，只要它在佛罗里达。

　　迈阿密的土地炙手可热。一个经典的故事是，一位佛罗里达的小伙用1万美金买下了迈阿密郊区的一片土地，很快以1.1万美元卖出，不曾想在短短数周后，这片土地就升值到了1.5万美元，小伙非常懊恼，又以1.6万美元把这片土地买了回来。经过数轮如此反复的卖出、买入，最后地还是在小伙手中，只不过此时这片地的价格已经涨到了6万美元。这其实就是自己与自己进行的对倒交易。

　　彼时的佛罗里达到处流传着炒房、炒地一夜暴富的神话。与此同时，每一座大城市的周边也都是一派繁荣景象，大量的耕地变成了住宅。直到北大西洋的飓风无情地掀翻了那些粗制滥造而又价格高昂的房子，这股热潮才伴随诸如"珊瑚海"等标杆房地产企业的破产倒闭而渐渐消退。即便如此，这幕插曲似乎并未影响到整体繁荣。

　　人们的日常生活发生了极大的变化。工人工作条件、待遇改善，可以获得的消费增加。娱乐生活极大丰富，麻将与填字游戏风靡。更令人印象深刻的，应该是大繁荣时期上流社会的奢华，也就是名著《了不起的盖茨比》(the great Gatsby, Francis Scott Key Fitzgerald) 所反映的富丽堂皇的别墅、每夜都举行的宴会以及宴会上不尽的来自世界各地的名贵烟酒、女人们的服饰与珠宝。

在小说中，盖茨比的发迹源于债券倒卖，现实中，华尔街亦是造富的神坛。当时股市没完没了地上涨，一些投机家在金融"大赌场"中一夜之间成为暴发户，他们的故事又被夸张千百倍地传播开来，以吸引更多人投入其中。投资股市似乎成为一件只有收益毫无风险的买卖，银行毫不吝啬地借钱给投机商购买股票，他们与80年后的同僚秉持同一种思维：既然股票本身的价格上涨都足以覆盖本息，还有什么风险值得担心？股市上涨产生的财富效应，让大家热衷于消费，从而使得发行这些股票的企业获得了更高的利润，股价上涨的正反馈通道就此形成。

更大的金融创新发生在消费领域。分期付款成为流行的支付方式，人们似乎不费什么力气，就能获得汽车、收音机、吸尘器或者任何新奇而昂贵的玩意，当然，同时也很快积累起债务。分期付款大大降低了货币储蓄的必要性，由此缓和了货币沉积的问题。具体举例来说，如果当时有2000万美国人想要购买300美元的福特汽车，在没有分期付款时，这些美国人需要共计60亿美元。而美国只有2亿盎司黄金，如果按照100%汇兑储备的金汇兑本位制计算，只能提供40亿美元货币。若没有金融创新，如此庞大规模的存款是不可能实现的。而分期付款的方式及时到来，解决了这一难题。于是，人们轻而易举地背负起债务，这些债务对应的债权被提供分期的企业记作了利润。与此同时，在暴涨的资产（股票、高息债券、高利贷债权与房产）面前，没有多少人对囤积现金感兴趣，货币不足的问题就这样被轻轻掩盖着。

如同一切经济奇迹一样，"柯立芝繁荣"并非是英明的政治决策的结果，而是技术进步、生产余力、财富效应与货币因素相互促进、共同造就的经济局面。在"柯立芝繁荣"的早期，人们的存款上升总量上来源于第一次世界大战后的欧洲，战后的投资建设又促进了货币的分配，使得货币流入到更多人手中，产生出财富效应，人们增加消费。这些增加的消费又促进产出增长与生产，并以工资的形式回到了消费者手中，形成了景气循环。在繁荣后期，货币的积累相比高昂的资产价格已经微不足道，整个社会的财富效应依靠资产价格上涨托举。资产价格如此之高，奢侈品开始风行。类比来看,当人们发现自己在北京四环的房子价格已经达到五六百万元,并且以每年10%的速度增长时,即使只拿着5000元的工资,也不会介意去吃点人均上千的餐食或购买上万元的奢侈品。由此开启新一轮的、新兴产业的崛起,景气周期轮动前行,看起来好日子永远不会有尽头。

即便如此,"柯立芝繁荣"时期已经显露出种种危机征兆。经济结构上,工人由于效率提高,收入增长较快,农民却陷入到贫困状态,并没有享受到繁荣带来的益处。随着股票、城市房产等资产价格的上升,贫富差距被急剧拉大。而真正享受到繁荣的饕餮盛宴的,是各种投机者。尤其是到了后期,一笔投机生意的成功可能意味着普通人一年乃至一辈子的收入。许多年轻人与佛州小伙一样,闯荡各种投资领域,并受到各种传奇的激励。投机活动带来了严重的道德滑坡,为了将价格持续抬高,欺诈变得随处可见,人们对此却习以为常。中产阶级的财富主要增长方式,由原来的收入积累,转变为资产价格上升,然后是肆无忌惮的挥霍。但是这些问题,如同之前之后的1001场危机一样,都被无视或者被认为是"小问题"。即使有少数人忧心忡忡,绝大多数的美国人并不愿在狂欢中醒来。

6.3 大萧条1929

胡佛(Herbert Clark Hoover,1874—1964)无疑是个倒霉总统。他在竞选总统时的宣言:"今天,我们美国比以往任何时候都更接近于最终战胜贫困,征服贫穷不再是一个遥不可及的幻想。我们有机会沿袭过去八年的政策,继续向前。在上帝的帮助下,我们很快就会看到,把贫穷从这个国家驱除出去的日子就在前头……每家锅里有一只嫩鸡,车房中有两辆车。"相对之后美国人民的日子来说这更像是一种诅咒。

对于大萧条(The Great Depression)的起点,经济学家与历史学家们有各自不同的看法,但华尔街股市的暴跌是一个公认的标杆。1929年

10月24日,被称为"黑色星期四",出现了一阵空前猛烈的抛售风,一天之内有1200多万股票易手。股市伴着前一交易日的下跌形势进一步惨跌,并于中午趋于崩溃,11个著名投机者自杀。随后,摩根大通为了保护自己的贷款,商定出资收购股票才勉强稳定局势。财政部官员、经济学者、银行家以及各大报纸都向公众保证情况良好,胡佛亲自出面表示"形势很好"。然而,到10月29日,股票价格再次惨跌,一天之内抛售近1641万股,道琼斯指数暴跌22%,金融危机形成不可逆转之势。此后3年内,股市价格继续下滑,最低点指数相去峰值跌去89%。

在"5.6 账面效应与流动性危机"中已经知道,当股市上涨到一定程度,人们开始试图变现收益时,就会遇到流动性危机。1929年峰值时,美国股票的总市值超过500亿美元,相比之下,金汇兑本位制度下的美元货币总量却只有数十亿美元,出现流动性危机可以说是历史的必然。

1929年股市崩溃前,股票市值不是由货币独立支撑,银行的借贷大量参与到股市中。在股市上涨时期,银行以8%~9%的利率大量借款给投机者购买股票,在股市下行时,不仅这些贷款成为银行坏账,股票作为抵押物的价格也不断下探。银行为了减少损失,不得不持续抛售作为抵押的股票,引起股市下跌的恶性循环。1930年倒闭的银行网点已达1000家以上,到1933年,因此类损失而倒闭的银行网点达5100家,储户损失以几十亿美元计。

当恐慌蔓延时,即使是最稳健的银行也不可能在挤兑面前屹立。如4.11节所指,银行创造了十倍、百倍于货币存量的银行信用,也意味着它们在储户的挤兑提现下将束手无策。与银行信用创造相反的过程开始出现,银行被迫缩表,信用开始消失。这时人们发现,不仅股票只是毫无价值的纸头,银行也都是些没有钱的空壳子。银行被迫进入清算模式,按4.14节,银行危机随之爆发。

股市崩盘与银行倒闭的直接后果是账面效应负向作用,人们认为自己的资产缩水。在"柯立芝繁荣"期积累起来的股票、房产、债权、债券、银行存款尽是些兑付不出的空欢喜。本来,债务人拥有股票、房产等资产，债权人拥有债权，每个人都觉得自己非常富有。结果到了萧条时期，资产根本卖不出价钱，债务人破产债权无法兑付，每个人又开始觉得自己非常贫穷。

金汇兑本位制下的美国，货币数量受黄金数量的客观制约，增长缓慢。从价格上看，在"柯立芝繁荣"时期，股票、债券、房地产、银行存款等资产已经成为人们的主要资产，也是财富效应的源泉。而在"大萧条"时期，股票失去投资价值，银行也不是安全之所，持有货币现金才是最保险的方式。不仅对个人而言，对银行、企业、政府机构，现金都显现出前所未有的重要性。然而，不幸的是，按照美国的黄金储备，其能支撑的美元货币量只有数十亿美元，平均到1.2亿的美国人口，每人仅有区区几十美元，并且大量的现金被沉积在了少数优势阶级那里，普通人其实无法拥有多少现金。当人们意识到现金的重要性时，开始吝于花费、固执地储蓄，而根据货币总量的守恒性，当其中一部分人费劲心力存下一丁点小钱时，也意味着另一些人口袋里的钱减少。随着对现金的争夺愈发激烈，更多人陷入了赤贫。

通货紧缩开始发生。在大萧条时期，农业产量稳定甚至有所提高，但农产品价格比以往任何时候都低。农产品卖不出价钱，使得1929—1932年间，农场平均净收入从962美元降为288美元，农民纯收入由162美元降为48美元，农业总收入从119亿多美元降为53亿美元。工商业也受到严重打击。从1929年到1932年春，工商企业破产的达109371家，负债额近30亿美元，而全部私营公司账面纯利润，则从1929年的84亿美元降为1932年的34亿美元。作为20世纪20年代经济繁荣支柱的钢铁、汽车、建筑等，由于离生活必需品更远，遭到的打击也就更大。企业的财务报表因此变得难看，这又进一步打击股价，构成了下行的正反馈循环。

产品需求的减少使得企业收入减少，前期高昂的资产投入又使得摊销折旧数额巨大，盈利遥遥无期，企业不得不裁员、想方设法节省开支。1930年全美失业者就已达420万人，1931年攀升近一倍至800万人，1932年又达1200万人，1933年美国失业人数为1700万人，半失业者与隐性失业者不计其数。

大萧条时期发生的最令人诟病的事，无疑是一边有人在挨饿，一边大量的农副产品被浪费甚至倾倒。牛奶被倒进河流，构成了对资本主义的主要抨击的图景之一。对于这么做的农户来说，倾倒或许是无可厚非的，并非是故意不给穷人，甚至于倾倒牛奶的农户本身就是穷人，但由于价格过低，偏远的农户根本无力负担输运费用，只能就地处理。而即使卖不出去，挤牛奶的工作却无法免除，否则奶牛就会生病或不再产奶。为了应对类似浪费，人们也自发地采取了很多措施，比如有失业的年轻人拿滞销的苹果以低廉的价格贩卖到大城市。由于苹果太过泛滥，以至于之后若干年，纽约人最讨厌的水果就是苹果。

从机制上说，大萧条的起因是人们为了将股市中的账面盈利落袋，触发了流动性危机，而金汇兑本位币制度限制了货币新增，流动性危机不可解，又触发了银行危机，流动性危机与银行危机相互促进，金融体系长期处于危机状态。由于金融危机，资产的账面效应不断消失，在财富效应的正反馈作用下，经济迅速进入萧条期。

1929年"大萧条"时期与之前的"柯立芝繁荣"时期相比，人们心理上的反差要远比实际生活境遇的反差来得大。如前所述，大萧条期间整体农业产出平稳甚至有所提升，在浪费实际上没那么严重的情况下，至少人们的饮食并没有实质上的严重下滑。真正重大的打击来自于心理层面，无数人从原来坐拥数十万、百万美元的账面资产，到突然间几乎一无所有。而当他们想起勤俭的美德，想要开始一分一厘踏实攒钱的时候，并不会知道，在严格金汇兑本位下，他们要把自己钱包弄鼓，等价于要让别人的钱包瘪下去，比起制造账面效应，这实在太困难了。

胡佛作为一个保守的共和党总统，在这场危机面前并非一无是处。他没有真的如他就职演说的那样"继续过去8年来的政策"，而是推行了一些振兴计划，比如斥巨资兴建胡佛水坝。所以说，所谓扩张的财政支出政策，并非肇始于民主党的罗斯福，而是从胡佛就已经开始。不过胡佛时期的这些扩张政策并没有起到显著效果。

1929年的美国人并不擅长自省。股票、房价、银行存款在蹭蹭上涨时，功劳都在于他们的勤劳勇敢，而当泡沫破裂、流动性危机爆发时，问题都出在别人身上。美国人把大萧条的责任归咎于欧洲人，斥责他们倾销商品，开始进行贸易战。贸易战进一步触发了欧洲金融与经济体系的动荡，使通缩与萧条在整个西方世界蔓延，最终酝酿成世界范围内的经济萧条。这场萧条为日后国家地区间的冲突埋下隐患，某种意义下成为第二次世界大战爆发的导火索之一。与此同时，大萧条时期正值苏联第一个五年计划实施的时期，这个封闭而原始的经济体，与他们的资本主义邻居迥然不同，似乎正兴旺发达。一位美国记者彼时去苏联考察，写下"这能行"的字句。伴随着人们对资本主义的疑惑，有人开始病急乱投医……

6.4 罗斯福新政

1933年罗斯福（Franklin D.Roosevelt，1882—1945）当选为美国第32任总统。由于第二次世界大战，这位总统连任四届，最终病逝于第四届任上，成为美国历史上唯一一位连任超过两届的总统。

这位民主党候选人几乎是踏着必胜的路径赢得竞选。他的前任是共和党的胡佛，在大萧条中名誉扫地。胡佛在竞选宣言中誓要征服贫困，得到的结果却是美国被贫困征服，人们甚至以胡佛村来命名贫困区，共和党的信用几近破产。而罗斯福充满个人魅力，虽然受到小儿麻痹症困扰腿脚有残疾，却坚忍乐观，对正处于困境中的美国人民来说极富感染力。

胡佛政府在一定程度上仍然秉承着美国开国先贤的理念，始终不敢对经济过多干预，稍有动作便惹来国会质疑诘问。其实，按当时美国的政治体制，联邦政府本也没有太多能力进行经济干预。从立国伊始，美国人民就珍视来之不易的自由，对政府充满不信任，时刻、处处担心政府的手伸得过长。

但由于长期的萧条，美国人民早已失去了坚决捍卫自由的意愿，在饥饿面前，政治理念无足轻重，美国人民对政府一直以来的戒心前所未有地松懈。人们对胡佛时期政府的不作为心怀怨怼，在经过了竞选等政治操作后，越来越多的人相信，政府应该做些什么。

罗斯福上任之后，采取了一系列的经济干预措施，其核心是三个R：救济（Relief）、复兴（Recovery）和改革（Reform），因此也被称为"三R新政"。救济主要针对穷人与失业者，复兴扬言将经济恢复到正常水平，针对金融系统的改革则试图预防再次萧条。

罗斯福获得了空前的政治权力。罗斯福时期，联邦政府进行了大量援助，把手伸到经济的各个领域，期间出台的《国家劳资关系法案》甚至允许政府干预私人企业的工资。公共事业振兴署成立，来为大规模的基础设施建设开道。此外，国会制定了《紧急银行法》《农业调节法》《国家产业复兴法》《社会安全法》等法案，让政府有权插手经济金融领域的方方面面。这一切都使得美国变得"不那么美国"，联邦政府从"小政府"摇身变成了无处不在的"大管家"，在宣传引导下，更被披上了救苦救难的光环。

这些杂乱的措施与法律，并不是每条都能起到效果。经济上真正起作用的其实只有两条：赖账与分钱。

1934年，政府于3月、4月间以一连串的法律与行政命令中止了金汇兑本位制度。首先，罗斯福借由禁止黄金出口（除非有财政部的许可），遏止了黄金外流。其次，任何黄金持有者可以依固定价格将黄金换成美元，但是美元却不能够兑换成黄金。最重要的是，黄金被禁止在交易中进行支付。最后，随着1934年《黄金储备法案》通过，美元的名义价格从每盎司黄金20.67美元被调整成35美元。

站在今天审视这一系列举措，任何一位深谙经济学的人都会对其力度之大深感惊讶。金汇兑本位总还是金本位，彼时美元本身不过是一张欠条，上面清清楚楚地印着，凭此券可以在国库领取黄金，而下调美元含金量，相当于美国政府赖账。昨天拿着100美元尚且可以换回4.84盎司黄金，今天却只有 2.86 盎司了。这一价格调整相当于抢劫了全部现金持有者 40% 的现金财富。在今天，即使是最专制的国家，如此赤裸裸打劫民众也是不多见的。而禁止黄金流通的法令也是为了防止有人因此绕过美元货币，囤积与投机黄金。

赖账为政府额外的货币发行提供了基础。金价调整后，原本的储备黄金可以新增 70% 货币，联邦政府获得空前的财政力量。

金汇兑本位的中止起到了良好作用。首先，货币储蓄的需求被大大遏制了，既然政府可以下调美元的黄金含量，人们对把美元放家里这件事也不再太过积极，由此造成的货币沉积暂时得到了缓解，流通中的货币数量不再持续减少。价格体系得到稳定的机会，通货紧缩的势头得到遏制。即使如此，价格上的稳定主要还是依赖于行政手段，期间政府甚至出台了包括禁止商户低价出售商品的法规，以进行直接价格管制。

通过下调美元含金量，政府获得了发行货币充实财政的余地，开始进行大规模的救济与复兴运动。复兴运动其实也是"以工代赈"的救济活动，简而言之，就是联邦政府向大家发钱。罗斯福新政最为人津津乐道的例子是，政府组织两拨人，一拨人挖坑、另一拨人填坑的方式，拯救了美国经济。对此"3.3 无效产出与消耗结构"提出问题，这么做的意义何在？

挖坑、填坑属于无效产出，这一经济过程是消耗结构，其行为本身于经济整体没有任何益处。然而，人们做了什么其实根本不重要。真正缓解大萧条问题的，是政府发给挖坑者和填坑者的工资。这些钱让这些"无产者"货币储蓄增加，他们开始感到富有、敢于消费，于是又让这些人光顾的商店、消费场所变得兴旺起来。产出的需求借此被带动，商店、工厂开始恢复雇工，货币流动了起来，经济开始恢复活力。

至 1937 年，罗斯福新政的这些政策让工业生产提升达 25%，到 1942 年达到 50%。除了期间持续的技术进步和高层次产能的释放，这些增长很大程度上来自人们的消费心态和消费行为发生的变化，连带生产也变得积极起来。大萧条时期人们怎么都存不下钱来，罗斯福新政时期人们的货币储蓄却稳步增长，一切正在好转而不是恶化，人们开始感到生活过得下去并积极生活,这是真正质变之处。即便如此,从资产的价格合计上看,美国人民其实并没有比"柯立芝繁荣"时更"富有"。毕竟,高达450亿美元股票市值蒸发了,而这一金额是政府新增货币数量的数倍,往昔的辉煌未再重现。

虽然效率低下,罗斯福新政还是给美国人民的留下了巨大的基础建设遗产。贯穿全美的公路网、铁路网、各类灌渠基础建设便是在罗斯福新政时期初具规模。这些基础设施为第二次世界大战后美国的进一步腾飞提供了基础。

罗斯福政府的"打劫"活动,不仅没有激起民众反抗,反而换来了民众的感激,实在是件便宜买卖。其中的关键在于,如果不用于储蓄或流通,黄金这种生产生活中用处不大的物资的价格无关紧要,其他商品的价格构成的价格体系才是更值得关心的。罗斯福宣布调高黄金兑换美元价格,其实就是让黄金对其他所有商品涨价,这事对民众日常影响不大,但却换来联邦政府货币发行的余地。借由这些新发行的巨额货币,政府才有能力带领价格体系脱离通货紧缩漩涡,引导价格体系稳定。而这一操作想要成功,必须要遏制住对黄金的投机风险,所以必须同时打击私人部门对黄金的囤积。

如果实施的是金本位而不是金汇兑本位,市场上流通的是金币,那么罗斯福就不可能通过下调货币的含金量来进行如此快速的调整,并获得如此巨大的货币发行头寸来重塑价格与经济体系,从这点看,从金本位向金汇兑本位的革新,也是美国经济能从大萧条中被挽救回来的原因之一。

罗斯福新政能够起作用有几个基本条件:第一,第一次世界大战以后,经济产出增长迅速,而货币发行却由于金汇兑本位被牢牢束缚,使货币相对短缺,罗斯福新政补充了必要货币而非大幅超发。第二,大萧条期间,产能和劳动力尚在,经济体系有生产余力,人们只是因为货币约束不愿意消费,通过发钱的方式放松约束后,萧条问题就得到了缓解。第三,新政通过救济与复兴计划开始向底层提供货币,事实上同时改善了货币分布情况。如果货币是通过救赎房地产、金融、大企业的方式进入经济体系,则不可能有此效果,甚至如果货币进入投机者与优势阶级腰包反而会加剧社会失衡。

罗斯福新政另一个真正起作用的举措,是他的炉边夜话。回顾下"柯立芝繁荣"时期,在迈阿密炒地皮的佛罗里达小伙。在迈阿密地产最为狂热的两三年里,这位小伙除了反复地买入和卖出同一块地皮,什么都没有做。如果他一开始就知道,他买入的1万美元地皮最后还是会在他手里,并且价格还是1万美元,他还会不会去反复地进行这两三年的交易呢?然而,在这个事后看来无意义的活动期间,佛罗里达小伙因为无知而过上了充实而自以为幸福的生活。繁荣时期的这种幸福与萧条时期的绝望遥相呼应,都不是理性的产物,只是一种情绪罢了。炉边夜话就是针对大萧条时期不理智的绝望情绪而采取的措施。

炉边夜话无疑是成功的。罗斯福向大众解释着萧条的原因,虽然可能未必是正确的,却使得萧条听起来不再那么可怕而不可战胜;向大众解释着他的政策,使人们相信他的政策会起到作用。而价格正具有"预期的自我实现",当人们相信价格不会再继续下跌,那么价格就有可能真的止跌,通货紧缩的循环就被打破了。更重要的是,人们不再感到绝望无助。他们发现,原来华盛顿有那么一个人,他正在想办法解决问题,而且听起来,他似乎真的挺有办法。

但是,真正带领美国人民走出萧条的,既非金汇兑本位的松动,也不是美国人民心理创伤的愈合。罗斯福通过毁约获得的货币发行权、财政力量,很快被行事低效的官僚系统高效地耗尽,围绕政府支出、振兴计划,暴富的利益集团将很快让货币沉积问题卷土重来。只是在重陷泥沼前,第二次世界大战的爆发打断了经济周期。

美国像第一次世界大战那样进入到战备状态,军工厂重又开启。在战争非常态下,财富的积累成为次要的事情。更重要的是,战争使得欧洲乃至世界的精英们纷纷逃亡聚集到美国,人们忘我地生产与创造。作为战争的后方,美国本土提供了足够的庇护,而战争环境又迫切敦促着新理论与新技术的诞生与实践,以至于这一时期产生如此之多的新理论、新技术、新工具，在战后数十年都深刻地影响与推动着人类文明和世界经济的发展。

但是结果也有意想不到的副产品。罗斯福新政除了导致金汇兑本位的中止、带领美国人民从大萧条中走向正轨，还带来了恶劣的示范效应。一些经济学家开始借罗斯福新政鼓吹政府干预是积极的、有效的。从此以后，只要经济处于上升期，大家都能赚到钱，无论其中是否存有隐患，无论增长是否健康，人们就会呼吁自由市场经济，拒绝监管。而一旦经济下滑，就会有人摆出罗斯福新政，要求政府干预，以为政府干预是灵丹妙药。其中的灾难性后果，要在新政80余年后才显现出来。

6.5　小结

本章里，我们再次详细论述了经济周期，一个经济周期包括繁荣与萧条两个正反馈阶段，它们都是债权、股票、房产等资产的账面效应与财富效应相互叠加影响的结果。

我们具体介绍了美国的"柯立芝繁荣"与"1929年大萧条"，这两者构成金汇兑本位币制度下的最著名、最典型的经济周期。

罗斯福新政通过调低美元含金量的方式获得了货币发行权力，并借此进行大规模财政干预，充实了民众的货币储蓄，民众因此认为经济条件改善，经济活力得以恢复，经济危机缓解。然而最终结束大萧条的是第二次世界大战的爆发。

第7章
国际贸易与国际金融

为什么大海航海时代在欧洲发生而同期中国闭关锁国?

什么是欧债危机?它是怎么发生的?

索罗斯是怎样通过做空泰铢赚钱的?

什么是布雷顿森林体系?

日本为什么会从20世纪90年代起经济持续衰退?

1997年亚洲经济危机是如何发生的?

7.1 国际贸易、国际金融与贸易失衡

在"1.9 贸易"中,我们已经知道贸易可以给各方带来福利提升。实际上,亚当·斯密(Adam Smith,1723—1790)在200多年前就已知道贸易有好处,开始提倡自由贸易了。后来经由大卫·李嘉图(David Ricardo,1772—1823),贸易理论进一步发展完善,贸易在促进社会分工、社会整体效率提升方面的作用被认知得越来越清楚。

然而,我们还指出贸易容易带来货币沉积,从而对经济体系稳定性构成威胁。几个世纪前,国际贸易就已不是以物易物的交易,古典理论给出的诸如汽车换服装的贸易图景不仅过于简单,而且与实际相差甚远。事实上,货币沉积同样也会在国际贸易中发生,货币在国际市场间的流动具有相当的重要性,国际贸易应该与国际金融理论深度结合。

由于常常跳过货币交易环节,古典经济理论对货币的认识有重大缺陷。与微观经济一样,当前的贸易理论几乎完全是关于产出与价格的理论,着眼点无非关税与贸易壁垒。

任何国际贸易体系,都可以按照恰当方法视同为两个经济体系间的交易。若一个经济体对另一个经济体长期保持贸易顺差、持续获得货币或积累债权,也就意味着另一个经济体长期保持贸易逆差、始终在流失货币或积累债务,这就是贸易失衡。

贸易失衡的经济格局一旦形成,就很难被打破。货币方面的情形较为简单明了,即货币从逆差国流入顺差国。债权债务的情形会复杂些,在债权债务积累时各方都能相安无事,但最终,债权国行使债权会遇到困难。这是因为债务国平时就是靠不停举债度日,想要打破这一局面,不仅

不能增加新债,还需要偿还原有债务,这对双方的经济结构都会产生巨大影响。

具体举例来说,甲每期生产10个面包,乙每期生产5个面包。甲吃10个面包嫌多,乙吃5个面包不够,于是甲每期都"借"给乙2个面包,这样甲吃8个面包,乙吃7个面包,并且甲对乙形成2个面包的债权。时间一长,甲就会发现乙不仅还不起面包,甚至连利息都还不起,甲就会要求乙开始还债,乙原来可以吃7个面包的,现在连5个面包都要拿出一部分来还债,生活水平下降之严重可想而知。另外,甲多生产的面包也不敢再卖给乙,面包产能过剩的问题就会暴露出来。所以说,纠正贸易失衡的状态会在短期内对贸易双方都带来困扰。

随着货币制度变迁,国际贸易与国际金融的格局发生着不同变化,贸易失衡也呈现出各种不同的形式,历史上主要分为如下三个阶段:

(1) 早期,如亚当斯密与大卫李嘉图所处时代,世界各地普遍采用贵金属作为货币,国际贸易仰赖贵金属的实物信用。在这一时期,国际贸易间的不均衡直接导致贵金属货币在不同经济体间的变动,加速各经济体内部的分化。东方文明的闭关锁国政策、西方文明的大航海时代,都与这种货币变动息息相关。

在欧元体系内部,由于货币发行权由各国主权让渡至欧洲央行,欧元区成员国间的贸易可以类似看作贵金属本位币下的国际贸易,欧债危机、欧元体系面临的问题与挑战,也可以在类似的框架下得到解答。

(2) 第二次世界大战以后直至20世纪70年代,世界经济体系曾短暂统一到金汇兑本位币制度下,即布雷顿森林体系,实施美元挂钩黄金、其他国家货币挂钩美元的国际金融体系。由于贸易失衡,这一国际金融体系以美国背弃兑付黄金的承诺为终点,迅速崩溃。

其实,布雷顿森林体系的崩溃尚未暴露出汇兑本位币制度的根本缺陷,我们将从理论上导出,在金融自由化的现代银行体系下,任何一种汇兑制度都不可能持久。而20世纪90年代亚洲经济危机,正是固定汇率制度,也是变相本位币汇兑制度崩溃的结果。

在传统的国际金融与货币理论中，存在所谓的"蒙代尔不可能三角"。这一命题是说，资本的自由流动、货币政策完全独立、汇率稳定三项目标不可能同时全部实现。"蒙代尔不可能三角"其实是种片面的说法。事实上，在现代银行体系下，自由汇兑与固定汇率两者就不相容，添上了货币政策独立性的条件当然更不相容。

(3) 亚洲经济危机后，世界绝大部分经济体都已经进入信用货币制度，美元的绝对地位受到动摇，国际货币储备呈现多样化趋势，不同货币间的汇率日渐脱钩，国际贸易与金融体系进入一个全面信用货币时代的新纪元。至2008年，次贷危机爆发，各国央行纷纷开启货币宽松之路，世界经济、政治、社会格局迎来新变数。

7.2 闭关锁国与大航海时代

在贵金属本位币时代，国际贸易一方面在物资上互通有无，在思想上交流传播科技、文化、艺术、宗教；另一方面，也带来了货币的地区间流动。而王朝时期，东、西方政治经济社会形态的差异使得货币的流动对经济体系的影响大为不同，决定了其统治阶层在国际贸易上迥异的态度。

中国自秦以后的封建社会就确立了大一统的王朝格局。这种大一统表现在以下几个方面：

(1) 普天之下莫非王土，皇帝称为天子，天子的国度是天下，理论上天空之下太阳照耀到的地方都属于王朝的统治者。这种对疆域边界的模糊处理，也造成大一统王朝下国际贸易与国内贸易没有显著的界别。

(2) 对于不受中国王朝直接统治的地区，中央政权通过朝贡的外交安排取得名义上的宗主国地位，而官方的对外贸易，即是建立在朝贡体系基础上。这并非平等贸易，王朝所回赠的物品往往比周边朝贡的物品价格高得多，更多的是王朝的"面子工程"。

(3) 总体上只有一个核心政权。即使暂时处于分裂，主要政权也往往自觉地以"统一"为目标。

这造成了一系列经济后果：

(1) 大一统王朝下的各项物资生产，基本都可以在王朝内部实现自给自足。而所有的经济、政治、军事秩序，都在政权的控制范围内，由此，包括国际贸易在内的各项交易被当作社会秩序的一个补充而非主要经济内容，在抑商的原则下，市场与自由交易不能在经济上发挥主导作用。

(2) 大一统王朝没有必须从周边地区进口的物资，相反，周边地区却有大量商品有赖于从大一统王朝进口。由此，国际贸易对于大一统王朝来说几乎可有可无。近代海路被叩关前，对中国王朝比较重要的商路只有西边的丝绸之路与茶马古道。即便如此，国际贸易向中国王朝输送的香料、马匹等虽然是重要商品和战备物资，在经济上的占比却始终很小。于是，在历史的多数时期，都可以将中国视为一个封闭的经济体。

这种封闭性在某种意义上有利于大一统王朝的稳定，相对而言，开放的国际贸易却会对中国大一统王朝的经济稳定性造成一定冲击。以清朝中期为例，当西方从海上开始与中国大量进行国际贸易时，由于中国物产长期自给自足的经济特性，使得西方商品短期难以进入中国市场，但西方对中国瓷器、丝绸、茶叶的需求势头却与日俱增。这造成了相当大的贸易顺差，中国的产出外流，与此同时流入了大量金银（追根溯源的话，这些金银主要来自大航海时代对美洲的掠夺）。对中国来说，持续的货币流入增加了通货膨胀风险。到了乾隆年间，物价相较明末已高出3倍。

物价的总体上涨本并不会对社会稳定性带来太大的负面影响，真正的问题在于货币白银的巨量沉积。通过国际贸易带来的这种货币沉积，不仅局限于原来的上层阶级与买办团体，出现了政权不容易控制的、由于国际贸易而兴起的"洋买办"阶层。按照"2.4 货币配置与经济体系稳定性"，货币越多、货币分配越不均衡，贫富差距越大，经济体系的稳定性就越差。而洋买办阶层相对完全依附于王朝政权的上层阶级，更不受控制，却有着强劲的经济实力。所以，黄金、白银通过国际贸易大量流入，会动摇大一统王朝对价格体系与政权的控制力，使王朝秩序的稳定性降低。

因此，从金融、货币流动的角度看，封闭的政策倾向出于大一统王朝为维护自身稳定所作的考量，所以说，明朝海禁、清朝闭关锁国等政策暗合了经济规律。从思想上看，早期中国知识阶层强调农业、手工业的产出价值，对贸易与商品、技术流通的经济意义未形成足够认识，对国际贸易也就不积极。

与大一统王朝形成鲜明对比，大航海时代的欧洲面临完全不同的经济、政治格局。彼时，从欧洲整体看，其生活必需品如香料、茶叶、瓷器都有赖于进口。从欧洲内部看，政权以封地为界，把经济体系分割为相对独立又相互依赖的小单元，其产出需要各地区互补。由于欧洲政权相当分散，政权间交易频繁，摩擦、冲突乃至战争也频繁，政权对经济秩序保障和控制力都较弱，而乱世中只有真金白银才是硬道理，金银在人们心目中的重要性可想而知。由此，无论从整体还是局部，欧洲王朝几乎总处在金银货币紧缺的状态。彼时欧洲的各政权，从未有机会意识到，治下货币太多会引起社会不稳。

伊莎贝拉女王资助哥伦布远洋的时候，西班牙的情况具有代表性。这个国家刚经历阿拉伯人700余年统治，在伊莎贝拉即位之后，才堪堪完成统一，远称不上强盛富有，正急于寻求崛起。彼时，向东的贸易线路被奥斯曼土耳其帝国所把持，向南绕过非洲的航线漫长而凶险，西班牙投资哥伦布，开辟向西的新航路，就像是王室砸锅卖铁进行的一场赌博。西班牙或者说整个欧洲都是幸运的，哥伦布不仅发现了新大陆，而且发现的是遍地金银的新大陆。从此以后，玛雅与印加帝国数千年积累的黄金、白银，源源不断地被输送到了欧洲大陆。

对于一个经济体系来说，最重要的不是拥有什么，而是这个经济体系的人们在做什么。西班牙从美洲劫掠的黄金，并没有让西班牙的繁荣昌盛持续很久，美洲来的货币金银让西班牙人过上了好日子，买来了欧洲各地的产出，然而，真正受益的却是英国。西班牙的货币金银，成为驱动英国生产的巨大动力。英国人民为了赚取西班牙的金银，不断扩大生产、进行技术更新。更重要的是，由于来自美洲的金银数量是如此之多，货币大量涌入了英国的羊毛、纺织等出口相关产业的从业者口袋，一个新兴的、后世称为资产阶级的群体迅速崛起，这一阶层以生产与贸易起家，相比由出身决定的贵族阶层具有无可比拟的主动性和创造性。最终，西班牙的无敌舰队被英国打败，靠着西班牙送来的金银建立起强悍科技实力和生产力的英国获得了海上霸权，并最终建立起日不落帝国。

虽然大航海时代的产生、发展与影响，并非只在经济与货币层面，但仅从经济与货币层面可以看出，大航海不可能发生在大一统王朝下的中国。试想，即使中国早一步进行远洋探索，并从美洲带回金银，无非只是增加了王朝的货币数量，使王朝的经济秩序稳定性变差而已。

事实上，欧洲资产阶级的兴起、工业革命的发生，与其说是某种必然，不如说是一系列巧合构成：碰巧欧洲需要金银货币；碰巧包括伊莎贝拉在内的欧洲上层阶级足够冒险与投机，去支持哥伦布等冒险家；碰巧航海技术需要数学、地理、天文等各方面的基础科学的进步，科学技术受到航海利益推动，学者受到资助；碰巧美洲有大量的金银储备，而美洲土著无力反抗劫掠；碰巧有英国这样具有生产潜力的贸易对手；碰巧英国不算大不算小，刚刚好需要尽全力生产来赚取西班牙从美洲带来的金银，而英国的政权与上层阶级既没有强大到足以独吞这些富余金银，也没有孱弱到无法维护社会基本秩序；碰巧这些金银足够导致英国在内部完成技术与制度的嬗变。在种种机缘下，人类才跟跟跄跄撞开了现代文明的大门。

7.3 欧债危机

欧债危机全称欧洲主权债务危机，指自2009年底至2012年，投资者对部分欧洲国家在主权债务危机方面所产生的忧虑，使得这些国家债券发行的利率成本大幅上升，并且无法通过举新债偿还旧债而引发债务违约风险的事件。其实质是贸易失衡没有得到及时调整，地区间的经济结构扭曲长期得不到纠正，使债务危机爆发时，债权人与债务人同时感受到痛苦的一次经济风波。

欧元区各国主权债务与通常意义的国债不同，欧元区各主权国家并没有独立的货币发行能力，欧元的发行权属于欧洲央行。这使得欧洲主权债与中国的地方政府债类似——货币发行主体与政府债务主体相互分离，但是政府债务隐约由货币发行机构提供保障，中间存在制衡和博弈。

用简化模型分析欧债危机。假设经济主体只有德国与希腊两个国家，德国以工业为主，希腊以旅游业为主。最初，德国与希腊间贸易均衡，德国出口工业品到希腊去，同时德国人也去希腊旅游，不妨假设金额都为100亿欧元。

但是希腊是一个不甘清贫生活的国家，他们想要过上国王般的生活，100亿欧元的旅游收入不足以让他们购买德国最先进的现代厨具、家具、洁具。希腊开始借债，债券被德国人买去，不妨假设金额为10亿欧元。希腊人拿到钱很高兴，用来购买他们心爱的德国产品，这10亿欧元又都被德国人赚回去。于是，德国人也很高兴，他们刚刚进行了一笔"低"风险投资——购买希腊的国家债券，出口又获得了强劲的增长，在财富效应的作用下，他们加大了每年的旅游支出。

通常来说，财富效应带来的支出增长总是小于"财富"本身的增长，德国人从希腊人身上多赚的10亿欧元不会全花在去希腊旅游上，不妨假设德国人多花了5亿欧元去希腊旅游，也就使得当年希腊的旅游收入增长5亿欧元。这构成了一个皆大欢喜的局面：德国的经济获得了增长，还获得了债权资产增长，希腊的经济也获得了增长。假设希腊债的利率为10%，那么利息只有1亿欧元，而希腊的收入增长了5亿欧元。看起来，希腊的经济情况十分良好，财务情况稳健。

然而换一个角度看就能知道，没有欧洲央行出手，希腊永远也归还不了债务。假设希腊的国库里没有什么货币储备，若有充足储备就不需要额外借钱了。希腊人的花销为110亿欧元，却只赚回来105亿欧元，其中另有1个亿欧元还要用来偿还利息。

到第二年,希腊人不明白自己需要节省开支,相反他们还会花110亿欧元,又只能从德国人那里赚回105亿欧元。现在加上利息,希腊人已有的债务规模将达到12亿欧元,即使希腊立即开始削减开支,想要回到当初收支100亿欧元均衡的情况也已经不可能了,因为12亿欧元的债务将会到期,而且还在以复利方式增加。雪上加霜的是,希腊人总是不断追求着更高的享受,使得支出越来越庞大,但是相应的,收入虽然增长,其增长速度却总是稍逊一筹。

在上述模型中,即使德国人把多赚来的10亿欧元全花在去希腊旅游身上也无济于事。虽然此时双边的交易都增加到110亿欧元,但是由于利息的存在,希腊还欠1亿欧元的利息,除了借新还旧,希腊别无他法。于是在没有外界货币注入的情况下,希腊一直都是在用借来的本金还利息。德国只是在享受利息带来债权增长的过程,而可能永远也拿不到这笔钱。

希腊人买的德国商品里,除了大多数是供自己享受的消费品外,还有小部分从德国进口的机械设备,希腊人一直宣称自己借来的钱都是用来投资基础建设、造宾馆、发展旅游产业,从经济数据看,果真,希腊的旅游产业蓬勃发展。这样,德国始终在借钱给希腊,并且越借越多。与此同时,德国商品在希腊销路大开。整体上看,其实是德国人借钱给希腊人买自己的商品。

现实中,希腊人借来的钱另一个主要用途是给公务员发工资。欧债危机前,希腊公务员工资普遍可以达到3000~4000欧元/月,每年拿14个月,还有各项福利。58岁就能退休,养老金也相当可观。这更恶化了希腊的经济结构,大家都争当公务员,官僚机构臃肿,与此同时,工、农、服务业的发展却相对缓慢,既然大家有更好的德国产品可以购买,谁还稀罕希腊自己生产的商品。工、农、服务业工资水平较低,人员流失,企业经营情况恶化,旅游业相关产业以外的本地产业纷纷凋零,又加重了对进口商品的依赖,形成恶性循环。

当希腊的债务越滚越大时,从日渐慵懒庞大的希腊公务员团体身上,也越来越看不到能够还上钱的希望。2009年10月，随着新任首相乔治·帕潘德里欧宣布其前任隐瞒了大量财政赤字，终于引起市场恐慌，希腊脆弱的财政体系暴露出来。虽然以德国为代表的债权人觉得希腊的问题源自其不知节制，但其实包括德国人在内的债权人都有责任，正是他们长期纵容希腊，贪图从对希腊贸易中获得的经济与债权增长，才使得局势步步恶化。在问题的早期，希腊人还有可能通过节衣缩食还债，而当债务问题集中爆发时，人们发现债务规模远超预期，光利息就十分惊人，使得希腊不得不大幅减少财政支出。原本，希腊政府就依靠大幅举债维持运作，突然间不仅举债无能，还要偿还债务本息，使得财政支出骤减、工资和养老金大幅缩水，这直接引起了希腊国内不满，抗议和动乱屡有发生。希腊的公务员们失去了高薪，也就失去了消费能力，不能从德国买东西了，德国人发现钱也没那么好赚了，兼又由于危机造成希腊治安恶化，去希腊旅游也减少了，于是希腊的财政情况进一步恶化，形成又一个恶性循环。

在欧债危机中，又可以见到华尔街的身影，他们再次扮演了不光彩的角色。

2001年希腊积极谋求加入欧元区，根据欧洲共同体部分国家于1992年签署的《马斯特里赫特》条约规定：欧洲经济货币同盟成员国必须符合两个关键标准，即预算赤字不能超过国内生产总值的3%、负债率低于国内生产总值的60%。上述两条也是其他欧盟国家加入欧元区必须达到的重要标准。而希腊与上述指标相距甚远，于是希腊求助华尔街的高盛。高盛为希腊设计了一套"货币掉期交易"，使希腊顺利加入欧元区，而在充分预测到希腊经济前景可能遇到的偿债危机的情况下，高盛向德国购买了"信用违约互换"（Credit Default Swap，简称CDS），也就是违约保险，以便在债务出现偿付问题时由承保方补足亏空。

这个被称为"金融创新"的具体做法是：希腊发行一笔100亿美元（或日元和瑞士法郎）的10~15年国债，分批上市。这笔国债由高盛负责将美元兑换成欧元，并人为拟定一个汇率，使高盛得以向希腊贷出一大笔贷款，而不会在希腊的公共负债率中显示出来。假如1欧元以市场汇率计算等于1.35美元的话，希腊发行100亿美元国债可获74亿欧元。然而高盛则用了一个更为优惠的汇率，使希腊获得84亿欧元。也就是说，这其中10亿欧元的差额实际上是由高盛借贷给希腊的。但这笔钱却不会出现在希腊当时的公共负债率的统计数据里，因为负债暗含在约定的还款汇率里，并且要10~15年以后才归还。这样，希腊有了这笔现金收入，使国家预算赤字从账面上看仅为GDP的1.5%。而2004年欧盟统计局重新计算后发现，希腊赤字实际上高达3.7%，超出了标准。欧债危机爆发后透露出的消息表明，当时希腊真正的预算赤字占到其GDP的5.2%。远远超过规定的3%。除了这笔借贷，高盛还为希腊设计了多种借贷却不会使负债率上升的方法，如将国家彩票业和航空税等未来的收入作为抵押换取资金。通过所谓证券化的操作，借款交易变成了出售交易，这种抵押借款在会计与统计中不体现为负债。高盛的这些服务和借贷当然都不是白白提供的，共拿到了高达3亿欧元的佣金。

高盛深知希腊通过这种手段进入欧元区，其经济必然会有远虑，最终偿付能力必出现不足。高盛为防止自己向希腊的借款打水漂，便向德国一家银行购买了20年期的10亿欧元"信用违约互换"(CDS)保险，以便在债务出现支付问题时由承保方补足亏空。

简而言之，整个过程就是一方面高盛通过做"假账"的方式，帮助希腊在获得巨额贷款的同时负债率又显得很低，从而顺利加入欧元区，还骗德国人给它保险。另一方面，希腊本身的经济结构不健康，在高盛的谋划下也一直没有健康起来的动力，想要通过不断"造假"、借新还旧继续过逍遥安逸的日子。希腊的财政与对外贸易始终处于失衡状态，债务规模不断扩张，最终失去偿债能力。不仅仅是希腊，葡萄牙、意大利、爱尔兰、西班牙都有类似的问题，危机就这样在整个欧元区接连爆发。

欧债危机中，出现债务危机的国家没有货币发行的自主权，贸易失衡造成的货币失衡与金、银本位币制度下贸易失衡的情况类似，是一种较为简单的情形。从整体看，危机出现归根到底是因为希腊等国家花得多赚得少，从而只能不断流失货币、累积债务。

7.4 央行货币发行与本位币体系

在"4.1 个体信用、货币的记账与清算作用"及"5.1 金融学第 0 定律"中已经知道，从微观看，货币可以看成一种债权凭证，货币持有者通过向任何承认这一债权凭证的经济个体购买商品来实现债权。

当前世界已经基本没有直接使用金银贵金属或其他实物信用作为货币的经济体。通常，货币通过本国政府的中央银行发行。中央银行依据不同的事物发行货币，例如，金汇兑本位中，央行依据黄金储备发行货币。有些央行依据其拥有的其他国家货币，也就是外汇储备发行自己的货币。例如，布雷顿森林体系下，美国以外的国家按照自己所拥有的美元储备发行货币，本质是一种直接美元本位、间接金汇兑本位的货币制度。再比如我国香港地区依照美元储备发行港元，他们称之为货币局制度，其本质是美元本位币制度。

由于遵循复式记账法，并且央行的资产负债表不设权益项，央行的资产总是等于负债。发行货币时，其负债端的"发行在外的货币"科目增加，并增加相应资产。例如，金汇兑本位制下，美国联邦储备系统（The Federal Reserve System）获得 100 盎司黄金，按 1 盎司黄金兑换 35 美元计算，它为此发行了 3500 美元，并将其支付给黄金的原所有方，于是美联储在收储黄金、发行相应货币后，资产负债表作如下处理：

资产：　　　　　　　　　　负债：
黄金储备　　+3500 美元　　发行在外的货币　　+3500 美元
（100 盎司）

其他货币本位制度中，央行的处理方式与金汇兑本位币制度相似，如实施美元本位制的香港金管局收储100美元货币，并按照1∶7.8的汇率支付780港币时，其资产负债表作如下处理：

资产：　　　　　　　　　负债：

美元储备　　+780港币　　发行在外的货币　　+780港币

（100美元）

如果脱离本位制、进入信用货币制度的货币体系，其货币创造方式会变得自由许多，货币当局可以通过购买各种资产派生货币。最常见的是购买财政部发行的国债，这也是美联储常用的货币发行方式：

资产：　　　　　　　　　负债：

国债　　　+100　　　　发行在外的货币　　+100

也可以通过借钱给银行完成货币发行，例如：

资产：　　　　　　　　　负债：

银行再贴息贷款　　+100　　发行在外的货币　　+100

即使在信用货币制度下，央行总是希望货币发行有一定凭据，被称为央行的"锚"，这些锚可以是贵金属，也可以是如美元、欧元这样的国际支付凭证。为了稳定汇率，一般中小国家与发展中国家央行更愿意通过增加外汇的方式发行货币，这种货币发行方式又被称为"外汇占款"。外汇的来源，可能是由本国居民企业出口业务、提供服务等方式获得，也可能是通过外币借款、外币投资获得，其过程即前述香港金管局发行港币的过程。

一般来说，央行不太情愿通过直接够买国债或其他本币资产的方式创造货币，通常也不把本币资产视为央行的"锚"，而把这类操作视为"脱锚操作"。这是因为货币发行权掌握在央行手中，任何央行总有无限的能力购买本币资产。

遇到异常勤奋的人民，比如说日本、韩国与改革开放后的中国，在经济增长期，人民群众生产100个面包巴不得自己只吃20个，其余80个都用于出口，然后用赚来的外汇向央行换取本币，央行的外汇储备增长就会很快。这时，以"外汇占款"为名的本币供给也会增加很快。但是新增本币供给未必立即导致物价上升，在初期往往只体现为人们储蓄的快速增长，财富效应也就由此产生。这是第二次世界大战后包括"亚洲四小龙"在内的亚洲经济崛起的基本图景。

在当前的货币体系中，大多数经济体既没有实行本位币制度，也没有实行绝对的信用货币制度，而是在本位币制度与信用货币制度中取了折中，采取固定汇率或者相对固定汇率制度。固定汇率制度，是一种承诺与约束较弱的本位币制度。在固定汇率制度下，央行承诺本币的持有者可以用某一固定汇率换取某种或某些外汇，另外，货币创造并不拘于外汇资产，央行时不时视情况"脱锚"超发货币，当超发货币较多时，本币汇率就会存在贬值压力。

历史上固定汇率制度极少能够持久稳定，汇率往往很快支撑不住而贬值。例如，亚洲经济危机中，实行固定汇率制的东南亚各国货币纷纷贬值。人们通常以为这是由于央行没有管住货币政策，发行过多没有外汇储备支撑的货币所致。然而，事实并非如此。其实，**如果将银行信用视为货币，一切本位币制度都不可持续，一切固定汇率不可维系**。

让我们通过具体的模型给出上述结论的论证，这一模型也反映了亚洲经济危机中，受到重创的亚洲金融体系的根本漏洞。

假设美元兑泰铢的汇率为1：20，泰国央行极为谨慎，只根据外汇储备发行货币，没有任何脱锚行为，其资产负债表如表7-4-1所示。

表 7-4-1　　　　　泰国央行最初的资产负债表　　　　　单位：亿泰铢

资产	金额	负债和所有者权益	金额
外汇储备	2000 （100亿美元）	发行在外的货币	2000
资产合计	2000	负债和所有者权益合计	2000

进一步假设发行在外的货币都是现金，它们分散在各个银行处，将所有银行合并视为一家银行，假设其资产负债表如表4-7-2所示（存款准备金率为10%）。

表 7-4-2　　　　　　　泰国银行最初的资产负债表　　　　　单位：亿泰株

资产	金额	负债和所有者权益	金额
自有现金	1000	负债：	
存款准备金	1000	存款	10000
贷款	9000	所有者权益：	1000
资产合计	11000	负债和所有者权益合计	11000

在这个时候，金融大鳄索罗斯发现了机会，他向泰国各个银行共计贷款4000亿泰株，暂不提现，从而使银行整体的资产负债表变为表7-4-3。

表 7-4-3　　向索罗斯提供贷款后泰国银行最初的资产负债表　　单位：亿泰株

资产	金额	负债和所有者权益	金额
自有现金	600	负债：	
存款准备金	1400	存款	10000
贷款	9000	索罗斯存款	4000
索罗斯贷款	4000	所有者权益：	1000
资产合计	15000	负债和所有者权益合计	15000

等到这些贷款全部被批准下放，索罗斯开始抛售他的4000亿泰株银行存款，他向存款所在的银行要求将这4000亿泰株兑换成美元。

于是，银行向央行申请美元，用于满足索罗斯的兑换要求。如果按照1∶20的固定汇率，泰国央行需要支付200亿美元，而事实上泰国央行一共只有100亿美元的外汇储备，**储备挤兑**就发生了。

这时央行要么选择拒绝兑付外汇，要么让泰株贬值，这两种做法都会严重损害央行的信誉。在1997年外汇危机实际发生时，泰国央行最终选择了让泰株贬值，泰株一次性贬值至1美元兑换56泰株。

以上述模型为例，索罗斯在泰株汇率高位时抛售泰株，以2000亿泰株换取了100亿美元。泰株贬值后，索罗斯先用结余的2000亿泰株现金偿还了一半债务，又用35.71亿美元换取2000亿泰株，偿还剩余一般债务，轻轻松松赚到60多亿美元。

事实上，银行体系总是以货币乘数成倍产生信用、派生银行存款，而在任何本位币制度下或者固定汇率制度下，外汇储备只能兑付基础货币，不可能覆盖到银行信用，因此要根据银行存款兑付外汇，储备挤兑不可避免。在4.11节中已经知道，银行挤兑是银行存款不能被视为货币的一个原因，而**储备挤兑问题是银行存款不能被看作货币的又一个原因**。

同理于任何银行都不可能抵御得住挤兑，一旦银行存款被视同货币，任何经济体系都不可能抵御住对固定汇率制度或本位币制度的攻击。2018年中国有约3万亿美元的外汇储备规模，是世界上拥有外汇储备最多的国家，但同期人民币的M2规模超过180万亿元，如果这些银行存款人要求将存款兑换为美元，按照1：7的汇率，需要约23万亿美元，足以掏空央行的外汇储备8次。

在布雷顿森林体系崩溃前，美国一直实施金汇兑本位制，也一直主张金融自由，但长期以来黄金储备的兑付问题却并没有暴露出来。这是由于从美国银行体系提取黄金，要远比从泰国银行体系提取美元复杂得多，一旦有人大规模提取黄金，美国银行就不得不拿美元现金到美联储体系兑换黄金，随后由于现金大量流失，这家美国银行不得不更大规模地缩减资产负债表。于是在从美联储提走那么多黄金前，银行就已经发生经营危机。金汇兑本位下，储备挤兑危机以个别银行的经营问题呈现，而不会表现为整个本位币制度的危机。黄金兑付的不便利性反而挽救了金汇兑本位制度。

把银行信用视同货币从根本上存在隐患，也是亚洲经济危机中，东南亚诸国金融体系的根本漏洞。进一步地，国际金融学中"蒙代尔不可能三角"，即资本的自由流动、货币政策完全独立、汇率稳定三项目标不可能同时全部实现这一说法，亦不正确。事实上，即使完全放弃独立货币政策，汇率也不可能稳定，真正需要放弃的是银行体系与央行外汇储备的贯通，不把银行存款视为货币、不允许银行存款与外汇直接兑换。

在理解了上述理论后，我们很容易就能把东南亚金融体系的漏洞补上。那就是规定，不允许银行直接根据银行存款兑付外汇，银行兑付外汇必须先使用现金向央行购买外汇，再对外兑付。银行在兑付外汇后，根据现金减少金额，相应缩减资产负债表规模。由于"货币乘数"的存在，这一规模缩减量是现金减少金额与"货币乘数"的乘积，数倍于该笔外汇兑付量。

上述监管措施在实际操作中实在太麻烦，而且由"4.14 银行危机"知道，银行根本不能轻易缩减规模，一旦进入缩表、清算周期，在本质危机的机理下，坏账就不可避免地冒出。于是，**在现代银行体系的作用下，任何本位币制度或者变相本位币制度（如固定汇率制度），都必须实行某种程度的资本管制。**

7.5 布雷顿森林体系

如"6.4 罗斯福新政"所述，罗斯福新政开创了美国政府赖账的先河，事实上动摇了金汇兑本位制这一货币制度，但结果似乎还不错。尽管如此，美国人仍然舍不得金汇兑本位。金银为货币是写在美国宪法中的内容，美国立国的先贤们并没有给美国政府授以货币发行的权力。

即便是罗斯福自己，或许也没有明白放弃金汇兑本位意味着什么。罗斯福新政时期下调美元黄金含量的做法只是一项紧急措施，没有被立法确认为政府权力。人们希望1盎司黄金兑换35美元这个比率可以长久维持下去。不止美国人，彼时全世界都依然保留有金银才是货币这一根深蒂固的认知。

1944年7月，44个国家的代表在美国新罕布什尔州"布雷顿森林公园"召开联合国和盟国货币金融会议，史称"布雷顿森林会议"。这次会议通过了《联合国货币金融协议最后决议书》，以及《国际货币基金组织协定》和《国际复兴开发银行协定》两个附件，总称《布雷顿森林协定》。至此，在罗斯福新政中被动摇的金汇兑本位制度回归了,并且是以更高调的国际金融新秩序的姿态回归。

布雷顿森林体系于第二次世界大战的尾声建立。彼时,盟军已经在诺曼底登陆,希特勒的失败只是时间问题,各方开始为建立战后国际秩序做准备,布雷顿森林体系是金融经济秩序方面最重要的组成部分。战争让欧亚大陆的各主战场几乎成为废墟,美国本土却安然无恙。并且,第二次世界大战期间,美国的工业实力随着军工科技的发展突飞猛进。国际金融方面,美国的债主地位比第一次世界大战时期更显著地提高,占有了全球黄金储备的75%。布雷顿森林体系在金汇兑本位制的基础上,围绕美元展开。

布雷顿森林体系的主要内容包括:

(1)设立两大国际金融机构,即国际货币基金组织和世界银行。前者负责向成员国提供短期资金借贷,目的为保障国际货币体系的稳定;后者提供中长期借贷来促进成员国经济复苏。

(2)美元与黄金挂钩,35美元兑换1盎司黄金,成员国货币和美元挂钩,实行可调整的固定汇率制度。

(3)明确了美国作为储备货币发行国的责任。一方面,美联储保证美元按照官价兑换黄金,维持协定成员国对美元的信心。另一方面,提供足够的美元作为国际清偿手段。

(4)取消经常账户交易的外汇管制。

其中,第(3)点要求存在内在矛盾。一方面,美元作为国际支付与国际储备手段,要求美元币值稳定,才会在国际支付中被其他国家所普遍接受。而美元币值稳定,不仅要求美国有足够的黄金储备,而且要求美国的国际收支必须保持顺差,至少不存在持续逆差,从而使美国有充足的黄金储备。否则,人们在国际支付中就不愿接受美元。另一方面,全世界其他国家要获得外汇储备增长,又势必要求美国的国际收支保持逆差。否则,全世界其他国家会面临外汇储备短缺,国际市场将面临支付流动性不足。

上述既要美国顺差又要美国逆差的矛盾很快在实践中凸显。第二次世界大战结束伊始，美国在战争中发展生产力，而其他国家则被战争削弱，美国得以大举向西欧、日本和世界各地输出商品，其国际收支持续出现巨额顺差，其他国家的黄金储备大量流入美国，各国普遍感到"美元荒"（Dollar Shortage）。随着战后重建，西欧、日本各国经济增长，产出水平恢复并超越战前，出口贸易不断扩大，其国际收支由逆差转为顺差，美元和黄金储备增加。与之相对，美国的国际收支由顺差转为逆差。当美国人习惯享受着法国的香水和葡萄酒、西班牙火腿和意大利奶酪的同时，欧洲先是清偿了它的债务，随后又让美国开始发行过多美元，美元从短缺转变为泛滥，形成"美元过剩"（Dollar Glut）。

与此同时，美国国内通货膨胀严重，美元购买力缩水。20世纪五六十年代朝鲜战争与越南战争两场战事开支庞大，地缘政治与局部冲突导致两次石油危机，石油提价带领物价上涨，美国政府还不得不增加失业补贴作为稳定举措。政府财政吃紧，不得不依靠发行货币来弥补财政赤字，通货膨胀加剧。美国消费者价格指数1960年为1.6%，1970年上升到5.9%，1974年又上升到11%。在金汇兑本位下，物价上涨意味着汇兑货币实质性贬值，给美元的汇价带来了持续冲击。

这些问题最终都导致美国黄金储备减少。1960年，美国的黄金储备下降到178亿美元，已不足以抵补当时的210.3亿美元负债，出现了美元的第一次危机。20世纪60年代中期，美国卷入越南战争，1968年3月，美国黄金储备为121亿美元，而同期的对外短期负债为331亿美元，引发了第二次美元危机。到1971年，美国的黄金储备（102.1亿美元）仅是它对外负债（678亿美元）的15.05%，美国已完全丧失了承担美元对外兑换黄金的能力。1971年7月第七次美元危机爆发，尼克松政府不得不于8月15日宣布实行"新经济政策"，停止履行外国政府或中央银行可用美元向美国兑换黄金的义务。1971年12月，以《史密森协定》（*Smithsonian Agreement*）为标志，美元对黄金贬值，这意味着美元与黄金脱钩，至此布雷顿森林体系中关于美元与黄金的约定宣告终结。

1973年美国再次爆发经济危机，黄金储备为110亿美元。由于没有充分的黄金储备作基础，美元的地位摇摇欲坠。1973年2月，美元进一步贬值，西欧再次出现抛售美元、抢购黄金和马克的风潮。同年3月16日，欧洲共同市场9国在巴黎举行会议并达成协议，联邦德国、法国等国家对美元实行"联合浮动"，其他主要西方货币也都实行了对美元的浮动汇率。至此，战后支撑国际货币制度的另一支柱，即固定汇率制度也完全垮台，这宣告了布雷顿森林体系的最终完全解体。

对布雷顿森林体系的反对声始终存在。例如，战后法国领导人戴高乐就对这一体系持批评态度，并把大量美元兑换为黄金运回法国。戴高乐的英明决定让法国人在布雷顿森林体系崩溃时避免了损失，甚至发了不小的财。但与此同时，如同大航海时期大量获得美洲金银的西班牙一般，富裕让法国失去了活力，甚至后来丢掉了欧洲大陆的主导地位，这又是后话了。

虽然布雷顿森林体系以崩溃告终，美元结算的国际贸易、国际金融秩序却得以保留下来，即使布雷顿森林体系崩溃后很长一段时间，国际贸易上包括石油在内的主要大宗商品都是以美元计价、以美元支付结算。随着国际贸易的扩大，各国持续不断地囤积美元，带来了美国的长期繁荣，也埋下了隐患。

7.6 日本20世纪90年代经济衰退

第二次世界大战后的日本经济崛起是多种因素作用下的结果。第二次世界大战的主战场远离日本本土，两颗原子弹虽然把广岛与长崎夷为平地，却也打消了日本"本土决战"的念头，其主要工业基础得以保留。作为曾经的列强，日本有着当时数一数二的工业基础与高素质劳动力基础，战时用作军备生产的设备、厂房、劳动力与技术，在战后被转化为民用建设。杜鲁门主义的施行企图让日本成为在东亚对抗共产主义的"桥头堡"，受到了大量来自美国的援助。日本人民还普遍具有勤劳、节俭、坚忍的品质。

自1964年起，日本始终保持贸易顺差，这让日本逐渐积累起庞大的外汇储备，也让日本国内的货币数量膨胀，这些货币一方面如"4.6 经济体系整体利润的根本来源"所述变成了企业与个人的利润，促进着人们勤奋产出；另一方面带来物价水平的上升。今天日本以本币计量的高物价水平及大面额货币，即是数十年货币增长的结果。货币与经济增长持续相互促进，经济长期景气。1973年布雷顿森林体系崩溃后，美元的黄金枷锁被移除，更多美元被印制出来，源源不断地流入日本。至20世纪80年代，日本已经成为仅次于美国的世界第二经济强国，长期贸易顺差也让日本成为世界第一大债权国。

日本长期的贸易顺差以美国的负债累累为代价，也让美国相关产业受到进口商品冲击，引发美国相关群体不满。频繁的贸易摩擦迫使双方政府最终就日元升值达成共识，继而，美国又拿着与日本达成的协议和其他国家谈判。1985年9月22日，美国、日本、联邦德国、法国以及英国（简称G5）的财政部部长和中央银行行长在纽约广场饭店举行会议，达成五国政府联合干预外汇市场、诱导美元对主要货币的汇率有序贬值以解决美国巨额贸易赤字问题的协议。因协议在广场饭店签署，故该协议又被称为《广场协议》。《广场协议》签订后，上述五国开始联合干预外汇市场，在国际外汇市场大量抛售美元，诱导形成市场投资者的抛售狂潮，美元持续大幅度贬值。1985年9月，美元兑日元在1美元兑250日元上下波动，协议签订后不到3个月的时间里，美元迅速下跌到1美元兑200日元左右，跌幅达20%。在之后不到3年的时间里，最低跌至1美元兑120日元，美元对日元贬值了超过50%，或者换言之，日元对美元升值了1倍。

随着1985年《广场协议》的签订，日本迎来了自己的镀金时代。1988年，据美国《商业周报》统计，世界排名前30名的大公司中，日本占了22家。1991年日本的人均GDP为28000美元，而美国只有23000美元。在泡沫经济的高峰时期，日本的总资产以479160亿美元超过美国的

468142亿美元。在1990年初，日本全部的公司股票市值高于美国，而美国的人口是日本的2倍。伴随着日元升值，日本的购买力达到可怕程度，疯狂购买欧美资产。索尼耗巨资34亿美元购买"美国的灵魂"的好莱坞哥伦比亚公司；松下斥资61亿美元购买环球电影公司；三菱重工出资8.5亿美元买下"美利坚标志"纽约洛克菲勒中心51%的股份。

与此同时，日元升值对日本经济造成了不利影响，日本的出口受到打击。其出口增速由1985年的2.4%下滑到1986年的-4.8%，经济增长率从1985年的4.1%下降至1986年的3.1%。为应对出口下滑对经济产生的不利影响，日本央行开始采取宽松的货币政策，连续下调利率水平至2%。1986年底，日本经济就迅速恢复了增长势头。1986年12月到1991年4月的51个月，被称为"平成景气"，日本房地产价格连续大幅上涨，东京圈地价涨幅在1987年、1988年分别达到57.5%和22.6%；日经指数由1985年末的13113.32点一路攀升到1989年末的38915.87点，4年内涨了近200%。

1985年以后，日本经济增长动力已经发生了本质变化。原本，人们"赚到的钱"是由贸易顺差带来的货币增长，其后，变成资产价格上涨与日元升值所带来的账面效应。当时日本的经济细节，处处透露出"柯立芝繁荣"的气息。

日本股票连续25年上扬，日本股市永远上涨的神话被反复传颂，人人蜂拥炒股。房地产市场上，如同"车轮上的美国人人都想去佛罗里达度假"的论调，"在日本那么狭小的国土上，土地必然极其稀缺，价格必然不断上涨"成为房价疯涨的坚定信心来源，四处流传着炒房而一夜暴富的励志故事，人人痴迷于房地产投资。

随着日元升值态势的确立，投机外汇市场变成了稳赚不赔的买卖，各种炒汇致富的典型纷纷涌现。如阪和兴业，一家干了40年圆钢和钢线出口的企业，在社长北茂森的带领下开始炒外汇。在电视采访中，北茂森轻描淡写地说："（炒外汇）一天赚一亿，就是小儿科，一天赚五亿也有过"。日元升值所带来的账面效应，就这样实实在在地成为企业利润。北茂森的形象也经由电视，刺激着其他企业和一般民众的神经，人们疯狂地参与到外汇投机活动中。

炒房、炒股、炒汇，变成了最正经、最赚钱的事情，与之相对，出口企业节省开支、加班加点工作也赚不到几个钱。

日本经济开启癫狂模式。由于日元坚挺，人们大量进口高档商品，喝全世界最贵的酒、抽全世界最贵的雪茄，还纷纷走出国门，买空海外的奢侈品店。在日本国内，东京最小的企业也要在最高档的银座地区开年会。人们下班后都要聚集在饭店、KTV、酒吧等场所消费，昂贵的出租车价完全不妨碍人们晚上打车回家，甚至由于出租车太少、排队打车的人太多，人们挥舞着万元大钞加价。由货币守恒可知，人们大笔花销出去的钱其实变成了另一些人的收入，于是大家都花得多、赚得多。然而这些消费很多是过度消费，经济结构悄然发生着改变，金融、娱乐等行业兴盛，制造业衰颓。

当日本经济表现出"不对劲"的时候，已经距《广场协议》签订过去整整5年时间。1989年起，日本央行一改当初为抵消日元升值对出口经济的不利影响而采取的刺激内需的货币扩张政策，把利率从持续多年的2%一举调整到3.25%，后又调高到4.25%，期望刺破房地产泡沫。借贷规模的扩张速度受到高利率的抑制，流动性骤然紧缩，股票与房产被大量抛售，账面效应衰退。

股市与房地产的账面效应衰退，引发股票、房地产抵押相关借贷市场的危机。20世纪80年代股票、房地产价格持续稳定增长时，银行对房地产与股票的实物信用估价达到最大，富士银行等银行甚至按照房地产估价100%发放贷款，银行的资产负债表也急速扩张。而当银行资产负债表规模随账面效应衰退而收缩，由"4.12 银行利润的虚无性"和"4.14 银行危机"可知，必然发生债务违约。债务违约导致银行抛售抵押资产，抵押物大幅度贬值，银行纷纷宣布破产。银行的破产又导致新一轮借贷收缩，企业融资遇到困难，企业也不得不开始申请破产，经济陷入恶性循环。

1990年1月初，日经指数在离4万点咫尺之遥时，调头大跌，到1990

年10月跌到25194点，跌幅达35%；到1992年8月，跌到14309点，跌幅达63%；而到了1998年，已经只剩8000点，据最高点跌幅达79%。与此同时，房地产价格也掉头下降，启程漫漫跌途，一些房地产的价格甚至最终跌去90%以上。

20世纪90年代日本经济萧条并不是一个非常猛烈的过程。在房地产泡沫被刺破后的十余年时间里，日本实际GDP下降的年份只有2年。真正让日本感受到痛苦的是过去那种辉煌岁月的一去不复返，以及对停滞的绝望。与在增长期一切都在变好的感受不同，萧条期人们的境遇往往有所波动，时好时坏，常常到最后发现自己在原地踏步。

即使在今天，依然有经济学者认为，日本经济萧条是一个货币问题。"流动性陷阱"是部分经济学家对日本经济迟迟不能从萧条中恢复的解释，这种看法并不全面。

事实上，众所周知，房地产泡沫是日本央行执意捅破的。在借贷危机发生、银行纷纷倒闭时，日本央行也有能力救助。日本央行强硬决策的背后，是日本全民对经济实质的思考。

经过几次全民大讨论，日本已经清楚地认识到自己是一个资源严重依赖进口的国家，日本必须用他国需要的商品来交换资源。而依靠不动产、金融产业推动日本经济的发展，日本整个产业结构和就业结构就会向不动产、金融这些行业倾斜，珍贵的劳动力、创造力被大量投入投机活动中去，日本出口创汇的制造业就难免萎缩，未来若发展中国家崛起，本无价格优势的日本产品将连技术优势也要失去，再没有获取外部资源的能力。

资产价格的骤然下跌固然引起借贷的大规模崩盘，账面效应与财富效应又引起了消费与产出的下降。不过，如"3.12 政府干预"所述，日本20世纪90年代价格体系的重构其实是一种经济结构的修复。在日本房地产泡沫最高峰的时期，无论性别、年龄、职业，人们谈论的话题都是房产，人们不是准备攒首付买房，就是正在倒卖房产，或者在考虑下一步的房产投资。尚未毕业的东京大学的学生们，最大的考虑不是选择什么样的工作、是否继续深造，而是要不要在东京郊外的某处购置一套房屋。这当然是件糟糕的事情。日本政府与日本民众意识到，他们必须要摆脱这场资产游戏。90年代房价崩溃后，日本人民的注意力终于从房子的枷锁中解放出来，买房热情降到冰点。股市也从造富神坛跌落，最后只剩下日本央行有兴趣做日本上市公司股东，这是后话了。

然而，在建房子、炒房子、炒股、创造账面财富之外，人们应该做什么，并不是一个容易回答的问题。日本拥有如此觉悟的政府与民众，依然没能交出令人满意的答卷。随着周边发展中国家经济崛起，日本产品的出口优势确实慢慢丧失，从而使得日本社会经历了20余年痛苦的社会阶层板结与经济低速运行。与大萧条时期年轻的美国很快恢复活力不同，随着老龄化的深入，日本经济再创辉煌的时日看来遥遥无期。

7.7　1997年亚洲经济危机

自布雷顿森林体系彻底瓦解后，各国都从贵金属本位币制度下进入现代货币制度，黄金数量不再是货币发行的制约。但是通过与美元挂钩的固定汇率制，很多国家在事实上建立起了美元本位的货币制度。

在经历了数十年的发展后，墨西哥、阿根廷、日本、泰国、印度尼西亚、菲律宾等陆续发生经济危机。这些国家的货币或多或少都与美元挂钩，除日本20世纪90年代经济衰退外，这些危机的源头大多是"7.4 央行货币发行与本位币体系"中所阐释的，固定汇率制下存在缺陷的金融系统引发的货币危机，并进一步发展为经济危机。其中，发生在1997年的亚洲经济危机，又称亚洲金融风暴，是最为惨烈的一次。

循着"3.10 正反馈与经济景气"的内在机理，亚洲东亚与东南亚各国在亚洲经济危机前着实有一段好时光。20世纪80年代，以"亚洲四小龙"，即中国香港、中国台湾、新加坡和韩国，以及"亚洲四小虎"，即泰国、马来西亚、菲律宾和印度尼西亚为代表的经济体，承接了美国、日本等发达国家的产业转移，实现了经济起飞。具体来说，期间日本实行"废旧建新产业重构"政策，向东南亚转移了纺织、摩托车、消费电子产品和一些重化工业，同时由于日本企业资金充裕，对东南亚各国的投资快速上升。20世纪八九十年代这些国家地区普遍经历了数年或者十数年8%~12%的高GDP增长，被称为"亚洲经济奇迹"。

以典型的泰国为例，自20世纪70年代起，随着出口增长，泰国已经逐渐积累起一些外汇储备，经济基础亦有所改善。至80年代末、90年代初，随着日元因《广岛协议》大幅升值，也就使得与美元挂钩的泰株在事实上贬值，利于泰国出口。而日元的升值亦促使日本国内的资金谋求对外投资，部分日本产业外移。泰国由于其地理位置、历史渊源、较为良好的政治经济基础，在出口业务与资本流入两方面都受惠良多。

于是泰国的外汇储备在两方面获得丰富。一方面，经常项目顺差带来外汇流入。另一方面，资本项目如直接投资和金融借贷也顺差带来外汇流入。这些新增外汇在固定汇率制度下变成了本国的新增货币，根据"4.6 经济体系整体利润的根本来源"，这些新增货币又进一步成为各经济个体的盈余，这些盈余催动着人们奋发产出。

随着外汇储备的极大增长，泰国一直以来较为严格的外汇管理制度进入20世纪90年代后出现松动。彼时，泰国当局试图和香港竞争东亚的金融地位，把泰国建设成东南亚乃至整个亚洲的金融中心，于是放开政策允许外国金融机构的资金自由进出泰国，央行不再监管。该金融政策一出，以美元为主的外汇蜂拥进入泰国，以低息为诱饵大量出借给泰国的企业和个人。随后，泰国当局又一步开放金融市场，允许外国人自由借贷泰铢，这为储备挤兑埋下祸根。

1990—1996年，泰国逐渐完全开放资本账户。至1996年，外资已经可以随意购买股票与房地产，也可以随意退出股市与楼市，还可以随意借贷。在这一过程中，资产的价格节节攀升。泰国股市以1987年100点为起点，到1993年10月底最高点时已飙升6倍多。房地产价格也快速上升，并逐渐成为"支柱"产业，固定投资占GDP比重在1989年之前低于

25%，1989年上升到30%，1996年进一步上升到42.5%。

然而，在1993年以后，随着美元逐步走强（背后是日本经济衰退），泰铢在固定汇率下被动实质升值，泰国出口竞争力下降。此外，泰国为了履行关贸总协定和东盟自贸区协定承担的义务将进口关税大幅削减，大量外国商品流入泰国。出口疲软而进口大增，泰国开始出现贸易逆差。1994年，泰国经常账户逆差为89亿美元，1995年为140亿美元，1996年达到163亿美元，分别占当年国内生产总值的6.4%、8.5%和9.1%。泰国出口增长率从1995年的24%下跌到1996年的-0.2%，出口疲态尽显。

也就是说，至1996年，泰国已进入难以逆转的严重贸易失衡的状态中，它在国际贸易中不断失去外汇。而央行的外汇储备暂未大幅发生减少，这是由于泰国资产价格涨幅和利率水平较高，存在投机获益空间，资本账户流入弥补了经常账户流出，但也带来了巨额外债。1996年，泰国一年内需偿还的短期外债高达477亿美元，相比之下，其外汇储备只有372亿美元。雪上加霜的是，为留住外汇，泰国采取了高利率政策。1996年泰国的利率高达13.25%，为整个亚洲地区最高。高利率迫使泰国的银行体系高速扩张以掩盖贷款资产的风险，这一方面进一步推高坏账风险；另一方面使银行信用泛滥，而自由金融体系下，从外汇兑付角度讲银行信用被认为等同货币，于是相对外汇储备来说，泰铢极度泛滥。

这些泛滥的流动性还导致了对房地产、股票等资产的投机。对房地产的过度投机最终造成房地产过剩，泰国的房屋空置率快速上升至20%，随后房价的上涨开始乏力。由于房价上涨变缓，新增账面效应无法覆盖债务本息，投机活动受到抑制，人们在接盘时变得谨慎，坏账随之发生。到了1996年6月，泰国各个银行的不良资产已经达到了35.8%，可以说，此时金融危机已然发生。与此同时，因泰国房产等资产价格增速下滑，回报减少，外汇开始减少流入、加速流出。

从20世纪70年代中期到1996年，泰国实际上经历了一个从经济繁荣到银行危机的周期，其机理尽在6.1节周期模型中。具体来说，泰国繁荣期，经济实质由生产余力与技术发展相互作用带来增长，但这一实质增长远不及"财富"增长的速度。财富增长的引擎是外汇储备增加带来的货币增长及资产价格上升带来的账面效应。账面效应带来财富效应，财富效应让经济看起来欣欣向荣，直至1996年镀金的繁荣局面无法继续，房地产账面效应消退、银行危机出现。

自1993年起，上述种种因素影响下，泰国出现严重贸易失衡，外汇储备与金融体系变得更为脆弱。以索罗斯为首的国际炒家察觉到泰国金融与经济存在漏洞与问题，泰国央行已经失去维系固定汇率的能力，却依然放任金融市场自由化并坚持高估的固定汇率水平，索罗斯们开始布局攻击泰铢。这些国际炒家先是大笔借入泰铢债务，并于1997年开始向市场大笔抛售泰铢、向泰国央行兑换美元，在泰铢大幅贬值后用相对升值后的美元偿还以泰铢计价的债务。人们没有意识到在自由金融体系中，外汇储备挤兑是不可抵御的，泰国央行迟迟没有进行资本管制，而是试图在既定的较高汇率水平上，通过抛售外汇来稳定泰铢，最终导致泰国外汇储备巨额流失。到1997年6月30日，泰国外汇储备从300多亿美元锐减至28亿美元，泰国人民数十年省吃俭用换来的外汇一朝丧。抛售美元的策略没有奏效，泰央行最终还是不得已放开汇率自由浮动，放任泰铢贬值。

泰国经济对外依存度大，经济体量小，国际贸易环境小幅波动就能对泰国造成巨大影响。并且，泰国在经济发展期没能实现产业升级和经济结构优化，经济发展期的出口依赖于替代性较强的初级产品，核心优势在于价格便宜。固定汇率下，1993年起泰铢随着美元走强实质升值，出口商品的价格优势不复存在，一批制造业等出口产业被迅速摧毁，泰国贸易失衡，进口远大于出口。此时泰国不仅没有及时作出调整，反而在自由金融的旗号下放任资产价格上涨，人们歌舞升平享受着"财富增长"和进口商品消费，实则内部产业空心化，靠举债与进口度日。1997年金融危机爆发后，泰国股市与楼市的账面效应破灭，此前已空心化多年的制造业等产业却难以在短时间恢复，除了炒房、炒股，人们已经忘记怎么靠双手创造价值，贸易失衡背后的结构性问题持续困扰着泰国经济。

原本泰国的外汇储备中就有很多是"热钱"，投机一把泰国股市、楼市就会离开。泰国经济本身的创汇能力不强，经济结构更让泰国难以通过贸易手段从经常账户获得外汇储备。泰国经济在失去数十年外汇储备的积累后，再难恢复。外汇储备不足又进一步制约了泰国货币当局的货币发行，使泰铢在1997年大幅贬值后增量不足，依照"4.6 经济体系整体利润的根本来源"中的理论，这使得泰国各经济部门发现钱很难赚、盈利困难，经济发展没有动力，产业重建工作缓慢，泰国经济陷入长期困境。

1997年，继泰国之后，马来西亚、菲律宾、印度尼西亚等国也受到国际炒家的类似攻击，同样以损失大量外汇储备后放弃固定汇率、本国货币大幅贬值告终。随后至1999年，亚洲大部分主要股市大幅下跌，金融机构、大型企业纷纷倒闭，失业率上升，社会经济萧条，亚洲经济急速发展的景象就此终结。

1997年亚洲经济危机发生时，中国同样实行固定汇率制度，但同时实行严格的资本管制，美元能够以固定的价格兑换为人民币，但人民币却需要通过严格的审批程序才能兑换为美元，这相当于罗斯福新政时期实施的中止金本位的措施，并非亚洲其他国家的美元本位制，因而受到的冲击较小。经济实质上，彼时中国正享受着人口与制度改革等各方面的巨大红利，经济高速发展的进程只是稍受阻碍，很快又一飞冲天了。

亚洲经济危机一方面说明，并没有什么经济奇迹，真正的奇迹来自科技进步与制度革新，经济上只有后发优势与经济周期。经济发展是全民努力的结果，而当人们不再努力或者说努力的方向错误，沉溺于投机活动带来的账面效应，危机就会出现。另一方面这场危机也验证了任何形式的本位币制度都不可能长久。

7.8 中美贸易

布雷顿森林体系崩溃后，美元依然凭借其强大的国力牢牢占据着国际收付和国际储备的控制地位，美元长期是世界的硬通货。金本位、金汇兑本位制度彻底瓦解，世界各主要经济体表面上都进入了信用货币制度，但在实际中，大部分国家建立起了以美元为锚的货币制度，并通过固定汇率等系列货币政策安排，实行不同程度的美元本位。

第二次世界大战结束后不久，由于其他国家对美元的强烈渴望，美国很快长期陷入进口大于出口的贸易失衡状态。这一贸易失衡先导致20世纪70年代布雷顿森林体系的崩溃，后带来采用出口导向政策、囤积美元外汇的经济体系的繁荣。其中的典型就是前面论述过的，包括日本在内的东亚、东南亚诸国所谓的经济奇迹。

美国通过贸易逆差对外输出美元时，扮演了货币当局的角色，征收了铸币税。具体举例来说，假设某国有出口企业生产衣服，工人们加班多生产100件衣服出口至美国，获得100美元外汇，然后将美元外汇出售给本国央行，以1∶10的价格兑换为1000元本币。于是，美国得到了100件衣服，其代价是100美元的流出，而若保持美国国内货币数量不变，则美国需新发行100美元货币。某国央行得到了100美元的外汇储备，出口企业得到1000元的本币。某国央行作为货币当局并没有得到任何实物或者消费上的好处，仅仅充裕了外汇储备，100件衣服的消费为美国享有。总体来看，通过上述货币体系安排，美国向某国征收了100件衣服的铸币税。

一方面，美元流入意味着美国以征收铸币税的形式占用了资源与产出；另一方面，由"5.1 金融学第0定律"知道，货币可以视作一种债务人不确定的债权凭证，从这个角度看，美国对外的贸易失衡也是债务不断累积的过程。顺差国兑现这种债权、美国偿还这种债务的方式是顺差使用美元从美国本土购买东西。

对顺差国来说，美国征收铸币税并非完全没有正面作用。由"3.1 生产余力与经济刺激政策"知道，当经济体系有生产余力时，新增货币可以激励产出部门为获取货币储蓄而增加产出，表现为一种经济增长。进一步地，外部订单需求刺激产出扩张，带动高层次产出。也就是说，即使出口商品为初级产品，经济结构也会因为增长而被拔高，重工业等高层次产业的比重会增加。

发生这些增长的前提条件是存在生产余力。早期，由于基础设施、技术水平落后，出口国家的生产余力往往来源于初级劳动力加班加点的工作，表现为所谓的"血汗工厂"遍地。后随工业基础改善，生产余力逐步来源于技术进步、效率提升，这时会有很大后发优势。

在亚洲经济危机中，经由对金融体系漏洞的攻击，以索罗斯为代表的国际炒家洗劫了亚洲诸国的外汇储备，把这些国家的人民通过省吃俭用、辛勤工作，出口积攒下来的美元又通过金融方式回流美国，相当于美国的欠债被一笔勾销，于亚洲各国来说是个悲剧，于美国却十分有利。有说法指出，华尔街亦是美国的一项武器，从亚洲经济危机中看确有其道理。但这是一把"双刃剑"。

上述通过大量出口换取外汇拉动经济的方式，在日本、亚洲四小龙、亚洲四小虎等国家和地区的"经济奇迹"中起到举足轻重的作用，有人将这种经济模式总结为"出口导向型经济"。另一些发展中国家不愿意被美国或发达国家征收铸币税，采取了被总结为"进口替代"的经济策略，这些国家的出口表现一般，出口在国内经济的占比较小。其实"出口导向"和"进口替代"都只是事后总结，几乎所有发展中国家都采取了鼓励出口、限制进口的策略，只是侧重点不同。

所谓实施出口导向策略的国家，政府鼓励企业出口产品，这些产品需要在国际市场上售卖，于是对企业评价也经由国际市场评定，优胜劣汰，企业努力制造具有国际竞争力的商品。由于积极出口，这些国家对外政策上往往较为开放，与以美国为代表的发达经济体商业、技术、文化上的交流频繁，技术水平提升较快。

所谓实施进口替代策略的国家，一般是较为封闭的政权，在国家初级产品产能、基础设施、生产设备、生产技术均不足的情况下，通过行政手段转移农业、手工业等低层次产业产出，强行发展重工业、制造业之类高层次产业。一般来说，这些经济体内，各企业、经济部门的绩效通过行政方式评定，有较大的主观因素，受到行政权力的极大干扰，经济个体"做的好坏不重要，重要的是谁的人、给谁干"，分配也很大程度取决于行政权力的意志和偶然因素，人们提高技术水平、努力工作的动力不足。进一步地，较为封闭的经济体系国际交流不足，先进技术无法及时传达，经济体系陷入闭门造车的窘境。

经济的实质是"人都在做些什么"，经济好坏当然也与所谓出口导向、进口替代的经济模式无关。两种模式最终结果的分化，根本原因在于出口导向的经济模式更容易奖优罚劣，促使经济体系的人们提高素质、技术、产品竞争力、累积和发展生产力，技术水平与国际接轨。而进口替代则更容易优汰劣胜，鼓励人们谋求裙带关系与权力寻租，累积和发展社会矛盾，技术水平与国际脱轨。其差异是落后技术与先进技术的差异，也是制度差异。

类似上述对进口替代与出口导向两种经济模式的分析，也可以应用在中国改革开放前后的经济发展历程中。

改革开发前，中国经济长期处于不尽如人意的状态。首先，中国参照苏联，实施了计划经济。理想中，一个经济体的一切生产、分配等经济行为存在一个最优解，寄望通过制定计划达成这一最优解。然而在实践中，计划的制定者远非全能全知，缺乏必要的决策信息，也缺乏事无巨细制定全部生产计划的能力与精力。例如，决策者应当如何计划当年小品类水果如荔枝的生产、运输？在分配上，更遇到信息不畅、权力寻租泛滥、执行大打折扣的问题。计划—生产—分配—反馈—计划这一循环的每个环节都容易出现纰漏，莫说最优解，勉强维持经济体系运行已属不易。同时，政治运动使大量技术骨干、高素质劳动力被闲置、浪费或投入到消耗结构中。在与苏联交恶之后，中国社会整体上处于黑暗中摸索的状态，其进步速度相比第二次世界大战后世界范围内的技术爆发，可谓在刀耕火种时代。

直至改革开放以后，中国经济逐步走向正轨。从经济实质上说，主要是三方面恢复了正常：

（1）劳动力被解放。计划经济时代不被允许的个体生产、经营与交易渐渐被默认允许并最终被立法确认。原先一切经济活动都必须通过国营单位进行，甚至炒瓜子、做早点、小商品贩卖这类极微观经营活动都不例外。而随着改革开放逐渐深入，越来越多经营活动向个人、外资放开。原本存在闲置的劳动力自发努力赚起钱来。

（2）将劳动力从不必要的消耗活动中解放出来。人们的生活重心由政治生活转向经济生活。

（3）国际关系的缓和、对外交流的正常化，让中国经济走出黑暗的摸索，先进技术随开放源源不断地流入。

改革开放以后，尤其是1992年邓小平南方谈话后，中国经济高速发展的格局被确定下来。当时国内外技术差距极大，中国有强劲的后发优势，产出呈现多层次结构的高速发展。随后高层次产出的产能释放，伴之史无前例的巨大人口红利，使得中国经济由产出全面不足开始转向过剩，大量商品被出口到世界各地，"中国制造"时代来临。

中国大量的出口商品变成美元外汇，由中国央行储备起来。2000年美国科技股泡沫破灭后，中国经济的稳定与强劲增长受到了全世界的瞩目与肯定，"投资中国"成为一个共识。于是，除了经常项目顺差，资本项目下外汇也源源不断涌入，出现所谓"双顺差"现象，这使得央行的外汇暴增。到2006年，中国央行的外汇储备突破1万亿美元，继续储备美元的必要性开始降低，中国在当年启动了汇率改革，人民币进入升值通道。即便如此，其后十年间依然有更多外汇进入，使得外汇储备最高达到4万亿美元的水平，跃居世界第一，并远远超过当时世界第二的日本。

中国央行的人民币发行亦随外汇占款增加而增加。2004年末中国外汇储备为6099.32亿美元，2014年6月底达到39932亿美元的最高峰，年增长率超过20%。货币增加是期间中国房地产火爆、房地产价格涨幅远超经济增速的基本背景。

中国的贸易顺差对应美国的贸易逆差，但美国贸易逆差并不意味着美国"吃亏了"。在中美经济格局中，中国实际上构成了对美国的供养。中国不仅为美国直接提供了衣服、玩具、电子电器设备等商品，还间接提供了石油、金属等资源。美国的劳动力从初级产业中释放，更多劳动力得以集中于高新科技领域的创新创造。与中国的制造力达到高峰相对应，美国的科技、文化等软实力更上一层楼。互联网技术、集成电路技术等一轮又一轮的技术革命在美国发生。苹果手机引领着智能手机市场；人们的日常被facebook、youtube、twitter或者其模仿者占据；全球票房中，其他国家的电影今天已很难与好莱坞大片争锋；全世界都吃着肯德基、麦当劳，喝着星巴克。在技术、文化的各个方面，世界从未如此美国化过。

然而，长期贸易失衡终究不可持续，随着2008年次贷危机后全球量化宽松开启，世界各经济体都催升着资产价格，亦造就着经济扭曲，这些扭曲与贸易失衡一起，带来国家与国家之间、群体与群体之间、人与人之间各种各样的矛盾与冲突。

延伸阅读

发展中国家借钱谋发展：

假设发展中国家一开始可生产800斤小麦，但是对国内来说，其实需要1600斤小麦才能满足所有人的温饱，这时候，国家处于半饥饿状态。小麦国内售价1元/斤，官方指定的汇率是1元兑换1美元。国外拥有先进的设备，可以生产农药、化肥、收割机来增加粮食产量，但是对于国外的设备厂商来说，发展中国家央行制定的汇率是没有意义的，国外厂商真正需要的是美元。于是该发展中国家只能先出口小麦获得美元，再购买设备。然而我们知道，发达国家也生产小麦，而且已经普及了先进设备与生产技术，效率高产量大，价格很低，只要0.1美元/斤。假设，机械设备的价格是40美元/组，每组这样的机械设备，可以使小麦每年产量提高200斤。于是发展中国家号召大家发扬艰苦朴素精神，即使吃不饱也要出口创汇，每年只消费600斤小麦，出口200斤小麦，换取20美元的外汇。这样，2年后才凑齐了设备款。第3年，第一台设备启用，增产至1000斤。

但是，其实可以通过举借外债的方式更快地引入设备技术。发展中国家可以借入40美元直接购买设备。这样发展中国家的粮食产量在第1年就能达到1000斤，如果第1年同样只消费600斤，则能够出口400斤小麦，在不计利息的情况下，第1年就能够还清债务，而在第2年收获的1000斤小麦，就可以有更自由地安排，或加大出口，或让国民有更多小麦吃。

本质上来说，上述国际借贷模型其实是"3.7 借贷与产出增长"中借贷促进产出增长在国际贸易、国际金融中的体现。

7.9 小结

本章通过增加国际贸易与国际金融的理论，阐述了欧债危机的发生机理。进一步地，结合第6章的经济周期理论，阐述了日本20世纪90年代经济衰退与1997年亚洲经济危机的内在机理。两次危机的本质是一个经济周期的衰退阶段，危机的根源在危机前的繁荣期就已埋下。

本章说明现代银行体系下的本位币制度不可能长期持续，会发生储备挤兑的问题，自由汇兑不可能在自由金融体系下实现。而泰国等东南亚各国由于没有认识到这一点，放任金融与汇兑自由化，最终让举国多年积蓄化为乌有。

第8章
信用货币制度的问题

信用货币制度下,央行可以无限制地印钱吗?

现代央行有哪些发行货币的方式?

为什么近几十年来,各国央行的资产负债表都飞速扩张?

为什么央行一旦缩表,金融风险就迭出?

央行如何做好货币发行管理?

利率与通货膨胀的关系是怎样的?为什么高利率会导致高通货膨胀而不是抑制通胀?

无风险利率意味着什么?

量化宽松可以解决经济周期问题吗?

8.1 货币脱锚

自金汇兑本位币制度在1973年随布雷顿森林体系的崩溃而消亡，距今已过去40余年。货币制度从本位币制度进入到信用货币制度是经济领域的一次重大变革，但由于古典经济学理论对货币认识的不足，主流经济学得到了一系列违反常识的结论。例如，一些经济理论主张，政府采用扩张的货币政策及扩张的财政政策，就可以带来经济增长。这种理论虽然长期招致有识之士的广泛批评，却在全世界被最大范围地实践着。

"7.4 央行货币发行与本位币体系"给出了4种货币发行方式：

(1) 金汇兑本位下依据黄金储备发行美元：

资产：　　　　　　　　　　负债：

黄金储备　+3500美元　　　发行在外的货币　+3500美元

（100盎司）

(2) 美元本位下依据美元储备发行港币：

资产：　　　　　　　　　　负债：

美元储备　+780港币　　　 发行在外的货币　+780港币

（100美元）

(3) 购买国债发行货币：

资产：　　　　　　　　　　负债：

国债　+100元　　　　　　发行在外的货币　+100元

(4) 给银行提供贷款发行货币：

资产：　　　　　　　　　　负债：

银行再贴息贷款　+100元　　发行在外的货币　+100元

其中（3）、（4）是"脱锚"的货币发行方式，在本位币制度下通常不被允许，在信用货币制度中却司空见惯。脱锚的货币发行方式没有约束，理论上数量可以无限大，在财政不受约束央行缺乏独立性的体制下十分容易造成货币泛滥，历史上德国、津巴布韦、委内瑞拉等国均发生过恶性通货膨胀。

"4.5 税、债、货币发行等效"指出政府发债和政府发行货币在对产出的占用上存在等效，在那里发债部门（通常是财政部）与货币发行部门（通常是央行）都被合并为政府部门。但在上述方式（3）通过国债发行货币中，财政部与央行被明确区分为两个部门，先由财政部发行国债，再由央行购买这部分国债，从而达到货币发行的目的。从结果看，合并财政部与央行，则方式（3）的操作等价于政府直接发行货币。

进入完全的信用货币制度后，如果让政府为所欲为，则央行还可以通过如下操作进行货币发行：

（5）购买垃圾债券：

资产：	负债：
垃圾债券　+100元	发行在外的货币　+100元

（6）购买即将倒闭的企业股票：

资产：	负债：
垃圾股票　+100元	发行在外的货币　+100元

（7）购买偏僻地区茅草屋：

资产：	负债：
偏僻茅草屋　+100元	发行在外的货币　+100元

或者，央行还可以购买其他任何名目的东西来发行货币。这时，央行通过购买资产发行货币。央行如果进行如上操作时，实质是利用公权力向资产持有者输送利益的贪腐行为。进一步地，此类操作会极大扭曲价格体系和经济体系。

我们举例说明方式（6）可能造成的恶果。股票价格由于"5.4 股票上市与账面效应""5.5 对倒交易、股票价格上涨与账面效应"等节阐述的机理，常包含极高的账面效应，而"5.6 账面效应与流动性危机"告诉我们，这些账面效应一般随流动性危机破灭。如果在流动性危机发生时，央行救市购买股票，则对股票持有者而言，这些账面效应实现为实际货币，股票持有者获益，这将促使更多人蜂拥购买更多股票，在下一次流动性危机发生前制造更多账面效应。这种人们专注于在金融市场投机、货币资金只是不断被用来推高资产价格的现象，就是所谓的"经济脱实向虚"。

与方式（6）央行购买股票类似，如果央行采取方式（5）、（7）的购买行为，除了对经济体系注入影响不可预知的巨量货币外，还鼓励人们参与到过度借贷、账面效应制造、乱建房屋等行为中去，对经济实质产生明显损害。进一步地，货币泛滥扰乱价格体系，长期必然造成通货膨胀等问题。

但是短期内，这类资产的持有者获得了收益、增加消费，他们增加的消费对产出又有一定刺激作用，从GDP角度和国民收入感观上，经济短期内竟有所提振，与经济受到实质损害的现实产生背离。于是，在经济、政治、社会各个层面这些操作的危害往往被低估甚至被忽视。

凭着本能的直觉与历史经验，人们知道没有约束的信用货币其实谈不上信用。人们在交易中使用政府印出的纸币或者账户上的数字，与其说是出于信任，倒不如说是出于一种习惯，其支撑仅仅是法律的规定。这种对信用货币的不信任感，促使人们不停地寻找所谓能够"保值"的资产。

8.2 央行银行信用贯通与整体金融风险积累

一般来说，人们看到"现金"二字总认定为由央行印刷的纸币或者铸造的硬币。央行通过银行系统发行纸币或硬币媒介货币，如通过向银行再贴息贷款发行纸币时，银行与央行的具体操作如下：

央行的资产负债表变动：

资产：		负债：	
银行再贴息贷款	+100	发行在外的货币——**纸币**	+100

银行的资产负债表变动：

资产：		负债：	
库存现金——纸币	+100	向央行再贴息贷款	+100

此后，若人们从银行取出纸币，则这些纸币就进入流通环节。

现代技术条件下，央行货币发行已经不再依赖于印制纸币或者铸造硬币，央行可以发行各种类型的记账凭证，如数字媒介的货币。银行与央行其实可以进行如下操作：

资产：		负债：	
银行再贴息贷款	+100	发行在外的货币——数字货币	+100

银行的资产负债表变动：

资产：		负债：	
库存现金——数字货币	+100	向央行再贴息贷款	+100

数字货币在银行体系内可以更为方便的交易，尤其在金额较大时，可免除押送转运。不便之处在于需要专用设备进行网络通讯验证交易，不像纸币那样能直接进入日常流通环节。

在"4.13 银行房地产模型"中，我们总是假设所有的现金都存放在银行的保险箱中未真正流通，可以想象，这些现金不需要真正被印刷出来，其来源只需是上述数字货币，省却纸币硬币的印刷、铸造、清点、保存等。

更一般地来说，央行进行货币发行只需要在自己和银行间记个账就可以，上述数字货币相应改成商业银行记账和存放央行就完成了，这也是当前货币发行的趋势。

注意到，上述再贴息贷款与向银行购买国债不同，是一种新的金融工具，并据此发行了货币，这是一种脱锚货币发行。除了再贴息贷款，央行可以创造出一系列金融工具。例如，中国人民银行现有常备借贷便利工具（Standing Lending Facility，简称SLF）、中期借贷便利工具（Medium-term Lending Facility，简称的MLF）、抵押补充贷款工具（Pledged Supplementary Lending，简称的PSL）等，其本质都与上述再贴息贷款类似，都是向银行体系注入现金或临时流动性的工具。

现代金融体系下，央行既是银行的日常监管部门，又是银行的最终救助部门。进一步地，在信用货币制度体系下，央行又可以创造金融工具向银行提供资金。于是，银行真正变得大而不倒。一方面，若银行出现重大危机，央行难免背上监管不力的责任，所以在重大金融风险面前央行与银行利益高度一致。另一方面，央行拥有无限的救助能力，于是理论上可以完全杜绝银行破产事件的发生。由此，银行存款实际上获得了央行的背书，在存款人来看，银行存款等效为央行信用，这就是**央行银行信用贯通**。而在本位币制度下，央行货币发行受到货币本位的制约，央行信用为本位货币的信用，不会发生这一现象。

央行银行信用贯通后，本位币制度下经常发生的银行危机大大减少，借贷风险再也无法通过单家银行的经营情况暴露，也无法通过个别银行破产化解，而是转化为金融体系整体风险，系统性地持续积累。

具体来说，将所有银行并表为视为一家银行，假设存款准备金率为10%，随着银行多年经营，其资产负债表如表8-2-1所示。

表8-2-1　　　　　银行期初的资产负债表　　　　　　　　　　单位：元

资产	金额	负债和所有者权益	金额
货币资金 ——存放央行的存款准备金	100	负债：	
贷款	600	存款	1000
债券	500	所有者权益：	
		资本金	100
		累积利润	100
资产合计	1200	负债和所有者权益合计	1200

由于货币资金一共只有100元，在10%存准率下，其存款最大规模也就只能达到1000元，也就是说，其资产负债规模已达到极限。在次期，

银行的贷款与债券资产以及存款将计提利息,这会使得银行资产负债规模超过存款准备金率的限制。这一问题有三种解决途径:

(1) 银行请求央行下调存款准备金率,使得银行资产负债表能够自然扩张。如果央行同意了这一请求,则意味着监管放松,在当前宏观政策语境下会被理解为宽松的货币政策。

(2) 银行的资产负债表不发生扩张。由于利息的存在,这实际上意味着债权债务某种程度的清偿。假设贷款与债权的平均利率均为5%,存款准备金没有利息,存款利率为4%,利息计提后的资产负债表应为表8-2-2。

表 8-2-2　　　　　计提存贷款利息后的银行资产负债表　　　　　单位:元

资产	金额	负债和所有者权益	金额
货币资金 ——存放央行的存款准备金	100	负债:	
贷款	630	存款	1040
债券	525	所有者权益:	
		资本金	100
		累积利润	115
资产合计	1255	负债和所有者权益合计	1255

存款增长导致存款准备金率不足,要使得存款回归到1000元以下,至少有40元存款需与贷款或者债券相抵消,即40元债权债务清偿相消。而由"4.10 银行存贷款业务"与"4.12 银行利润的虚无性"知道,一旦借贷规模开始减少,一方面原本依靠借新还旧质量不佳的债权坏账容易暴露;另一方面本质危机引起的坏账风险开始增加,金融体系将出现不稳定迹象。

(3) 由于央行负有监管职责,央行很难对途径(2)造成的金融动荡无动于衷,即使不降低存款准备金率,也会试图干预金融市场。在信用货币制度下,解决的办法非常简单,央行只需向银行提供少量现金即可,这一步骤可以通过记账直接完成。具体来说,央行做出如下操作:

资产：　　　　　　　　　　　　负债：

常备借贷便利工具（SLF）　+5　　发行在外的货币——商业银行记账　+5

银行的资产负债表变为表8-2-3。

表8-2-3　　　　央行提供流动性后的银行资产负债表　　　　单位：元

资产	金额	负债和所有者权益	金额
货币资金 ——存放央行的存款准备金	105	负债：	
贷款	630	存款	1040
债券	525	常备借贷便利工具（SLF）	5
		所有者权益：	
		资本金	100
		累积利润	115
资产合计	1260	负债和所有者权益合计	1260

这样银行的存款准备金就充足了。本位币制度下，央行的货币发行受到客观约束，实施上述操作阻碍重重，但在信用货币制度下，一切轻而易举、顺理成章。这带来一系列后果：

（1）中央银行稳定金融市场的方式，由危机处置转变为常态化的风险管理，而管理方式就是通过各类工具向商业银行提供货币、流动性。

（2）银行进一步行政化。银行从一个从事风险借贷活动的商业机构，转变为央行或者政府的延伸。银行存款获得了与货币同等的政府信用，而银行贷款则成为一种行政审批资源，只不过这项行政权力不由政府部门实施，而由银行实施。这项权力与其他行政权力类似，存在寻租空间，这也是银行业贪腐问题的根源。

（3）银行非常容易获得央行输送的资金，对央行形成长期依赖。并且，除了央行的主观意愿，银行的规模扩张再无任何客观上的实质约束。而由"4.12 银行利润的虚无性"可知，只要银行可以无限扩张，则银行贷款可以无限续贷，债券可以一直借新还旧，则无论银行所持贷款、债券资产的质量如何，坏账问题可能永不暴露，银行系统失去风险识别。

(4) 银行贷款常依赖房地产、股票等金融资产抵押，一旦房地产市场、金融市场不景气，容易伤害到银行利益。而房地产、金融资产具有金融吉芬性质，要景气起来也非常容易，只需银行不断提供资金支持，托住房地产、金融资产价格上涨即可，代价仅为银行资产负债表的臃肿，而这可以通过利用金融动荡威胁央行获得。于是形成房地产、其他金融企业绑架银行，银行又绑架央行的局面。而央行只要稍有懈怠，银行系统就会累及资产价格动荡、金融动荡，进而引发经济动荡。

(5) 银行整体规模进入只能扩张，不能也不会收缩的单行道。

(6) 银行的经营风险与经济体系的系统性风险相互绑定，局部的金融动荡不复存在，经济的结构性问题被长期掩盖，直到系统性危机发生。

在2014年以前，尤其是2002年以后，中国的外汇储备持续攀升，央行因外汇占款被动发行大量货币，银行资产负债表随之急速扩张。中国银行业历史上形成的坏账数量相比这段时间扩张的规模显得沧海一粟，辅以核销、处置手段，坏账率骤减。这段时间中国经济格局实际上类似于20世纪80年代的日本，外储快速增加、货币快速增加、企业利润快速增加、借贷规模快速增加。期间，银行规模增长的货币需求量小于外汇储备增加量，央行认为自己拥有充足的货币政策空间。

自2015年起，中国央行的外汇储备进入下行通道。这段时间，中国外汇储备不仅没有增加反而大幅减少，所以央行向银行体系提供的是脱锚发行的货币。央行并不情愿脱锚发行货币，时而想在发行规模上做一番讨价还价，但一旦未能满足银行扩张需求，金融体系就会迅速反馈以动荡。这段时间，中国央行受到外汇储备不足和金融体系动荡两头挤压，本以为充足的货币政策空间荡然无存。

2015年以后，金融系统长期维稳，利益再次向房地产、金融行业输送，使得房地产、金融资产价格虚高，超过国民承受能力，加重产出分配不公问题。

8.3 货币中介指标的无效性

信用货币制度下货币发行没有硬约束，如何确定货币发行量成为一个难题，央行需要通过一些市场迹象来确定货币发行方式，这些迹象被称为货币政策中介指标。当前主流经济学建立的货币中介指标整套理论都建立在货币的供求关系理论之上。然而，在"4.1 个体信用、货币的记账与清算作用"我们就已指出，"货币需求"是一个伪概念，日常交易对货币存量并无要求。进一步地，对个体而言货币多多益善需求无限，而对经济体系整体来说，货币只在流通中发挥作用，存量本身没有价值。那么到底是按照个体的意愿认为货币需求为无穷大，还是按照经济整体的实质认为货币需求为零？

古典微观经济学的供求关系论并不是一个完全准确的理论框架，以IS-LM模型为代表的各种货币供求关系理论更似是而非，这使得当前各类货币中介指标都不能承担起确定货币发行数量的责任，换言之，这些中介指标都是无效的。

这里具体分析3种最重要、最典型的货币政策中介指标。

8.3.1 借贷总量

央行决定货币发行量的一个重要参考指标是4.11节提到过的广义货币量M2。

由4.11节知道，各类存款在银行的资产负债表中体现为银行的负债，在支付流通时体现为银行信用。一方面，从银行挤兑、储备挤兑的风险不可避免可知，银行信用不能被等同于货币，将之称为广义货币存在误导性。另一方面，银行的存款创造实际上经由贷款（或其他资产）创造完成，是银行资产负债表的一体两面,将银行存款脱离银行贷款单独拿出来研究并不恰当。

4.11节还告诉我们,假设存款准备金为r,在银行极度扩张时,有公式:

银行信用创造规模 = 银行自有现金$/r$ + 其他部门现金存款$(1/r-1)$

当存款准备金率较低时,$1/r \approx (1/r-1)$,进一步假设绝大多数现金在银行体系内,则有:

银行信用创造规模(M2)$\approx$央行发行在外的现金$/r$

这说明,所谓"广义货币"这个指标,其实约等于央行发行的现金数乘以货币乘数,若央行以此作为货币发行的参考依据,相当于央行在参考自己的货币操作来发行货币,这当然很荒谬。

另外,考虑银行资产负债表,可以认为M2反映了银行体系所产生借贷总量。而一个经济体系的借贷总量,与这个经济体系的运行情况、货币总量情况不存在直接必然关联。举一个极端例子来说,一个经济体系高度完善和发达,大规模的建设已全部完成,人们的所有借贷都已经结清,经济体系的日常运转不再需要任何借贷,那么需要银行创造的信用为0,M2中只剩下M0,"广义货币"变成一个非常小的数字,但此时并没有任何理由认为,货币不足需要央行加大货币发行。现实中,欧洲与日本在经济增速放缓后,银行借贷扩张就遇到动力不足的问题,无论央行动用何种手段M2就是上不去,其实就是经济体系不再需要借贷的表现,利率再低人们都表示"不需要借钱"。

而在一个非常依赖借贷的经济体系中,由上一节知道,银行体系很容易被绑架到只能扩张的单行道,这一扩张最终通过绑架央行实现。而银行原本的规模越大,所需扩张的规模也就越大,绑架央行发行货币数量也就越多。

也就是说,M2越小,央行所需发行的现金货币数量越少,M2越大,央行被绑架发行的货币现金越大。这与"钱越少央行越需要印钱,钱越多央行越不需要印钱"的直观看法完全相反。

最后，M0应该保持怎样的数量也无法从理论上给出答案。由"4.1 个体信用、货币的记账与清算作用"知道，当个体信用充分时，经济体系可以在完全没有货币，只有价格体系的情况下正常运行。也就是说，经济体系可能连现金都完全不需要。

于是，信用货币制度下，无论从M0角度，还是从M2角度，央行货币发行都不存在所谓"需求"依据，"广义货币"是无效指标。

8.3.2 通货膨胀率

央行发行货币，在银行体系内可以起到维持借贷扩张的作用。从而有利于金融体系稳定和资产价格上涨，在银行体系外可以给经济个体带来利润，短期看是件皆大欢喜的事情。唯一的问题是，货币发多了，就会引起通货膨胀。于是各国央行通常把通货膨胀率也作为货币政策指标。

然而，从"1.8 货币当局与铸币税""3.1 生产余力与经济刺激政策"等阐述货币与价格关系的章节中可知，价格水平并不直接随货币存量的变化而变化。一个直观的理解是，新发行的货币可能都被经济个体作为储蓄藏了起来，并不拿出来使用，这样虽然货币有所增长，价格水平却可以在较长时间保持不变。由此，通货膨胀率即使不说是一个无效指标，至少不是一个灵敏的指标。

更有甚者，多数央行并不将房地产、股票等资产价格纳入其货币政策中介指标，而仅仅考虑消费品价格。消费品价格上涨具有更强的滞后性，往往是资产价格大幅上涨后，经由"3.7 价格的传导"的路径传导而至，这一传导过程可能达数年之久。以消费者价格指数（CPI）作为货币中介指标，往往使得央行在发行巨量货币后未察觉价格体系已经大幅上移，仍觉得自己"稳健"，而等到CPI大幅上涨时，已经发行过量货币，再进行政策调整为时已晚。

8.3.3 利率

在不进行利率管制的多数国家里，经济部门间的借贷利率双方自由协商决定，这被称为市场化利率，央行只决定那些央行参与的借贷的利率，例如存款准备金利率、联邦储备基金利率及再贴现率。当存在市场化利率时，央行会将"市场利率"作为其货币政策中介指标之一。

某些理论认为，市场利率越高则说明借贷市场上的资金需求量越大，央行越需要发行新货币来满足资金需求；反之，利率越低则说明借贷市场上的资金供给越充足，央行不需要发行新货币。

这些理论是有问题的。由4.11节知道，银行贷款与银行存款是同时被创造出来的，当没有存款准备金限制时，银行的贷款和存款创造能力是无限的。把银行贷款理解为资金需求，把银行存款理解为资金供给，则意味**着借贷市场上的"资金需求"与"资金供给"永远同时产生、同时消失**，这与金融工具中的债权与债务永远同时产生、同时消失是一样的道理。事实上，借贷利率作为一种价格，与其他价格一样，并非由所谓供求关系决定，而是由借贷双方博弈决定，供求情况只是博弈的条件之一。现实中影响利率的因素非常多，多数情况下与货币存量没有关系，也无法为央行货币发行提供参考依据。

这里举一个简单例子，来说明决定市场利率的主导因素并不在货币存量。假设市场上有些人持有房产准备出售，待售房产数量充足。另有一个100人的买房团体，他们没有任何资金，需要从银行贷款购买房产，他们每人有100万元贷款额度。买房团体把房产当纯金融资产，打算一年后卖出，是否购买房产取决于他们预测的房价涨幅与银行贷款利率。假设银行共有5000万元的贷款额度，并且只要把贷款放出就一定是盈利的。假设这100人中，有25人认为房价涨幅为6%，有25%认为房价涨幅为5.1%，有25人认为房价涨幅为4%，有25人认为房价涨幅为3%，则银行进行了解后，只需把贷款利率定在5%，就能把5000万元额度用完。

银行发放贷款时，其资产负债表的变化是：

资产：　　　　　　　　　　　　负债：

　房地产抵押贷款　　+5000　　买房人存款　　+5000

买房使用从银行贷来的钱向房产持有人通过银行转账支付房款，上述买房人存款作为房款进入房产原持有人账户，其操作为：

资产：		负债：	
无变化	0	买房人存款	−5000
		房产原持有人存款	+5000

合并上述两步，最终效果为：

资产：		负债：	
房地产抵押贷款	+5000	房产原持有人存款	+5000

此时，市场利率为5%。

这个过程中没有任何现金货币参与。上述操作具体说明了借贷市场上的"资金需求"与"资金供给"同时产生和满足的过程，而不是一些人直觉上认为的，由所谓"资金供给"去满足"资金需求"。假设在买房团交易前，政府发布消息称要抑制房价过快上涨，改变了买房团预期，有25人认为房价涨幅为5%，有25人认为房价涨幅为4.1%，有25人认为房价涨幅为2%，有25人认为房价涨幅为1%。那么此时，银行要把5000万元额度用完，就必须把利率定在4%。这样，在银行贷款额度不变、没有任何现金货币出现的情况下，银行利率就从5%下降到了4%，具体操作过程同上。

这个例子说明，"利率由货币的供求关系决定"并不是个正确结论。把命题中的"货币"理解为现金，这个例子中甚至没有出现现金；把"货币"理解为M2，这个例子里两种情况下M2都增加5000万元。于是在货币条件没有任何不同的情况下，利率发生了变化，其原因仅仅是人们改变了房价上涨预期。

"货币需求"是伪概念，"货币供给"是伪概念，"货币的供求关系"自然也是个伪概念。

现实中，央行不应把利率作为货币中介指标，但央行却经常通过货币发行来干预利率，例如直接以较低利率出借资金，以达到打压利率的目的。

综上所述，M2、通货膨胀率、利率都难以为央行的货币发行提供理论依据。

其实，无论是否依据币政策中介指标，货币发行本身总是一种征收铸币税的税收行为和政府干预行为。经济实质与货币存量本身并无直接联系，尤其是信用货币制度下，货币本身没有价值，重要的是人们正在做什么、经济如何运转。现实操作中，与其说这些中介指标引导了央行的货币发行，更常见的情况是央行以这些指标作为借口以增加税收和干预经济。

8.4 利率—通胀螺旋与利率—通货膨胀虹吸

从"3.3 100元怎样偿还200元债务"中知道，经济体系的债权债务总量可以超过经济体系的货币存量，并且债权债务依然能够结清。具体来说，在那一节中面包厂陆续以100个面包抵偿了200元债务，这是一种非货币化的债权债务结清方式。与之对应，完全使用货币进行债权债务结清的方式称为货币方式结清。

整体来看，经济体系有很多借贷实质上通过商品或服务交易的方式结清。一种常见情形隐藏在"4.13 银行房地产模型"中，我们再来回顾其中的具体过程。最初，房地产部门向银行贷款，银行资产负债表中，同时增加一笔房地产部门贷款和一笔房地产部门存款，房地产部门用银行存款购买面包，面包厂用银行存款购买面粉，银行资产负债表最终体现为房地产部门银行贷款与面粉厂面包厂的银行存款。而当房产建设完成后，面粉厂、面包厂又购买了房产，面粉厂、面包厂的银行存款变成了房地产部门的银行存款，房地产部门用这些银行存款偿还了银行贷款。综合考虑这系列交易，可以等价地看作房地产部门向面粉厂、面包厂借贷了面包，然后用所建房产偿还了面包债务。

用商品或服务方式结清债权债务，对经济体系来说无需新增货币，100元货币存量能结清200元债权债务或者更多也不在话下。

但如果债权人总是期望其债权的本金与利息以货币方式实现，那么由于存在利息，就必然要求经济体系的货币量增加。下面用一个模型来说明这个问题。

假设一个经济体系分为债权人和债务人两拨人，最初所有货币都集中在债权人手里，债务人没有任何货币。这一假设是合理抽象，因为当一个债务人还拥有货币时，我们可以把他拥有货币的部分划分到债权人那里去。例如一个债务人拥有20万元货币，但他需要100万元买房，实际以5%的利率净借入80万元，那么我们在债权人队伍里给这个债务人做一个账户，让这个账户持有20万元货币，这个交易就可以看成该债务人向债权人队伍借入了100万元，其中20万元是他自己以无息方式借给自己，相应折算得到该100万元借款的利率为4%。

由于最初债务人队伍不持有任何货币，经济体系的全部货币都由债权人持有，于是当债权人队伍要求债权的本息以货币方式偿还时，实际上在要求经济体系货币总量的增加。例如，债权人队伍以加权平均以4%的利率共计借出1亿元，要在到期时收回1.04亿元本息，这只在债务人队伍能"额外搞到"400万元时才可能实现，而这又只有在经济体系的货币总量增加400万元的情况下才可能发生。进一步地，容易知道，借贷规模越大、利率越高，则上述需要货币增加量越高。

现实中，货币方式与商品服务方式两种债务清偿的方式同时存在，于是在4%利率、1亿元的借贷规模下，经济体系需要增加的货币量在0~400万元之间。

像房地产部门通过卖房来还清贷款那样，用商品或服务交易的方式结清债权债务，是借贷市场较为健康的运行方式。而以货币方式结清债务本息，会导致经济体系货币不断增长，给经济体系带来通货膨胀等隐患。比以货币增长为代价更严重的情形是，债务人既没有办法搞到更多货币，也没有办法提供良好的商品或服务，而是通过借新还旧的方式，把借贷变成庞氏骗局。

金本位、贵金属本位或其他本位币制度下，货币增长来自于经济体系黄金、贵金属产出与国际贸易，增长金额不随借贷情况调整，或者反过来说，能够通过货币方式结清的借贷规模有限。如果经济体系借贷规模很大，则债务人必须通过提供商品和劳务偿还债务本息。由"2.3 价格体系的阶级性与货币沉积"知道，价格体系存在阶级性，利率也是阶级性的价格体系的组成部分。在人类文明早期的王朝时期，债权人往往处于优势阶级，债务人阶级地位较低，债务人能够提供的商品和劳务的价格被压低，利率被抬高。于是王朝后期，除了货币沉积问题，往往还有债务问题。债务规模巨大，债务本息超过债务人负担能力，债务人辛劳一生都在还债付息。在现代，债权人与债务人不再具有明显的阶级特征，如果强势阶级成为债务人，利率也有被压低的可能。

信用货币制度下，货币发行失去外部约束，经济体系的债权人能够更多以货币方式得到本息清偿。容易知道，借贷规模越大、利率越高、借贷市场越不健康（借贷无法以商品服务方式结清），则央行受迫发行货币越多，货币增长率越高，即**货币增长率与借贷规模和利率正相关**。随着时间推演，银行规模越来越大，央行需要发行越来越多货币，渐渐力不从心。也就是说，央行银行信用贯通的信用货币制度下，**利率越高，金融体系越不稳定**。

若经济体系总体产出增长率相对较低，则新增货币很容易抬升价格体系，引起通货膨胀。由"1.7 货币增长与价格上涨"可知，货币增长对价格体系的影响非常微妙，通货膨胀存在时滞，并且即使货币平稳增长，通货膨胀也可能脉冲式发生。但是有一点可以确定，即通货膨胀率与货币增长率正相关。而由上述对货币增长率与利率的讨论可知，货币增长率又与利率正相关。综合可知，**通货膨胀率与利率正相关**。

利率向价格体系传导的路径不止一条。在上一节中知道，利率水平在一定程度上代表人们预期的资产价格上涨率，由资产价格预期的自我实现性质，这会引起资产价格的实际上升。又根据"3.7 价格的传导"，资产价格上涨会传导至价格体系上涨，造成通货膨胀。显然利率越高，这条路径引起的通货膨胀率也越高。

上面我们讨论了利率是如何影响通货膨胀率的，反过来说，通货膨胀率也影响着利率。通常来说，债权人只会接受高于通胀率的利率。

高利率带来高通胀率，高通胀率又引起高利率，利率与通货膨胀率这种相互决定、相互影响的正相关关系，就是利率—通胀螺旋。

利率越高，通货膨胀率越高，价格体系的变动越大，经济体系稳定性也就越差。结合上面利率越高则金融体系稳定性越差的结论，我们可以知道，一般来说，**利率越高，经济稳定性越差**，容易大起，更容易大落，这早已为历史经验所证实。

至此，我们得到了一个与当前主流宏观经济学与货币银行学完全相反的结论。当前主流经济学理论认为，较低的利率水平将会带来货币扩张（实际是引起借贷规模增长，而与货币情况无关），造成较高的通胀率。反之，较高的利率水平将会带来货币收缩（实际是引起借贷规模收缩，同样与货币情况无关），有助于压低通货膨胀。所以各国央行总在通胀率较高时提高利率，通胀较低时降低利率。上面的理论告诉我们，现行央行的操作可能完全做反了，高通胀时提高利率只会为通胀火上浇油。历史实证也告诉我们，央行这类利率操作并未实现其抑制通胀的预想。

值得说明的是，利率—通胀螺旋的存在并不意味着央行可以通过干预利率来操纵通胀率。即便做对了方向，若央行想要用低利率诱导低通胀、高利率诱导高通胀，也很难在短期内奏效，因为价格是个微妙的经济变量，即使长期看通胀率与利率有联动，这种联动更多是在通胀率与货币增长率之间，价格很难被间接的借贷市场手段控制。

一般来说，除非处于严重贸易失衡状态，经济体系的货币总量总在不断增长。进入信用货币制度后，政府更对发行货币乐此不疲，经济体系通常处于通货膨胀状态中。在这一背景下，人们会尽量避免持有不生息的货币，而更愿意持有银行存款、债券、股票、房产这些生息资产。特别的，由于央行银行信用贯通，银行信用几乎等于政府信用，人们特别愿意将货币存在银行"吃"利息，这就是**利率—通胀虹吸**，即由于通胀的存在，货币被吸引到能够提供利息的场所。当通过银行转账交易与现金交易同样便捷甚至更为便捷时，利率—通胀虹吸使得理论上多数现金都汇集在银行。这也是为什么我们在"4.13 银行房地产模型"等模型中能够假设所有货币都存进了银行体系，被银行当作存款准备金放在保险柜。而如果现金从银行体系大量外流，那么只能说明非法的、需要规避银行系统监控的交易在大量进行，例如境外赌博、洗钱与官员携款出逃等。

8.5 国债

"8.1 货币脱锚"中描述了央行通过购买国债发行货币的过程。其中财政部发行的国债有两种去向，其一是被银行或其他私人部门买去，这部分国债相当于政府向其他部门举债，其二是被央行买去，由于央行和财政部同属政府部门，合并来看这部分国债相当于政府对外发行货币。

在金本位或者金汇兑本位时期，政府并没有发行货币的自由，也就无法随意征收铸币税。政府要征用经济资源，要么通过税收，要么通过发债。金本位时期，政府发行国债常被用以进行战争、殖民、海外航线开拓这样的冒险事项，一旦失败，政府的偿债能力就会出现问题，经济体系运转甚至政权都会变得岌岌可危。

信用货币制度下，政府获得了货币发行权利，与此同时，国债也就再不用担心偿付的问题，国债发行成为政府的常规动作。货币方面，布雷顿森林体系崩溃后，美国无锚发行货币的主要方式是由美联储购买国债，这一做法被全世界所效仿。经济实质方面，在"4.5 税、债、货币发行等效"中知道，从政府对经济资源的占用角度看，政府发行国债与发行货币在对经济资源的占用上存在等效性。两者差别在于，当银行存在扩张冲动时，发行货币意味着银行可供用作存款准备金的现金数量增加，银行体系的借贷规模将会成倍增加，可作为支付的银行信用也就会成倍增加。

具体来说，当政府发行1元国债给其他部门，并将取得的1元钱用以购买商品、劳务时，总体效果是政府以外的部门新增获得了1元债权；当政府发行1元国债给央行，并将取得的央行新发行的1元钱用以购买商品、劳务时，总体效果是政府以外的部门新增获得了1元货币。由利率—通胀虹吸，这1元货币很可能进入到银行体系，成为银行的存款准备金，若存款准备金率为10%，意味着银行可以据此新增10元银行存款，其产生的流动性后果要比政府占用的经济资源的数量多得多。

通常情况下，央行不会一点不买国债，也不会全额购买国债，而是根据自身资产负债表规模和市场情况酌情购买。

无论有没有被央行买去，国债都带来了一个非常糟糕的副产品。信用货币制度下，从债权角度看，国债是绝对无风险的金融资产，即使政府的税收不足以偿付到期国债的本息，政府也总可以随时动用印钞机偿债。而无论利率多低，国债总有一个利率，信用货币制度下，国债利率被称为"无风险利率"，这一数值给出了一切借贷利率的下限，其他任何金融工具的风险都不可能比国债更低。

"无风险利率"的存在引起了一系列后果：

（1）它使一切回报率低于无风险利率的金融工具都无法存在，即使这些金融工具可以给经济体系带来产出的长期增长。例如，面粉厂原本处于收支平衡状态，没有多余货币，它可以通过借100元购买农具来增加面粉产出，从而获得3元收入增长，但是国债利率为4%，面粉厂获得的收入增长不足以负担利息支出，面粉产出增长的这一途径就堵塞了，即使经济体系很需要更多面粉。

（2）它迫使资产持有者追求高于无风险利率的资产回报率。我们知道经济体系的资产数量无法长期按指数增长，于是这实际上要求资产的价格长期按指数增长，账面效应对经济体系的影响与日俱增，变得长期化、显著化。

（3）由利率—通胀螺旋可知，长期的通货膨胀率受到利率影响，而整体借贷利率不可能低于无风险利率，于是当无风险利率处于较高水平时，通货膨胀率也会被抬升到较高水平，对价格体系造成一定程度的扰乱。

事实上，从利率是风险的补偿角度看，无风险利率应该几乎为0。此外，由上一节可知，利率越高金融体系稳定性越差，于是从维护金融体系与经济体系稳定性来看国债利率也应该趋于0，这与当前发达经济体的国债利率趋近0的现实趋势也是一致的。远高于0的无风险利率将通过利率—通胀螺旋等方式扰动经济体系，让经济个体有一个较高的通胀预期，始终处在"寻求资产保值增值"的焦虑之中。

8.6 量化宽松

从第4章、第7章的相关内容可知，由于货币乘数的存在，银行总是面临挤兑风险，而银行盈利的积累亦是本质坏账的积累，这由货币守恒和借贷守恒两个守恒条件所决定。进一步地，在固定汇率制度下，银行体系会带来储备挤兑风险。为此，经济动力学强调银行存款不是货币。

但在当前的主流经济学语境中，仍然把银行存款视为货币，并且把央行对银行体系的调控与干预称为"货币政策"。例如，人们把存款准备金率和央行制定的利率称为货币政策。当我们明确了银行存款与货币的区别后，这类政策更恰当的称谓是"借贷政策"。

2008年"次贷危机"发生后，各国央行展开的**量化宽松（Quantitative Easing）操作，则是真正意义上的货币政策**，央行通过购买包括国债在内的各类金融资产向经济体系注入货币，其具体过程如"8.1 货币脱锚"所述。

在20世纪70年代布雷顿森林体系崩溃前，全球货币体系运行在金汇兑本位制下，对央行来说并不存在真正意义上的"货币政策"操作空间，因为其货币发行被黄金或外汇储备锁定。彼时，央行只能通过借贷政策对银行体系进行调控。布雷顿森林体系崩溃后，全球货币体系开始无锚化运行，但由于理论滞后和惯性思维，各国央行在大部分时间仍然主要采用借贷政策干预经济。进入21世纪后，金融体系由计算机技术、网络技术带来跨越式发展接近尾声，借贷规模已扩张至极限水平，同时，各主要经济体的利率水平降至开始接近于0，陷入所谓"流动性陷阱"，央行无法再通过借贷政策影响经济。次贷危机的适时到来，为央行的自我解绑提供了契机，加上"通过直升飞机撒钱就能解决经济周期问题"这样的理论在日本90年经济衰退后不断造势，量化宽松由此诞生。

由于量化宽松通常通过央行购买金融资产的方式进行，这首先让金融行业获益。华尔街在股票债券承销、各类金融交易、衍生品中大赚一笔，因而得以最快恢复元气，在不到3年的时间里，其收入便恢复到次贷危机发生前的水平，并在随后节节攀升。在2012年的相关报道里，300万美元的奖金仍然不能满足华尔街一个中层职员的胃口，而这个数字已是美国普通人收入的60倍以上。次贷危机的始作俑者，讽刺得成为最后的赢家。量化宽松的另一大受益群体是接近权力的人，他们从政府扩张的财政支出、量化宽松实际释放的贴息补贴中大赚特赚。

根据"4.6 经济体系整体利润的根本来源"，新增货币带来利润。量化宽松释放的货币按照与金融业、权力的距离，由近及远地成为各行业的利润，经济似乎重获景气。流动性危机造成的资产价格回调与经济修复过程被打断，资产价格被新增货币强行托升，美国股指迎来10年牛市，房价水平也迅速恢复至次贷危机前的水平并很快赶超。对于投机者、拥有资产的富人阶级来说，生活一下子就重归美好。

然而，经济走向未完全尽如人意。各国央行预先设想，当经济从次贷危机中缓解过后，便从量化宽松中逐步退出，但现实是，经济对金融体系、资产价格重度依赖，量化宽松的退出异常艰难，央行因量化宽松而肿胀的资产负债表迟迟无法瘦身。

量化宽松所带来的增量货币没有给社会整体带来相同的收益。央行量化宽松的操作让金融部门、房地产部门、能够发行债券、取得银行贷款的大企业集团大发其财，相关行业的从业人员也分得一杯羹，资产持有者更从资产的价格上涨中获益。其他如农民、工人等较低阶层被抛诸脑后，他们却同等承受了货币泛滥带来的物价上涨。由于较低阶层收入原本就较低，物价上涨对他们的影响更大，他们从量化宽松中所得又较少，于是从整体上看，量化宽松相当于剥削了低阶层人群，而对高收入、高资产持有者进行了补贴，低收入人群与高收入人群的差距被拉大。即使经济保持增长的经济体系中，低收入人群的实际生活水平并没有下降，但不断攀升的资产价格和富有阶层暴增的财富让他们很容易产生相对被剥夺感。

这造成世界范围内的反全球化浪潮和民粹主义抬头。人们感受到了经济上的不公平并因此愤怒，但他们并不明白让其利益受损的根源在于量化宽松政策带来的经济扭曲。由于更容易获得金融资源和更强的政府关系，跨国集团在量化宽松中获得了更大的利益，他们变成了表面上的罪魁祸首。农民、工人得不到改善的境遇，被归因于跨国集团把就业机会转移至了国外，反全球化浪潮因此而起。与之相伴，保守主义、民粹主义伺机发展。事实上，在产出稳定并保持增长的情况下，较低阶层获得较少分配的原因必然主要是由于较高阶层在分配中取走了更大一部分，而这其实是货币权力滥用的结果，跨国集团是其中的受益者，却并非主谋和最大受益者，全球化更是蒙受不白之冤。

如同华尔街虽然是次贷危机的肇事者，最后却成为最大赢家，量化宽松最先由美国开启，但美国却可能是受害最少的国家。布雷顿森林体系倒台40余年后，美元仍然是国际支付结算主要货币，也是其他国家主要的储备货币。在第7章中知道，其他国家所持有的美元，可以看作其他国家对美国的债权，这一债权通过从美国进口商品得到偿付。在量化宽松下，美元商品价格随美元泛滥而走高，则意味着其他国家所持有的债权缩水。具体举例来说，量化宽松前，其他国家通过出口100件衣服至美国换取100美元，而量化宽松后，美国衣服涨价，其他国家使用100美元只能换回50件衣服了，实质是美国"赖"掉了50件衣服的债务。于是，量化宽松可以视为美国赖账。当其他国家量化宽松的不良后果主要由自己较低阶层的人民承受时，美国量化宽松的恶果却让比它更穷的全世界其他经济体共同分担。

8.7 小结

本章具体介绍了现代信用货币制度下，央行发行货币的方式，并特别介绍了央行脱锚发行货币的方式与后果。信用货币制度下，央行与银行系统往往深度结合，导致金融风险全局化、整体化。

目前的各类数据指标都不能准确指导央行的货币发行。

利率与通货膨胀正相关，利率越高则通货膨胀率越高，这与当前主流经济学结论相反。

量化宽松带来经济结构扭曲、加剧贫富差距，对经济有害无益，也是全球社会动荡、冲突加剧的祸首之一。

第9章

部分经济现象简析

中国经济发展过程中存在哪些问题?

为什么会出现不理智的招商引资?

地方政府借钱越多地方经济就越好?

房地产与经济兴衰有怎样的关系?

当前的银行体系存在哪些问题?

当前的股票市场存在哪些问题?

未来中国经济会出现怎样的变化与挑战?

9.1 政府信用

虽然美联储强调自己的独立性、试图划清自己与联邦政府的界限，但事实上，在当前货币制度、货币认知与政府体系架构下，包括美联储在内的全世界的央行实际上都没有什么独立性可言。作为一个政府机构，它们都必须履行"稳增长、促就业、控物价"的政府职责，是政府的组成部分，所以我们可以说在信用货币制度下，货币信用即政府信用。

但在中国的政治经济环境下，能够享受到国家级政府信用待遇的部门远远不止央行。有相当多的主体实质上享受着"无风险"的信用评级，他们的债务被认为受到央行的直接庇护。

首先是银行。大致来说，中国的商业银行分为三个阶梯等级，第一阶梯是中国工商银行、中国建设银行、中国银行、中国农业银行"四大国有银行"，有时拉上交通银行并称"五大"。第二阶梯是诸如光大、中信、招商、民生、广发等"股份制银行"。第三梯队是北京银行、上海银行等地方城商行。这种梯队划分更多是来自监管层的刻意划分，对不同梯队的银行有不同的监管要求。这些银行在业务规模和管理能力上有很大的差别，但是与任何一家银行，哪怕是最小的地方城商行进行直接的对手交易，都几乎不会担心其信用问题。人们相信，在追求经济、社会稳定的基本要求下，中央政府不可能允许出现银行挤兑、倒闭的情况。由此，所有监管体系下的商业银行，实际上具有相同的、与中央政府几乎等效的信用。

在商业银行外，中国还在1994年集中成立了国家开发银行、中国进出口银行、中国农业发展银行三家政策性银行。它们主要承接了中央政府定向信贷支持的职责。例如，2014年中央推行的棚户区改造，就通过央行向国家开发银行注入专项额度，通过国家开发银行向进行具体棚户区改造工程的主体进行借贷支持。政策性银行不受商业银行的一些监管要求，如《巴塞尔协议Ⅲ》的约束，其贷款业务的开展也不依赖于存款，实质上可以视为央行的延伸，比商业银行与央行的关系更为紧密。

于是在中国，央行与银行的信用贯通是极为彻底的。

银行体系外，地方政府信用也与中央政府绑定。地方政府受到中央政府完全的辖制，地方政府的信用直接来自于中央政府信用。这一点与美国有很大不同，美国地方政府可以破产，如著名的底特律破产事件。这是因为美国地方政府的权力来自直接选举而非中央委任，财政也是独立的，联邦政府与美联储也就没有义务（除非经过国会批准等立法程序，在多数情况下也没有此权利）对地方政府进行救助。而在中国，最基层的乡镇街道办事处也是由最高层权力逐级授权而来，整个信用链条由此被绑定，任何一级环节出现问题，都会被追认为最高层的责任，最高层不得不对下级各层负责，于是地方政府与中央政府信用又几乎是一回事。

地方政府设立了很多城市投资平台公司（简称"城投平台"），以及其他各种类型国有企业。城投平台包括了自来水、燃气、地铁公司等公共事务性公司，以及土地管理相关公司等，国有企业则与普通企业一样经营各类业务。这些公司通过银行贷款、银行间市场债券票据发行等方式融资时，其信用会被认为代表了地方政府的信用，基于上面的原因，又被实质上认作为央行的信用。

还有一些政府相关企业，虽然没有国有性质的股权，但主要客户是政府，包括一些为政府提供基建工程、园林绿化等服务的公司。这些企业往往由政府出面安排银行贷款等融资事宜。由此可见，可以取得地方政府信用的主体是非常多的。

在广泛的政府信用之下，中国的借贷市场持续活跃，债权人对其债权普遍持有乐观态度，认为其违约风险极低。另外，这些政府信用债务是其他经济部门的债权，根据"4.6 经济体系整体利润的根本来源"，其他经济部门债权增加则意味着盈利，各行业的盈利情况持续向好，经济景气程度很高。

然而，政府信用可能导致以下几个问题：

(1) 信用套利。即使完全相同的地方政府信用，通过银行融资、发行票据债券融资与通过信托私募等不同方式融资，其利率却是不同的。例如，有些企业获取政策性的低息贷款后，再通过信托等金融机构以更高的利率放贷给地方性城投平台进行土地开发。这一经济活动本质是消耗结构，无故增加了土地成本，推高土地价格。

(2) 借贷的无度扩张与通胀预期。既然都是无风险的政府信用，借贷扩张的界限也就仅仅在于监管要求了。在允许的范围内，各主体总是尽可能多地进行借贷。由于人们相信央行为了维持稳定，必然会为这些债务"兜底"，这形成了央行未来会通过发行货币来帮助泛政府信用还债的预期，在"货币多了价格就会上升"的想法下，形成了通胀预期。这一预期最先释放于土地、房产等资产的价格上，使人们深信房地产价格将会永远上涨。

(3) 金融风险全局化。泛政府信用使整个借贷市场处于风险无意识状态。各类型泛政府信用的债务违约率很低，这并非是由于这类债务本身风险低，而是因为一旦出现违约风险，整个政府体系都不得不想办法解决。例如，当某个地级市的城投平台无法兑付债权时，整个地级市政府就会挖空心思避免这一城投平台违约，在地级市走投无路时，还将逼迫省级政府为其买单，甚至进一步逼迫中央政府替其还债。许多本该暴露的局部借贷风险，如果被系统性地掩盖起来，终将被系统性地汇总起来。这与"8.2 央行银行信用贯通与整体金融风险积累"中金融风险的积累是同样道理。

9.2 投资拉动经济

改革开放以后，中国确立了发展经济的总路线，整个政府系统围绕经济发展这一目标运作。表面上经济发展被分解为各项指标，其核心指标仍然是GDP。就像经营企业，GDP被作为业绩指标由上至下逐级分配。

对于GDP来说，要通过改善治安、司法、教育、环境来引导产出的增长，既费力，效果又不显著。与之相对，投资带来的GDP增长效应却非常显著，一个100亿元的大型项目，对GDP的拉动通常远超100亿元。

具体来说，假设某县获得某国有大集团100亿元项目投资，有80亿元用来购买了县内的商品和服务。那么首先，县内就增加了80亿元的GDP，进一步地，对于县内为这个项目提供产品与服务的公司与个人来说，他们的收入增加了80亿元，增加的收入让他们购买更多商品服务，在这一过程中又有GDP的增长。县内经济部门的收入，给政府带来24亿元的税收。政府使用这24亿元进行基础设施建设等，也是增加GDP的活动，并且还可以继续从中得到税收。所以，虽然100亿元的项目投资有一部分资金用在了购买县外商品与服务上，但实际带来的GDP增加值可以超过100亿元。

其过程表如表9-2-1所示。

表9-2-1　　　　　　　　投资拉动经济　　　　　　　　单位：亿元

	某国有集团	地方政府	县内餐饮部门	县内建筑部门	县外经济部门
期初货币	100	0	0	0	0
集团投资支出	−100	0	+40	+40	+20
县内建筑部门向餐饮部门采购	0	0	+40	−40	0
县内餐饮部门向建筑部门采购	0	0	−40	+40	0
县内经济部门向县外购买商品和服务	0	0	−10	−10	+20
政府税收（收入的20%）	0	+32	−16	−16	0
政府支出	0	−32	+16	+16	0
期末货币	0	0	30	30	40

政府支出后，县内经济部门又获得了收入，会继续交税，政府取得税收收入后可以继续支出，产生更多GDP，这里不再给出后续情况。

上述过程表中，县内经济部门因为这100亿元投资创造的GDP为$2\times(40+40+16)=192$（亿元），还帮助县外贡献了40亿元GDP。而国有集团的100亿元支出，化作了县内外经济部门的盈余。大家都赚到了钱，经济一派欣欣向荣的景象。

进一步地，如果这个大型项目能够最终实现投产，其对整个区域经济的影响会更大。由此，经济可以仅仅因为单一重大项目，就实现超高速发展。这导致了在唯GDP论英雄的时代，地方政府工作的重点不在于提供教育、治安、医疗等公共服务，而变成了招商引资。

在改革开放早期，由"长三角""珠三角"带动的东部地区引入大量外商进驻，使得这些地区的经济取得了飞跃式发展。这种增长有数个方面的原因：

（1）曾经封闭的经济体系随着外资外商进入，得以在技术上大幅进步。

（2）体制改革带来劳动力的解放。不仅周边农村剩余劳动力得以涌入城市，城市本身的劳动力也投入经济活动中去，生产余力被释放。

（3）外资进入代表了外汇的流入，央行依据外汇占款发行货币，使货币发行增加，私人部门持续大幅盈利。

改革开放中后期，投资项目开始由"长三角""珠三角"地区向外延伸，对于很多内地城市来说，承接来自江浙沪、广深的企业家的大项目投资，是其GDP实现快速赶超的捷径。然而，1998年之后，由于大量项目投产，国内商品短缺的情况大为改善，整体经济由卖方市场进入买方市场，有相当一批项目投资并没有带来期望的效益，投产后产品发生销售困难的情况时有发生。

需要特别注意的是，从上述过程表可知，无论那100亿元的项目后续经营情况是亏损还是盈利，甚至哪怕那100亿元项目最终没有建成，都能够为地方经济带来GDP。无论投资项目是好是坏、会不会产生经济效益，只要项目有资金投入，在当地雇佣、采购，对GDP就有推动作用，而项目越大，其推动作用就越大。

在上述思想的作用下，可能导致地方政府招商引资一些"烂项目"，落后产能、淘汰产业都被当成香饽饽争抢。一些具有项目投资需求的企业成为地方政府的"贵人"。

有些项目投资方自己根本没有资金，此时地方政府可能还会为投资方站台，帮助其从银行等金融机构获得资金。更有甚者会表面上把土地资源高价出让给项目方，然后通过政府补贴等方式返还土地出让金，使得投资方不花钱或者只花极少的钱获得"高价"土地，然后投资方将这些土地抵押给银行，以获得银行贷款。由于这些套路，出现了很多骗局，各路骗子以所谓项目投资的名义骗取土地资源与银行贷款，危害经济良性发展。

有时候，地方官员一上任，前任所积压的问题就开始爆发，银行发现问题，停止贷款，经济增长的源泉被掐断，前任所力推的项目又没有实际经济效益，经济就会陡然转差。在不明所以的外界看来，表面上却形成前任非常能干、离开前任经济就不行的假象。

这是不恰当的经济指标引起严重社会后果的典型例子，它警示我们，建立恰当的经济评价体系于政治、于社会、于各方面都是非常重要的课题。

9.3 地方债务与地方繁荣

在上一节中，政府通过招商引资可以为地方带来GDP。然而，招商引资终究要另寻"外来和尚"。当招商引资的项目方缺乏资金时，地方政府可能会出面解决融资问题，但既然只要花钱就能让GDP增长，还有更简单的办法，那就是地方政府自己借钱自己花。

地方政府可以通过其控制的城投平台，以发行债券或银行贷款的方式取得借款，这些资金不仅用于城投平台自身经营，更由地方政府统筹，花在包括基础建设、公务员工资以及医院、学校等类公务系统支出的各个地方。由借款带来的额外支出构成了当地其他经济部门的收入，并由此带来 GDP。假设地方政府新增 100 亿银行借款，所有交易通过银行体系进行，我们可以通过表 9-3-1 来说明地方政府新增负债对地方经济的影响。

表 9-3-1　　　　　　　　地方政府负债促进经济增长　　　　　单位：亿元

	地方政府	公务系统	基建部门	餐饮部门	美容美发部门	县外经济部门
期初银行存款	0	0	0	0	0	0
地方政府借款	+100	0	0	0	0	0
公务系统支出	−50	+50	0	0	0	0
基建投资	−50	0	+50	0	0	0
餐饮消费	0	−15	−15	+60	−30	0
美容美发消费	0	−15	−15	−30	+60	0
县外采购	0	−10	−10	−10	−10	+40
政府税收（收入10%）	+17	0	−5	−6	−6	0
期末银行存款	17	10	5	14	14	40

地方增加的 GDP 为，基建（50）+餐饮（60）+美容美发（60）=170（亿元），远高于地方政府负债金额。现实中，公务系统还包括教育与医疗等计入 GDP 的产出，各个部门之间还有产出与交易，100 亿元的政府新增支出甚至可以带来数倍于 100 亿元的 GDP 产出。

地方政府依靠新增负债扩大支出，这些支出最终化作了其他经济各部门的收入与盈余。公务系统、基建部门、餐饮部门、美容美发部门都赚到了更多的钱，县外经济部门也大有收获，政府的财税收入也因此增长，一派皆大欢喜的景象。

其他部门盈余的根本来源是地方政府负债。从银行的资产负债表看，地方政府的银行贷款或发行的债券构成银行的资产端，由 4.11 节可知，这同时在银行负债端对应创造了银行存款，政府把这些银行存款花给了其他部门，构成过程表中最后一行"期末银行存款"的增加情况。

在中国国情下，如果取得了上级部门的批准，地方政府的基建项目是能够自主决定的、稳定的GDP引擎。很快，效益明显、容易取得财务回报的基建项目就被基本建完。然而，GDP增长并不依赖于基础建设投资所带来的效益，而只在于投资支出本身。如果出于追求GDP的目的，大量财政资金可能被投入无用的基建投资中，用以堆砌GDP。由于后期基建的经济效益很差，表现为负债增长对GDP的拉动作用越来越小。

普通人很难察觉出基础建设投资过剩，原因在于统计效应。例如，建造在鲜有人烟地区的公路，本就没有人去，自然也没有人知道，相反的，一些连接热点的交通往往始终拥堵，而感受到这种拥堵的人数众多。于是人们总是感到基础建设不够，却很难感受到基建过剩与浪费。相同的统计效应也体现在房地产市场上，人们往往倾向于低估房屋空置率，这是因为人们都集中居住在地段较好、交通较为便捷的地区，这些地方的空置率通常就很低，而真正住在空置率较高地区的人口很少，如果靠汇总人们周边的空置信息来调查房屋空置率，就会大幅低估空置率。

由于存在低估基础建设程度的统计机制，即使长期过度投入基建，也很少引起警觉。以道路建设为例，在无人区造路容易，即使质量很差，也鲜有人批评。在城市中心区要拓宽道路，则要考虑分流措施、拓展方案、拆迁成本等各方面问题，好比螺蛳壳里做道场，时间长、技术要求高、效果不明确，质量由大家有目共睹，是件苦差事。于是乎"再造新城"成为深谙政绩的官员的最爱。很多落马官员，在任期间大拆大建的同时巨额贪腐，在不明真相的群众口中变成了"有能力，有作为"的表现，造成"贪者有为，有为必贪"的假象。

政府借款支出让人们的收入增加、储蓄增加，引起消费增长，表现为表9-3-1中的餐饮与美容美发部门的收入增长与盈余。需要注意的是，这种消费的增长本身并不以人们的收入增长为前提条件。具体举例来说，如果一开始所有人都回家自己做饭，那么餐饮消费就只是买菜的花费，而如果所有人都开饭店,并都去别人的饭店消费,那么人们除了在餐饮上的消费大增外,还会取得很多餐饮收入,同时,还会创造很多GDP。在表9-3-1中,餐饮部门的人去做美容美发、美容美发部门的人去餐馆吃饭,也是类似的创造GDP的过程。这一过程本身不需要新增货币或债权,但是政府支出带来的新增货币或债权产生的财富效应,会促进这一过程的发生。这种服务业的繁荣,与"3.4 国内生产总值与不幸福的经济学"里两位母亲相互去对方家做保姆创造GDP的情况有共通之处。

对个人来讲,消费与储蓄相互制约,消费多了则储蓄会减少,但是对整体来说,消费与储蓄可以没有关系,例如上述经济体系的餐饮消费大增,实际来源于大家赚到钱的良好感觉,即财富效应,而非来源于整体储蓄增长,这与从个体角度建立的直觉差异很大。

概括来说,政府借款进行了很多基建投资,让基建部门赚到了钱,基建部门有了盈余,开始更多消费,拉动了餐饮等服务业的繁荣,而如果大家都外出吃饭、美容美发,会创造更多就业岗位和赚钱机会,经济就此活跃起来,并且这给GDP带来的增长可以远超政府借款金额。

今天中国有些三线、四线城市,公务员或医生、教师等准公务员的收入水平较高,基建投资活跃,房地产建设火热,经济看上去非常繁荣,尤其是服务业发达,财政收入增长也很可观,但是没有像样的产业,房子建造出来也主要是本地人置业。经济表现为地方政府负债水平高、工资消费水平高、房价高、财政收入增长快,但是总体产出水平低,整体看只有花钱出去,没有赚钱进来。这非常类似于"7.3 欧债危机"中的希腊,靠政府负债给公务员发工资带动经济。在这种情况下,地方政府实际上没有任何还款能力,虽然表面上地方财政收入增长很快,但这些收入的根源上其实就来自所借债务,而且只是债务的一部分,不可能偿还债务本息。有些金融机构以为地方政府可以通过财政收入增长来偿还,其实是妄想。而一旦借债渠道受阻,政府财政支出削减,财政收入也会立即下降。同时,支出削减对经济的影响也如支出增长那样,对经济的影响存在倍数效应,于是经济萧条也如经济繁荣一般来得很快。

政府对银行的负债，是银行的资产。在银行的资产负债表中对应生成银行的负债，体现为居民部门的银行存款。政府的负债越高，居民部门的银行存款也就越多。2014年以前，中国居民的高储蓄率来自外汇储备的快速积累，央行对应发行大量人民币，带来居民高储蓄率。自2014年以后，外汇储备停止增长，外汇占款带来的人民币发行也相应停滞，此后，中国居民的高储蓄率主要来自于政府相关部门的高负债、高赤字。

9.4 土地财政与账面效应

改革开放以后，土地出让金是中国地方政府重要的收入来源，土地在地方政府举债融资方面也扮演了重要角色，这些由土地带给地方政府的资金都称为土地财政。

财税、举债、土地出让，构成了地方政府的主要资金来源，地方政府在支出这些资金时，都可以达到上一节中政府利用举债资金拉动经济的效果。显然，土地的价格越高，地方政府获得的土地出让金越高，其资金调配使用的余地也就越大。

由于政府总是赤字运行，地方政府获得的土地出让金总会通过种种路径流入其他部门，高价土地策略在表面上看对经济体系无害，甚至似乎是有益的，我们通过一个具体模型来考察土地财政对经济体系的表面影响。

首先政府向房地产部门出让土地，房地产部门很快利用土地抵押获得银行贷款，并且利用做高土地出让合同价格，再以财政补贴的名义返还等方式，房地产部门可以利用银行贷款取得土地。政府部门取得土地出让金后，在基础建设等方面加大投入，其他如餐饮部门也直接或间接受益。这些部门用上述赚到的钱加上部分银行贷款，以按揭方式购买了房产，完成资金的一次循环。

具体的过程表如表9-4-1所示。

表 9-4-1　　　　　　　　土地出让带来经济增长　　　　　　　　单位：亿元

	地方政府	公务员系统	基建部门	其他经济部门	房地产部门
期初银行存款	0	0	0	0	0
房地产部门贷款	0	0	0	0	+110
土地出让	+100	0	0	0	−100
政府支出	−100	+50	+50	0	0
各部门消费支出	0	−30	−30	+70	−10
各部门贷款	0	+20	+20	+40	0
各部门购买房产	0	−40	−40	−110	+190
房地产部门偿还贷款	0	0	0	0	−120
期末银行存款	0	0	0	0	70

上述过程表中，房地产部门先从银行贷款110亿元用于开展房地产业务和支出，房产出售后共得售房款190亿元，偿还银行120亿元本金与利息后，盈余70亿元。公务员系统、基建部门和其他经济部门都购买了房产，并分别背负了20亿元、20亿元、40亿元的按揭贷款。这一过程中，房地产部门贡献了190亿元的GDP，加上基建部门创造的50亿元GDP与其他部门创造的70亿元GDP，总计给经济体系创造了310亿元的GDP。

如果土地和房产价格上涨，那么政府将获得更高的土地出让金，并有机会通过土地取得更多借款，公务员系统、基建部门和其他经济部门刚买的房子将出现"升值"，他们会觉得自己更为富裕，储蓄更为充足。房地产部门将有机会获得更高盈利，更容易从银行取得贷款，而银行则因为抵押房产的"升值"，其贷款的抵押显得更为充足，经营显得更为稳健。还有比这更美好的事情吗？政府、公务员系统、基建部门、其他经济部门、房地产部门、银行，所有人都因为土地与房产价格上涨而获益。

整个经济体系的幸福感，实质上来源于账面效应，人们没有把花在土地与房产上的钱视为支出，而是把土地与房产视为储蓄的一部分，并且把资产价格的升高视为盈利。唯一会在这一过程中稍感不愉快的是那些没有及早买房的人,而土地财政所带来的经济繁荣让经济体系看起来有很多赚钱的机会,尚没有买房的人群大多也信心满满,这几乎是一个理想经济体系。

随着房地产建设的进行,房产越来越多,拥有房产的人群也越来越多,房产价格上涨带来的账面效应也越来越大,自认为从房地产价格上涨中获益的人群也越来越多,形成了整个经济体系盼涨的合力。这类土地和房地产价格上涨,并不一定来源于增量土地与增量房产的价格上涨,存量土地与房产也能通过对倒交易带来巨大账面效应。

这个过程的唯一制约是银行信用的派生速度。而只要银行以足够快的速度创造贷款与存款,账面效应带来的幸福感与经济繁荣就很容易延续下去。在泛政府信用的格局下,银行信用创造并不会遇到太大阻力,每当银行扩张能力不足时,在央行银行信用贯通的情况下,央行或为了促进经济体系增长,或因为受到金融体系动荡胁迫,总是会用降低存款准备金、发行货币等各种手段帮助银行继续扩张。

房产价格上涨有助于推动土地价格上涨,反之,土地价格上涨也有助于推动房产价格上涨,它们构成了相互促进的螺旋。另外,存量土地房产的价格上涨有助于推动增量土地房产的价格上涨;反之,增量土地房产的价格上涨又有助于推动存量土地房产的价格上涨,这构成又一个相互促进的螺旋,形成一系列连锁正反馈反应。

上述正反馈机制中,把所有"上涨"替换为"下跌"也是同样成立的。但是上涨是大家都愿意看到的过程,下跌则是大家都不希望发生的事。地方政府与整个经济体系一起,总是有意无意地引导土地房产价格向上运行,或者让人们以为价格正向上运行。例如,中国房地产市场采取预售制度,人们在支付房款到实际入住之间相隔1~2年时间,因而实际上的购房成本包含了这1~2年的利息。当房产交付使用,在二手房市场交易时,如果其交易价格相对开盘价格的涨幅低于期间利率,则实际房价是下跌的。但在房地产宣传中,这点始终被回避,人们只去比较开盘价格与现价,制造上涨错觉。又例如,中国各地房地产市场有很多保障房、经济适用房等各类房产，其价格相对同一地区的普通商品房要便宜许多，而人们评估区域房地产价格时，往往以价格最高的普通商品房为准绳，认为其他种类房产的价格是一种优惠，从而高估区域房产的实际价格水平。

土地、房产价格的过快上涨，会导致房产持有的集中度上升，这会让很多人买不到房，引起房产热销的景象。

直观上，抬高地价会使土地购买方付出更高的代价，推高经济体系用地成本，事实也确实如此，但在账面效用的作用下，很少有人会觉得成本变高了，反而觉得自己更为富有了。如果经济体系整体能一直生活在账面效应带来的幸福错觉中，倒也不失为一种美事。然而遗憾的是，这一模式面临许多挑战。

首先，房地产价格的扭曲导致经济的结构性失衡。高位的房地产价格导致人们争相进入房地产、金融等能够直接受惠于高房价的部门，高素质劳动力被集中于这些部门，而其他经济部门则人才匮乏。由于资产价格上涨过快，人们的工资收入相形见绌，社会分配情况畸形，贫富差距拉大，社会阶层板结，投机与钻营活动盛行。

其次，由"5.6 账面效应与流动性危机"可知，账面效应的积累会造成流动性危机。在房价长期上升过程中，人们对房价形成长期上涨预期，惜售房产，整个房产市场给人以房产稀缺的感觉。而一旦房价上涨停滞，房价预期逆转，则大量抛盘出现，短期流动性危机会让房产市场突然出现滞销，引发较大跌幅，而一旦房价下跌，则会通过账面效应对整个经济体系造成负面影响。房产集中度过高的情况下，会在房价上涨时加重房产稀缺，同时也会在房价下跌时加重房产滞销，加剧房价动荡。

最后，为防止流动性危机出现拖累经济，整个金融体系不得不持续扩张，体现为金融体系被房地产绑架。

土地财政及对账面效应的依赖，导致经济体系对房地产、金融业倾斜，促使中国建造了更多房产，大部分人也将房产作为最重要的储蓄，这正是"7.6 日本90年代经济衰退"中日本大讨论中所试图避免的情况。进一步地，如同"1.5 整体风险与无效储蓄"所述，从社会整体层面看，储蓄房产无法用以平抑未来其他方面产出的波动，也无法用以换取劳动力。中国正面对非常严峻的老龄化考验。以环境资源、经济结构为代价积累房地产财富的，发展前景存在着隐患。值得庆幸的是，随着近些年的发展，从中央到地方已经认识到依赖土地出让带动经济发展的弊端，在立法层面、制度层面等不断进行改革，推动土地、人才、资本、技术等要素优化配置。

9.5 房地产与经济兴衰

  房地产是国民经济发展中的重要产业。房地产行业直接占到了中国7%以上的GDP比重，其间接拉动的产业更不计其数。房地产的上游包括了水泥、钢铁、有色金属几大行业；冰箱、电视、空调等白色家电，瓷砖、木板等装饰装修行业，也都与房地产行业息息相关；当大家购买了偏远的新房后，如果交通不便或者不愿意挤地铁，汽车行业也由此被拉动；扩张的居住、工作空间意味着扩张的城市面貌，基础设施建设行业也围绕房地产展开；房地产还支撑着金融行业，坚挺的房价是守着房地产抵押的借款人能够安稳入睡的重要原因；甚至，发电、燃气这样的行业，能够保持快速的增长，也在一定程度上得益于增长的房地产所带来的用电、供暖需求。

  当我们说，经济就是一个社会群体正在做什么的时候，房地产的支柱作用就更为明显。对于普通中国人来说，除了工作以外，最主要的经济活动可能就是买房子。人们要么是在攒首付买房子，要么是在还房贷，要么是在筹划着换一套房子，要么是在考虑投资第2、第3套或者第n套房产。在任何一个公共场所，餐馆、公交车、超市或者跳舞的广场上，绝对不会缺乏房子相关的话题。

  造成这种现象的原因是多样的，基本背景是人们对货币缺乏信任，存在价格上涨预期。事实上，在信用货币制度下，对货币的不信任总是相当普遍，于是人们寻求货币以外的储蓄以应对货币泛滥的局面，有些人将货币储蓄转化为黄金、古玩字画等资产储蓄，而将房地产视为保值增值的储蓄手段是各个经济体系的人们都曾经历过的阶段。问题在于，房产所蕴涵的实物信用含金量未必有人们期望的那样高。

长期来看，货币泛滥确实会推升整个价格体系，房地产价格随着货币数量增加而水涨船高是必然趋势。然而人们常常相信房地产会有超越价格体系的上涨幅度，希望房地产实现长期指数化的超越价格体系的上涨，产生"房子越来越值钱"的效果。由于价格预期的自我实现，这在短期内是可能发生的，并同时带来价格体系的扭曲问题。但由于指数化增长不可持续，经济体系最终会无法承受过高的房价。

微观经济学的供求关系认为，房价上涨时，房产供给增加，购房需求减少，从而很快会达到一个新的平衡；反之，房价下跌时，则房产供给减少，购房需求增加，依然会很快达到新的平衡。然而，由于人们对资产价格变化的预期取决于价格的历史变动情况，使房地产等资产具有吉芬性质，正反馈机制在这类市场起主导作用。事实是，房价的上涨引起了购房需求的增加，甚至造成恐慌性购房，而在房地产价格下降时，不仅投资者会觉得无利可图而放弃购买，租房者也会因为认为房价会下跌而继续租房。这让房地产的下降过程与上涨过程同样剧烈。

房价下降不仅会对房地产行业本身造成影响，对金融行业的打击也是直接的。首先，房价下降会导致房地产抵押贷款出现抵押不足的情况。例如，原本100万元的房子贷款得到70万元，如果房价跌至70万元以下，银行会感到抵押物不足，还会出现贷款人弃贷风险。其次，房价下降会动摇债权人的信心。房价上升期，债权人的风险可以由房价的上涨弥补，是借贷体系整体对房地产的"放心"。然而，在当房价处在下降期时，债权人总是担心房价会否跌破安全边界。又由"5.3 金融吉芬商品与银行扩张"知道，房价下跌会使得原本无限的借贷需求骤然萎缩，借贷市场收缩，而借贷收缩会引发本质坏账，并引起恶性循环，这在"7.6 日本20世纪90

年代经济衰退"中已经十分清楚了。

除了金融行业外，房地产市场萎靡将在多个行业产生多米诺骨牌效应。与"3.6 订单陷阱"类似，房地产市场增量的下滑，对某些行业的打击可能是毁灭性的。举例来说，在增长期，施工工地上可能需要添置塔吊等设备，而当新开工建设面积不再增长时，这些设备在不同工地间腾挪转移就足够使用，而无须新购置，从而使相关行业受到重创。房地产的上下游也会受到不同程度的冲击。

由于房地产在人们财产中的占比太大，从1929年大萧条到20世纪90年代日本经济衰退，经济的兴衰几乎就是房地产的涨跌，这是由于房地产造成的账面效应以及由此产生的财富效应过于巨大。当人们都认为自己坐拥四五百万元的房产，也就不太吝于偶尔花费一两千元吃一顿豪华大餐，或者每年花费数万元用以境外旅游，使一系列经济指标都显示景气。反之，当过高的房地产价格开始下跌时，人们可能一下"损失"数年薪水，遭受精神上无法承受的损失。房地产储蓄缩水还会改变人们的消费策略，由大手大脚转为缩手缩脚。于是人们觉得不好过，经济指标也纷纷示警。

房价过去十几年的上涨既给经济带来了动力，也为经济体系结构埋下了隐患。为了保证经济体系的繁荣与稳定，应进一步落实稳地价、稳房价、稳预期的目标，引导楼市健康平稳发展。

9.6 银行市场存在的问题

银行本质上是一个信用增进与转化机构，将个体从银行取得的信用转化为更受认可的银行信用。而在现代银行体系下，由"8.2 央行银行信用贯通与整体金融风险积累"知道，银行信用在支付效力方面几乎与货币一致，非常接近政府信用，于是银行贷款的审核与发放带有行政权力的色彩。

由"4.12 银行利润的虚无性"知道，只要银行的资产负债表不断扩张，贷款资产的风险很容易掩盖，而银行利润就可以从资产负债表中被不断创造。这一特征可能导致银行的经营业绩难以识别，促成银行体系的优汰劣胜的逆淘汰机制。

举个反面的例子，某银行行长因为收受了贿金而发放了一笔10亿元贷款给某家企业，实际上这家企业除了用少量资金向政府购买了一处偏远荒地外，其他款项主要用于行贿及挥霍。在该笔贷款到期时，企业无力还款。但是由于该企业与收受贿赂的官员串通，这块荒地以开发园区的名义纳入了地方政府重点扶持的项目，土地"评估价值"迅速上升至25亿元。加上这片荒地上零星的土地开发，该企业通过该行长又获得了20亿元的银行贷款，其中的11亿元偿还上期本息，余钱进行更多的"打点"与开发。这家企业的庞氏金融运作，构成了多头共赢的局面：银行录得利息收入与息差利润；银行行长获得了贿金与业绩；企业主除了买了块地，几乎什么都没有做，就变身为大企业家、大"富豪"；地方政府取得了卖地收入、GDP业绩、与土地增值的表象；受贿官员得到贿金。这一切的代价，表面上仅仅是银行的资产负债表变大了而已。而银行规模的扩张，又可能被误认作金融发展的体现。

在这类业务中，收益由企业家、银行行长、受贿官员切实获得，而损失是由国家承担，但由于不实际入账，于是整体看便有收益与损失的不对称性，表现为经济体系总体正盈余，这也是一种账面效应。账面效应再次奇妙地造就了现实魔幻的一面，让一场骗局被掩盖起来。

如果银行体系长期盲目扩张，擅长上述运作的银行管理者就很有可能获得业绩、升迁与灰色收益，并且从表面上很难发现问题。其继任者也往往与那些项目或多或少有所牵连，甚至可能就是经办者，风险暴露机制丧失，银行一旦出问题则必然是窝案。

上述例子中土地的"评估价值"达到25亿元对地方政府也非常重要，对土地财政和地方政府融资都起到助推作用，这层"窗户纸"很难被捅破。

改革开放以来的中国银行业实践中，银行贷款要么依赖于政府担保，要么依赖土地与房地产的抵押，而过去房地产价格的持续上升，也使得人们对房地产实物信用的风险毫无察觉，这很像"次贷危机"前所发生的事。进一步地，无论是政府担保，还是银行本身，都只是政府信用体系的组成部分，中国的银行风格更类似机关办事处而不是商业机构。

已经知道，当资产价格涨幅，或者更为宽泛地说，当所谓的投资回报率稳定高于贷款利率的时候，会催生出大量的、乃至无限的贷款需求，人们尽可能多的借款，然后用于购买资产。

资产价格上行期，企业纷纷向银行等金融机构贷款，并购入房地产、股票等资产，这种债务扩张往往是较为激进的，甚至导致企业所产生的剩余流动资金刚好可以偿还利息，而如果购买资产市场的增长放缓或者成交冻结，资金链就会出现断裂。

再举一个反面的例子。某皮鞋厂老板，在当地经营十余年，其产品也行销全国多年。通过该鞋厂，老板向银行贷款1亿元，称用于为扩大生产与开拓海外业务。其实皮鞋厂老板知道自己的鞋子销售已达"瓶颈"期，销售乏力，产品积压，这些贷款实际上被用于购置老板看好的房地产。而鞋厂在扣除工资与原材料成本后，每年尚有1000万元净利润用以偿还银行利息，但也仅止于偿还利息而已。一旦房地产市场不景气，鞋厂老板高价出售房产获利的美梦也必随之黯淡，银行要回收这1亿元贷款本金就会遇到困难，而只能收取1000万元的利息，该皮鞋厂变成所谓的僵尸企业。

如果银行在贷款到期时不再续贷，试图强行收回贷款本金，企业家们可能会试图通过政府向银行施加压力。他们会宣称自己的企业处于"正常的生产经营中"，"但是哪家企业也受不了银行抽贷"，好像只要企业正在运转，偿付本金就不是他们的义务了，只要能够支付利息，银行就有续贷义务。而如果政府部门考虑到企业在提供就业岗位、提供税收方面的作用，以及其他利益联系，支持企业诉求，提供担保甚至直接干预银行经营，这会使得风险在整个经济体系积累。

这里提到的银行问题并不单单存在于中国。例如，次贷危机根源正是美国的银行体系泛化高估房地产的实物信用。事实上，把自己当作商业机构的现代银行业本身就很可能是错漏百出的。

9.7 股票市场存在的问题

由"5.4 股票上市与账面效应""5.5 对倒交易、股票价格上涨与账面效应"等节内容知道，股市让人们感觉到赚钱的根源在于账面效应。企业经营情况向好增长时，股票的持有者们，实质是上市公司分红权的债权持有者，认为他们所持的分红债权增加，而与此同时，企业方，也就是分红债务方却不会对应确认债务的增加。

A股市场上的账面效应被放得更大。主流金融学理论没有认清股票的分红债权本质，股票估价模型日渐脱离于现金分红，而滥用市盈率（PE）等财务指标。这使"股票价值"被认定为财务报告上数字，其中尤为重要的是净利润数字，而不是切实的分红。

由于市场对财务报表数字与所谓"企业价值"深度迷信，股票市场的交易者们喜欢盯着净利润这一数字，尤其喜欢看增长的净利润，上市公司也就乐于提供好看的财务报表。于是，A股市场的合法财务粉饰与不合法的财务造假也就非常普遍，要好看的财务报表数字怎么都有，要分红、要钱就没有。

让我们从股票在A股上市说起。有一家企业近3年的净利润分别为1.5亿元、2亿元、2亿元，准备在A股上市。通常来说，一家达到上市要求的企业，基本已处于稳定期，总体情况稳定但是增长乏力。而市场更希望看到一个增长的净利润。在保荐机构（承销保荐该股票的证券公司，也称投资银行）的指导下，该企业会将财务报表稍加润色，净利润分别会被调整为1.5亿元、1.95亿元、2.05亿元，也就是把前一年的500万元利润，调整到最近一年。这在多数人看来只是无伤大雅的操作，毕竟比起触目惊心的财务造假，跨期调整看起来并非罪大恶极。然而，现金流股价模型对增长率非常敏感。在10%折现率下，按照前者净利润不增长、时间永续的估算方式，该公司的市值只有20个亿。而同样在10%折现率下，如果假设企业能够保持5%的增长率，后者的估值将达到40亿元。实践中，虽然没有人会假设永续增长，但此类财务粉饰足以对股票的股价造成巨大影响，这是由股票估价工具本身的不完善性带来的。

在企业上市后，由于之前提到的达到上市要求企业的成熟度，多数企业增长乏力，甚至在上市当年就开始走下坡路。但是有几个方面原因能够使得一家初上市的公司在开始的几年获得不错的业绩增长：

（1）财务费用的抵减。企业上市后将募集获得一笔资金，可以被用来置换银行贷款的有息资金。另外，公司上市后取得的借款利率更低，这些因素使得企业上市后的利息支出降低。

（2）上市使得企业的知名度与受认可度上升，在一定程度上对销售起到提振作用。

上述原因对上市公司业绩的改善作用都无法持久。并且，为达到上市目的而进行的募集资金投资的项目鲜有带来巨大财务回报。原因很简单，一般成熟企业已难以通过扩大再生产来实现增长，而能够取得良好财务回报的项目也不会等到上市后才用募集资金进行投资。有些上市公司在2~3年后就出现了巨额亏损，其原因除了上市运作过程中过度透支业绩外，募集资金所投入的项目不能带来良好效益也是重要原因。资金花完、项目投产开始计提折旧，收入却没有如期而至。

对于上市公司运作者来说，这个阶段好戏才刚刚开始。无论原来是进行何种经营，开餐馆还是做化肥，很多上市公司很快变身为慧眼如炬的投资公司。收购同行业其他公司扩大市场份额只能算是小打小闹，上下游整合更让人浮想联翩。而对股价最有提振作用、最吸引眼球的莫过于公告投资热点行业，如大数据、稀土矿、疫苗、区块链等，无论上市公司原来行业与之相隔多远，上市公司都能一掷千金地进行并购。购买的公司股权无须计提折旧或摊销，却可以轻松把该企业的净利润并入自家的报表中，这在只看财务报表数字的A股市场是维持与拉动股价的好办法。直到会计准则开始规定商誉需要摊销，此类闹剧才稍有收敛。

上市公司的大股东、实际控制人经过了资本市场数年历练后，慢慢摸清了A股市场的门道，与基金经理、投资银行家等相关人士建立起了更广泛、更亲密的人脉关系。这只股票从此进入坐庄期。

坐庄的方式多种多样，不胜枚举。一个简单的拉高股价出售的方式是讲故事，比如宣布进军热门行业，或者签订了一份大订单。但是光有故事是不够的，还需要有人捧场，通常由私募基金经理、游资扮演这一角色。例如，基金经理跑到某上市公司进行调研，公司老板透露说，公司这一季度的财务报表会非常靓丽，或者透露将要与某热点行业的公司进行并购重组。这其实构成所谓的内幕消息，是违法犯罪的行为，但是由于很少留下证据，现实中经常发生。基金经理回到公司后，在前1~2周的时间内，在市场上先悄悄部分购入该只股票。期间与该基金经理关系暧昧的某券商分析师，发布了一些看好甲公司的报告。直到上市公布财务报告或者公告并购重组消息的那一天，该基金经理配合甲公司发布的消息，大举高位买入该股票，通过消息释放与价格拉升带来的眼球效应，吸引其他人购买该公司股票。对于基金经理来说，这番炒作既做了人情，还给自己带来不小的红包，取得业绩收益的可能性也很大。而上市公司老板则在连续数日股价大幅攀升后，逢高减持。这就是A股市场对消息特别敏感的主要原因，因为确实有资金在配合消息操作。

在上面的例子中，庄家是控股股东，基金经理是"托"。而在很多时候，基金公司本身就是庄家。"5.5 对倒交易、股票价格上涨与账面效应"中，就给出了两个基金经理相互抬拉一只股票的价格的例子。在现实中，一家基金管理公司的收入取决于其管理规模，而管理规模很大程度上又取决于其在基金募集的时候能够吸引多少眼球。于是就有了如下的坐庄手法。乙基金公司旗下分别有"成长""精选""趋势"三个基金，基金规模分别为5亿元、20亿元、20亿元，基金经理分别为赵、钱、孙。假设基金参与股市交易的限制可以被规避，乙基金公司做出了以下安排：让赵经理首先以平均10元的成本,购买5000万股一系列公司的股票,然后让钱、孙经理在市场上买入更多这系列股票,以使得这些股票的价格维持在高位,到年底,这些股票的价格平均达到了20元。为了购买这些股票,钱、孙两经理需要卖出手头原本的配置,可能产生一些损失。于是到了年底,3个基金按照净值算(假设基金份额不变),分别变为10亿元、17.5亿元、17.5亿元。虽然"精选""趋势"两只基金业绩平平,产生了12.5%的亏损,但是赵经理所管理的"成长"基金却获得100%收益率的傲人成绩,这就是所谓的"抬轿子",赵坐轿子,钱、孙来抬。于是乙基金公司成功将赵经理打造成为一位明星基金经理,在募集新的策略基金时,隆重介绍赵经理过往的基金管理业绩,并计划使策略基金的规模达到50亿元。

控股股东的坐庄是"大象带着镣铐跳舞",受限颇多,体量巨大。在很多情况下,控股股东不以售出股票的方式套现,而是以质押股票借款的方式。控股股东减持股票需要公告,出售股票对上市公司的股价也会有不小的负面影响,还受到股票市场流动的掣肘。而股票质押对股价的不利影响要小得多,有段时间更流行的做法是,控股股东在释放消息、通过机构投资者热闹一番后,还会公告增持股票。炒高股价的目的,是以更有利的条件质押股票获得现金。由于股票质押借款通常是按照股票当前价格的一定折扣来确定借款金额,股票价格越高,控股股东所能得到的借款也就越多,或者在相同借款金额下,需要出质的股票数量就越少。

经过了可长可短的时间,上市公司的实际业务往往已经奄奄一息,控股股东经过多年的减持、增发等运作,持股比例由开始时的30%~50%,下降到了最后不到10%甚至更低,控股股东虽然维持着公司经营,却不占有实际权益了,心思自然从经营上市公司,转移到掏空上市公司、榨取最后一丝利益上了。

股票变身为"重大重组概念股"。上市公司进行重大重组,可以发生在实际控制权发生变更之前,这就构成为"借壳上市",也可以发生在实际控制权发生变更之后,构成所谓"买壳上市"。后者进行重组事项的确定性更大,但要求新控制人有较高的资金实力。无论是哪种方式的资产重组，其目的都是要让上市公司改头换面，讲一个新的故事。

重大重组中，进入上市公司的资产往往会给出业绩承诺，并且承诺如果3年的净利润未达预期则由大股东补足。然而，这些资产往往是以20年甚至更长时间的净利润进行估值，这使得弥补3年的净利润是一笔太合算的买卖。举例来说，某公司借壳上市，按照前3年净利润1亿元、1.5亿元、2亿元，以后17年内每年2.5亿元估价，按10%折现率估价18.8亿元。而实际上该公司只能每年实现1000万元的净利润，折现现值只有区区8000万元。由此，资产方获得18亿元的溢利，即使3年业绩差额4.2亿元全部用现金补上，也大有收益。

股票上市所产生的账面效应巨大，能够在表面上形成多方共赢的局面，而退市会造成负面账面效应，造成多方共输，所以股票退市是非常罕见的情况。利益各方会千方百计地维护上市公司，使得上市公司的乱象得以持续。

一个钱袋子的故事可以用来比喻股市乱象。

子虚先生拿来一个钱袋子，声称大家只要往这里投钱，日后就能得到更多钱。他对大伙说："这确实是个好袋子，没有漏洞。"等到来年，子虚先生真的拿来了一个装有更多钱的钱袋子（账面有净利润），并打开给大家看，说："你们看，这都是你们的钱，变多了"。当然他不会真的把钱都分给大家，最多象征性地分出极小部分。所有人都很高兴，心想自己投资有道，保值增值了。这样过了数年，子虚先生拿来一个很空的袋子（出现巨额亏损），跟大家哭丧着脸说，由于年景不好，大家的钱打了水漂。这让大伙倒吸一口冷气。不过子虚先生也带来了一个好消息，他给大伙介绍了乌有先生，只要大家同意把子虚先生的钱袋子跟乌有先生的合在一起（并购重组），以后乌有先生的钱袋子里的钱也就跟大伙一起分。日复一日、年复一年，大伙一直揣测着来年的钱袋子里会有多少钱，钱袋子有时在子虚先生手里，有时又在乌有先生手里，但无论钱袋子给大伙看到多少钱，都不分到大伙手里。

人们如果能够深刻理解"股票的本质是分红债权",股要市场上的这些诓骗手法其实并不难识破。这些手法有效,依赖于人们对金融工具"价值"问题认识上的混淆,这种混淆并不是只在A股发生,而是各个资本市场普遍存在的问题,这得益于数十年来华尔街在世界范围内对人们的"洗脑"。股票市场问题特别突出,是由于社会整体认识不足、监管权责不清、利益勾结错综复杂、经济体系对账面效应过于依赖等多种因素共同导致的。

9.8 中国经济面临的挑战

"经济危机"尚无明确标准。从1929年大萧条、20世纪90年代日本经济衰退、1997年亚洲金融风暴、次贷危机中得到的直观印象,经济危机基本上是房价大跌、股市大跌、企业倒闭、失业率高企。因此,人们对上述经济迹象非常警惕,千方百计阻止这些事情发生。

然而,任何一次经济危机都不是独立凭空出现的。1929年大萧条前有"柯立芝繁荣",20世纪80年代日本正处在巅峰,经济上隐隐有挑战美国之势,1997年亚洲经济危机前东南亚国家也着实有一段好日子,次贷危机前美国的房地产正欣欣向荣。事实上,一场完整的经济危机包括了繁荣与萧条两个时期,仅仅依靠阻止房价、股市下跌对阻止经济危机的发生无济于事。想要只享受繁荣而不经历萧条,好比只想要青春而拒绝衰老,是从未被实现过的理想。

进入20世纪90年代后,中国经济持续高速发展,带来了振奋人心的产出增长、技术进步、生活水平提高,社会文明取得了长足发展。然而,中国经济的繁荣模式并未跳出套路,曾经导致其他经济体系萧条的阴云,同样齐聚在中国经济的上空。

改革开放以来,中国居民储蓄(或者说财富)的增长来源于三个方面:(1)如"7.8 中美贸易"所述,随着改革开放,中国经济获得活力,产出日渐充裕并盈余，出口大增，日本经济衰退及其后发生的亚洲经济危机让中国在出口市场的比重快速攀升。出口获得的外汇储备成为央行的资产，央行据此发行了人民币货币，这些新增货币变成了人们的盈余与储蓄，人们越来越有钱，企业利润可观。

（2）政府的赤字运行也带来了私人部门的盈余，政府负债变成了私人部门的债权。在政府信用的格局下，实际政府债务的范围其实远远大于国债等传统观点下的政府债务，而是包括了城投平台公司债券、国有企业负债、地方政府承诺支出等种类债务，数量庞大、增长迅速，相应的债权都被视为"无风险"债权。

（3）中国的房地产价格急速攀升，其账面效应带来储蓄增长的感受。

这三个财富增长因素都很快迎来"瓶颈"。从2014年起，中国的外汇储备自高点回落，从约4万亿美元下降至3万亿美元，由此带来的货币发行空间荡然无存。过去外汇储备高速增长的背后是贸易盈余，已然日积月累引起贸易逆差国的不满，想要通过同样手段恢复或者进一步增加外汇储备势必阻力重重。而地方政府政绩驱动下的高赤字、高负债运行策略，迅速积累起庞大债务，这一模式延续的空间也日渐狭窄。房地产方面，高企的价格带来澎湃的建设热情，经济整体的房产保有水平持续迅速上升，而房产保有量越大，房价相同涨幅下产生的账面效应也就越多，发生流动性危机的风险也越大。另外，由于房产集中度高，人们长期低估房产数量、高估房产购买人群数量，使得房产过度建设不可避免，这些构成了房地产价格继续超水平上涨的制约因素。

外汇储备、政府债务、房价三者相互影响，牵一发而动全身，钳制着经济体系转向。首先，已经知道房价由升转降将使得财富效应由正面效果转向负面效果，对经济造成较大损害。并且，地方政府非常依赖土地财政，房价下跌将使得其债务问题恶化。于是稳定房价似乎成为必选项。但价格体系不会长期任由房价独自处于高位，由"3.7价格的传导"可知，高位房价会逐渐拔高整个价格体系。而当汇率不变时，价格体系的上涨会损害出口、刺激进口，从而使国际贸易收支恶化。而想要消除价格体系上涨对国际收支带来的影响，需要本币贬值，但本币贬值又容易激化贸易争端。

为此，央行放弃了货币发行的外汇储备之锚，开启人民币的脱锚之旅。通过直接与间接的无锚资金，支持坐实地方政府债务的信用，短期内确保地方债务不发生大规模违约问题，而这些资金也为房价提供了某种程度的支撑。人民币脱锚同时给央行维持汇率水平、放弃改善国际收支情况提供了可能性。但是这样的操作不可避免带来货币泛滥，让本来就已准备追赶房价的价格体系更加躁动，而一旦价格体系切实上涨，又会给汇率带来进一步压力。

房价涨幅超过价格体系，则人们发现房子"越来越值钱"，房产拥有者什么都不用做都能感到富足。但无论货币存量如何，这一趋势总会反转，价格体系的上涨速度总有超过房价涨幅的一天，那时人们会发现房产储蓄缩水，与此同时货币储蓄更加缩水，人们什么都不做都感到"亏钱"，就可能削减开支试图增加储蓄，反映到宏观层面体现为滞胀。

所以，与其他任何繁荣周期一样，除了产出的实际增长，中国经济的繁荣由货币发行、政府债务扩张、资产价格上涨带来，随后也不得不由于货币发行受限、政府债务收缩、资产价格下降（或者相对下降）而进入萧条，拖延这一转变的举措只会带来更长时间的萧条。

表面的周期并不是致命问题，经济的实质在于人们在做什么。资产价格上行期，人们会热衷于资产投机、炒股和炒房，日本如是，泰国如是，美国如是，中国也概莫能外。如果这一时期持续时间非常长，对社会经济观的塑造作用也会非常强，贫富差距被资产拉大。

随着资产数量与价格的增加，人们的储蓄增长日渐取决于利息、资产的价格升值，工资收入的占比越来越小，工作的动力与热情不高。中低阶层的上升通道关闭，阶级板结，人们安全感低、成就感低，社会情绪低落压抑。

除了经济本身的问题外，环境因素与人口因素也产生一定影响。中国正面临着人类有史以来最大规模、最快速的老龄化问题，按日本的前车之鉴，这将深刻改变经济结构，影响经济活力。这些都对中国经济未来发展构成真正的挑战。与之相比，货币汇率问题、债务问题、资产价格问题似乎都没那么严峻了。

为更好地应对未来一系列的挑战，中国经济需要更为深刻的结构调整。让经济向正确方向发展，需要政府和民众对经济有一个更为正确、清醒和全面的认识。

9.9 小结

本章介绍了中国经济的信用特征，并从理论上给出了中国地方政府热衷于招商引资、借债与土地经营的原因，指出以GDP为导向的政绩观会对经济体系造成伤害。

9.5节详细总结了房地产行业与经济周期的紧密联系。而房地产在次贷危机、1997年亚洲经济危机、20世纪90年日本经济衰退等经济周期中都扮演了重要的角色。

本章指出了当前银行市场与股票市场存在的问题，并指出中国经济正在面临经济周期的挑战。

第10章

经济学的过去与未来

为什么微观经济学与经济现实差距那么大,以至于很多人觉得经济学根本无用?

社会达尔文主义、"笑贫不笑娼"的流行与微观经济学有什么关联?

宏观经济学的问题是什么?

扩大消费是解决经济问题的良好手段吗?

货币银行学、会计学、金融学有哪些亟待纠正的理论?

经济学应该做什么?经济学理论应该怎样帮助建立更好的经济体系与社会?

10.1 微观经济学的主要缺陷

粗略地说,古典微观经济学是一套价格理论,其核心是"供求关系模型",它可以用一张经典的图来表示,如图10-1-1所示。

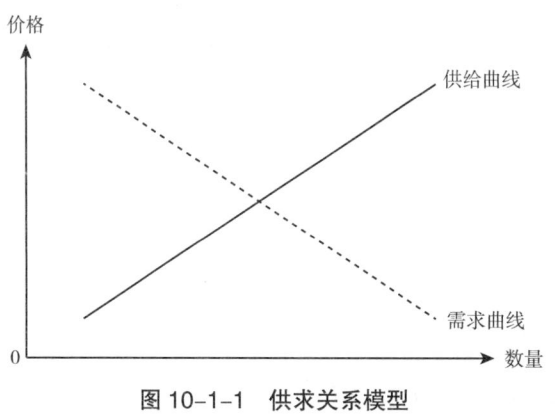

图 10-1-1 供求关系模型

古典微观经济学通过一系列假设,认为商品的供给数量随着价格上升而上升,商品的需求数量随价格的上升而下降。供给曲线与需求曲线相交于唯一一点,该点所确定的价格与数量便是该商品在经济体系中的价格以及生产消费的数量,被称为均衡点。

然而,为了得到这样的供给曲线与需求曲线,古典微观经济学做出了很多不恰当的假设,而当我们为建立更符合现实的经济模型而放松或改变其中一些假设时,古典微观经济学的结论便崩塌了。为了揭示古典微观经济学的局限性,我们以具有吉芬性质的土豆为例,给出一个具体模型。

10.1.1 考虑规模效应的供给曲线

古典微观经济学认为，供给曲线是一条随着价格上升而单调上升的曲线，其中的一个关键假设是生产部门的边际成本（margin cost）随产出数量递增，生产第1个土豆的成本是0.5元的话，生产第1个土豆的成本会是0.6元，以后每一个的成本都比前一个高，这就是**边际成本递增假设**。这几乎与现实情况完全相反。正常来说，把土地整理好以后，种2个土豆的成本跟种1个的成本相差无几，第2个土豆的成本可以说是顺手的事情，边际成本并不是递增的。

现实中，任何一项生产都存在规模效应（scale economy），与前期投入相比，后续生产的成本很低，边际成本很低，多生产一些数量反而会拉低商品的平均成本。例如，机器设备开工后，生产同样的商品，则多生产几件商品与生产一件商品的成本相差无几，主要成本在购买机器设备上。此时，平均成本下降，供给曲线应该是供给成本随供给数量上升而下降。

同时当生产超过一定数量，边际成本可能会有陡然上升的过程。例如数量达到机器设备的产能上限，继续增加产量需要新增购买机器，或者雇佣额外人手。在我们举例的土豆生产中，产出更多土豆可能需要购买更大的土地。

图10-1-2给出了考虑规模效应以后的土豆供给曲线。

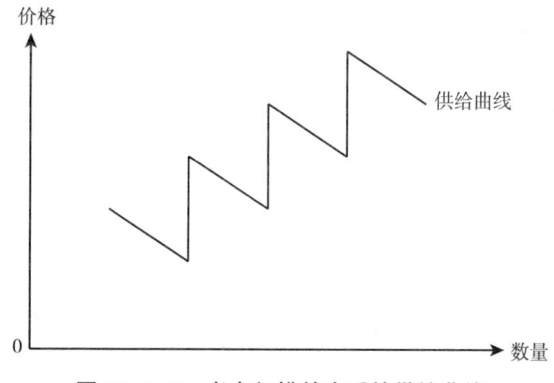

图 10-1-2　考虑规模效应后的供给曲线

一开始土豆的供给成本随数量增加而下降，表现为最初一段向下的曲线。当数量增加到一定阶段，继续增加土豆产出需要增加新的土地，而新增土地的代价很大，表现为继续增加产量时平均成本跳跃式地上升。有了新增土地后，土豆生产又具有了规模效应，平均成本又随着产量增加而下降，直到土地再次不足。以此类推。

总地来说，如果想要得到非常多的土豆，需要开垦荒地、在更贫瘠的土壤上种植、消耗更多宝贵的劳动力，这让生产土豆的代价越来越高昂，所以供给曲线的整体趋势是上升的，与古典微观经济学给出的供给曲线类似。当然这也只是一种假设，整体趋势下降的供给曲线也是存在的。

10.1.2　考虑吉芬性质的需求曲线

在"1.6 价格体系变动、价格的微妙性与吉芬商品"中，我们知道土豆在一定的价格区间内存在吉芬性质，其需求数量随着价格上升而上升。超过一定临界点后，要么需求量继续上升，价格下降，表现为图10-1-3。

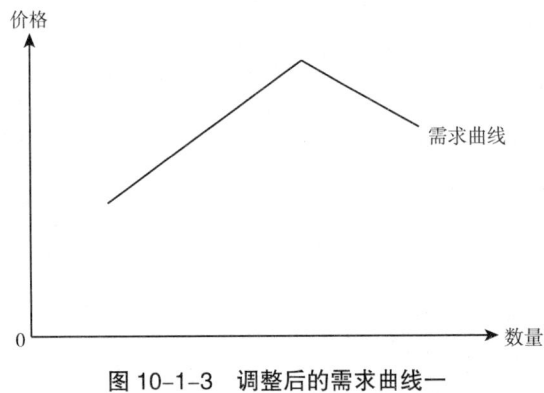

图10-1-3　调整后的需求曲线一

或者价格继续上升，消费量由于人们买不起了而下降，表现为图10-1-4。

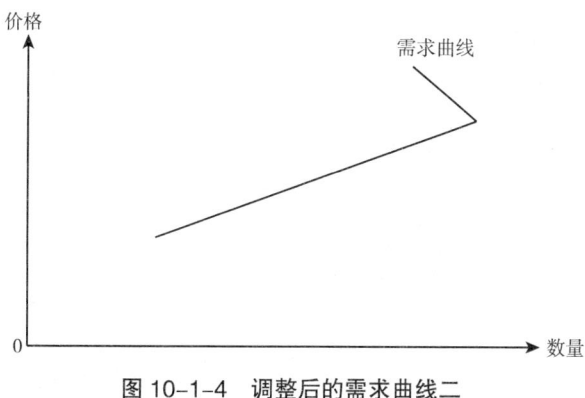

图 10-1-4　调整后的需求曲线二

10.1.3　价格与数量无法由供求关系决定

将（1）中的供给曲线与（2）中的需求曲线相结合，我们得到如下的图10-1-5、图10-1-6。

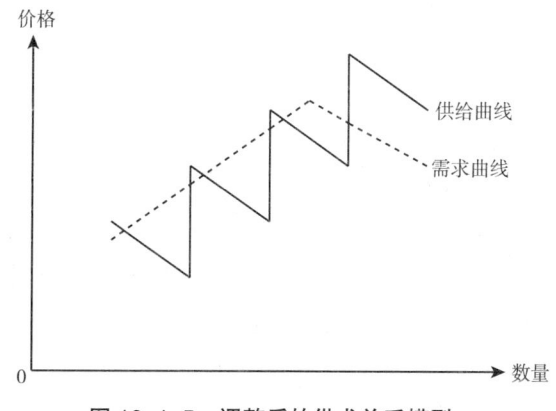

图 10-1-5　调整后的供求关系模型一

供给曲线与需求曲线的交点并不唯一，土豆的价格和数量处在不确定的状态，需要额外的假设条件才能知道商品价格。事实上，在一些极端情况下，供给曲线与需求曲线可以在某些地方重合，从而使得供求关系对价格的判断毫无帮助。由此我们得出的结论是：**供求关系不能完全决定商品价格。**

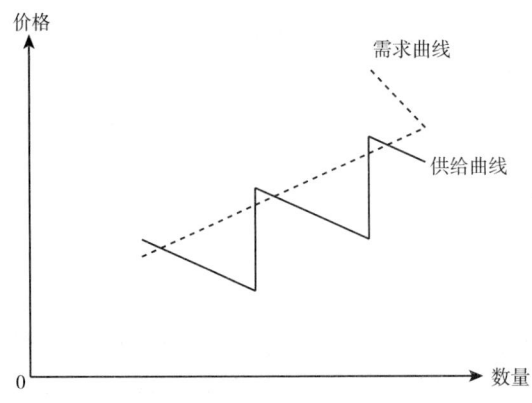

图 10-1-6　调整后的供求关系模型二

进一步地,由于可以选取不同的交点,供给变化对价格的影响是不确定的。具体来说,我们假设由于气候原因土豆大幅减产,表现为供给曲线向上平移。在古典微观经济学中,供给减少导致价格下降,表现为图10-1-7。

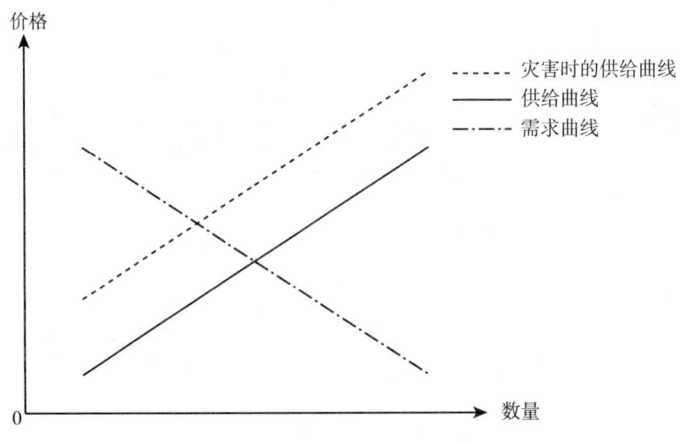

图 10-1-7　古典经济学中灾害时的供求关系

灾害导致供给曲线上移,供给减少,商品价格上升,产出与消费数量减少。

然而,更符合现实的供给与需求曲线给出了完全不同的说法,表现为图10-1-8。

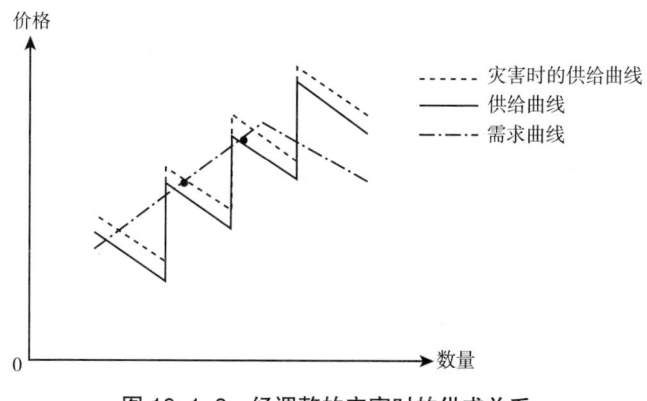

图 10-1-8　经调整的灾害时的供求关系

假设灾害发生前，土豆的价格与数量处于右边的黑点，灾害发生后土豆的价格与数量处于左边的黑点，于是存在这种可能性，供给曲线上移，供给减少，商品价格**下降**，产出与消费数量减少。对应现实中可能情况是，如果土豆价格较高，由于灾害发生，人们收入减少，去吃更为便宜的野菜，土豆消费急剧减少，价格也比灾害前更便宜。这与古典微观经济学认为商品价格一定因灾害而上升的结论不同。

需求的变化也是同理。商品价格与数量的变化规律并不是古典微观经济学所断言的那样。

（事实上，上述图像也并不完全正确，无论是吉芬性质还是灾害发生，实际上经济体系的供给与需求情况都是与时间相关的函数，只是用以指明供求关系的缺陷已经足够。）

现实中，商品供给增加而价格上升（如奢侈品、房产）、供给减少而价格下降（如低端消费品）、需求增加而价格下降（如可以机械化大规模生产的商品）、需求减少而价格上升（如某些工艺品），都是真实而普遍存在，这些都表明，古典微观经济学的供求关系模型具有相当大的局限性。

价格问题甚至可以脱离于商品本身的供给情况。在"3.7 价格的传导"中，我们给出一个模型，在煎饼本身的供求关系未发生变化的情况下，煎饼的价格由于房价的上升而上升。即使我们可以把房价上升视为煎饼生产者成本的上升，从而把价格传导模型纳入到古典微观经济学的供求关系框架中，也很难解释为什么现实中煎饼这类商品随房价上涨后，生产与消费数量仍然保持稳定。

无论从理论还是现实角度出发，我们总是有如下的结论：

第一，商品的价格与生产消费的数量并**不能**完全由该商品的供求关系决定。

第二，供给与需求的变化对商品价格和生产消费数量的影响是不确定的。

所以说，整个古典微观经济学体系赖以建立的供求关系理论基石并不牢靠，适用范围极其狭窄。这也是为什么经济动力学不得不另起炉灶，建立起一套全新理论体系的原因。

为对应古典微观经济学的价格理论，附录A在博弈论的基础上给出了一个价格数量理论模型，从中我们可以知道，即使在只有两个经济主体、一种最终商品的情况下，商品的价格与数量由包括原材料价格、原材料数量、经济主体的偏好、博弈方式、货币数量乃至于交易方式等因素共同决定，经济体系任何参数的变化都会造成不同结果，**价格与数量的关系是非常微妙的**。这也意味着，把注意力集中于此难以得到有用的结论。然而，除了对价格与数量给出预测，微观经济学还能给我们带来什么？从历史上看，即使把全部精力都花在价格与数量上，古典微观经济学至多也只能给出事后解释，而无法事先做出正确的预测。

古典微观经济学本质上是"去货币化"的，是静态的，不含有时间变量，这使得古典微观经济学对经济体系的演变束手无策，也没有构建周期理论的可靠方法。

10.2　媚俗、阶级与经济学

人类对自然规律的认知有限，为了给所见事物做出解释，会杜撰一些似是而非的答案，如认为下雨是龙王在布雨。当类似认知被整个群体都接受,它们便成为某种标准答案。这种群体性的非理性认知会带来群体性的行为后果,例如,遇到干旱人们会祈雨。随着科学的进步,有些错误的认知被修正,有些行为也就日渐消失。这类并无根据却被群体广泛接受的认知和行为规范,被称为迷信。

人类对社会规律和社会现象的认知有着同样道理。为什么会有贫富差距?为什么有的工作赚钱多有的工作赚钱少?人们总有办法合理化一切所见社会现象,虽然解答未必正确,但一旦被广泛接受,便以为有了"标准答案",因为"大家都这么说"。在集体认知下,一些共识被披上真理的外衣,无论它实际上有多荒谬。更重要的是,这种认知会带来阻碍社会反思的表面上的共识和情感共鸣。例如,美国早期有色人种所处的不公境遇被"种族低劣""本性懒惰"这样的认知合理化,甚至一些有色人种自己都对此认可。米兰·昆德拉说,哭不是因为想哭,而是因为人们觉得应该哭;笑不是因为想笑,而是因为人们觉得应该笑。个人的理解与情感已经不重要,群体已经帮忙做出了选择。这就是媚俗。它在很多地方发生,也时常被利用。

自然科学尚可以通过实验检验,所以迷信易破,改变人类对社会的认知和由此产生的群体规范却困难许多,因而媚俗难除。

媚俗巩固与强化了社会的阶级性。历史上的普遍现象是,人与人之间因其出身、肤色、种族不同而在生活中有巨大差异。媚俗合理化了这种差异,从基因、个人素质、群体性格特征等方面认定,这些差异是合理的必然结果。直到今天,"穷人的贫穷皆是因为其懒惰、素质低下、不守信用"这样的观点依然大行其道。而当劣势阶层无力改变自身处境时,甚至会主动迎合这种媚俗,承认这些问题,攻击媚俗的挑战者。比如美国历史上,改变命运跻身上流的黑人受到来自同胞的敌视和攻击要多于来自白人的。

媚俗对经济体系的影响是多方面的,其中最重要的是在对分配的固化上,媚俗合理化了优势阶层取得的较大分配,迫使人们接受分配结果,从而使得产生这种结果的不公正机制得以保留、难以纠正。

从第 2 章"旧制度的崩溃"我们知道,在货币总量有限、货币沉积不可避免的情况下,王朝为了实现总体稳定,减少通货紧缩的发生,要求大多数下层阶级勉强维生,而小部分可控的上层阶级占有大量的产出分配和货币资源。从"2.4 货币配置与经济体系稳定性"中知道,货币配置的不均衡使得下层阶级应对冲击的能力大为减弱,让更多人易受风险冲击而被击垮。

然而,只要有人可以挺过冲击,无论在概率上有多侥幸,都会成为整个社会体系正当性的理由。

"没钱缴税?为什么张三有钱缴税?

房价太高买不起房?为什么李四家刚买了新房?

没钱娶媳妇?为什么王五刚娶了漂亮媳妇?

别说世道不公,只怪你自己不努力。"

于是,媚俗把社会的普遍性问题用小概率事件精心掩盖起来,既有的一切便都是伟大光荣而正确的,社会丧失自我纠偏的能力,直到灾难降临、王朝覆灭。

直到近现代,媚俗依然以类似的面目出现。马克斯·韦伯(Max Weber,1864—1920)就注意到,在新教的伦理体系内,有钱人的富有来自上帝的青睐,是"眷民(the chosen)"的征兆。反过来说,为了证明自己属于眷民,则应努力赚钱,这构成资产阶级敛财热情的宗教源头。韦伯把这些内容写进了《新教伦理与资本主义精神》。就这样,分配的不公变成了神的旨意,优势阶级愈发肆无忌惮。富人成为上帝的荣光,穷人则要背负原罪,臭名昭著的穷人法案(the poor law)就此出台。上层阶级把下层阶级逮捕起来,强迫他们进行高强度劳作,却只支付极低的报酬,声称贫穷即是他们的罪,辛勤劳作而不得回报乃是赎罪。

然而,更让人唏嘘的是,穷人法案的时代从未远去,它只是变换了面目。在"5.9 次贷危机""7.3 欧债危机"中,我们知道华尔街对世界各经济体系都造成了惊人破坏,而他们自己在经济繁荣期大发横财,又在他们亲手吹大的资产泡沫破灭时，拉拢、勾结、胁迫政府印钞救助，再次攫取暴利。如果说狄更斯笔下的《雾都孤儿》(Oliver Twist)描绘的是一个穷人法案的时代，法律与社会体系让穷人更加贫穷，那么我们正生活在一个富人法案的时代，全世界的经济运行、法律法规、政府干预，都在帮助富人更加富有。

而古典经济理论对造就这一切"功不可没"。在所谓充分竞争的自由市场的假设下，人们的贫富差异来自于每个人劳动效率和资源禀赋的不同，于是只要是自由市场，那么贫穷就来自于人的懒惰或天赋不够，富有就来自勤奋、天赋与吃苦耐劳。这种说法，与贫穷来自冤孽，或者来自未达到上帝恩宠，富有来自善缘、来自上帝的恩宠，又有多大区别？

与古典经济学理论所描绘的世界不同，所谓的完全竞争的自由市场从未存在过。当美国的医生作为高收入人群过上富足的生活时，中国医生的收入水平却难跻身社会上流。那么，是因为中国医生太多竞争太激烈导致的医生价格较低吗？显然不是，中国是人均医生配置最低的国家之一。难道医生们应该像古典经济学所鼓励的那样，放弃自己至少8年的医学教育，去"自由竞争"能够提供更高薪水的金融岗位吗？

经济动力学以一种更为客观中立的姿态对这种媚俗做出了抗争。

第1章给出了价格体系、储蓄变动与分配的关系，指出任何一种生产、储蓄配置与分配的结果都可以表示为某种价格体系作用下的结果。理论中没有任何分配上的倾向性。现实中，综合考虑的话，任何一种分配结果都很难比较优劣。

第2章给出了"穷人更穷、富人更富"这样的经济发展趋势会导致经济体系不稳定，并给出了具体的发展路径。但没有给出穷人应不应当更穷、富人应不应当更富的判断，只是给出了一个事实：本位制度下富人想要更富就不得不以牺牲社会稳定性为代价。

"3.2 产出的结构"指出，不存在自然的机制，让带来经济增长的部门享受到经济增长带来的益处，对创新创造也就没有自然的激励机制。附录A中还有"最优解不可达"定律。这些都说明，无论在生产还是在分配中，经济体系不存在一种自然而然的调节机制，能够真正有效、正确地调配全部的资源，这与古典经济学理论声称的"自由竞争市场既可以让经济体系达到最优配置"的结论大相径庭，也让经济学避免落入媚俗的巢臼。

当前的社会很大程度上已经是一个经济社会，经济学构成了社会理论最重要的组成部分，在这种时候，更应该看到经济理论的局限性和现有经济理论的错误。与其他任何一门学科一样，经济学有机会成为一个客观的理论体系，而不是在多数时候仅仅是一个合理化一切经济现象与经济问题的工具。

10.3 宏观经济学的主要错误

一直以来宏观经济学都是一个争议很大的学科，其各类名词的定义模糊、理论与模型的建立与推导不严谨，最终导致宏观经济学内在逻辑不自洽、一些结论违背常识。

当前经济学理论中，有5个名词滥用较为严重，分别是：产出（output）、货币（currency）、储蓄（saving）、投资（investment）和资本（capital）。

宏观经济学大多不关心产出的具体内容和结构，而只关心产出的总量，于是宏观经济学中的产出大多指国民生产总值（GDP）。而在"3.4 国内生产总值与不幸福的经济学"中我们知道，GDP并不是一个良定义的经济指标，它的加总方法缺乏实际意义，可比性也很差。所以在经济动力学中，产出都是具体的事物，以数量为单位，50个面包就是50个面包，2套房子就是2套房子。

货币、储蓄、投资、资本这几个词，在微观个体层面和宏观整体层面具有完全不同的意义，但从凯恩斯起，几乎所有经济学者都认为这些概念的宏观整体意义就是微观个体的加总，这是个无可挽回的错误。

货币从微观个体角度讲，是能用来购买商品服务的支付手段，而现代金融体系下，现金与银行存款几乎具有相同的功能，经济学家们照搬了微观个体对货币的认知，在提到货币时往往指广义货币。然而从第4章、第5章、第7章与第8章的相关内容中知道，银行存款等广义货币对存款人来说是金融债权，对银行来说是金融债务，金融债权债务恒抵消。进一步地，从宏观整体看，银行存款等广义货币只是借贷关系的一部分，并不独立存在。银行存款还有银行挤兑、储备挤兑等问题，这些都迫使"货币"只能使用在狭义层面，"广义货币"只是一个生造的、有误导性的概念。

储蓄从微观个体角度讲，是一切能够在未来换取消费的物品或手段。个体可以储蓄粮食、储蓄贵金属、储蓄房产，最重要的是储蓄货币。对个体来说，这些储蓄可以互相转化，货币可以用来购买粮食，房产可以卖钱。然而，**从宏观整体看，各类储蓄不能互相转化**。经济体系整体有多少房子、多少粮食、多少货币，那就是各自的数量，宏观上看房子变不成货币、货币变不成粮食。这就是"1.5 整体风险与无效储蓄"和第2章所强调的内容。

进一步地，有一些储蓄在个体层面是变量，但在宏观整体层面是守恒量，比如最重要的货币。除了货币制造、货币发行等新增过程以及货币遗失、损毁等减少过程，**经济体系的其他任何交易中，货币从整体角度讲都是守恒量，货币只是从买方转移到了卖方**。可以说，**从宏观整体上，根本不存在货币储蓄这一说法**。面粉厂少吃了一个面包，存下了一部分钱，也就意味着面包厂少卖一个面包，少存了一部分钱，个体消费多少与宏观整体货币储蓄没有关联。

所以说，宏观经济学中的从个体微观经验建立起来的下述公式：

$$储蓄 = 收入 - 消费$$

从微观上看有这么一回事，在宏观层面看其实不知所谓。等式左边，既然所有的储蓄之间不可转化，储蓄当然不可能用一个数字表示。等式右边，一个经济个体的收入意味着另一个或另一些经济个体的支出，一个经济个体的支出意味着另一个或另一些经济个体的收入，把消费视支出，则经济整体看的合计加总为0。所以说，这个公式是错误而无意义的。

宏观层面类似不知所谓的概念还有储蓄率。经济学家经常以储蓄率这个数字表示私人部门喜欢消费或者喜欢存钱的程度。货币守恒条件下，宏观上根本不存在货币储蓄，而债权储蓄则来自其他部门的债务增长，于是经济学家们所用的私人部门的储蓄这一数字，实际上来自货币新增及居民对政府的债权增长，这是个完全与消费情况无关的数字，与消费—储蓄偏好不沾边。

投资从微观个体角度讲，是指投入自身拥有的某些资源以获取未来更大的回报。但从宏观整体角度看，投资只是一种资源的配置。"4.8 投资与投入货币"就指出，当面粉厂获得农具能带来面粉产出增长时，这种增长是与货币、具体交易无关的，与面粉是否借款也没有关系，哪怕农具是面粉厂从工业部门暴力抢夺来的，经济体系也能增长。反过来说，如果没有农具，那么经济体系投再多货币，面粉产出也无法增长，所以"宏观整体投资"是个伪概念。当我们说"中国新增2万亿元公路投资"时，无论这2万亿元的来源如何（新增货币或新增债权债务），其实都是在说中国这一经济整体调用了2万亿元的资源，包括劳动力资源和其他资源进入公路领域。当存在生产余力时，这一调用可能来自生产余力，当不存在生产余力时，这一调用只能来自于其他领域。

资本从微观个体角度讲，是指一切能带来回报的资源，包括但不限于货币、金融资产、土地、房产、设备设施、贵金属，也包括知识、体能。但从宏观整体讲角度，货币价值只在流通中体现，金融资产也只是金融工具的债权部分，必定存在与之相抵消的债务，于是宏观整体角度看，资本只能是技术、劳动力、土地、设备设施、自然资源等生产相关的资源，而我们已经有生产要素这个词来统称这些资源，为防止混淆，经济学中其实应该避免使用"资本"这个词。

澄清了上述概念后，我们很容易发现当前主流经济学理论的问题。这里举例解析IS-LM模型存在的部分致命问题。IS-LM模型被认为是凯恩斯主义经济学的核心，可以看成是宏观经济领域对古典微观经济学供求关系的某种模仿，类似的还有AS-AD模型（即总供给—总需求模型）。

IS-LM模型可以归结于图10-3-1。

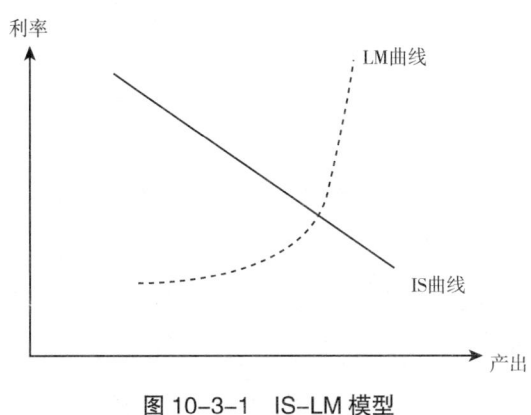

图10-3-1　IS-LM模型

由于照搬了供求关系模型的基本做法，"10.1 微观经济学的主要缺陷"指出的供求关系模型的问题在IS-LM模型中都是存在的。例如没有理由认为LM曲线或者IS曲线是一条单调曲线，而如果LM曲线和IS曲线不单调，那么它们就可能如同10.1中的土豆的供求关系图那样像麻花辫般搅在一起，从而得不到任何有用的结论。

进一步地，IS-LM模型有更致命的问题。IS-LM模型中的IS曲线是投资—储蓄曲线，它的均衡条件是一个等式：

$$I（投资）= S（储蓄）$$

然而，根据我们前面对投资和储蓄的讨论，宏观层面的投资只是资源的一种配置，而储蓄是各种不同类型、互相不能转化的事物，等号左右两端甚至根本都不是数字，强行用等号连接是不准确的。从具体事项上看，在宏观层面把储蓄与投资联系起来是莫名其妙的，宏观层面把粮食储蓄起来、把房产储蓄起来，经济整体当然就拥有了更多的粮食和房产，但没有理由认为，它们的存在本身能让经济体系未来获得更多产出。反之，从投资角度看，把劳动余力投入生产中去，或者把生产要素在各领域分配，也与储蓄毫无关系。类似由定义混乱和概念不清造成的胡言乱语充斥着整个IS-LM模型。

LM曲线是一条更奇怪的曲线，它宣称存在一个货币市场，LM曲线表示这个市场达到均衡的点的集合。然而，货币量是一个守恒量，除非央行依据利率发行货币，这个货币守恒量与利率毫无联系。真正可能与利率有关的是借贷量。而即使是借贷量，从"4.7 借贷与产出增长"等章节知道，其与利率之间也没有直接关联。

IS-LM模型认为宏观经济学中最重要的关系是产出与利率水平间的关系，这是个非常奇怪的视角，因为利率只在借贷关系中产生，但没有理由认为，一个经济体系的产出水平会受到借贷量的直接影响。一个反例是，日本在1990年前后，由于资产泡沫破灭，其借贷总量崩溃，此后其借贷总量一直没有恢复，但是其产出仍然是缓慢增长的。

IS-LM模型被认为是一种短期宏观经济模型，它被用以论证凯恩斯关于财政与货币手段在短期内能有效刺激经济的主张。然而如果一个经济主张是短期有效的，那么它就应该长期有效的，因为"明天"永远不会到来。若通过扩张的财政与扩张的货币政策可以在短期刺激经济增长，那么就可以用相同手法不断刺激经济得到长期增长，但凯恩斯主义者们又承认长期来看这类刺激是无效的，这从逻辑上不自洽。事实上，从之前的章节可以知道，凯恩斯主义所主张的货币、财政政策对经济表面上的刺激作用，是财富效应的结果，它并没有短期长期之分，其有效性取决于经济体系是否存在生产余力。

经济动力学强调两个定律，一个是货币守恒律，另一个是金融学第0定律，不同于凯恩斯的理论。例如，凯恩斯为人们持有货币而不持有生息资产的行为提供了很多假设，包括著名的流动性偏好这个假说。事实上，由于货币守恒，货币不是持有在这些人手中，就是持有在那些人手中，宏观层面根本不可能发生所有人都持有生息资产而不持有货币的情况，于是流动性偏好在宏观层面没有实际影响。即使所有人的流动性偏好都发生变化，如果没有货币总量的增减机制，货币整体情况是没有办法发生改变的。

无论是凯恩斯主义、货币学派，还是奥地利学派的宏观经济模型，追根溯源，基本都脱胎于古典微观经济学，甚至于大多脱胎于供求关系模型。而供求关系模型是一个负反馈系统，系统总是趋向于稳定，并且宏观经济学本质上也不含时，是静态模型，因而不可能给出有关经济周期的正确模型。经济动力学是含时理论，并且告诉我们，经济的繁荣与萧条周期来源于财富效应与吉芬性质这类正反馈机制，而正反馈机制让系统存在猛烈变化最终崩溃的可能性，表现为经济繁荣过热直到危机。

奥地利学派在研究经济周期的过程中，注意到了债务扩张与收缩的周期。有趣的是，凯恩斯主义学派与货币主义学派则把注意力更多的放在了债权上，他们的广义货币中更多其实是银行债权而不是货币。而债权债务是同一枚硬币的两面，奥地利学派发现的债务扩张与收缩，与凯恩斯主义学派及货币主义学派发现的货币的扩张与收缩，根本是同一回事，都是借贷扩张与收缩的周期，这一周期的根本来源是人们对资产价格预期的变化影响到了人们的借贷决策。而借贷是无中生有同时产生湮灭的，可以脱离于经济体系货币总量的情况。

我们在"3.1 生产余力与经济刺激政策""3.2 产出的结构""3.3 无效产出与消耗结构"等节直接指出，产出是由产出的结构与生产要素投入所决定，而与达成这一产出的结构与生产要素投入的货币与借贷方式无关。这样，我们重新得到了一个被主流宏观经济学理论埋藏已久的常识：经济体系的产出不由经济体系的货币存量与借贷情况决定。

10.4 消费主义陷阱

当前的技术水平已经使各项基本产出变得前所未有的容易，大多数经济体系消灭了饥荒，衣食等方面产出不仅充足，甚至存在产能剩余。在这一背景下，宏观经济理论不知不觉中掉入消费主义陷阱，认为只要人们消费，经济就能变"好"。

而过度的消费，很多时候其实只是浪费。人们肆无忌惮的浪费食物，很多物品如圣诞树上的装饰只用过一次便被丢弃，能源的挥霍随处可见。吊诡的是，在当前以GDP为核心的经济评价体系中，浪费确实能带来经济改善。我们具体举例如下：

在基本模型中，经济体系的运行情况如表10-4-1所示。

表10-4-1　　　　　　没有浪费的基本模型　　　　　　单位：元

第1期	面粉厂	面包厂
期初货币	50	50
面粉交易	+100	-100
面包交易	-100	+100
期末货币	50	50

注：面粉1元/斤，面包2元/个。

面粉厂与面包厂各消费50个面包。以GDP衡量，这个经济体系的GDP为200元。

假设面粉厂与面包厂其实只需要消费50个面包就完全足够，不需要再吃更多面包，但是经济体系有生产余力，可以用很小的代价生产更多面粉面包，于是面粉厂生产了120斤面粉，面包厂买了110斤面粉，做成110个面包，卖给面粉厂55个。经济体系的过程表为表10-4-2。

表10-4-2　　　　　　存在浪费的经济体系　　　　　　单位：元

第2期	面粉厂	面包厂
期初货币	50	50
面粉交易	+110	-110
面包交易	-110	+110
期末货币	50	50

注：面粉1元/斤，面包2元/个。

面粉厂和面包厂最后各自有55个面包，却吃不下，各自浪费5个面包。但如果统计GDP，面粉产出是120斤计120元，面包产出是110个，从面粉做到面包的增加值是110元，这个经济体系的GDP为230元。相同消费情况下，经济体系的GDP增加了30元。这种增长与"3.3无效产出与消耗结构"和"3.4 国内生产总值与不幸福的经经济学"中，通过消耗结构和破坏活动增加GDP的方式是类似的。

除了直接浪费，一般来说消费主义会有更含蓄的挥霍方式，给经济造成繁荣的假象。例如，当产出有余力时，人们都会去竞相追寻更为稀有的、更耗费人力物力的食材或消费品，这些商品价格高昂，可以带动一批产业。在1986—1991年的平成景气时期，日本就消费掉了更多的高档陈年威士忌和进口雪茄。夏天，办公室、商场和居所的制冷如此强劲，以至于人们在室内常常要穿起外套，而在冬天又强力供暖，迫使人们脱掉更多衣服。室内外巨大温差的代价是巨大的能源消耗，却给石油、电力、空调等行业带来数不清的GDP和就业机会。进一步地，类似浪费不仅限于消费领域，进行不必要的基础设施建设也是种"促进"经济的好办法，建造无人通行的道路和无用的隔离墙，都能带来经济和就业增长。

这些浪费与过度建设，消耗了不可再生资源、破坏了自然生态环境、扭曲了经济结构，给人类生活质量的提升却很有限。在"柯立芝繁荣"时期、在日本经济最鼎盛的平成景气时期，人们每天喝着美酒、抽着雪茄，莺歌燕舞狂欢至半夜，人们的幸福感却未必很高，而中低层人群变得更不幸了。

在以产出总量增长而不关心产出具体结构与质量的理念指导下，浪费变得无所谓。一些宏观经济学认为，经济问题全在于人们不消费，解决经济问题的万能良方就是尽办法让他们消费。颇有一群人鼓吹通过央行印钱，"直升机撒钱"的方式让人们消费来提振经济，仿佛经济的矛盾仅仅是"经济体系日益增长的产出能力和落后的消费能力"。

于是，宏观经济学的主要作用变成了为政府用干预手段刺激消费、过度建设提供理论基础。这些刺激政策归根到底，都是通过增加货币、抬升资产价格带来账面效应、账面效应引起财富效应，来对产出造成短期提振。然而"3.12 政府干预"与"6.1 经济周期"等节已经指出，政府干预、账面效应、货币发行常常造成经济的结构性扭曲，带来短期产出提振同时，对经济实质造成更为长远的损害。

经济学到了应该正本清源的时候，经济常识应该回归到仅仅依赖印钱、花钱不可能让经济、让社会更美好。

10.5 货币

本节对经济动力学中货币相关的内容进行梳理。

大体上说，货币制度经历了从贵金属本位制、汇兑本位制和现代信用货币制度三个阶段。随着货币制度的变迁，货币发生了本质变化。贵金属本位制下，货币为金银等贵金属实物。贵金属本身稳定的物理化学性质、较为珍稀的存量、较高的观赏与实用价值，得到了人们的广泛认可，构成了经济个体普遍承认的实物信用，这是其在商业活动中能够作为交易媒介的基础。

汇兑本位制在本位制基础上，增加了凭证转换的过程。货币当局（通常为政府）通过汇兑承诺，收录本位货币、发行汇兑凭证，人们日常交易通过汇兑凭证进行。例如，在金汇兑本位制时期的美国，人们日常使用美元交易，但是彼时美元只是一张汇兑凭证，人们可以随时用美元从凭证发行机构、联邦储备体系内取出黄金。严格的汇兑本位制下，货币与汇兑凭据金额上相等。汇兑本位制给支付结算、货币流通带来极大便利性，但同时也给发行汇兑凭证的部门带来操纵空间，货币当局常常在本位货币不足的情况下超额发行汇兑凭证。在通过央行发行汇兑凭证的汇兑本位制下，央行的资产负债表主要由资产端的（金银等实际）货币，和负债端的汇兑凭证构成。

现代信用货币制度是货币制度上的一次飞跃。信用货币制度中的信用实际指中央政府信用，自此货币彻底脱离实物信用，其在交易中的支付效力完全依赖于行政强制力，这就是"货币法定"的内涵。信用货币制度下的货币发行参照了汇兑本位制下的汇兑凭据发行，都在央行的资产负债表下进行。但是信用货币下，央行资产负债表中负债项下的货币发行并不是央行真正的负债，货币持有人不能向央行索偿债权，它更类似于一般资产负债表中的所有者权益。与之相对，汇兑本位下，央行资产负债表中负债项下的汇兑凭据发行是真正的负债，汇兑凭据持有人可以向央行索偿真正的货币，例如黄金等贵金属。

在"5.1 金融学第0定律"中我们知道，信用货币制度下的货币是准金融工具，它是无中生有凭空产生的，有明确的债权人，但债务人是不定的，它也无法被抵消。

信用货币制度前，货币形态是确定的实物。进入信用货币制度后，货币可以是任何合法形态，除了人们所熟悉的纸币与硬币，也可以载于数字媒介之上，或者仅仅是央行与银行间相互记账的数字。

货币是交易媒介、价格体系的计量单位，并且对个人而言是重要储蓄资产。

货币通过其内含信用起到交易媒介作用，贵金属货币的内含信用是实物信用，信用货币的内含信用是政府信用。在"4.1 个体信用、货币的记账与清算作用"中知道，货币的交易媒介作用可以由其他信用替代，当经济体系可藉由其他信用完全清算时，其他信用与货币信用等价，货币只起到价格单位作用。反之，当经济体系无法通过其他信用清算时，则必须引入货币帮助清算，否则会发生信用风险。有人说货币能起到交易媒介作用是因为有其内在价值，这不正确。

除了货币本身的新增与减少，任何一笔交易中，货币总是从买方转移至卖方，于是任何日常交易中的货币量都是守恒量，这就是货币守恒定律。货币守恒定律是经济学中最重要的基本定律之一。

然而长期以来，经济学总是单纯从个体角度出发，把货币与其他可供支付的信用相混淆，未重视货币守恒律，使得宏观经济理论出现重大错误。虽然货币对个人而言是储蓄资产，但在经济整体层面货币是守恒量，其增加与减少无其他事物无关，不能用来抵御如整体粮食减少等整体风险，这是"1.5 整体风险与无效储蓄"所揭示的内容。

"2.2 大型工程模型与货币流转的宏观本质"指出，货币流转的宏观本质在于对劳动力的调度。"1.4 个体风险、货币储蓄与货币配置变动""2.4 货币配置与经济体系稳定性"等节给出了货币配置情况对经济体系的影响。

"1.2 货币周转""1.7 货币增长与价格上涨""1.10 货币沉积与价格下跌""2.5 整体风险与价格体系上涨"等节给出了货币存量与价格间的微妙关系。虽然价格水平与货币存量正相关，其具体联系却非常复杂。事实上，综合附录 A 可以知道，价格与经济体系的几乎所有变量都有关，并且几乎所有因素对价格的影响都是微妙的。

10.6 货币银行学、金融学的主要错误

由于历史原因，当前的货币银行学与宏观经济学中的货币基本指广义货币，而当我们把货币限定为上一节中定义的央行发行的法定货币时，货币银行学更贴切的名称应该为银行学，因为其几乎完全围绕银行体系展开。

主流货币银行学认为，银行存款由货币派生而来。但在 4.11 节中我们已经知道这个看法不正确。银行的资产负债表业务中，资产与负债同时产生。把银行贷款、债券以及银行所持有的其他资产都视为银行贷款，可以认为银行存款实际是与银行贷款被一起**创造**出来的，这一创造过程不需要有货币参与。

银行存款与银行贷款是两个金融工具。具体来说，在银行存款这一

金融工具中，银行是债务人、存款人是债权人，在银行贷款这一金融工具中，贷款人是债务人、银行是债权人。银行存款与银行贷款这两个金融工具均遵从金融学第0定律，从经济整体看是分别相互抵消的债权债务。

银行存贷款业务中，银行作用是借贷中间人，存款人是实际债权人，贷款人是实际债务人，但是银行贷款与银行存款不能直接抵消，这是由于在经营过程中，银行将利息差额记为利润，致使银行存款与银行贷款金额上不相等，粗略来说，其利息差减去银行运营支出就是银行的累积利润。银行累积的利润导致银行体系外的债权债务不相等，不能通过商品与服务方式结清，于是当经济整体进入清算模式时，银行必然出现坏账，这就是本质坏账，其金额等于其累积利润减去银行体系外的货币数量，这就是"4.12 银行利润的虚无性"给出的观点。

银行存在本质坏账是经济动力学根据货币守恒律和金融学第0定律两个基本定律所导出的重要结论。

在当前的货币银行学中，利率被认为是"货币的时间价值"。经济动力学对此进行了澄清，明确利息与利率由借贷这一金融活动产生，而与货币本身无关。一方面，借贷的内容可以是货币，也可以是鸡蛋、面粉或者其他任何事物，随之而产生的利息也可以是任何事物，并不一定与货币有关。另一方面，当货币没有被用来从事借贷活动时，它不具有任何生息属性。事实上，"货币具有时间价值"的正确表述是"时间具有经济价值"。

进一步地，货币存量没有任何价值属性，否则进入信用货币制度后，央行可以通过印钞来创造价值，这有悖于常理。

由于当前主流货币银行学重大缺陷，将银行存款与货币等同，导致了"7.4 央行货币发行与本位币体系"中，央行外汇兑付流程的根本性缺陷，这一缺陷是1997年亚洲经济危机的导火索，也是相关各经济体失去外汇储备、经济迟迟无法恢复的元凶。

由"8.2 央行银行信用贯通与整体金融风险""8.3 货币中介指标的无效性""8.4 利率—通胀螺旋与利率—通胀虹吸"可知。当前主流货币银行学在金融风险、货币指标、货币政策等方面的相关结论都是错误的。

金融学方面,"利率是货币的时间价值"这一错误看法被沿用至金融学,并经由所谓现金流折现法等系列"估值"方法,赋予本来作为金融工具的债权部分以独立的"价值意义",这给经济整体带来很大的账面错觉。其中比较典型的例子是股票这一金融工具。由于股票作为金融工具其债权债务的内容并不明确,其债权部分的价格被债权人通过各类"估值"方法确认,而债务人(即股票发行人)却并不确认债务,让经济体系凭空多出一份债权资产。为了解释这凭空增加的资产,金融学中创造了"流动性溢价"等牵强附会的解释。进一步地,由于股票等金融工具往往把未来数年或数十年的债权打包至当下出售,导致这份凭空增加的债权资产往往金额巨大。而在"5.4 股票上市与账面效应"中可以看到,若股票这类金融工具所带来的账面效应没有通过财富效应影响到产出,也没有提供更好的资源配置,那么经济体系不会从凭空增加的债权资产中获得任何益处,无论其数额有多么巨大。

部分金融学把"风险"定义为金融资产收益率的波动,这是对风险的错误认识,收益率的波动性只是风险的一小部分。对风险的片面认识直接导致了当年华尔街对次级贷款债券的错误定价,是次贷危机的诱因之一。

为了突出自身重要性,当前货币银行学与金融学标榜借贷与金融体系存在的意义,不必要也不正确地赋予货币与金融资产价值属性,从而未能发现至关重要的守恒律。而在古典微观经济学与古典宏观经济学中,则很少提到"价值"的说法,供求关系模型中只有价格与均衡价格,并无价值一说。

经济学并不需要"价值"这个词。当人们在提到价值时,常常其实在说价格。"某物具有很高的价值",实际上是一种营销话术,在说其有应该有很高的价格。"价格围绕价值波动",实际上价格变动是有限的。"未来有很大的升值空间",实际上在说未来价格要涨。

一件商品的价值是主观的、因条件变化而剧烈变动的、难以量化的。具体来说,一个面包对于一个即将饿死之人与一个已经吃饱了的人的价值完全不同,而新鲜空气、阳光当然都是有价值的事物,它们在经济学上却从未被确认价格。价值并非是商品或服务的内在客观属性，在大多数情况下也不是经济学的研究对象。

10.7 微观宏观经济理论的发展方向

微观经济学发展至今，给世人留下的印象就是"无形之手"市场力量千好万好，自由竞争能自动解决几乎一切经济问题，有一个完美的均衡价格，市场按照这个价格运行就万事大吉。绝大多数人把这些结论奉为圭臬，把前提假设抛诸脑后。然而现实中，由于各假设不成立，例如根本不存在完全竞争，这些结论大多无用，而且容易导致媚俗。

微观经济学其实很早就注意到了"市场失灵"的问题，提出了外部性的概念。经济外部性是经济个体的经济活动对他人和社会造成的非市场化的影响。经济部门从事经济活动时，其成本与后果不完全由该行为人承担。分为正外部性（positive externality）和负外部性（negative externality）。正外部性指某个经济个体的活动使他人或社会受益，而受益者无须为此花费代价，负外部性指某个经济个体的活动使他人或社会受损，而造成负外部性的经济部门却没有为此承担成本。在"3.2 产出的结构"中，面粉厂供养工业部门的行为就具有外部性。

但当前微观经济学没有非常认真对待外部性问题，除了这一问题过于复杂外，另一个原因科斯定理的滥用，使得人们以为外部性是一个可以由产权清晰化自动解决的问题。

我们用一个污染的例子来简单介绍一下科斯定理。污染的例子是科斯自己在论文中给出的模型。钢铁厂生产钢铁，除铁矿石、煤炭、工人工资的等自行负担的成本外，还在生产过程中排放污水、废气、废渣，这些是公众所付出的代价却不计入钢铁厂的成本中，即存在负外部性。如果仅计算私人成本，生产钢铁也许是划算的，但如果从社会的角度看，可能就不划算了。科斯提出,政府只要明确产权就可以把外部性问题解决妥当。如果把产权判给河边居民,钢铁厂不给居民们赔偿费就不能开设工厂,钢铁厂付出赔偿费,成本提高,产量就会减少。如果把产权界定到钢铁厂,则居民会为了自己的健康收买钢铁厂减少生产从而减少污染。

科斯这个模型脱离实际,其实不具备可操作性。首先是河边居民根本无法为自己的健康定价,其次是受外部性影响的主体往往甚至不在视野范围内,上述污染的例子中,倒霉的不仅仅河边居民,还有下游千千万万的居民。事实上,几乎任何现实条件都不满足科斯定理的应用条件。

经由科斯定理的滥用,外部性的问题也看似得到了解决,微观经济学几乎变成了一门鼓吹自由经济的学科,只要自由竞争、自由市场,经济就能自动达成最好的结果,这是经济学的浪漫主义情怀,然而是错误的观点。

而从凯恩斯时期起,宏观经济学就与微观经济学对立,与微观经济学崇尚自由经济相反,大量宏观经济学理论鼓吹政府干预对经济的积极影响。而主流宏观经济学发展至今,几乎变成一门"政府印钱越多好"的理论,支持靠印钱来熨平经济周期,乃至主张靠印钱来解决一切经济问题。

从微观经济学的"市场万能"到宏观经济学的"印钱万能",微观与宏观经济学的这些结论都有悖常理。为了纠正这些错误,我们首先要给出一套正确的理论体系。经济动力学统一处理了微观经济学与宏观经济学,所有的模型构建在含有全部参与者、全部经济要素和全部经济活动的基础之上,跨越了微观经济学与宏观经济学之间的鸿沟,是一套整体理论,经济学的未来不应有微观宏观之分。

在这个整体理论中,我们发现微观经济学声称能够自动解决的问题仍然存在,一如现实中这些问题从未消失。如附录A指出,即使是最简单的二元体系,自由博弈环境下经济体系也通常不可能达成最优解,可以想象,在更复杂的情况下,资源配置更不可能仅通过所谓市场手段自动达成最优。而"3.2 产出的结构"指出,工业部门这样的带来经济增长的部门不能自动享受到经济增长带来的好处。而带来经济增长的部门往往具有正的外部性，他们给经济体系带来益处高于其市场回报。一个众所周知的常识是，数学、理论物理、理论化学等基础学科给经济体系带来的益处是巨大的，但是基础研究部门却根本无法提供具有所谓市场竞争力的商品，需要市场化以外的力量给予其经济回报。经济学绝不应该在无视这类常识的情况下，在错误的理论框架下固步自封，盲目宣扬市场万能。

进一步地，如同博弈论告诉我们存在囚徒困境，现实经济也会发生经济个体的最优决策带来经济整体的不良结果。具体举例来说，在某个经济体系内经济个体的最优决策是从事房地产与金融业务，但从整体看却只是无端增加了过剩房产、账面效应，经济体系实际的活力和创造力却减弱了。"1.5 整体风险与无效储蓄"也说明，由于个体对货币与产出总体的认知有限，将制定错误的生产、消费、储蓄策略，从而使经济体系陷入整体性困境中。

此外，无论是经济个体还是经济整体，都可能发生因为错误的市场信号而导致重大决策失误。下面这个战国时期的寓言故事可以说明这一点：

衡山国夹在齐鲁之间，国民擅长制造战争机器，齐桓公想搞定他们又怕干不过人家，就让管仲想办法。管仲说："衡山国的工厂，造一台战争机器要一年半以上时间，我们去衡山国以高价进口战争机器，燕国和代国听说后，必然害怕我们买机器是要攻打他们，他们要防备就肯定也来订购，他们一买，秦国、赵国也害怕，也会来争着订购，衡山国的产量就那么一点，天下都来订购，机器肯定涨价十倍，到时候如此如此，肯定搞定。"

于是，齐桓公去衡山国高价订购战争机器，十个月后，果然燕代赵、秦先后来争购，衡山国君高兴坏了，把自己的机器涨价了十倍预订给了天下各国，等着发大财。衡山国大街小巷的人都去兵工厂制造机器，没有人种地了。十二个月之后，齐桓公又派外交通商事务大臣隰朋去赵国收购粮食，赵国粮食卖一石十五钱，隰朋给人家一石五十钱，全天下的商人都把粮食往齐国运输。再五个月后，全天下的粮食都到了齐国，全天下的粮食价格被齐国抬高了三倍。

订购战争机器十七个月、高价炒作粮食五个月后，齐国忽然不要衡山国的机器了，还跟衡山国断交了。齐国一不要，其他国家也都不要了，衡山国君手里没粮食，也没赚到钱，傻眼了。衡山国只好去齐国进口粮食，很快财政破产。这时，齐国攻打衡山国北部，鲁国攻打衡山国南部，衡山国君想了想，带着全体贵族搬到齐国做齐国公民去了。

从衡山国角度看，什么赚钱就干什么，是"顺应市场"的行为，最后却被错误的市场信号所误导，终于整体亡国。与之形成对比的是，日本央行当年逆市场之意，执意刺破资产泡沫，绝非一意孤行的蠢事，甚至或可以说，是迫不得已的救国之举。

经济动力学的框架，给市场以外的力量介入促进经济体系向更好方向发展提供了理论上的空间，政府的行政权力干预经济运行并非是禁忌。现实中，政府利用税收政策、补贴政策、政府购买、直接出资等方式干预经济的做法从未停止。

政府干预发生错误与当前主流宏观经济学的狭隘视野有关。当前主流宏观经济学强调产出、强调GDP、强调增长，忽视产出的具体内容、忽视产出的结构、忽视产出所耗费的资源代价，容易陷入消费陷阱中去。

宏观层面讲，经济体系实质在于它建立起了怎样一个经济分工体系，这样的分工体系是怎样产出的，是怎样分配的，这样的产出与分配体系怎样反过来影响分工，经济体系整体随时间发展会演化成什么样子，这些都是宏观经济理论真正应该关注的课题，而不仅仅关注一个GDP数字。

此外，稳定与均衡条件也是宏观经济学主要课题。"2.3 价格体系的阶级性与货币沉积""2.4 货币配置与经济体系稳定性""2.8 旧制度的崩溃"等介绍了货币不均衡导致的旧制度的崩溃。"7.1 国际贸易、国际金融与贸易失衡""7.3 欧债危机"等介绍了贸易不均衡导致的货币、债务危机。

"10.3 宏观经济学的错误"指出，宏观层面货币、房地产、食品或者其他任何事物并不存在相互转化，只是一个动态的生产、分配、消费过程。所以宏观层面，货币有货币的均衡问题、房地产有房地产的均衡问题、食品有食品的均衡问题，这不是拿一个GDP数字就能糊弄过去的。

综合来看，在经济动力学框架下，微观宏观未来的发展方向如下：

（1）打破市场迷信，客观认识自由博弈带来的资源配置结果，建立更一般化的从经济条件到求解经济结果的理论模型。

（2）充分认识外部性的作用，为外部性问题的解决提供理论基础框架。外部性的每一个具体问题都非常难解决。例如，在利用税收、赔偿、罚款等手段消除污染等负外部性，或者利用转移支付、奖金等方式鼓励科研等正外部性时，其定价应该如何确定，用怎样的机制去运行奖惩措施，怎样去评判效果，这些都不是一句"产权清晰下依靠市场化力量"就能解决的。

（3）给政府干预划清界限。广义的经济角度看，政府是提供公共品的部门，其中包括基建、医疗、教育、科研、司法、治安等方面，这些公共品具有外部性，在当前难以通过市场化方式供给。但是，具体哪些商品和服务是公共品，哪些应该由政府提供，公共品的定价机制如何，这些问题都需要理论解答。进一步地，政府几乎任何行为都有经济后果，可以视作某种经济干预，即比如认识到税收、财政支出、货币政策等政府行为都是经济干预行为，具体经济的哪些方面应由政府介入，哪些不应该受到政府干扰，需要更为精细的经济理论支持。

（4）在随时间变化的动力学模型上发展理论，进一步认识经济体系的混沌性和其中的正反馈机制。一直以来主流宏观经济理论大多是短期理论，并认为长期看，由微观经济学结论，经济体系可经由市场调节自动达到最优（均衡）位置，所以不需要长期理论。实际上我们知道，经济学需要"6.1 经济周期"那样的长期理论。

（5）建立更为综合的经济评价体系，宏观领域的重点从经济总量研究转向经济结构研究，避免因盲目追求经济总量而陷入消费主义陷阱。综合评价体系应能帮助减少浪费与消耗结构，帮助经济体系走向可持续发展。

（6）经济个体的决策与行为从宏观经济整体上看可能是低效甚至是无

效徒劳的,"1.5 整体风险与无效储蓄"给出了经济个体自发的经济决策不能达成其经济目标的实例,类似问题在经济领域中俯拾皆是,可以视为广义的囚徒困境。历史上,汉景帝曾用行政命令的方式对人们的行为纠偏,但这未必是最佳手段。如何让经济个体能够做出更为理性的决策,将是个非常重要的研究方向。

(7)进一步认识资源与产出分配情况对经济体系稳定性和发展的影响,进一步认识正反馈机制对经济体系稳定性的影响,建立稳定经济的理论体系。

10.8 货币银行学的发展方向

经济动力学澄清了货币其实是准金融工具,而银行存款为纯金融工具,货币银行学相应其实分为货币学与银行学两部分。

经济体系进入信用货币制度后,货币发行不再有外部约束,又根据"4.5 债、税、货币发行等效",政府发行货币在占用经济资源上与税收等效,因而货币学实际上与财政学有着紧密联系,更合适的划分应该是货币财政学。政府发行货币的行为应该纳入财政规范中,需要建立与财政预决算一样的授权与审批流程。

由"4.6 经济体系整体利润的根本来源"知道,政府发行货币或政府新增债务会给经济体系其他部门带来盈余,这使得货币发行与财政赤字广受欢迎,然而问题在于这种盈余是一种账面效应,它与经济体系的实际产出情况没有直接关系。货币增长会给经济体系带来通胀压力,而当通胀实际发生时,经济个体会根据价格涨幅重新估算其所拥有储蓄(或曰财富),他们会发现历史积累的储蓄(财富)没有原来认为的多,这时,有的人会试图获得更多货币储蓄,有的人会节约开支,有的人则会转向房产、股票等其他资产储蓄。而资产价格的上涨是一种账面效应,并且具有正反馈性质,容易不断上涨,最后随流动性危机而崩盘。货币发行与财政赤字给其他部门带来的盈余具有某种欺骗性,人们又总会发现这一欺骗性,给资产价格造成波动,也给经济体系带来动荡。

人们基于朴素的直觉认为,若货币的增长率等于产出的增长率,则经济就不会有太大的通胀或者通缩风险。然而根据"1.2 货币周转""1.7 货币增长与价格上涨""3.1 生产余力与经济刺激政策""3.7 价格的传导"等节的内容,货币增长率与产出增长率之间难以建立直接联系。一方面,货币在经济体系中以流量方式起作用,货币存量不能直接影响经济体系,直观上,大家把多出来的货币藏在床底下不拿出来使用,那么即使产出不增长,货币增长也不会引起通胀。另一方面,产出增长是个略有些模糊的概念,实际是由包括食品、房屋、服务等在内的各类不同产出增长共同构成,这些产出增长即使能"消化"货币增长,其机理和路径也是复杂的,不同产出对货币增长的"消化能力"也必然是各不相同的,相关方面的研究必须以实证方式展开,与现实数据紧密结合。

信用货币制度下,政府发行货币成为常态化操作,这一操作对经济体系的影响是复杂而深远的。而"8.3 货币中介指标的无效性"指出,当前广泛使用的货币中介指标大多是无效或滞后指标,使得央行往往低估包括货币发行在内的货币政策的影响。搞清楚货币发行对经济体系影响的发展路径、具体后果、全面考察短期与中长期经济体系的反应、制定相应的对冲策略,是货币学所需面临的重要课题。

银行学方面,根据"8.2 央行银行信用贯通与整体金融风险积累"可知,央行和各银行间存在信用贯通,银行不是纯市场经营单位,而是类政府部门,其贷款与资产购买带有行政权力资源分配的色彩,随之而来的问题就是如何监督监管银行行为,防止类行政权力滥用。在清楚认识了银行体系对央行的绑架后,需要在央行与银行间建立某种程度的隔离机制,解绑信用贯通,防止整体金融风险无限制地积累。银行学的理论中,必须注意到由于货币乘数的存在,银行挤兑风险不可消除,银行也就永远不可能完全独立、市场化运行,其角色只能定位在商业主体与行政机构之间。

由"4.12 银行利润的虚无性"等节可知，当银行体系扩张时其坏账问题总是较为隐蔽，而当银行体系收缩时，由于本质坏账的存在，坏账问题又不可避免。这使得银行坏账问题不单纯是银行自身的经营风险问题，而是与系统性问题与风险相互纠缠、相互影响的。坏账究竟是源于银行经营不善贷款质量差、还是来自本质坏账，这个问题对银行资产质量、业绩评价、央行干预决策非常重要，需要通过公开银行资产明细、建立综合监督评价体系等方式解决，具体应该怎么做，是未来银行学重要的课题。

银行在其资产负债表的上所积累的利润对导致银行体系外的债权债务不平衡，银行体系外的债权债务不能通过其他经营交易结清，要维护经济体系稳定，这实际上要求银行通过日常支出、利润分配、坏账核销、债务重组等方式，常态化清空存量利润。

银行业整体规模受到存款准备金率与经济体系货币总量的限制，除此之外还受到净资本充足率等指标限制，综合考虑给银行设定的监管指标后，银行体系的借贷规模是可以预期的。即使银行没有扩张至最大规模，M2总量也由银行的资产规模所决定，所谓"广义货币"的数量不应被当作独立对象研究，研究工作应该对整个银行体系乃至借贷市场展开。

由4.10节与4.11节知道，银行的资产负债表业务是信用中介业务，银行在开展业务的过程中创造了大量信用。而投资银行、信托公司、担保公司、保险公司都有相似的业务，同时也会创造类似信用，也就可能面临银行业类似的挤兑、坏账风险与本质坏账问题，这意味着银行学的研究对象并不仅限于银行，而应包括全部金融机构。

利率是当前货币银行学、宏观经济学关注的核心点问题，由"4.2 借贷与利息"知道，利息利率与货币本身无关，而仅与借贷这一经济活动有关。"4.7 借贷与产出增长"明确了借贷活动与经济产出、分配的关系，指出利息与利率是价格体系的一部分。"8.4 利率—通胀螺旋与利率—通胀虹吸"又阐述了利率与通货膨胀、金融体系稳定性、资产价格预期等之间的关系，但这些仅是定性的理论，定量与实证的研究工作是相对容易也是很有必要进行的。

10.9 金融与会计理论的发展方向

已经说过,古典微观经济学只有均衡价格,而几乎没有什么地方提到价值,宏观经济学觉得产出总量是最重要的事,强调"商品与服务的价值总和",但实际也没有用到价值,只是把所有价格加总。而当前货币银行学、金融学,却对"价值"情有独钟,认为货币有时间价值、认为用现金流折现法可以得到金融资产的"价值"。

金融学的核心与基本出发点在于金融学第0定律,任何金融工具都是由凭空产生又相互抵消的债权债务构成,如果认定金融工具有价值,那就必须承认价值可以凭空产生又凭空消失,这是很奇怪的说法。而如果单独把作为债权部分的金融资产剥离出来,认定金融资产有价值,那就必须认为作为债务部分的金融负债有"负价值",这都跟人们对"价值"这个词的固有看法大相径庭。最简单也是最正确的做法,就是抛弃价值论。

金融学第0定律并不是说,金融活动是没有意义的。事实上,"4.7 借贷与产出增长"就给出了金融活动让经济体系产出得以增长的例子,经济体系的每个个体都因此受益,当然是有意义的。"7.8 中美贸易"也指出,运用债务工具有助于发展中国家实现赶超式的发展。金融活动的存在提供了更多可供支付的信用,使得大型工程等需要调动大量资源的经济活动得以市场化地组织起来,而不是只能像"2.2 大型工程模型与货币流转的宏观本质"中那样动用税收的行政手段才能开展。

但必须认识到,金融活动的意义在当前被过度放大了。金融资产的账面效应被认为是金融活动产生的"价值",金融活动成为了创造性的经济活动。而由于其带来的账面效应如此巨大,华尔街等金融体系成为财富的创造地,"钱生钱"变成了真理,而当追逐账面效应比创造性活动获利更高时，金融就反噬了经济实质。

金融学亟须正本清源，在第0定律的基础上，对金融工具和金融活动产生的结果进行重新评价。原有的金融学理论鼓励账面效应的创造，而账面效应带来财富效应，财富效应又是正反馈机制引起经济动荡，所以未来，金融学必须在理论上尽可能降低账面效应带来的负面作用。

金融学还需要重新理解"风险"，明确微观个体风险与宏观整体风险是完全不同的概念，这在"1.4 个体风险、货币储蓄与货币配置变动"与"1.5 整体风险与无效储蓄"有具体体现。而且在每个细分领域，风险的含义其实也各不相同，必须明确在不同场景下风险的定义，并且这些定义要有坚实的理论基础。次贷危机发生的诱因，就是华尔街错误认识了风险，认为风险是收益的波动率，从而以为能通过捆绑打包不同金融资产降低风险。事实上，次级贷款作为债权，其根本风险是坏账，这是收益的期望值的风险，捆绑打包操作不可能消除或降低这类风险。

账面效应其实与会计处理方式有紧密联系，例如会计上的公允价值计量法，即是账面上确认账面效应会计准则。公允价值计量法被普遍应用在金融工具上，而金融工具价格的频繁变动使得从经济体系的各个资产负债表起伏不定。事实上，公允价值也与会计本身的计量原则相违背。会计的基本计量原则是历史成本，无论茅台酒厂的陈酿茅台多有热销，尚未达到预定年份便被预售一空，经销商甚至已将全款都支付给茅台酒厂，即便如此，会计上也并没有允许茅台酒厂将这些作为存货资产的茅台以销售价格的"公允价值"计量，而是要求其以历史成本计量。事实上，大部分资产都是以历史成本计量，而金融资产却被允许以其他人的交易价格"公允价值"计量，无疑是种厚此薄彼的做法。

为避免经济受到账面效应这样的正反馈机制的影响而大幅波动，也就不应该允许"公允价值"在会计中实现。会计毕竟是限定主体的财务记录，不管一项资产在其他人的交易中是什么价格，它都不应该影响未参与交易的主体的这项资产账面金额。

利息资本化（简称"资本化"）是与账面效应有关的另一个会计准则逻

辑不自洽的地方，它允许把借款产生的利息计入某些资产的"账面价值"中。于是产生出一些荒唐的结果：借钱建的房子要比用自有资金建的房子有更高的"账面价值"，而且借款的利率越高，房子的"账面价值"就越高。资本化的理论依据是错误的"货币的时间价值"，类似具有巨大账面效应的会计准则还有商誉，其根源是对企业股权"价值"的错误认识。这些错误的理念下做法与共识，最终相互交叉印证、自我论证，构建了异常错乱的金融会计理论体系。

会计与财务理论的进一步完善还应体现在对财务报表完整性认识的提升上。在"4.10 银行存贷款业务"中知道，对于银行来说，其资产负债表外的担保业务与资产负债表内的存贷款业务本质上等效。财务理论工作者始终在强调财务报表附注的重要性，但在当前的主要会计准则中，对会计与财务信息的披露要求依然处于较低水平。

10.10　理想经济体系

经济理论除了用以解释经济现象，另一个职责是为经济体系做出更好决策、达到更好状态提供理论依据。但在经济理论担负起第二个职责前，涉及一个问题，对一个经济体系来说什么是更好的决策、更好的状态。在大多数情况下，这其实超越了经济理论本身，涉及到历史、文化、社会、自然环境方方面面，但在经济学框架内，为经济学设立一个理论目标，也是不无益处的。

古典微观经济学认为，完全竞争的自由市场环境下，经济体系能够自发达到最理想的状态。即古典经济学认为，完全竞争的自由市场环境即是理想经济体系。在现实中，由于存在行业壁垒、政府需要税收并提供具有外部性的公共品、需要消除污染等负外部性等问题，使得完全竞争的自由市场既不存在也不理想。照理说，微观经济学应该沿着理论，为人们提供一条达成"完全竞争的自由市场环境"的路径,但古典微观经济学给没有这么做,反而在很多时候沦为媚俗工具。进一步地,由附录A知道,自由的市场未必能够带来微观经济学所想要的结果。此外,博弈论中的囚徒困境在实际经济中也很常见,它不能由完全竞争、自由市场消除。这些都提示我们,问题远没有那么简单。

宏观经济学暗含了产出越多越好的倾向性,认为理想经济体系即是产出最多的体系,这很容易掉入消费主义,并且在单一GDP指标的引导下,容易导致消耗结构泛滥。更为荒唐的是,一些宏观经济学派如凯恩斯主义,给出的达成接近他们所认为的理想经济体系的路径是把利率搞得越低越好、钱印得越多越好,这显然已经脱离了常识。

毫无争议地给出理想经济体系的定义几乎是不可能的,但一些共识不难达成。

产出上,理想经济体系应该能够使用最少的资源,包括自然资源、人力资源、环境代价实现最大的产出,这些产出应该充分满足多样性和结构层次需求,从而在产出类型、短期与长期的数量都保持恰当性。理想经济体系的产出不应该存在浪费,也不应该存在消耗结构。不难发现,一方面理想产出实现起来非常困难。选择不同的时间尺度,理想产出的数量可能并不相同,如某种设备,从2年的时间范围看,应该在当前时点生产5套,从5年时间看,由于经济发展,当前时点最适宜的产量可能又是10套了。另一方面根据"3.6 订单陷阱",高层次产出结构下又很容易出现产能过剩问题。于是,产出的类型结构、产出的短期与长期目标之间,本身可能就存在相互矛盾之处,理论上理想产出可以不存在。

分配上,现有的经济理论中已有帕累托最优条件,即"经济体系的分配结果已经不可能在不损害其他任何人福利的情况下,让某个人的福利得以提升"。从数学上容易知道,帕累托最优是必然存在的,而且在大多数情况下,帕累托最优并不唯一。把帕累托最优作为理想经济分配的基本条件是一种自然的想法。然而,经济体系是一个动态过程,产出分配不仅需要考虑当前经济个体的福利情况,还需要考虑分配的结果对经济发展的引导作用。例如，某个经济体系可能需要将分配向科研工作方向倾斜，以期在未来获得更多科技产出，这与帕累托最优的要求可能存在冲突。好在帕累托最优是个非常宽松的要求，帕累托最优解是非常多的，并且总能找到局部帕累托最优，所以帕累托最优条件依然不失为一个极具参考价值的要求。而局部帕累托最优只需允许人们没有成本的自由交换很容易自发达成，这也是微观经济学强调自由交易的理论基础。

我们很难知道一个分配结果是否最优，但是不恰当的分配情况会有明确的、容易被观察到的后果，表现为产业结构不合理、人们不务正业、贫富差距拉大、社会不满度上升等。

经济体系是动态的，理想经济体系应该能保持相对稳定的状态。要给出经济实现稳态的充分必要条件同样是件非常困难的工作，但我们已经知道了一些破坏长期稳定的因素，比如当经济体系中存在指数化增长的事物时，则除非所有相关事物都以相同指数增长，否则该经济体系不可能长期稳定。例如，若经济体系的资产价格长期以指数化方式上涨，那么只有在价格体系整体以同样的指数增长时，经济体系才可能维持长期稳定。此外，既然自然界不存在能够长期指数化增长的事物，我们不应该追求任何产出的长期指数化增长。

经济动力学给予市场外的力量改善经济体系理论上的可能性。事实上，由于经济存在外部性，理想经济体系中必然存在用以消除外部性影响的政府部门。而一个理想经济体系内的政府，必然应该是一个理想政府，这实际上要求建立一套经济学里的理想政府理论，用以设计和完善政府的制度和运行方式。

货币在经济体系运行中有着近乎核心的地位，它是交易载体、计量单位、清算工具，对个人而言货币是最重要的储蓄之一。货币的奇特之处在于其微观个体到宏观整体的角色演变，个体的货币储蓄对个体来说非常重要，宏观上却只有货币流量起到作用。理想经济体系应当有一个理想货币，它的数量与经济体系的产出与交易相适应，不会因过少引起严重通货紧缩、也不会因过多引起严重通货膨胀。

在现代信用货币制度下，货币发行完全成为政府权力的一部分，而根据"4.5 税、债、货币发行"等效，货币发行是广义税收的一种，税收又是广义价格体系的一部分，而价格体系决定了分配。进一步地，由第4章等章节知道，货币在银行、金融体系又有核心地位。可以说，货币问题跨越了所有经济领域。理论上，对政府来说，存在一个理想货币发行数量，而要确定这样一个数量，需要联合所有经济理论分支。

10.11 小结

从本章我们知道，我们需要在经济动力学的框架下，重塑整个经济理论体系，而这涉及微观经济学、宏观经济学、货币银行学、金融学，财政学、会计学等所有相关分支领域的错误纠正与进一步发展。

附录 A　二元博弈模型

在正文中，各模型的价格都是做为外生条件给定的。但在古典经济学中，最重要的模型是供给-需求模型这样一个价格决定模型。于是自然的问题是，经济动力学是否能够建立一个价格决定理论。

答案是肯定的，在经济动力学的框架下，经济体系可以通过博弈建立一个自发的价格形成机制。然而一旦价格是通过博弈决定的，那么经济体系中的一切因素都将对价格造成复杂的影响，使得经济运行的方式与结果充满变数。现实来看，价格体系也确实没有一套简单的形成机制，而是与历史、偶然因素、生产力条件、社会环境等各方面都相关的复杂事物。

A.1　效用函数与博弈

在面粉厂与面包厂的二元经济体系中，一方面，消费面包当然会带来效用；另一方面，通常来说，经济个体会认为货币是一种储蓄，保留一部分货币也能够带来效用。货币储蓄产生效用的成因可能是多样的，但无论具体原因如何，从常识看，拥有更多的钱多人们总是会更高兴。所以经济个体的效用函数可以表示为：

$$Y = f(a, b)$$

其中，Y 代表效用，a 表示消费面包数，b 代表货币储蓄数，上式的意思是经济个体的效用是面包消费与货币储蓄的函数。具体到面粉厂与面包厂又有：

面粉厂的效用函数：$Y_1 = f_1(a_1, b_1)$

面包厂的效用函数：$Y_2 = f_2(a_2, b_2)$

还可以进一步假设，面粉制作过程中没有浪费，面包总量就是面粉数量，则 $a_1 + a_2 = A =$ 面粉产量，为常数。由货币守恒，$b_1 + b_2 = B$，也为常数。

在上述假设基础上，根据不同的博弈方式，可以得到不同的经济学理论。

A.1.1 合作博弈

合作博弈即面粉厂与面包厂根据使得总效用 $Y_1 + Y_2$ 取最大值的方式做出经济决策。这样的解显然存在，但通常不唯一。若效用函数满足一定的凸性质，则可以保证唯一性，具体需要一些泛函分析的知识，我们不再展开。

由于效用函数只是各方货币存量与面包消费量的函数，当最优解存在且唯一时，面包厂与面粉厂的面包消费量与各自货币存量都是确定的常数。并且这些常数与具体的经济运行过程无关，与面粉、面包的绝对价格也无关。由"1.3 价格体系与分配"讨论可以知道，面粉厂与面包厂消费占比总是与面粉与面包价格比 k 相关，因此在合作博弈的情况下，若最优解确定了面粉厂与面包厂各自的面包消费量，则面粉与面包的价格比也就确定了，即有：

$$\text{面粉价格}/\text{面包价格} = k = \text{面粉厂消费占比}$$

A.1.2 垄断博弈

如果经济体系不是按照合作博弈运行，在绝大多数情况下，仅仅知道面粉厂与面包厂的效用函数，并没有办法确定价格与经济体系运转过程。想要具体求解经济体系运行情况，还需要一些边界条件。

在后续具体的模型中，我们给出的具体边界条件是面粉的价格、面粉产量与经济体系货币量与初始货币配置，而面包厂可自由确定面包价格。那么对于不同的面包价格，面粉厂将选择不同数量的面包消费量，这称为面粉厂的消费策略。面粉厂的消费策略是面粉厂的面包消费量关于面包价格的函数。面包厂如果知道了面粉厂的消费策略，面包厂就可以据此确定使自己效用达到最大化的面包价格。

在面粉出清、面包在同一期内价格不变的情况下，面包价格通过博弈方式确定的具体过程如下：

记面粉的价格为常量p_1，若面包价格为变量p_2，则面粉厂的效用函数为：

$$Y_1 = f_1(a_1, b_{1_0} + p_1 A - a_1 p_2)$$

其中，b_{1_0}是面粉厂期初持有的货币数量，$p_1 A$是面粉厂出售面粉获得的货币，$a_1 p_2$是面粉厂购买a_1个面包支付的货币。根据"1.2 货币周转"关于多次交易的讨论，只要最终$0 < b_{1_0} + p_1 A - a_1 p_2 < B$，上述交易总可以通过一次或多次交易完成。

面粉厂根据上述Y_1取最大值的a_1进行消费，即a_1是由面包价格p_2隐式决定的，是关于p_2的函数。

而面包厂的效用函数即可以表示为：

$$Y_2 = f_2(A - a_1, B - b_{1_0} - p_1 A - a_1 p_2)$$

其中A，B，b_{1_0}，p_1是确定的常数，而a_1是p_2的函数，于是面包厂的效用Y_2完全是面包价格p_2的函数，面包厂即可根据Y_2取最大值的p_2，决定面包价格。由此，则面粉厂购买的面包数量即消费数量a_1也就确定，经济体系的运行过程与最终各方消费面包数、所拥有的期末货币数量也能依此确定。

这只是理论上的做法，对于具体的效用函数，在大多数情况下，其求解在数学上都是非常困难的。

在一期内，经济体系按上述情况运转后，期末的货币分布情况一般会较期初发生变化，即有期末面粉厂货币量$b_{1_1} = b_{1_0} + p_1 A - a_1 p_2 \neq b_{1_0}$，于是次期经济体系将按照面粉厂拥有$b_{1_1}$，面包厂拥有$b_{2_1} = B - b_{1_1}$作为初始货币量运转。在大多数情况下，面包的价格$p_2$与货币配置情况$b_1$、$b_2$波动很大且难以预测。

对于一般的效用函数，不同的边界条件会使得经济体系运行结果差别很大，价格体系也会有很大差别。事实上，带有博弈的经济体系具有混沌动力系统的特征，边界条件的微小变化，尤其是在临界点的微小变化，会让经济体系发生很大变化。

A.1.3 连续策略博弈

合作博弈与垄断博弈均要求双方知晓所有的信息，包括对方的效用函数和货币持有量等。而通常来说，对方的效用函数并不容易知晓，并且效用函数本身可能也是含时的，即各期之内、各期之间间也有发生变化的可能。进一步地，如果不假设货币总量恒定，例如面包厂或者面粉厂有获得额外货币的渠道，那么对方货币持有量的信息通常也是无法准确知晓的。

在这种情况下，经济体系可能需要进行连续博弈与交易。面粉厂以面粉的价格和销售数量作为策略集，面包厂以面包的价格与销售数量作为策略集，面粉厂的目标即为最终面粉出清时，卖出面粉的总价格最高，并制定相应的面包消费策略。而面包厂的目标则为最终面包价格出清时，卖出面包的总价格最高，并制定效应的面包销售策略（未必是面粉厂想买多少就卖多少，而可能少卖一些）。

如果没有其他条件，上述连续性博弈无法进行。原因在于面粉厂的策略，例如面粉的价格策略，取决于面包厂的面包价格策略，而面包厂的面包价格策略又需要由面粉厂的面粉价格策略。于是双方在策略决策上有所耦合，即使知道对方的效用函数，也无法据此决定策略。现实中，价格调整往往需要耗费较高成本，很少有生产企业通过不断调整价格去试探市场，价格的制定与调整受带有一定偶然性。

A.2 几个具体模型

A.2.1 线性效用函数

线性即效用函数可表示为：$Y = f(a, b) = \xi a + \eta b$，其中 ξ, η 是常数

的情况。下面各符号含义同上节。

面粉厂的效用函数：$Y_1 = \xi_1 a_1 + \eta_1 b_1 = \xi_1 a_1 + \eta_1 (b_{1_0} + Ap_1 - a_1 p_2)$

面包厂的效用函数：$Y_b = \xi_2 a_2 + \eta_2 b_2 = \xi_2 (A - a_1) + \eta_2 (B - b_{1_0} - Ap_1 + a_1 p_2)$

A.2.1.1 合作博弈

容易知道，如果双方以效用函数合计最大化为目标，则当某一方能产生效用特别高时，则面包或者货币或者两者皆是都应该集中于某一方，这相当于另一方义务劳动，提供面粉或面包，现实中是不可能发生的。

其实"一方效用比另一方效用高"这个说法也没有意义，一方在相同面包消费和货币储蓄的情况下获得的效用比另一方更高的说法，相当古怪并且不公平。在效用函数为线性的条件下，解决这个问题的办法是加入归一化条件，即要求 $\xi_1 + \eta_1 = \xi_2 + \eta_2 = 1$，这样虽然面粉厂与面包厂在货币储蓄和面包消费之间会有偏好差异，但面粉厂与面包厂之间不会有优劣之分。

在归一化条件下，当 $\dfrac{\xi_1}{\eta_1} < \dfrac{\xi_2}{\eta_2}$ 时，面包厂更喜欢消费面包、面粉厂更喜欢货币储蓄，所有面包都应该由面包厂消费，而所有货币都应该由面粉厂持有。反之，$\dfrac{\xi_1}{\eta_1} > \dfrac{\xi_2}{\eta_2}$ 时则是所有面包都应该由面粉厂消费，而所有货币都应该由面粉厂货币持有。于是在合作博弈下，一方只参与生产却不消费，依然是相当古怪的经济状态，不是有意义的结果。

由此可知，线性效用函数条件下，不存在合作博弈的合理解。

A.2.1.2 非合作博弈

由于线性情况特别简单，可以得到非合作博弈的一般结果，而无须增加边界条件。

对于面包厂来说，首先会要求面粉的价格 $p_1 \leqslant \dfrac{\xi_2}{\eta_2}$，这样面包厂购买面粉制作成面包，即使不卖出面包，其消费面包带来的效用也会超过支付面粉款带来的效用损失。否则，买了面粉做成面包后，吃面包带来的效用还抵不过买面粉支出造成货币减少带来的心疼，面包厂连面粉都不会买。

面粉厂的策略则为，当且仅当面包价格 $p_2 \leqslant \dfrac{\xi_1}{\eta_1}$，面粉厂才会消费面包。当 $p_2 = \dfrac{\xi_1}{\eta_1}$ 时，他可能消费任意数量的面包，从而保留任意数量的货币；当 $p_2 < \dfrac{\xi_1}{\eta_1}$ 时，他将花光货币储蓄，消费尽可能多的面包。

进一步地，当且仅当面包的价格 $p_2 \geqslant \dfrac{\xi_2}{\eta_2}$，面包厂才会卖出面包，否则面包厂就不会卖出面包，而完全自己吃了。当 $p_2 = \dfrac{\xi_2}{\eta_2}$ 时，它可能卖出任意数量的面包，获取货币消费余下的面包；当 $p_2 > \dfrac{\xi_2}{\eta_2}$ 时，它将卖出尽可能多的面包。综上，可以通过进一步讨论得到如下结果：

(1) 若 $\dfrac{\xi_2}{\eta_2} > \dfrac{\xi_1}{\eta_1}$，经济体系无解。

(2) 若 $\dfrac{\xi_2}{\eta_2} < \dfrac{\xi_1}{\eta_1}$，$p_2$ 可能的取值范围是 $\left[\dfrac{\xi_2}{\eta_2}, \dfrac{\xi_1}{\eta_1}\right]$。面粉厂总是尽可能多的消费面包，面包厂总是尽可能多的卖出面包。进一步地，由于面包价格总是高于面粉价格，p_2 总是大于 p_1，于是无论期初货币配置如何，面粉厂最终会花光所有的积蓄。于是在次期，面粉厂用于购买面包的货币即是面粉厂出售全部面粉所得，面粉厂没有任何货币结余，面包厂拥有全部货币，并且以后各期皆如此，货币配置不再变化。由价格体系与分配的关系可知，面粉厂与面包厂的消费占比由面粉价格 p_1 与面包价格 p_2 的比值 p_1/p_2 决定。

(3) 若 $\dfrac{\xi_2}{\eta_2} = \dfrac{\xi_1}{\eta_1}$，则面包在面粉厂与面包厂之间的分配是任意的，那么虽然所有商品的价格是确定的，整个经济体系的运行情况却不能由此确定下来。

A.2.2 非线性（严格凸）效用函数

假设面包厂与面包厂具有相同的效用函数，可表示为：

$$Y=\ln(1+a)+\ln(1+b)$$

（注：这个效用函数的选取是非常技巧性的，读者可以试着选取其他效用函数，看会遇到哪些问题）

各符号表示同第1节，其中a表示面包消费量，b表示期末货币余量。以下标1表示面粉厂，以下标2表示面包厂。

A.2.2.1 合作博弈

若面包厂与面粉厂合作追求共同效用的最大化，即求解

$$\max\{Y_1+Y_2\}=\max\{\ln(1+a_1)+\ln(1+b_1)+\ln(1+a_2)+\ln(1+b_2)\}$$

并且我们有面包总量守恒和货币守恒条件：

$$a_1+a_2=A$$
$$b_1+b_2=B$$

容易知道，当且仅当a_1、a_2、b_1、b_2满足下式时，Y_1+Y_2取得最大值：

$$a_1=a_2=\frac{1}{2}A$$
$$b_1=b_2=\frac{1}{2}B$$

由于最优解唯一，各期各方的货币余额保持不变。则在这种合作博弈下，面包与面粉的价格仅与面包与面粉的价格比有关。由面包消费的分配结果为1:1，面粉厂消费占比为0.5可知，面粉价格与面包价格比为$k=0.5$。

A.2.2.2 垄断博弈

（注：需要特别注意的是，在垄断博弈中，即使各方效用函数都是严格凸的，也不能保证解的唯一性。如效用函数为$Y=\sqrt{a}+\sqrt{b}$时，解就不唯一。这里只讨论了存在唯一解的较简单情况）

当面粉价格p_1确定时，可根据1.2节给出的方法确定面包的价格p_2及整个经济体系的运转过程。

具体来说，带入各项边界条件，可以得到面粉厂的效用函数为：

$$Y_1=\ln(a_1+1)+\ln(b_{10}+p_1A-a_1p_2+1)$$

视p_2为常数，对上式中的a_1求导，可得满足取极点条件时a_1的表达式

$$a_1 = (-p_2 + b_{1_0} + p_1 A + 1)/2p_2 \tag{1}$$

由最值的存在性和上述极值条件解的唯一性，上式给出了使 Y_1 取最大值的 a_1。将此 a_1 带入面包厂的效用函数：

$$Y_2 = \ln(A - a_1 + 1) + \ln(B - b_{1_0} - p_1 A + a_1 p_2 + 1)$$

可得：

$$Y_2 = \ln(2p_2 A + 3p_2 - b_{1_0} - p_1 A - 1) + \ln(2B - b_{1_0} - p_1 A + 3 - p_2) - \ln p_2 - \ln 4$$

对 p_2 求导并化简，可得：

$$p_2^2 = (b_{1_0} + p_1 A + 1)(2B - b_{1_0} - p_1 A + 3)/(2A + 3)$$

比较 $(2B - b_{1_0} - p_1 A + 3)$ 与 Y_2 表达式的第二项可知，右式应为正数，即有：

$$p_2 = \left[\frac{(b_{1_0} + p_1 A + 1)(2B - b_{1_0} - p_1 A + 3)}{2A + 3} \right]^{1/2} \tag{2}$$

(1)、(2) 两式是此垄断博弈模型下的核心公式。通过带入不同边界条件 p_1、A、B、b_{1_0}、$b_{1_1} = B - b_{1_0}$，我们可以得到不同的经济体系运行结果。

如若代入 $p_1 = 0.5$，$A = B = 10$，$b_{1_0} = 5$，并对各项结果取 2 位小数近似，可得 $p_2 = 2.49$，再带入（1）式可得 $a_1 = 1.71$，于是过程表如表 A-2-1 所示。

表 A-2-1　　　　　　垄断博弈第 1 期过程表　　　　　　单位：元

第1期	面粉厂	面包厂
期初货币	5	5
面粉交易	+5	−5
面包交易	−4.26	+4.26
期末货币	5.74	4.26

注：面粉价格 p_1 为 0.5 元/斤，面包价格 p_2 为 2.49 元/个。

现在，面粉厂期末拥有 5.74 元货币，与期初时的 5 元不同，于是在下一期时，经济运行情况会与本期不同。

对每次计算得的面包价格 p_2、面粉厂面包消费数 a_1 及最后的交易价格都取取两位小数，并将上期各厂的货币结余情况代入得到下期 b_{1_0}，可得次期经济运行情况。这一过程可以重复进行。后面3期的结果如表A-2-2、表A-2-3、表A-2-4所示。

表A-2-2　　　　　　　　垄断博弈第2期过程表　　　　　　　　单位：元

第2期	面粉厂	面包厂
期初货币	5.74	4.26
面粉交易	+5	−5
面包交易	−4.63	+4.63
期末货币	6.11	3.89

注：面粉价格p_1为0.5元/斤，面包价格p_2为2.5元/个。

表A-2-3　　　　　　　　垄断博弈第3期过程表　　　　　　　　单位：元

第3期	面粉厂	面包厂
期初货币	6.11	3.89
面粉交易	+5	−5
面包交易	−4.80	+4.80
期末货币	6.31	3.69

注：面粉价格p_1为0.5元/斤，面包价格p_2为2.5元/个。

表A-2-4　　　　　　　　垄断博弈第4期过程表　　　　　　　　单位：元

第4期	面粉厂	面包厂
期初货币	6.31	3.69
面粉交易	+5	−5
面包交易	−4.90	+4.90
期末货币	6.41	3.59

注：面粉价格p_1为0.5元/斤，面包价格p_2为2.5元/个。

对于部分初值条件，经济体系将最终趋于稳定。如上述情况下，若经济体系继续运转下去，将收敛于第7期，第7期及其后各期经济体系都将按照相同的方式运行，如表A-2-5所示。

表 A-2-5　　　　垄断博弈第 7 期及以后的过程表　　　　单位：元

第7期及以后	面粉厂	面包厂
期初货币	6.48	3.52
面粉交易	+5	−5
面包交易	−5	+5
期末货币	6.48	3.52

注：面粉价格 p_1 为 0.5 元/斤，面包价格 p_2 为 2.5 元/个。

在上述假设条件下，价格体系先于经济体系稳定。

在给定的形如 $Y=\ln(1+a)+\ln(1+b)$ 的效用函数下，在面粉价格固定的垄断博弈的情况下，如果要求面粉出清，则容易验证，经济体系的最终稳定时的情况与各方最初货币持有情况无关，而只与给定的面粉价格 p_1、面粉产量 A、货币总量 B 有关。当 $A=B=10$，p_1 取不同值时，经济体系最终稳定时的情况如表 A-2-6 所示。

表 A-2-6　　　不同面粉价格下经济体系的最终稳定情况　　　单位：元

面粉价格 p_1	0.3	0.5	0.7	0.9
面包价格 p_2	2.39	2.5	2.33	1.89
面粉厂消费面包 a_1	1.26	2	3	4.76
面包厂消费面包 a_2	8.74	8	7	5.24
面粉厂货币最终余额	4.38	6.48	8.33	9.87
面包厂货币最终余额	5.62	3.52	1.67	0.13

由于各方货币持有情况不变，在最终稳定情况下，面包消费分配情况与价格体系间的关系满足"1.3 价格体系与分配"中给出的，面粉消费占比等于面粉与面包的价格比 k。

这个表格给出了很多信息。首先，随着面粉价格的上升，面包价格策略并不是始终上升的，而是先升后降。这是由于随着面粉价格越来越高，面包厂想要赚回面粉成本的心情就越迫切，需要通过更低的面包价格诱使面粉厂消费更多数量面包。

其次，注意到当面粉的价格为0.9元时，稳定后的面包厂货币仅余0.13元。若面粉价格继续上升，在任何面包价格策略下，最终面包厂都无法赚取超过所购买面粉的，面包厂将会破产，导致经济体系崩溃。举例来说，取$A = B =10$，$p_1=1$，货币配置为各5元，在第1期经济体系运行情况如表A-2-7所示。

表A-2-7　　　面粉价格过高（=1）时第1期过程表　　　单位：元

第1期	面粉厂	面包厂
期初货币	5	5
面粉交易	+10	−10
面包交易	−6.82	+6.82
期末货币	8.18	1.92

注：面粉价格p_1为1元/斤，面包价格p_2为2.36元/个。

而到了第2期情况就会变成表A-2-8。

表A-2-8　　　面粉价格过高（=1）时第2期过程表　　　单位：元

第2期	面粉厂	面包厂
期初货币	8.18	1.92
面粉交易	+10	−10
面包交易	−8.6	+8.6
期末货币	9.58	0.42

注：面粉价格p_1为1元/斤，面包价格p_2为2元/个。

以上述期末货币配置带入（1）（2）式，会得到面粉厂货币余额为10.16元，大于经济体系的货币存量，也就是面包厂的余额为−0.16元是负数，这说明面包厂实际上在这期破产，经济体系崩溃。

造成这种崩溃的根本原因是面粉的价格过高，并且面粉厂把所有面粉都卖给了面包厂，而面包厂却没有办法通过恰当的面包价格策略赚回面粉成本。

实际上，当面粉价格很高时，面包厂并不会愿意购买全部面粉。若放松面粉出清的条件，结果可能不同。不过放松面粉销售数量限制会使得方程组缺少条件无法求解，需要加入其他假设才能获得经济体系的运行情况。

接下来我们讨论面粉厂与面包厂博弈进行两轮的情况。

面粉价格固定时，面包厂在自愿条件的下可能不会购买全部面粉，而是通过分批购买面粉制作面包销售。为简单起见，不妨假设面粉与面包交易是通过2轮进行的，面粉的价格始终不变，而面包的价格在第一轮和第二轮之间可以不同。

仍然假设 $A = B = 10$，并且假设面粉价格 $p_1=1$，则按照之前的讨论，由于面粉价格过高，如果每期都要求面包厂买完全部面粉，并只进行一轮博弈，面包厂很快就会破产。现设博弈过程分2轮进行，在各轮次内，面粉厂与面包厂按照最大化自己效用的方式决定策略，面粉厂依据面包价格决定面包消费量，面包厂根据面粉厂的面包消费策略决定面包价格。

第一轮博弈的过程会与上节相同，只是面粉交易不是10斤全部面粉量。记下标 f 为第一轮，下标 s 为第二轮，则第一轮前面的 (1)、(2) 式改写为：

$$a_{1f} = (-p_{2f} + b_{1_0} + p_1 A_f + 1)/2 p_{2f} \tag{1'}$$

$$p_{2f} = \left[\frac{(b_{1_0} + p_1 A_f + 1)(2B - b_{1_0} - p_1 A_f + 3)}{2A_f + 3} \right]^{1/2} \tag{2'}$$

带入 A，B，A_f，b_{1_0} 即可得到第一轮面包价格 p_{2f} 和面粉厂第一轮的面包消费量 a_{1f}。

于是，第二轮博弈时，面粉厂与面包厂的效用函数各自为：

$$Y_1 = \ln(a_{1s} + a_{1f} + 1) + \ln(b_{1f} + p_1(A - A_f) - a_{1s} p_{2s} + 1)$$
$$Y_2 = \ln(A - a_{1s} - a_{1f} + 1) + \ln(B - b_{1f} - p_1(A - A_f) + a_{1s} p_{2s} + 1)$$

其中，$b_{1_f} = b_{1_0} + p_1 A_f - a_{1f} p_{2f}$ 表示第二轮博弈开始时，面粉厂拥有的

货币数量。

用之前给出的同样的求解方法，可以得到：

$$a_{1s} = (-p_{2s} - a_{1f}p_{2s} + b_{1f} + p_1(A - A_f) + 1) / 2p_{2s} \tag{1''}$$

$$p_{2s} = \left[\frac{(b_{1f} + p_1(A - A_f) + 1)(2B - b_{1f} - p_1(A - A_f) + 3)}{(1 + a_{1f})(2A + 3 - a_{1f})} \right]^{1/2} \tag{2''}$$

现在，假设两轮分别交易5斤面粉，期初两厂各自拥有5元货币，即把 $A = B = 10$，$p_1=1$，$b_{1_0}=5$，$A_f=5$ 代入（1'）（2'），得到 $a_{1f}=1.16$，$p_{2f}=3.32$，第一轮的经济体系运转结果如表A-2-9所示。

表 A-2-9　　　第1期第1轮5斤面粉交易的过程表　　　　　　　　单位：元

第1期第一轮	面粉厂	面包厂
期初货币	5	5
面粉交易	+5	−5
面包交易	−3.85	+3.85
期末货币	6.15	3.85

注：面粉价格 p_1 为1元/斤，面包价格 p_2 为3.32元/个。

把得到的 a_{1f}，p_{2f} 带入式（1''）（2''），得到 $a_{1s}=2.39$，$p_{2s}=1.75$，第二轮经济体系运行结果如表A-2-10所示。

表 A-2-10　　　第1期第2轮5斤面粉交易的过程表　　　　　　　单位：元

第1期第2轮	面粉厂	面包厂
期初货币	6.15	3.85
面粉交易	+5	−5
面包交易	−4.18	+4.18
期末货币	6.97	3.03

注：面粉价格 p_1 为1元/斤，面包价格 p_{2s} 为1.75元/个。

合并开看，该期交易如表A-2-11所示。

表 A-2-11　　　　　　　合并后第 1 期过程表　　　　　　　单位：元

第1期	面粉厂	面包厂
期初货币	5	5
面粉交易	+10	−10
面包交易	−8.03	+8.03
期末货币	6.97	3.03

注：面粉1元/斤，面包平均2.26元/个。

在双轮交易下，第二轮的面包价格要比第一轮的低，这是因为面粉厂吃了第一轮面包后，第二轮面包带来的边际效用减少所致。进一步地，在初始货币配置为两厂各拥有5个货币的情况下，第一期运行下来，面包的价格比仅有一轮博弈得到价格要低，作为对比再在看下得到过的只经过一轮博弈后的结果如表A-2-12所示。

表 A-2-12　面粉价格过高（=1）时第 1 期过程表（同表 A-2-7）　　单位：元

面粉价格过高（=1）的第1期	面粉厂	面包厂
期初货币	5	5
面粉交易	+10	−10
面包交易	−6.82	+6.82
期末货币	8.18	1.92

注：面粉价格p_1为1元/斤，面包价格p_2为2.36元/个。

相比之下，面包的价格有所降低，但是货币配置不均衡的情况有所改善。

进一步地，我们知道在单轮博弈下，如果面粉的价格为1元/斤，面粉的价格过高，那么面粉厂将拥有越来越多的货币，并最终导致面包厂破产，这个情况在多轮博弈下会变得怎么样呢？已经知道若在期初货币分配情况为面粉厂拥有9.58元、面包厂拥有0.42元，下一期面包厂就会破产。

然而在两轮博弈下，第二期情况却是表A-2-13所示的结果。

表 A-2-13　　　　　　　两轮博弈的第 2 期　　　　　　　单位：元

第1轮	面粉厂	面包厂
期初货币	9.58	0.42
面粉交易	+5	−5
面包交易	−6.2	+6.2
第2轮	面粉厂	面包厂
面粉交易	+5	−5
面包交易	−4.99	+4.99
期末货币	8.39	1.61

相应的价格体系为，面粉价格 p_1 为1元/斤，第一轮面包价格 p_{2f} 为3.18元/个，第二轮面包价格 p_{2s} 为1.49元/个，平均面包价格为2.11元/个。

这时期末的货币配置情况自动改善了！面包厂避免了破产的命运！这是由于在两轮博弈情况下，面包厂不需要事先买入全部的高价面粉，因而获得了与面粉厂博弈周旋的空间。这又一次表明，博弈情况下经济的运行情况是非常复杂多变的。

A.2.2.3　产量、货币量与经济体系的关系

在A.2.2.2的垄断博弈模型里，给定面粉价格 p_1，改变面粉产量A或者整体货币存量B，经过博弈，经济体系将在稳定在不同状态，以下列出 $p_1=0.5$ 时的5种情况，如表A-2-14所示。

表 A-2-14　　不同面粉产量与货币存量下最终稳定的情况

	$A=10$ $B=8$	$A=10$ $B=12$	$A=10$ $B=10$	$A=8$ $B=10$	$A=12$ $B=10$
面粉价格 p_1	0.5	0.5	0.5	0.5	0.5
面包价格 p_2	2.04	2.91	2.5	2.74	2.27
面粉厂消费面包 a_1	2.45	1.71	2	1.46	2.64
面包厂消费面包 a_2	7.55	8.29	8	6.54	9.36
面粉厂货币稳定余额	6.03	6.9	6.48	5.73	7.27
面包厂货币稳定余额	1.97	5.1	3.52	4.27	2.73

可以看到，在面粉价格固定的情况下，随着面粉产量与货币存量的变化，面包的价格和最终稳定时的货币情况是不同的，并且变化的情况较为复杂。总体来说，在面粉产量固定的情况下，货币存量越高，则面包的价格越高，这与通常的直观认识相同，也与我们说的"**货币存量越高，价格水平越高**"相一致。另外，在货币量固定时，面包产量越高，则面包价格越低，也就说，**产出增长可能会带来通缩风险**。

A.2.2.4 整体最优解不可达

由A.2.2.1知道，经济体系的整体最优解是将面包和货币平分，也就可以进一步认为，达成此结果时的面包价格：面粉价格=2∶1是某种意义上的最优价格比，而这个比值越高，对面包厂越有利，对面粉厂越不利，反之比值越低，对面包厂越不利，对面粉厂越有利。

一个自然的问题是，经济体系在什么情况下能够通过所设博弈条件达到最优解。

已经知道达成整体最优稳定解时，有下列条件：

$$\begin{cases} a_1 = a_2 = \dfrac{1}{2}A \\ b_1 = b_2 = \dfrac{1}{2}B \\ p_2 = 2p_1 \\ a_1 p_2 = A p_1 \end{cases}$$

代入（1）与（2）式，经化简可以得到 $A^2+2A=0$，这个结果不合常理。也就是说，在给定效用函数下，整体最优的稳定解不可能通过博弈方式获得。事实上，从数学上可以知道，能够通过自发博弈达到整体最优的情况是极为稀有的，这就是**经济体系整体最优无法通过自由交易自动达成**。

A.3 小结

通过引入效用函数,我们建立了一个通过博弈方式决定价格体系的二元经济模型。在二元体系下,除了线性情况可以得到一个较为一般的结论外,通常非线性效用函数给出的博弈过程都是非常复杂的。事实上,上面给出的具体模型已经是较为简单、容易求解的情况,而更一般的效用函数可能连解的唯一性和存在性都无法保证,也不能得到稳定的经济体系。事实上,经济体系发展崩溃才是常态。在现实中,经济体系的参与者远远大于两个,价格体系事实上不可能完全通过博弈进行,因为参与者既无法得到足够信息,即使有足够信息,由于相关决策多方耦合,也很难据此做出决策。

虽然有困难之处,我们还是可以从二元模型中还是总结出很多有用的结论:

1.博弈情况下的价格确定是一个极其复杂的过程,价格由经济体系的所有因素共同决定,任何因素的微小变化都会造成价格变化,这是为什么正文中的价格都作为外生条件直接给出,经济动力学不围绕价格确定展开理论论述。

2.不同的边值条件可以带来很大的结果上的不同,不同面粉价格、不同的货币存量、不同的产出水平,都可以引起经济体系巨大变化。甚至是否存在价格调整机制、同一期内的交易通过不同轮次展开,也可以导出不同经济运行结果。应该说,经济体系的运行是非常微妙的。

3.经济体系并不是自发稳定的。当某些经济体享有某种意义上的"特权"时,比如较高的价格与倾销权结合,就可能将经济体系最终引向崩溃。

4.在绝大多数情况下,经济体系不可能通过经济个体完全自主自利的行为使得经济体系达到整体最优解。

5.给定条件下,商品价格随着货币总量增加而上涨、随着产出增加而下降,随着货币总量下降而下降、随着产出减少而上升。也就是人们通常认识到的,货币增长导致通货膨胀,货币减少导致通过紧缩,产出增长导致通货紧缩,产出下降导致通货膨胀。

附录 B 会计基本原理与资产负债表观

会计的核心是资产负债表，它由资产、负债、所有者权益三个部分组成，这三个部分之间存在会计恒等式：

$$资产 = 负债 + 所有者权益$$

会计恒等式源于一个简单理念，一个人拥有的东西（资产）要么属于他（所有者权益），要么是他暂时借来的（负债），全部资产等于负债与权益的合计，这就是资产负债表观。

例如，期初面包厂拥有50元货币，也就是资产项下有50元货币，这50元是属于面包厂自己的，对应所有者权益也有50元，其资产负债表如表B-1所示。

表 B-1　　面包厂期初资产负债表　　单位：元

资产	金额	负债和所有者权益	金额
货币	50	负债：	
		没有负债	0
		所有者权益：	
		资本金	50
资产合计	50	负债和所有者权益合计	50

而后，面包厂又向面粉厂借了50元货币，这样他的资产变成了100元货币，其中50元是借来的，50元是属于自己的，其资产负债表变为表B-2。

表 B-2　　借款后面包厂的资产负债表　　单位：元

资产	金额	负债和所有者权益	金额
货币	100	负债：	
		欠面粉厂	50
		所有者权益：	
		资本金	50
资产合计	100	负债和所有者权益合计	100

从资产负债表中很容易看到面包厂拥有100元货币，其中50元是自己的，50元是借来的。

随着经济业务的发生，资产负债表的内容也会发生变化。日常中，不是每发生一笔经济业务都更新整张资产负债表，而是采用记账的方式，将每笔业务先记录下来，然后在一些时间节点汇总、出具资产负债表。在上述资产负债表观下，每一笔业务的记录都应保持会计恒等式，要么在会计恒等式的左边即资产内部变化或者在会计恒等式的右边即负债与所有者权益内部变化，要么在会计恒等式的左右两端同时增加或减少相同金额。这就要求复式记账法，每一笔经济业务都以相等的金额在两个相关账户中做双重记录。当在会计恒等式的同一边记录时，其符号相反，在等式的两边同时增减时，其符号相同。

下面我们对资产负债表可能发生的变化列举一些具体例子。

（1）面包厂用100元货币购买100斤面粉。这时候，面包厂的资产由货币变成了面粉，而负债与所有者权益没有发生变化，在资产负债表中应做如下记录，如表B-3所示。

表B-3　　　　面包厂购买面粉后资产负债表的变化　　　　单位：元

资产	金额	负债和所有者权益	金额
货币	-100	负债：	
面粉	+100	不变	+0
		所有者权益：	
		不变	+0
资产合计	0	负债和所有者权益合计	0

事实上，只需记下"货币-100，面粉+100"这些内容就足够了。即记录：

资产：

货币 -100

面粉 +100

（2）面包厂用100元的面粉做出100个面包。

由于总是假设面包厂做面包不需要额外成本，所以记录如下：

资产：

面粉 −100

面包 +100

此时，面包厂的资产负债表实际上变成表B-4。

表 B-4　　　　　　面包完成后面包厂的资产负债表　　　　　　单位：元

资产	金额	负债和所有者权益	金额
货币	0	负债：	
面粉	0	欠面粉厂	50
面包	100	所有者权益：	
		资本金	50
资产合计	100	负债和所有者权益合计	100

（3）面包厂出售50个面包给面粉厂。面包的出售价格为2元/个，面包厂可以得到100元货币的收入。同时，账面上面包厂的面包成本是1元/个，减少了50个面包，对应于50元的成本。这些都跟面包厂的负债没有关系，都是属于面包厂的收入与成本，其差额就是面包厂赚到的属于自己的钱。

出售50个面包，增加100元收入的记账：

资产：　　　　　　　所有者权益：

货币　　+100　　　面包出售收入　　+100

与（1）（2）在资产项下变化不同，这笔收入业务跨越了会计恒等式的两边，所以符号相同。

减少50个面包，结转50元成本的记账：

资产：　　　　　　　所有者权益：

面包　　−50　　　面包出售成本　　−50

（4）面包厂自己消费50个面包，资产减少50元，减少的原因是被自己消费掉了，也是自己所拥有的所有者权益也减少50元，记账：

资产：　　　　　　　所有者权益：

面包　　−50　　　面包消费支出　　−50

经过上述操作，我们可以得到面包厂的资产负债表，如表B-5所示。

表 B-5　　　　　　　　　面包厂期末资产负债表　　　　　　　单位：元

资产	金额	负债和所有者权益	
货币	100	负债：	
面粉	0	欠面粉厂	50
面包	0	所有者权益：	
		资本金	50
		面包出售收入	100
		面包出售成本	−50
		面包消费支出	−50
资产合计	100	负债和所有者权益合计	100

收入、成本与支出这些项目，可以另列一张表，称为损益表或者利润表，在资产负债表的所有者权益项下只汇总保留"未分配利润"这一项，表示经营的历史过程对所有者权益带来的影响总数。这样，上述面包出售收入、面包出售成本、面包消费支出全部都记录为"未分配利润"和一个科目，其具体明细情况另列利润表列示。

资产负债表、利润表与现金流量表被称为会计三大表，其核心是资产负债表，利润表其实是资产负债表中未分配利润科目的变动明细，现金流量表则是资产负债表中货币资金科目的变动明细。

前面提到，复式记账法也来自会计恒等式带来的资产负债表观，所以掌握好资产负债表观也就掌握好了会计本质。目前通用的复式记账具体方法被称为借贷记账法，它实际上是一套记录技巧与记忆口诀，在任何一本会计书籍中都可以找到，此处不再具体介绍。

为了使不同经济主体的资产负债表可比，也为了让不同的人都可以阅读和理解资产负债表，避免产生误解，人们制定了会计准则，对资产负债表的科目、经济业务的会计操作方式进行了详细规定。这样，大家就能使用一致的方式来记账和编制资产负债表了。但是不同国家所采用的会计准则并不完全相同，存在准则差异。经济动力学中涉及会计的内容没有遵循某个具体会计准则，而是遵循简单直观的原则，只为帮助读者理解经济本质。

附录 C　需求

本书第3章给出了产出相关的一些基本理论，这相当于古典微观经济学中的供给理论，但是在本书的正文中没有给出需求理论。原因首先在于，经济学上的需求不是一个定义良好的概念。例如，现阶段人们肯定不会认为上火星的需求、长生不老的需求是经济需求，但在不远的未来有些又可能实现而成为经济需求。在古典经济学中，需求被限定为有效需求，即人们能够负担得起并有意愿购买的商品或服务。这个定义在宏观整体上遇到了麻烦，从个体角度讲，"能够负担"的边界在于财务约束，一个人拥有100元货币，而面包2元/个，那么他的钱只够买50个面包。但从整体角度讲，由"1.2 货币周转"可知，货币在不断流转，货币条件不构成经济整体的需求约束，经济整体有多少面包可吃，只取决于其可以产出多少面包，而与其拥有的货币无关，甚至由"4.1 个体信用、货币的记账与清算作用"知道，在个体信用充分的情况下，即使完全没有货币也不妨碍经济体系运行。

所有具体需求的边界在于且仅在于其产出的边界，而与其他事物无关。经济学上的供给与需求实质上同一事物的两个方面，有供给才有需求，有需求才有供给，如同金融工具中的债权与债务，因而也就无须单独的需求理论。长生不老不是经济学上的需求，不是因为人们不需要，而是做不到，没有供给也就没有需求。上火星如果在未来能做得到，那么终究会成为一种需求，而与经济个体能否负担得起无关。需求与供给相互决定，人们根据自身需要去进行生产，反之，产出也影响着需求，这说明微观经济学给出两条独立曲线分别代表需求与供给也是不恰当的。

于是经济学上关于需求的理论，实际上还是关于产出与分配的理论。对于理想的经济体系来说，产出与分配不仅应该最大程度地满足人们的需求，还应该对之后的产出与分配起到良好的导向作用，实现这种产出与分配目标的路径是经济学理论真正的也可能是永恒的课题之一。

心理学上，马斯洛提出了需求的层次理论，将人类的需求依次由较低层次到较高层次排列，划分成生理需求（Physiological needs）、安全需求（Safety needs）、爱和归属感（Love and belonging，亦称社交需求）、尊重（Esteem）和自我实现（Self-actualization）五类。经济学上的需求与之相关。例如衣食住行都属于生理需求，相关产出也是经济学的探讨对象。生理需求具有时效性，这类需求得到满足后，在一定是时间内会减少或者消失，这就是古典经济学"边际效用递减"的假设依据。举例来说，人在很饿的时候吃第一个面包会觉得很好吃，但是吃第二个的时候可能就有些吃不下了，就觉得没有那么好吃。

需要注意的是，边际效用递减其实是一个与时间相关的概念。人并非生活在一个时点概念，而是处在一个时间轴之上的整体，会不断地饿了吃、吃了饱、饱了饿，面包的边际效用递减原因只是人们没有办法一下子吃那么多，边际效用递减并不是面包或者面包消费本身的属性，而是消费者人的属性。

从马斯洛的理论来看，经济上的储蓄需求来自于人们对安全的需求。理性让人们不仅满足于当前这顿饭吃饱，还会考虑下顿饭的问题，还会考虑各类冲击带来的风险。各种储蓄都可以一定程度上满足个体层面的安全需求，对个体来说，拥有更多货币能显著满足的储蓄需求。但从经济整体看，有些风险需要更系统的应对措施，例如饥荒不会因为整体货币储蓄得到任何缓解，经济整体需要一定程度的粮食储备。

从欲望这一角度讲，人们的需求是无限的。仅仅从吃上来看，虽然人的胃口是有限的，但可以吃得越来越精细，可以往食物链上层吃，吃山珍海味。需求种类也是无限的，甚至随着科学技术的进步，人们甚至不知道明天自己会需要什么。1943年，IBM董事长托马斯·沃森说，全世界只需要5台电脑，他显然不明白什么是需求。通信的需求、互联网的需求、便捷交通的需求，乃至星际旅行的需求，都是前人未曾想象得到的，但又确确实实已经或者将要可以被满足。今天，人们已对"随处流淌着牛奶与蜂蜜"的天堂兴味索然，或许更关心天堂有没有WIFI。

需求的无限性注定了"按需分配"是一个伪命题，人们需要的所有东西连说清楚的可能性都没有，遑论据此进行分配了。

人类永远无法得以满足的欲望推动文明滚滚向前。如果没有对东方财富的渴望，就不会有大航海时代；没有对太空的向往，就不会有今天的航空航天技术。艺术的发展、伟大的科技，都由需求推动。当人们已经借助飞机、高铁完成了快速迁徙，又开始对舒适性、速度提出新的需求。唯不知足，才不会停下脚步，人类才会不断进步。

然而，需求也并不尽然都是有益的，无节制的需求有着极强破坏力。据称20世纪内蒙古曾经历一段严重荒漠化时期，与一种叫"发菜"的苔藓类植物的需求有关。发菜由于细而黑，与头发相似而得名，而发菜又与"发财"谐音，在改革开放后富裕起来的喜欢讨口彩的东部沿海地区流行起来。但是，采集发菜会对环境造成严重破坏，原因是发菜只生长在易沙化的地区，而且它的卷须常与能固定土壤的植被根茎缠绕在一起。人们不是一根根地拔发菜，而是把视线内的一切植物连根拔起，稍后再加以分类。这样造成了土地松软，当风力加强时，沙土就随风飞扬形成沙尘暴，土地沙漠化。其他类似的故事数不胜数，例如人们为了捕鱼用拖网把海床上的一切都捞起来，破坏了珊瑚礁和其中复杂的生态系统，把海洋也变成荒漠。

在历史长河之中，对过度的需求始终存在批判，勤俭受到宣扬，知足被视为美德。然而，在生产力极度发展的今天，消费主义横行，仿佛大家多吃几块肉，多买几件衣服，多买几辆车，经济就会天天向上，社会就会蓬勃发展，文明就能滚滚向前。

需求永不会被满足，需求也永远不需要被完全满足。经济学也不是一门告诉人们如何满足欲望、如何获得更多产出的学科，而是一门帮助建立更好经济结构的学科，帮助人们分析清楚得与失、利与弊、现在与未来的学科。

附录 D　李约瑟难题与消耗结构

两百年前法国作家司汤达的代表作《红与黑》，讲述了主角于连凭借着能够背诵拉丁文的圣经，得到教会、贵族的垂青赏识，并勾搭市长夫人、侯爵女儿，步步高升，最终上了断头台的故事。从今天的角度看，于连赖以发家的才能是非常可笑的"能够背诵拉丁文圣经"。

背诵经典被视为一种重要的才能。中国在隋唐以后开辟了科举入仕的阶层进晋道路，对经典的了解与掌握，成为个人实现阶级跨越的重要途径。中国历史上四书五经这类经典与现代文明所确立的知识体系交集甚少，在漫长的王朝岁月里，科举考试的考核内容大部分却正在于且仅在于这些大多形而上的、似是而非的经典，由此消耗掉了绝大多数的智力。就统治阶层看来，下层阶级为温饱疲于奔命，而能够实现温饱的中上层阶级则埋首经卷，皆无暇他顾，则天下太平。

英国历史学家李约瑟（Joseph Terence Montgomery Needham, 1900—1995）曾提出"李约瑟难题"。他提问："为何近现代科技与工业文明没有诞生在当时世界科技与经济最发达繁荣的中国？"消耗结构可以提供部分答案，当时中国的消耗结构实在太过高效，以至于只有很少的智力资源被用在科学与技术方面。

消耗结构常常与媚俗有关。王朝时期上层阶级的各种繁冗礼仪、排场体面，有很多是为了媚俗的自我折腾，为表示自己的这种多占多得并非白来，也是遭了罪的，以便更心安理得地占据资源。于是"原来当贵族也是这般不易啊""皇帝真不好当啊""官不聊生"这类舆论被刻意宣传。这些消耗结构大多并没有实际意义，于己有害而于他人无益。

现代的例子是华尔街的加班。华尔街利用人们知识上的盲点创造了大量账面效应，获得了分配的有利位置，成为上层阶级。而他们又常常展现出不要命的加班，每天工作到凌晨，目的是让人们以为，他们的高薪是通过长期的努力与勤奋得来。华尔街加班都干些什么呢？一位典型的华尔街分析师或投资银行家典型的加班内容就是修改报告的格式与标点。一位资深的投资银行家可以轻易地指出一份报告中字体与字号的错误。这些格式工作让华尔街轻易沉浸在努力奋斗的自我陶醉中，也让旁人啧啧称奇。其实这类努力于社会几乎没有益处，他们的高薪也与之无关，仅仅是为了媚俗的消耗结构。

进入现代文明后，人们对公平公正的要求日益提高，价格体系的阶级性却从未消失，社会心理时刻存在失衡的风险。在这种情况下，基于消耗结构的媚俗构筑了一种群体性的心理补偿机制，以维系脆弱的社会稳定。换个角度看，某种程度上说，经济体系为其稳定付出了消耗结构的成本代价。这一点，在罗斯福新政以挖坑填坑的消耗结构实现财富再分配以促进社会稳定的方式中有充分体现。

但消耗结构毕竟以劳动力资源与其他珍贵资源的浪费为代价。科学和技术发展使得人们从繁重的体力工作解放出来，带给经济体系生产余力的同时也让消耗结构膨胀，类似"3.3 无效产出与消耗结构"中石油—审计—交通那样的消耗结构非常常见，可能在世界各处，正上演着现代李约瑟难题。而克服消耗结构难点在于，只有在回答对了经济与社会的发展目标后，才能具体识别出消耗结构，但就此达成共识并不容易，例如只有极少数华尔街人士会承认自己大多数的工作并没有意义。

消耗结构问题在经济学框架下得不到答案，下面小故事可能会带来一些启发：

一个渔夫躺在沙滩上晒太阳，一个富翁看到了，就问他："你为什么不利用你晒太阳的时间多钓些鱼呢？"渔夫反问道："为什么要多钓鱼？"富翁说了一个简单逻辑："你只有钓到更多的鱼，才能卖更多的钱，这样才能买到更好的渔船和捕鱼工具，雇佣更多的人帮你钓更多的鱼，赚更多的钱。"渔夫又问了："为什么要赚更多的钱？"富人说："这样你就可以什么也不用做，躺在沙滩上晒太阳！"渔夫看了看富人，说："我这不是正在晒太阳吗？"

附录 E　资本主义

经济即是产出与分配，已经知道分配实际上通过广义的价格体系进行，这是因为对任意给定的包含税收、利息、赠与等各种分配方式的分配情况，总可以找到一个价格体系与一系列交易，使得在这一价格体系这些交易下的分配情况与给定的分配相同。

而价格体系具有阶级性。在王朝时期，个人获得的分配情况很大程度上依赖于其身份，我们可以得到一个按照其身份划定的等价的阶级性的价格体系。随着文明的发展，人人平等的观念逐渐广为传播，并且随着生产力的发展，王朝体系的经济运行越来越不稳定逐渐消亡，另一种阶级性变得越来越显著。

由"4.2 借贷与利息"知道，利息是价格体系的一部分。有些时候，利息在分配中的影响是如此之大，以至于产出的分配由利息所主导。对此我们有下述高利贷模型。

在"3.3 100元怎样偿还200元债务"中，面包厂由于被骗的历史原因，欠下面粉厂200元债务，如果这笔债务的利率非常高，以至于面包厂支付利息都非常勉强，那么面包厂可能永远也还不清，其过程表如表E-1所示。

表 E-1　高利贷模型　　　　　　　　　　　　单位：元

	面粉厂	面包厂
期初货币	100	0
面粉交易	+100	-100
面包交易	-180	+180
面包厂偿还债务利息	+80	-80
期末货币	100	0

注：面粉1元/斤，面包2元/个，利率为40%。面包厂欠款面粉厂200元。

面包的消费情况为，面粉厂消费90个，面包厂消费10个。由于利息非常高，面包厂偿还债务利息后所剩无几，每期仅仅能够获得10个面包消费。如果假设面包厂消费10个面包是生存底线，面包厂永远也还不上本金，这样的分配结果将一直持续下去。与之相比，在没有这层借贷关系时，在1元/斤面粉，2元/个面包的价格体系下，面粉厂与面包厂应该按照1∶1的分配比例，平分100个面包。

利息是历史的借贷情况对现在的经济体系分配造成的影响。进一步地，我们可以推广利息的定义，把由过去的债权债务、资产占有关系所引起的现在的转移支付都称为利息。例如，我们可以把工厂的土地厂房设备等看作一项整体生息的资产，工厂的所有者将工厂设备借贷给了工人们，并且向工人们收取了极其高昂的设备借贷利息，使得工人最后所得的分配仅仅刚够生存，而工厂的所有者则获取巨额分配。也就是说，工厂这项资产给工厂所有者带来巨大的利息回报（人们有时候用"资本回报"这个词），而工厂的工人则支付了高昂的广义利息，这与上述高利贷模型本质上相通。

无论是生产资料的占有还是借贷关系，这些历史事项所产生的广义利息参与到了产出的分配当中，构成了价格体系的一部分。所谓资本主义，就是对广义利息完全放任，形成对资产阶级有利的价格体系。这在历史上产生过许多问题，过高的广义利息使得无产阶级生活艰苦，被认为受到了剥削，而资产阶级几乎什么都不用做，仅因历史上形成得资本就获得了大多数的产出分配，产生强烈的社会不公平感。更有甚者，例如英国历史上的"穷人法案"强迫穷人接受报酬极低的辛苦劳动，使得阶级性的价格体系经由立法等形式被强制固定下来，而一旦资产阶级性质的价格体系形成并稳固，如同高利贷模型中面包厂不可能有能力偿还本金一样，无产阶级不再能获得足够的累积，去"拥有"工厂设备。这与王朝时期，平民不可能选择成为贵族是同样性质。这一问题，不可能通过所谓市场选择与自由竞争所消除，这也是经济学上的自由主义的局限性。

对于一个经济体来说，重要的不是它有什么，而是人们在做什么。如果现在的分配主要取决于历史事项，当前的努力无法得到应有的回报，会对社会发展造成阻碍，人们可能会消极处世，或者诉诸暴力反抗分配格局。

然而，现实的复杂性在于，经济体系本身是随着时间演化的系统，当前的产出情况本就是各项历史因素综合作用的结果，因此，我们不可能否定包括利息在内的广义利息存在的合理性。广义利息是人们过去的努力对现在产生的良好结果的报酬，而否定广义利息，也就否定了人们当前的努力在未来的回报，同样会阻碍社会发展。对广义利息合理性问题的争论，可以在下述例子的集中体现。

假设某家族垄断了所有生产粮食的土地，并发明制造出一组全自动化的机器设备，使得所有粮食生产都是完全自动化的。由此，后来的一切粮食产出，都是这片土地"自动"生产的，所有产出完全取决于过去事项。按照极端资本主义的观点，一切食物都应该属于某家族，因为土地属某家族，机器设备也属于某家族，一切产出都是某家族取得的。而极端反资本主义的观点，比如按照"按劳分配"的说法，一切食物既然是"自动"产生的，后期并没有任何劳动力的介入，过去形成的事项不应该对现在的分配起到任何影响，那么食物就应该是完全免费的。这两种观点走向了各自的极端，都会引发很大的争议。

广义利息的存在具有合理性，但不是所有广义利息都合理，其核心是包含广义利息的价格体系的"度"的问题，这与人们一般的认知"利息的存在是合理的，但高利贷是不合理的"相适应。而广义利息的价格具体应该是多少，则是经济学需要研究的课题。

有人总结说，资本主义的一个特征是生产资料私有制。然而物的明确的归属关系，并非是某种主义下的产物，而是出自人的权利，即人们是否拥有对由自己过去行为所形成的财产或物的使用与支配的权利，这种权利的明确是可以超越各种"主义"的。进一步地，广义利息存在的合理性是毋庸置疑的，问题的核心是其数量多寡，我们也就没有理由去追求推翻所谓"私有制"而非要实现所谓"生产资料共有"。事实上，任何经济物品只有在产权明确时才能发挥最大效果,当产权模糊时,会产生各种各样的寻租、滥用、"公地悲剧"等问题,这在历史上有丰富而深刻的经验教训。

关于资本主义有很多误解,例如把资本主义与雇佣关系联系起来,认为资产阶级是通过雇佣关系,剥削了无产阶级者劳动的剩余价值。事实上,雇佣关系并非由过去历史事项形成的对现在的转移支付,雇佣本身跟资本主义可以没有关系。举例来说,有一个创业的年轻人想到了一个好的互联网点子,于是花很少的钱注册公司,并雇佣了程序员为其编写代码。从今天的角度,我们不会将那个创业者视为资本家或资产阶级,创业者提供了最初的想法,在公司运行阶段提供了管理等服务,而程序员提供了编程服务。把"提供想法与管理"与"编程"视为两种服务,这两种价格决定了管理者与程序员最终所获得分配,这种分配并非由过去的事项所决定,也未必一定具有某种偏向性,在今天企业的所有者比企业员工赚得少,即所谓"老板为员工打工"的现象是很常见的。

历史上,为了纠正资本主义的问题,彻底否定广义利息,有人走向了极端,得出了错误结论。例如,为了否认历史形成的生产资料在分配中的作用,强调"只有劳动创造价值"。一方面,生产资料本身就是过去劳动的结果,没有理由认为过去劳动的结果不能在现在产生价值。另一方面,劳动也可以不产生价值,很多价值也不由劳动产生,阳光雨露、自然环境都可以产生于人类有益的价值,而这些与人类劳动是无关的。

经济动力学框架下,我们充分考虑时间在经济中的作用,可以很容易把历史事项对现在分配的影响纳入研究范围内。而对价格体系的充分认识也让我们可以跳出各种"主义"的樊笼,建立更为客观的经济理论体系。